ジャニ研！ Twenty Twenty

ジャニーズ研究部

大谷能生・速水健朗・矢野利裕

原書房

ジャニ研！ Twenty Twenty 目次

装画　もも・ふらわ〜む〜ん
挿絵　矢野利裕
装幀　佐々木暁

まえがき

2019年7月9日、ジャニーズ事務所社長の喜多川擴《ひろむ》が逝去しました。多くのトップアイドルグループを生み出し、「最も多くのコンサートをプロデュースした人物」「最も多くのNo.1シングルをプロデュースした人物」としてギネスにも認定された、戦後芸能界の大立者、享年87。平成の終わりとともに、ジャニーさんは日本のエンタテインメントの舞台から去って行きました。

本書は、「ジャニーズ」の研究本です。本書の第一版である『ジャニ研！ジャニーズ文化論』は、ジャニーズ事務所創業から50年という節目の年である2012年に出版されました。その時点での最新のデビューグループはSexy ZoneとA.B.C-Z。それから現在、つまり2020年の初夏までのあいだに、本当にたくさんの出来事がジャニーズ事務所とその所属タレントに起こりました。詳しくは本章および年表でそれぞれ触れてゆきますが、激動とも言えるここ数年の動きを受け、われわれが本格的に増補改訂版の作業に乗り出したところで、ジャニーさんが亡くなられた、というわけです。

ジャニーズ事務所という、日本芸能史において類例を見ないプロダクションを生み出し、成長させ、成功させた「ジャニー喜多川」という人物について、第一版でわれわれは独自の視点から考察をおこないました。

例えば、第5章『ジャニーズとミュージカル』において集中的に語られている「ジャニーさんのセンス」の由来とその解析は、これまでの類書にはない画期的なものだと自負しています。ジャニーさんが死去された現在から見ても、そこで提起されているテーマはますます重要性を高めている。第一版の時点では明らかではなかった情報も含めて、ジャニー喜多川という人物の履歴について、まずここで簡単に触れておきたいと思います。

ジャニー喜多川、本名喜多川擴は、１９３１年にアメリカのロサンゼルスで、日本人の両親の元に生まれました。父親の喜多川諦道《たいどう》は高野山真言宗の僧侶で、アメリカ別院の三代目主監を務めていたそうです。兄（真一）と姉（泰子）との三人兄弟。

２歳の時に日本に渡航し、大戦中は和歌山に疎開。和歌山大空襲の被害も受けました。終戦後、再びロサンゼルスに戻ってハイスクールに通い、笠置シヅ子や美空ひばりがロス公演をおこなった際には通訳などで手伝いました。その後、朝鮮戦争に際して徴兵され、１９５２年に日本を訪れたのち、半島に渡り、除隊後はアメリカ大使館軍事顧問団に勤務して、代々木のワシントンハイツに居住することになります。

いま、筆者は「日本を訪れ」と書きました。「帰国」ではありません。実際、ジャニーさんの兄は米国に留まり、アメリカ人科学者としてＮＡＳＡに勤務するという道を選んでいます。ジャニーさんの「ジャニー」は彼のミドルネームである「John」から来ており、つまり、ジャニー喜多川は「John H. Kitagawa」という、アメリカから日本にやってきた「日系二世のアメリカ人」なのです――われわれジャニ研は、この視点から「ジャニーズ」を「アメリカから日本に輸出されたエンタテインメント文化」として戦後史に位置づけ、その意味するものを総合的に捉え直すことを試みました。

ジャニーさんが日本に来た１９５２年は、敗戦後、アメリカを中心とした連合国軍の占領下にあった日本が主権を回復した年です。マッカーサー元帥のアメリカ帰国と入れ替わるかたちで、ジャニーさんが日本にやってきたことは象徴的です。マッカーサーは、戦後の日本で占領政策を布き、財閥を解体し、農地を解放し、おしつけの憲法と民主主義とチョコレートを配り、実質的な再軍備である警察予備隊を生み出します。その後を継いだジャニーさんは、高度成長期からバブルを経て21世紀まで続くこの長く安定した日本社会の中で、顔の可愛い男の子たちのグループを次々と生み出し、ステージ上で彼らに反戦のドラマと「ショー・マスト・ゴー・オン」の思想を演じさせ、先輩後輩抜きに「くん」で呼び合う、平等かつ芸能至上主義的な「ジャニーズ帝国」を作り出しました。

ジャニーズ事務所による少年たちの王国は、日本の戦後民主主義の下において、日系二世のアメリカ人が実現させた夢の世界である。これが２０１２年の第一版『ジャニ研！』段階におけるわれわれの見立てでした。

ジャニーさんが逝去された現在でも、基本的にこの視座は変わっていません。しかし、この約10年のあいだに起こり、また現在も起こり続けている、まさに歴史的とも言える「戦後民主主義社会」の変化の動きの中で、ジャニーさん亡き後の「ジャニーズ」も、また変わらざるを得なくなるでしょう。

今回、改訂と増補をおこなって新しくまとめた『ジャニ研！ Twenty-Twenty』（略称「トニトニ版」）は、第一版の章立てと内容を踏襲しながら、２０１３年から２０２０年までに起こったジャニーズ事務所の出来事をフォローする鼎談を収録し、適当と思われる部分に随時原稿を加えることで作られました。第一版のさらに元になっているのは２０１１〜２０１２年のあいだにわれわれがおこなっていたイベントの内容で、３人のやり取りの中にその当時話題になっていたトピックが表れているところもあります。

第1章は「ジャニーズとデビュー」。歴代グループのデビューシングルと当時のエピソードを辿りながら、各グループの個性や音楽性を分析していきます。「トニトニ版」であらたに加わったグループは、ジャニーズWEST、King & Prince、SixTONES、Snow Manの四組です。70年代後半の、いわゆる「冬の時代」にデビューしたアイドルたちについても触れています。また、「2013年以降のダンスミュージック」として、矢野利裕が近年のジャニーズミュージックの傾向を分析するコラムを書き下ろしました。

第2章は「ジャニーズとコンサート」です。ジャニーズにおいて「コンサート」とは何か？　という、実はその外側にいる人間にはあまり理解されていないその実態を、さまざまなグループのコンサートDVDを参考に繙いてゆきます。第一版であまり取り上げることのできなかったKis-My-Ft2やHey! Say! JUMPについても語り下ろしで追記しました。コラムの追加は大谷能生による嵐の2010年代コンサートDVDの確認と、矢野によるNEWSのコンサートについてです。

第3章は「ジャニーズとディスコ」です。変わったお題ですが、ここで「ディスコ」は単に音楽の一ジャンルとしてではなく、ファッションも含めた、高度に産業化されたポップミュージックとそのカルチャーの総体として扱われています。ジャニ研が選ぶジャニーズディスコ5曲から始まり、ジャニーズの中に継続的に含まれている「ディスコ成分」が、ここではその理由とともに俎上に載せられます。近年ますます存在感を増している「山下達郎」の仕事についても、ここで大幅な追記をおこないました。新しいコラムは大谷による「2010年代のダンス」について。

第4章は「ジャニーズとタイアップビジネス」。歴代のジャニーズがどのように、それぞれの時代の「消費」の欲望を表象してきたかについて語られます。タイアップ話から派生して、2020年に開催予定（延期！）だった東京オリンピックにジャニーズがどのように関わってゆくのかについて、かなり長い議論を追加しています。新作コラムは速水健朗による「国家・官公庁プロジェクトとジャニーズ」。近年増加した国家的プロジェクトのキャンペーンへのジャニーズのかかわりについて書き下ろしています。

第5章は、「ジャニーズとミュージカル」。第一版から大幅に追加されたのは、２０１０年代のジャニーズ舞台の中核とも言うべき「JOHNNYS' World」シリーズの詳細分析です。ジャニーさん自身が主人公的に登場するこの作品の意味はいまだに完全には解明されていません。また、二〇一九年に公開された、ジャニーさん初の製作総指揮映画『少年たち』についても語り下ろしました。ジャニーさんにおける「和」の要素の分析から「John H.Kitagawa」が立ち現れるこの章の内容が、われわれジャニ研の独自性がもっとも強く表れている部分だと思います。

第6章は、第一版では、アイドルライターの南波一海氏をゲストに迎えて比較アイドル論をおこなったのですが、今回はそれに差し替えて、「ジャニーなき後の13月を生きる」と題して、ジャニーさんが逝去された後に起こったジャニーズ事務所の変化を確認しながら、これからのジャニーズについて完全にあらたな原稿を語り下ろしました。インターネットとジャニーズ、労働問題とジャニーズ、ジャニーイズムは継承できるか、などなど、「アイドルは時代を映す鏡である」ことが実感できる内容となっているはずです。

申し遅れましたが、われわれ「ジャニ研」は、大谷能生、速水健朗、矢野利裕の三人で構成されています。われわれは、基本的にはジャニーズの熱狂的なファンであるということはありません。また、これまで専門としてきた領域も、ジャニーズからは若干外れたところにあります。

大谷能生は、１９７２年生まれ（中居正広、木村拓哉、山口達也、長野博と同い年）のジャズ音楽の演奏家であり批評家です。音楽家・作曲家という仕事は、ジャニーズの芸能ともちろん無関係ではありませんが、ジャズという領域とジャニーズとの間には少し距離があります。批評家としての大谷も、アイドルとは縁がありません。ただし、芸能における音楽の機能と構造の分析、および、アメリカの20世紀のポピュラー音楽、それにまつわるダンスやステージの歴史といった部分においては、専門と言っていい研究領域に入ります。

次に速水健朗は、1973年生まれ（稲垣吾郎と同い年）のライターであり編集者です。専門分野は広く拡散していますが、消費文化やアメリカ文化などは専門領域になります。著書に『タイアップの歌謡史』（新書y、2007年）があり、広告と音楽の関わりについても専門領域となりますので、ジャニーズが関わったタイアップ、広告関係の仕事の分析などに重きを置いてジャニーズ研究に携わりました。

最後に矢野利裕は、1983年生まれ（二宮和也、松本潤、丸山隆平、上田竜也、中丸雄一らと同い年）の批評家・DJで、おもに文芸・音楽を中心とした評論活動をおこなっています。中等教育に携わる国語科教員でもあり、ジャニーズについては教育史の観点からも言及しています。ポピュラー文化史への関心から、とくに〝和モノ〟と呼ばれる歌謡曲のレコード収集・研究を長年続け、ジャニーズの音楽についても歴史的経緯を追ってきました。第一版の出版後、彼が単著として『SMAPは終わらない』という本を出したその直後に……というエピソードは本文でも取り上げております。

SMAP世代と嵐世代、この二つのグループに分かれたわれわれが共有しているのは、ジャニーズの歴史に触れることなく、戦後の70年、日米両国のあいだに存在してきた文化の輸入や影響の関係性について、つまり、「日本の戦後史」そのものについて、真に理解することはできないのではないか、という想いです。SMAPが解散し、嵐が活動休止を宣言した現在、われわれもまた、自分たちがやってきた道すじを振り返り、これからの未来をあらためて選ぶ時期に来ているのではないかと考えます。

ジャニーさんは2015年に、それまでの日米両国の二重国籍を持っていた状態から、あらためて日本を選んで国籍を取得したと述べています（第6章参照）。彼は、結果的に、晩年を「John H. Kitagawa」ではなく「喜多川擴」として生き、亡くなりました。これが彼にとってどのような意味を持っていたのかは、わかりません。しかし、例えばこの「二重国籍」に代表される、ジャニーさんが一生を懸けて引き受けて来た複雑な二重性こそが、ジャニーズアイドルの魅力の源泉のひとつであると、われわれジャニ研は理解しています。

ジャニーさん亡き後の時代に向けて、『ジャニ研！』も再出発です。それでは、お楽しみください。

2020年5月

Johnny's Studies! 2020

第1章

ジャニーズとデビュー

そうさ、YOUたちSuper BoY!

速水　第1章はジャニーズ歴代のグループの、そのデビュー曲をたどりながら、「ジャニーズにおいてデビューとは何か?」ということを中心に研究してみようと思います。処女作にはそのアーティストのすべてが表れている、とはよく言われることですが、実はジャニーズ事務所っていうのは、他のアイドルプロダクションとはかなり異なった「デビュー」への考え方を持っているんじゃないか？　そういうことを確認するためにも、僕たちはあらためてデビュー曲を聴いて、当時の映像も見ました。その上で、アイドルグループを生み出す作業についてジャニーズが取っている姿勢を読み解いていくことを試みます。

大谷　初代ジャニーズのデビュー・シングル・リリースが、えーと、１９６４年ですね。で、現在、一番新しいグループであるSixTONES、Snow Manのデビューが２０２０年1月なんで、半世紀以上！　にわたるジャニーズの歴史について……みなさんも、リアルタイムでデビューに立ち会ったグループも、そうじゃないものもあると思いますので、「このグループがデビューしたころ、わたしは何やってて、どんな服着てたかな?」とか、自身に引き付けて振り返ってみて欲しいですね。では、はじめは……。

ジャニーズ

●若い涙

［デビュー日］１９６４年12月

作詞：永六輔
作曲：中村八大
編曲：服部克久
発売：ビクター

◎真家ひろみ（［デビュー時年齢］18歳／［事務所入所歴：事務所入所年月日からレコード・CD発売年月日までの満年数］約2年）
◎飯野おさみ（18歳／約2年）
◎中谷良（17歳／約2年）
◎青井輝彦（後に、あおい輝彦に改名／16歳／約2年）
※グループ結成が62年なので、全員入所歴約2年とした。

矢野　はい。この「ジャニーズ」は事務所の名前じゃなくて、いわゆる「初代ジャニーズ」、グループの名前ですね。メンバーで有名なのは、あおい輝彦ですか。後の『水戸黄門』の助さん役の俳優です。ジャニーズの歌とダンスは、クレージーキャッツ主演の映画『クレージー黄金作戦』で観ることができます。

大谷　シングルのライナーとか見ると、この時点ですでにメンバーそれぞれのカラーが設定されてるのね。衣装の色にもなってますが、中谷良が赤、あおい輝彦は青とか。真家ひろみが黄色。飯野おさみが黒。

矢野　この中にすでに故人が一人いるっていう、そんな年代のグループです。ジャニーズがテレビに出はじめるのは62年からだそうですが、2年のお披露目期間をおいて、64年にこの「若い涙」でレコードデビューしました。

速水　曲としてはどうでしょうかね？

大谷　いやあ、マーチですね。朗らかですな。

速水　青年合唱団みたいな。声の出し方がそういうノリなのね。曲調が子どもっぽいっていうか。この時代の世間の若者感ってこういうイメージだったのかな。

矢野　おそらく、同時期にヒットしたミッチ・ミラー合唱団[*1]の「史上最大の作戦マーチ」が意識されています。作詞作曲は永六輔[*2]と中村八大[*3]の六八コンビ。そもそもは、テレビ番組『夢であいましょう』（ＮＨＫ）の中で歌われる「八月の歌」という扱いでした。

大谷　62年ということは、六八コンビが人気絶頂期の作か。で、服部克久[*4]が編曲。これ、おそらくだけど、テレビのワンコーナーに合わせた曲調なんじゃないかな。ヴィジュアルもコミで、今で言ういわゆる企画ものの感じで。この当時は毎月こういった「季節の歌」が作られて、バラエティ番組で流されていたんじゃないかと。シングル切るまで2年かかっているっていうのは、おそらく番組で流れた当時にすぐに大評判にはならなかったんだろうね。音楽的には、合唱っぽいけど、ぎりぎり一応二部合唱になってるかなあ、ぐらいですね。

矢野　セカンドシングルが「若い夜／若いんだもん」と、やはり「若い」路線。60年代前半までは、デューク・エイセス[*5]のようなジャズコーラスが目指されていたけど、グループの後期になると「太陽のあいつ」など、青春エレキに目配せをしていますね。ジャズからＧＳ[*6]へという世間の流行に対応しようとしている感じがします。初代ジャニーズ

＊1……指揮者でプロデューサーのミッチ・ミラーが率いた合唱団。ミッチの指揮姿は、60年代前半のテレビ番組『ミッチと歌おう』によって日本でも親しまれている。
＊2……放送作家、作詞家、パーソナリティー。テレビ放送黎明期から放送作家として活躍するかたわら、作詞家として多くのヒット曲を手がけた。代表的な作詞仕事として坂本九「上を向いて歩こう」など。
＊3……作曲家、ピアニスト。1931年生・92年没。代表作に、梓みちよ「こんにちは赤ちゃん」、ジェリー藤尾「遠くへ行きたい」など。
＊4……60年代から活躍した作曲家、編曲家。作曲家・服部良一の長男。
＊5……55年に結成された日本の男性コーラスグループ。ジャズやゴスペルの曲をレパートリーとした。

は67年に解散するんですけど、これは完全にGSブームに押されたせいだと言われています。LA録音でアルバムまで作ろうとしていたのに、GS市場に勝てなくてポシャった。本当だったら、のちにアソシエイション[*7]が歌って全米ナンバーワンとなる「Never My Love」を吹き込むはずだったのに。

速水　ジャニーズ解散については、リーダーの真家ひろみがアメリカに行ったときに造反したというか、今の赤西（仁）君みたいなことを言い出して（笑）、グループを続けられなくなったというのが真相なんですけど。

大谷　事務所の創成期からそういうトラブルがあったわけかー。

速水　最初にすべてがあるんだよね、やっぱり。

フォーリーブス

●オリビアの調べ

1968年9月5日

作詞：北公次
作曲：鈴木邦彦
編曲：森岡賢一郎
発売：CBS・ソニー

◎北公次（19歳／元ジャニーズの付き人）
◎青山孝（17歳／渡辺プロダクションから移籍）
◎江木俊夫（16歳／子役出身）
◎おりも政夫（15歳／劇団若草出身）
※CBS・ソニーの国内契約第一号アーティスト

矢野　では、次。フォーリーブスですね。ジャケット見ると、もうルックスがかなり、いわゆる「アイドル」っぽいですね。ジャニーズの4年後のデビューなんですが、重要なトピックとして、このあいだに「GSブーム」というものが挟まっている。その影響が大きく感じられます。

速水　曲はGS調なんだけど、展開がフィフス・ディメンション[*8]風な印象を受けます。これは「輝く星座」なのかな？　時期的には、このアレンジはかなり最先端じゃないでしょうか。

矢野　初代ジャニーズがジャズとオールディーズを経由した歌謡ポップスだとすれば、こっちはもうビートルズ以降という感じですよね。

速水　彼らは「楽器を持たないGS」と言われていたんだけど、GSに比べて歌い方もお行儀がいいですよね。

大谷　曲調はグループサウンズなんだけど、でも実際は誰も演奏してないっていう。バンドやろうぜって集まって、でも誰も楽器やらない、みたいな（笑）。

速水　一方で、フォーリーブスも、アイドルとしてはかなり実験的だった面があって、たとえば、彼らは当時としては例外的に、年齢が上がっても解散しないでグループを続けるってことをやっている。[*9] 言ってみれば、SMAPより先に、30歳を超えてもアイドルとして現役であることに挑もうとしていたんです。

大谷　そうか。そのあいだに彼らはヴィジュアル的に、その時々の流行にあわせてどんどん変化していくっていう感じね。

速水　デビュー当時はGSの波に乗っかっているんだけど、GSブームは70年ごろに急にトーンダウンして、かつて人気を二分していたテンプターズ、タイガースらの人気がなくなり次々解散する。だけど、なぜかフォーリーブスだけは人気が落ちなかったんだよね。それは、ショーケン（萩原健一）やジュリー（沢田研二）らGSのアイドルたちが、アーティストとしての自我に芽生えていったのと裏腹に、彼らはアイドルのままだったからだと思います。たとえば他のシングル、「急げ！若者」って曲なんですが、「若者」っていうのは当時の流行語でもあった。「若者」って実は、この時期に急に使われるようになった言葉なんですよ。「ヤング」とか「若い」とか、キーワードを引き受けられるグループとして長続きした。

大谷　なるほど。なんかビートルズの『With the Beatles』っぽいジャケットのアルバムもありましたね。

矢野　はい。「愛と死」のシングル盤ジャケットが、ビートルズに似ていますね。と思ったら、急にフィンガー5みたいな見た目になったりとか。

速水　（卓上のジャケットを指して）これは何？

矢野　これもフォーリーブスで、「ヘイベイビー」のジャケットです。しかも、作曲はフィンガー5と同様、都倉俊一[*10]が起用されている。

＊6……66年のビートルズの来日をきっかけに起こったバンド形態の音楽の流行で、それらのバンドはグループサウンズ（GS）と呼ばれた。70年代になるころにはブームは下火に。代表的なGSバンドとして、ザ・スパイダース、ザ・タイガース、ザ・テンプターズなどがある。

＊7……60年代後半に活躍したアメリカのコーラスグループ。

＊8……60年代後半に活躍したアメリカのコーラスグループ。「ビートでジャンプ」や「輝く星座」などの曲が有名で、日本でも数多くカヴァーされている。

＊9……78年まで活動は続いた。最年長の北は29歳を過ぎていた。

＊10……作曲家、編曲家。作詞家阿久悠とのコンビで、山本リンダ、フィンガー5、ピンク・レディー等の楽曲を手掛けた、70年代歌謡曲のヒットメーカー。

速水　つまり、当初はGSだったけど、フィンガー5が流行った74年のころには、そっちに対応してるわけだ。彼らが、ビジネス的に悪戦苦闘しているあいだに、ジャニーさんは、また別の男の子にうつつをぬかしはじめるわけですが、そんなジャニーさんのご寵愛を一身に受けて、ジャニーズ初のソロとしてデビューするのが……。

郷ひろみ〈ゴウヒロミ〉

●男の子女の子

1972年8月1日
作詞：岩谷時子
作曲：筒美京平
編曲：筒美京平
発売：CBSソニー
（16歳／1年）

大谷　郷ひろみです。グループではなくソロでデビューしている、ということでもかなり例外的なジャニーズアイドルで、デビュー当時の映像をこれは確認できたんだけど、素晴らしいですね。エロい、といってもいいくらいのセクシュアルな魅力がある。

速水　デビュー当初の郷ひろみは、ユニセックスなキャラクターだったんだけど、これはいまならSexy Zoneにカヴァーしてほしいよね。

大谷　そうね。そうやって過去と未来をつなげていってほしいですね。あの、郷ひろみのラインっていうのは、その後のジャニーズでは誰が引き継いでるの？

速水　ジャニーズタレントは、歴代系譜を引き継いでいくと言われていて、郷ひろみのラインをわかりやすく継ぐのはトシちゃん（田原俊彦）ですよね。ダンスがうまくてユニセックスキャラで年を経ると哀愁なラテン風味が加わっていくという（笑）。郷ひろみの特筆点は「ラテン」です。「GOLD FINGER '99」みたいなもろラテンで復活を果たしたりもしているけど、「セクシー・ユー」（♪ジャマイカあたりのステップで〜）や「お嫁サンバ」のように、転機になるところは常にラテンナンバーが来る。あと、「哀愁のカサブランカ」もラテンだね。我が国のポピュラー音楽史においては、哀愁＝サンタナ[＊11]＝ラテンの図式があるんだけど、この路線は、見事に郷ひろみ→田原俊彦→錦織一清とつながっていく感じですよね。

大谷　なるほど。でも、最初は「きみたち女の子〜」なんで、ラテンのかけらもありませんよね（笑）。本人もそのあたりをどう思っていたのか。実際、ラテン路線で爆発したのは、ジャニーズ事務所をやめて、バーニングプロダクションへ移ってからのことでしょう。そのあたりの事情もまた興味深い。

郷ひろみは、ジャニーズ事務所でデビューしたにもかかわらず、ジャニーズを抜けて１９７５年にバーニングプロダクションに移籍してしまう。この事件によってジャニー喜多川はとてもとても傷ついた、といった逸話がこの移籍に関しては残されています。

矢野　ジャニーさんが入院していたときに抜けてしまったとか。

速水　そう。日が届かないときにさくっと抜けられた。事務所をやめた理由は諸説ありますけど、ジャニーさんにせまられるのがちょっと、みたいなことは北公次が自著で言っていますね。

ジャニーズ事務所、冬の時代

矢野　この事件のあと、ジャニーズ事務所は一回「冬の時代」をむかえることになります。郷ひろみが抜けたあとも、ジャニーズは豊川誕とか川崎麻世とか、ソロも含めて何組もシングルデビューさせてるんですけど、１９７０年代の後半に入ると、しばらくこれというヒットが出ない時期が続くようになりました。

大谷　（レコードと資料を見ながら）全然知らないグループがいっぱいあるなあ。あの、女の子を入れたグループとか作ってたんでしょ？

矢野　そう。ＶＩＰっていうグループがありました。（レコードを見つつ）まず、これがＪＪＳ（ジャニーズ・ジュニア・スペシャル）というグループなんですが、ここには井上純一なども在籍していました。フォーリーブスの後釜を目指したグループはいくつかあったのですが、どれも成功したとは言いがたい。ＪＪＳもそのうちのひとつですね。そして、今度はＪＪＳにさらに女の子を二人足してＶＩＰっていうグループを作ったりとか、試行錯誤しています。

大谷　えー、（レコードを見つつ）豊川……、これ、なんて読むの？

矢野　「じょう」ですね。豊川誕《とよかわじょう》。彼は両親がいないって

＊11……ギタリストのカルロス・サンタナを中心とした60年代から活躍するアメリカのラテンロックバンド。来日回数も多い。

いう、みなしごキャラとしてデビューしました。

速水 幸薄いキャラで売り出した。名前がちょっと演歌っぽいのも狙ってるのかも。

矢野 そうですね。自伝によると、豊川誕は森進一や藤圭子のような歌手を狙って売り出されたみたいです。時期的にも同じくらいでしょうか。

速水 藤圭子は69年デビューだから、時期的にはもっと早いんだけど、売りかたが似てるよね。「一五、一六、一七と私の人生暗かった」って歌が有名だけど、実は藤圭子って別にそんなに貧しい育ちじゃなかった。あれは売るためのキャラなんだよね。

大谷 （レコードのクレジットを見ながら）豊川誕、アルバムでロックンロールのメドレーをやってますね。「のっぽのサリー」とか。プレスリーとか。「ジョニー・B・グッド」もやってる！ 新人が70年代に、いわゆる50年代のロックンロールをそのままやってデビューするのはかなり辛い感じじゃないのかなあ。キャロルくらいに振り切ってないと衝撃を与えられない時代ですからね。

速水 50年代風ロキシーファッションブームに乗ろうとしたのかな。ロックンロールリバイバルは、もう少しすると横浜銀蝿やアラジンなどのツッパリブームとしても花開くんだけど、豊川は少し早かったのかも。どちらにせよ、この時期はジャニーズ事務所50年の歴史で、唯一の迷走時代と言っていいんじゃないかな。ジャニーズの基本である「男の子」に「グループ」を組ませて「デビュー」させるという基本がそもそも崩れていた時期です。

矢野 豊川誕って、今ブログやっているんですが、絵文字満載で面白いんですよ。

速水 え、ブログやってるの？ 芸能活動してるんだ？

矢野 そうみたいです。ｍｉｘｉもやっていたはずですよ。

大谷 マジで!?

たのきんトリオ

田原俊彦〈タハラトシヒコ〉

１９８０年６月21日

●哀愁でいと

作詞：DI TARANTO、ANDREW JOSEPH、HEMRIC GUY
日本版訳詞：小林和子
作曲：DI TARANTO、ANDREW JOSEPH、HEMRIC GUY

編曲：飛澤宏元
発売：NAV（ポニーキャニオン傘下）
（19歳／3年）

近藤真彦〈コンドウマサヒコ〉

●スニーカーぶる〜す

1980年12月12日
作詞：松本隆
作曲：筒美京平
編曲：馬飼野康二
発売：RCA（現・BMG JAPAN）
※東宝映画たのきんスーパーヒットシリーズ第1弾主題歌
（16歳／3年）

THE GOOD-BYE〈ザ・グッバイ〉

●気まぐれOne Way Boy

1983年9月1日
作詞：橋本淳
作曲：山本寛太郎
編曲：甲斐正人
発売：ビクター

◎野村義男（18歳／6年）
◎曽我泰久（20歳／9年）
◎加賀八郎（25歳／ジャニーズ出身ではない。もともとミュージシャンだった）
◎衛藤浩一（20歳／ザ・グッバイのメンバーオーディションに合格して加入）

矢野　で、1980年に、たのきんトリオの第一発目ソロデビューとして、トシちゃんこと田原俊彦の登場です。

大谷　説明不要かもしれませんが、一応まとめておくと、たのきんトリオは、79年に放送された学園ドラマ『3年B組金八先生』（TBS系）に生徒役で出演してブレイクした、3人のジャニーズアイドルです。田原俊彦の「た」と野村義男の「の」、近藤真彦はコンじゃなくてなぜか「きん」の3人で「たのきん」。最初のうちは3人を組ませて活動させていて、冠番組の『たのきん全力投球！』（TBS系）なんていうバラエティもあったんだけど、結果としてそれぞれ、歌手としてはソロでデビューすることになる。ということで、この時期で大事なのは、テレビドラマの存在ですね。アイドルがテレビで学園ものをやる、というプロセスが70年代終わりからデフォルトになってくる、と。

速水　ポスト中村雅俊、ポストポスト森田健作という青春路線の流れがあるのかな。マッチの青春路線はそこにひきずられているような感じがします。「ブルージーンズメモリー」の「バカヤロー」の台詞がまさにそうですね。それで、たのきんトリオから最初にソロデビューしたトシちゃんのデビュー曲が「哀愁でいと」。この曲はレイフ・ギャレットのカヴァーです。レイフ・ギャレットを知っているのは僕らの世代がギリギリじゃないですか。知らないでしょ、矢野君なんかは。

矢野 今回、初めて知りました。

速水 レイフ・ギャレットって女の子みたいなカーリーヘアで女の子に支持されていたアメリカ出身のアイドル。髪型を含め、トシちゃんの売り出し方は、彼を意識しているはずです。ギャレットは、その後鳴かず飛ばずになって、交通事故を起こしたとか、薬におぼれてるとかいったニュースで時たま消息を知るみたいな存在になってしまった。くるくるだった髪型も、すっかり後退してしまいました。今のトシちゃんについてはノーコメントです（笑）。

大谷 トシちゃんもかわいい路線ですよね。最初は。「哀愁でいと」はちょっと違うけど、「NINJIN娘」とか。「ぶりっこ」という言葉ももう死語ですが……そんな言葉が流行った時代、男の子のかわいこぶりっこ路線。そこから段々アダルトな方向にシフトしてゆくっていう、そのグラデーションが面白いんだけど……。

速水 一方のマッチは「スニーカーぶる〜す」で80年12月にデビューします。なんかこの衣装とか宇宙服みたいなんですが（笑）。80年から82年までは、もう、ジャニーズ的にも世間的にも男の子アイドルはトシちゃんとマッチで二分されていた時代で、この二人のキャラの違いが、その後のジャニーズの二大系統を決定づけていると言ってもいいでしょう。

トシちゃんはかわいくてユニセックス路線。その後、洗練された、歌って踊れる、ブロードウェイ的なミュージカルスターを視野に入れた大人のエンターテイナーへと向かってゆく。

一方のマッチは、青春ドラマ路線。当時は不良っぽいイメージで人気があったように、ストリートの不良少年の不器用な純愛、まあまさに主演映画の『ハイティーン・ブギ』のキャラがそうなんですけど、歌も洗練度はゼロでシャウトだけで勝負します。あと、学園というか、部活というか、放課後感ね。「スニーカーぶる〜す」の映像で、バックで踊ってる女の子がブルマーはいてるのがある（笑）。さっき「宇宙服」って言いましたけど、おそらくあれはバイクに乗ってる人のつなぎ服です。キャッチフレーズ化すると「海、バイク、恋愛、ケンカ、たまに孕ませちゃう」みたいな感じ（笑）。

矢野　ブルマーは学園の表現（笑）。ここにある二項対立、つまり、部活的アマチュアリズムの青っぽい魅力と、ブロードウェイ的プロフェッショナルの潤沢な魅力っていうのは、この段階では分断されてるくらいの感じで、この二人にそれぞれアサインされてるわけですね。キャラ立ちははっきりしてる。で、そのあいだにあってヨッちゃんこと野村義男は……。

速水　バンドでデビューする。THE GOOD-BYEですね。（矢野持参のレコードのジャケットを見ながら）……この曲、今だったらそのまんま「氣志團」ですよね。（歌詞カードを見ながら）「俺たち気まぐれワンウェイボーイ♪」（笑）、音も意外にハードロック調だね。オールディーズでも青春エレキ路線でもなくて。

矢野　いろんなものが入っている氣志團のルーツに、またあらたなトピックが（笑）。でもTHE GOOD-BYEってそれだけじゃなくて、アルバムを聴くとビーチ・ボーイズ[*12]の成分が入ってたりもするんですよ。（持参したLP『Good Vibration』を見ながら）このジャケットとか、完全にキャピトル・レコード[*13]調のデザインで、しかも、「想い出のLONG VACATIONs」といった、そのまんま大瀧詠一[*14]のようなタイトルの曲が入っています。リトル・ギャングとしてデビューしていたメンバーの曽我泰久によるライナーの自作解説には「僕たちなりにナイアガラサウンドをアレンジしたんですが、できばえはいかがですか。大瀧さん」とか書いてある。あと、ビーチ・ボーイズのカヴァーもあるっていうね。

速水　ほんとだ。「作曲：ブライアン・ウィルソン」って書いてある（笑）。ヨッちゃんは後にギタリストとして、浜崎あゆみのバンドで活躍することになり、プレイヤーとしての道を歩むけど、この時点でナイアガラフォロワー的な要素があったわけだ。こうしたサブカル・ストレンジ系路線は、実はのちの堂本剛に引き継がれていくという新説

＊12……61年結成のアメリカのロックバンド。初期はサーフィンなどの西海岸カルチャーをテーマとした楽曲で人気を集め、のちには録音技術を駆使した革新的な楽曲を発表。代表作に『サーファー・ガール』『ペット・サウンズ』など。

＊13……42年設立のアメリカ西海岸を代表するメジャーレーベル。ビーチ・ボーイズもかつて所属し、『ペット・サウンズ』『スマイル』などをリリースした。

＊14……ミュージシャン。はっぴいえんどを経てソロ活動に入り、レーベル「ナイアガラ」を創設。「ナイアガラー」と自称する熱狂的ファンが生まれる。81年発表の『A LONG VACATION』、82年発表の『NIAGARA TRIANGLE Vol.2』が大ヒット。ビーチ・ボーイズほかアメリカンポップスへの造詣が深い。

が浮かび上がってくるかもしれません。

大谷　トシちゃんのブロードウェイと、マッチの学園不良少年ドラマ系のあいだに、二人の断絶のあいだをつなぐ存在として、実はビーチ・ボーイズをやりたかったヨッちゃんがいた（笑）。そうか、ヨッちゃんのプロデュースがもしも大瀧詠一だったら、歴史は変わってたかも。作詞なんか橋本淳だもんな。リアルGSの歌謡曲作家。

速水　いや、THE GOOD-BYEについては、別の形での再評価が必要なんだろうけど、それは僕らのカヴァー範囲とはちょっと違うかな。ここでは、これ以上掘り起こさないままにしておきましょう。

シブがき隊〈シブガキタイ〉

●NAI・NAI 16

1982年5月5日
作詞：森雪之丞
作曲・編曲：井上大輔
発売：CBS・ソニー

◎布川敏和（16歳／2年）
◎本木雅弘（16歳／？）
◎薬丸裕英（16歳／？）

矢野　THE GOOD-BYEに思わぬ発見がありましたが（笑）、順番的にはこちらがレコードのデビューは先になります。シブがき隊です。

速水　シブがき隊は一般公募でグループ名が決まった唯一のグループだそうです。81年に『週刊セブンティーン』の募集で決まった「シブがきトリオ」が元。意味は「渋いガキたち」。ちゃんとした名前を選ぶ気ゼロな感じですが、どうなのこれ（笑）。82年に「シブがき隊」とマイナーチェンジしてデビューします。ちなみにこの年はアイドルの当たり年といわれていて、早見優とか石川秀美とか三田寛子、小泉今日子、堀ちえみ、中森明菜がデビューしている。80年代アイドルの全盛期、まさにここがピークでしょう。そして、この年の新人賞をシブがき隊がとってるという。

大谷　「NAI・NAI16」。僕らが見た映像だと、ヤックんの踊る気のなさ加減がいいですね。ハンパなくダンスをやる気がないですね（笑）。あと、全員、今と見た目がほとんど変わってないですね。

速水　変わってない（笑）。ちなみに、シブがき隊も『金八』シリーズから出てきている3人組で、『2年B組仙八先生』（TBS系）でしたっけ。たのきんの3人を踏襲しているといえば踏襲しているんだけど、グループの中に洗練のトシちゃんキャラがいなくて、３人ともに学園青春系ですね。

大谷　シブがき隊はジャニーズでいちばん、ネタ感といいますか、ノベルティ感があるね。子ども向けとも言ってもいいくらいたっぷり。

速水　「スシ食いねェ！」が極めつきですが、そもそもデビューが「ＮＡＩ・ＮＡＩ16」、二枚目に「１００％…ＳＯかもね！」と、森雪之丞の作詞世界の最高傑作が続きます。

大谷　（笑）。（レコードを見ながら）レーベルはＣＢＳ・ソニーなんですね。THE GOOD-BYEはビクター。このあたり各社にデビューを振り分けてるんだろうな。

速水　ビクター、ソニーをはじめ、当時はオーディオを作っている家電メーカーがレコードレーベルを持っていて、新しい家電が出てくるとその系列のレコード会社のアイドルをＣＭに起用したんですよね。たとえば松田聖子はＣＢＳ・ソニーからデビューしたけど、ソニーが新しい製品を出して、男の子に売りたいといったときに、松田聖子をＣＭに起用する。ＨＩＴＢＩＴっていうＭＳＸパソコンのＣＭをやってました。その対抗軸で言うと、レコード会社がパイオニアだった中森明菜は、ＰＲＩＶＡＴＥっていうパイオニアのミニコンポのＣＭに出てた。カセットテープにもそういう系列があったり、この当時はオーディオを売るためにアイドルが用意されていたという見方もできる。

大谷　80年代に、レコードからＣＤへと音楽メディアが切り替わるときに何が起きたかというと、当然なんだけどオーディオの新製品がばんばん出て、値段も下がって、ミニコンポが学生でも買える値段になったんですよね。ダブルカセット、ＣＤプレーヤー、アンプ、レコードプレーヤー、スピーカーなんかが揃いで売られていたミニコンポ時代が80年代前半。さらにそのあとにＣＤラジカセが出て、レコード再生装置が「家庭に一台」から「部屋に一台」みたいになってゆく。今ではもう「一人一台」が当たり前ですけど、ハードメーカーとソフトメーカーと歌謡曲業界ががっちり仲良く足並み揃えて、そういった方向を80年代は推し進めていった。今は家電業界と音楽業界の足並みが揃っていなくて、ここにも昨今の音楽ソフトの売れ行き衰退の原因があると思います。

速水　80年代は、アイドルを好きになる年代である中学高校生の欲しいものの中心に、オーディオコンポとかウォークマンとか、音楽関連のハードウェアがあったわけで、アイドルというのは、明確にティーンエイジャーにオーディオ製品を買わせるための存在だったんですね。

大谷　子どもが自分の部屋に欲しいもの、としてのオーディオ装置。まだテレビやビデオは子どもが持つものじゃなかった時代ということで、その時代は家電業界、レコード業界、歌謡界、放送業界の四者の仲が良かった。現在は個人がオーディオもヴィジュアルもプレイできる端末を平気で2台も3台も持ってて、音楽もノンパッケージでやりとりされるようになって、その変化に家電業界もレコード業界もついていっていない、というのが現状。では、こういった時代にあって「アイドル」とはどのような存在なのか？　ということについては後の章で触れることになると思いますが……あと、これも後から、ジャニーズのコンサートについて研究する章で確認するけど、シブがき隊のコンサートで目に付いたのは、とにかく3人が全員走って走ってシャウトする。それだけ。全曲ほとんど同じ（笑）。

速水　ライブでもレコードでも、彼らは歌はダメですね。踊りもジャニーズ事務所のアベレージの遥か下をいくクオリティですね。

大谷　彼らは踊りがほんとにできないみたいで、特に下半身は、基本的なステップも踏めてない場合が多いですね。デビューのころの歌番組の映像を見ていても、バックで踊ってるスクールメイツたちは足から動いているけど、シブがき隊は基本手踊りで、見得を切るくらいの振り付けしかないんです。だからコンサートでは必死に走り回るしかない（笑）。で、シブがき隊を見てから続けて少年隊を見ると、少年隊がいかに踊れるグループなのかということがはっきりとわかるっていうね。

少年隊〈ショウネンタイ〉

1985年12月12日

●仮面舞踏会

作詞：ちあき哲也
作曲：筒美京平
編曲：船山基紀
発売：ワーナー・パイオニア

◎錦織一清（20歳／8年）
◎植草克秀（19歳／5年）
◎東山紀之（19歳／6年）

矢野　ということで、少年隊の登場です。今でも3人とも現役ですが、デビュー当時の映像は、やはりみんな若い！

速水　うーん、僕らはよく「ＡＢＣ」とか「stripe blue」

がいいとか、「湾岸スキーヤー」がいいとか、あれこれ言ってるんだけど、改めて聴くとデビュー曲にはすべてが詰まってますね。

大谷　以前、動画サイトで『夜のヒットスタジオ』の少年隊の映像を見たんだけど、ヒガシのハイキックの切れが良過ぎて、処理が間に合わなくてフレーム落ちしてた（笑）。

矢野　この曲は、間奏があらかじめ長めに取られていて、そこで3人の踊りを十分に見せることができるアレンジになってますね。シブがき隊と違って、ダンスがあるってことを前提に作られている。パーカッションが入ったブレイクのところとか。ジャニーさんはショービズ業界において、ステージを実力で見せられるグループが作りたいんじゃないかっていう風に考えると、少年隊は歴代アイドルの中でもトップクラスの実力の持ち主ですよね。踊って、歌えて、演技もできてっていう。

大谷　「少年隊最強説」が出るくらいの実力。

速水　ジャニー喜多川の最終目標は、テレビに出る人気者とかレコードが売れるアイドルを作ることではなくて、自分でプロデュースしたミュージカルを劇場で毎日続けてゆくことなんじゃないか、というのが僕たちジャニ研の総意としてあるわけだけど（これについてはまた別の章で取り上げます）、その観点からするとミュージカル公演の『PLAYZONE』を86年から毎年ほぼ定期的に開催していた少年隊は、ジャニーさんがこれまで作ったグループの中でも、もっとも理想形に近いグループだったんじゃないかな。

大谷　20年くらいやってたんですよね。[*15]　２００８年で少年隊は卒業しちゃったけど、『PLAYZONE』自体は後輩が続けた。[*16]

速水　少年隊は２０００年代に入ってからは3枚しかシングルを出していないので、テレビで少年隊が活動するところはなかなか見られなくなるんだけど、ステージはずっと現役で続けていたわけですよね。しかもきちんと3人揃って、歌って踊れて、コントもできる。『PLAYZONE』というミュージカルについてはあとでじっくり説明しますが、少年隊を中心にジャニーズ若手メンバーもたくさん出演していて、ファンは若手組も含めてミュージカルを毎年楽し

＊15……１９８６年７月～２００８年８月、毎年夏に公演を行っていた。少年隊の通算公演は９５７回、観客動員数は１３８万人以上と言われている。

＊16……２００９年、少年隊が卒業してはじめての『PLAYZONE』は錦織一清が作、演出を手がけた。２０１０年はマイケル・ジャクソンの『THIS IS IT』を手がけたトラヴィス・ペインが振付で参加。２０１５年１月の青山劇場閉鎖の際の公演は、ＤＶＤ『★さよなら！～青山劇場★PLAYZONE 30YEARS★１２３２公演』に収録されている。

みにチェックしていた。それに比べると、音楽番組で一曲だけ見るとか、テレビじゃ少年隊の魅力はなかなか伝わりにくいですよ。

矢野　初代ジャニーズだって、きっとそういうものを目指していたはずだったんだけどね。

速水　少年隊は路線でいうとトシちゃんの大人の路線を継いでいます。ダンスを踊って、歌も歌えて、舞台にきちんと立てるっていう、ブロードウェイスターの路線を、レベルを上げる形で引き継いだ。思えば、「仮面舞踏会」という曲も、洗練されたコンセプチュアルな楽曲ですよね。たのきんらがテレビドラマでの人気とそのイメージを引きずるようにして、ほとんどなし崩し的にデビューさせられた感があるのに比べて、きちんとセットアップされたデビューの感じがありますね。

大谷　ジャニーさんが理想としていたグループの、最初の結実でしょう。実際、この後、ジャニーズからソロでデビューするアーティストはいなくなるわけで、トシちゃんとマッチは例外として、ジャニーさんのグループ作りの腕前がこのころから冴えわたるようになってゆく。きちんと歌もヒットしましたしね。

速水　しかし「仮面ライダー」って紹介されるという事件が起きた。

大谷　（笑）。それって紅白だっけ。加山雄三が司会をしたときですよね。「では、少年隊。仮面ライダー」って紹介されて、いきなりイントロが始まっちゃった。で、みんなその発言はなかったことにして（笑）少年隊はパフォーマンスしたっていう。

光GENJI〈ヒカルゲンジ〉

1987年8月19日

●STAR LIGHT

作詞：飛鳥涼
作曲：チャゲ&飛鳥
発売：ポニーキャニオン

◎内海光司（19歳／6年）元イーグルス。再デビュー。
◎大沢樹生（18歳／6年）元イーグルス。再デビュー。
◎諸星和己（17歳／1年）
◎佐藤寛之（16歳／4年）
◎山本淳一（15歳／1年）
◎赤坂晃（14歳／1年未満）
◎佐藤敦啓（後にアツヒロに改名／13歳／1年未満）
※来日ミュージカル『スターライト・エクスプレス』のキャンペーンに合わせて結成。

大谷　少年隊の次が光ＧＥＮＪＩですか。少年隊が「少年」と言いつつも、デビュー時ですでに20歳前後。事務所に入ってからのキャリアもかなりの長さだったのに比べて、光ＧＥＮＪＩにはマジもんの子ども、しかもほぼ芸能経験がない組がいるっていうのが特徴ですね。年長の「光」組と年少の「ＧＥＮＪＩ」組で「光ＧＥＮＪＩ」……。

速水　この「STAR LIGHT」は作詞が飛鳥涼、作曲はチャゲ&飛鳥。この路線で光ＧＥＮＪＩはしばらく続くんですけど、その「しゃかりきパラダイス」な世界観がローティーンを擁する光ＧＥＮＪＩにとてもマッチしたと思います。前の少年隊の「仮面舞踏会」だと、「ＸＴＣ（エクスタシー）」とか大人っぽい歌詞が出てきていたし、マッチの曲でも、寄り添ってた二人が別れるとか、「男と女」っぽいシチュエーションがあったんだけど、もっとローティーン向けにターゲットを絞っている。

大谷　いわゆるＧＳ的な、それこそ橋本淳の歌詞にあるような男と女の出会いとか別れとか、歌の中からそういったシチュエーションが消えていくのね。なるほど。

速水　歴代グループの中では光ＧＥＮＪＩが一番はっきりと持ってる特性でしょうけどね。実際、最年少メンバーの佐藤敦啓君は当時13歳。子どもだからなー。ちなみに、僕は彼と同い年で、当時は周りの女の子はほぼ光ＧＥＮＪＩのファン、ローティーンが支持層の中心でした。

矢野　光ＧＥＮＪＩのファーストアルバムは、Ａ面がすべて飛鳥作でＢ面がチャゲ作なんですよね。どっちをＡ面にするか、チャゲと飛鳥に競わせたんですよ。結果的に飛鳥がＡ面に選ばれた。

速水　このころはチャゲアスの歴史でいうと、実は低迷していた時期。チャゲ&飛鳥が「万里の河」でヒットを飛ばしたのが80年。そのあと、チャゲが石川優子とのデュエットで、ＪＡＬのＣＭソングの「ふたりの愛ランド」を出してヒットさせて、チャゲの時代だった。そこで楽曲提供として飛鳥が奮起して、一気にポジションが変わる。

矢野　僕このころ4歳ですけど、ローラースケート買ってもらったし、光ＧＥＮＪＩ聴いてましたね。子どもにピッタリな曲だったんですね、やっぱり。マイケル・ジャクソンと光ＧＥＮＪＩにはまっていたことを覚えています。

大谷　曲はブラコン感満載ですよね。

矢野　マイケル・ジャクソンの「ＢＡＤ」に似てませんか。衣装もどことなく似ているし、時代も同時期です。

大谷　マイケルというより、ボビー・ブラウンじゃないかなあ。ニュー・エディション[*17]感満載ですね。マイケル・ジャクソンはあらゆる意味で特殊だから、あまり他のアーティストと比べられないのよ。

矢野　なるほど。同じ時期に聴いてた覚えがあるんですよね。

大谷　多分これはヴィジュアルも含めて、直接的な参照先はニュー・エディションですね。（いろいろと映像を見ながら）かーくん（諸星和己）、立ち位置も存在感も含め「センターは俺で決まり」感ハンパないですね。

速水　歴代ジャニーズの中でも、もっともセンターをアピールしていたのが、かーくんじゃないですか。光ＧＥＮＪＩはよくステージで裸になってたんですけど、みんなひょろひょろの中、かーくんだけ身体がしっかりしてたよね。鍛えてたんだろうね。そこからもナルシスト感が伝わってくる。ほかの子の裸は見てて恥ずかしかった。

大谷　あれはいけないものを見てる感じはした。カットジーンズの短パンに上半身裸とか。ムエタイみたいな。これら光ＧＥＮＪＩに盛り込まれている、こっちがクラクラくるような幻惑的な記号の数々については、これからしっかり正面切って分析していきますが、今回は次！　に進みます。男闘呼組です。

男闘呼組〈オトコグミ〉

●DAYBREAK

1988年8月24日
作詞：大津あきら
作曲：MARK DAVIS
発売：BMGビクター
◎成田昭次（20歳／4年）
◎高橋一也（後に和也に改名／19歳／6年）
◎岡本健一（19歳／4年）
◎前田耕陽（20歳／4年）

速水　この曲はハードロックだっていうことはわかるんですけど、具体的には何なんですか？　ちょっとアルフィー入ってる？

大谷　うーん、イメージとしては「Eye Of The Tiger」でしょうか。サバイバーでしたっけ？　このころ、こういった、映画のサントラに丁度いいようなハードロックが流行りましたよね。『トップガン』の「DANGER ZONE」とか。

矢野　流れでいうとTHE GOOD-BYEから連なるバンド路線で、しかし彼らはデビュー当初は実際には楽器をほとんど演奏できなかったので、その流れで言うと「演奏しない

GS」であるフォーリーブスの遺伝子だとも言えます。で、このあとは実際に楽器も演奏できるＴＯＫＩＯにいくわけですが……。

速水　男闘呼組の「DAYBREAK」や「TIME ZONE」の作曲のクレジットは、マーク・デイビスってあるんですよね。で、この人、ハードロックの外国人なのかなと思いきや、ジャニ楽曲ではおなじみのあの馬飼野康二さんの別名だっていう（笑）。馬飼野さんはなぜかこうやって、時々「マーク・デイビス」名義でジャニーズに曲を提供しているけど、これはいったい何なのか？

矢野　あんまりそのあたり、はっきりした理由が書いてある資料ってないんですよね。

速水　なんでここでマーク・デイビス？　っていうのがけっこうあるんですよ。

大谷　おそらくだけど、馬飼野康二って本当に器用な作曲家で、ほとんどどんなタイプの曲でもそれっぽく書けちゃうんですよね。この曲なんか多分、「こういった曲用意して」ってジャニーさんに言われて、「あ、こんな感じ？」って、音楽的には特に思い入れもなくサクッと作っちゃったんじゃないかと。これが本当に、アメリカの中堅ハードロックのバンドの人がマジで作った曲だったら、文化的には相当に面白いんだけど。こういったマジなのか、モノマネのモノマネなのか？　みたいな複雑さが実はジャニーズにはたっぷりあって、この男闘呼組の「マーク・デイビス＝実は馬飼野康二が作る、俗流洋楽ハードロックの、その俗な部分をうまくコピーした、プロ作家の仕事としての日本のロック歌謡」を「ロックバンドのコスプレしたアイドル」が歌ってデビューっていうね、ほとんど理解に苦しむ状態なんですが（笑）、そういったことがいちばんよくわかるのが、このあとデビューする忍者です。

忍者〈ニンジャ〉
1990年8月22日
●お祭り忍者
作詞：原六朗・荒木とよひさ
作曲：原六朗・馬飼野康二
編曲：鷺巣詩郎
発売：日本コロムビア

＊17……ソロになる前のボビー・ブラウンが在籍したアメリカのボーイズグループ。ニュー・ジャック・スウィング（151ページ参照）のブームを牽引した。

◎柳沢超（23歳／9年）
◎遠藤直人（21歳／？）
◎正木慎也（21歳／8年）
◎高木延秀（20歳／？）
◎志賀泰伸（22歳／6年）
◎古川栄司（19歳／2年）

矢野　美空ひばりのカヴァーですが、馬飼野康二がここでは本名で作曲に加わっている。ここはマーク・デイビスじゃなくていいのか（笑）。

速水　映像を見た印象では、これっておそらく、美空ひばりの曲を使ったジャネット・ジャクソンっていうコンセプトなんじゃないかな？　随分と高度なことを考えてたな（笑）。忍者って、ジャニーズの中ではもっとも失敗したグループのひとつだって言われているじゃないですか。同じジャポニズム路線では、のちの関ジャニ∞につながるのかな。何でダメだったんだろう、忍者。

大谷　時代の違いはあるでしょうね。「ジャニーズ」に対するわれわれの理解の度合いというか、ジャニーズアイドルという超個性的な存在への耐性が、忍者の時にはまだ一般的には低かった（笑）。ジャニーズ的にもこなれていないというか、「忍者」っていうかなり直球のグループ名で、デビュー曲が美空ひばりをアダプトした「お祭り忍者」で、でもファッションとダンスはジャネット・ジャクソンみたいで（笑）。紅白に出場したときの映像を見ましたが、1分半ぐらいのうちに基礎が違うダンスのムーブが4種類くらい入っているんですよ。右側でバレエの回転をしている人がいるのと同時に、左側でランニングマンのステップを踏んでる人がいて、そのあとみんなで体操的にバク転するとか。

矢野　アルバムを聴くと攻めているというか、意欲的すぎてすごいことになってる。あらゆる意匠を詰め込みすぎ（笑）。

大谷　いや、ホントにそうなんだよね、忍者ってむちゃくちゃ意欲的だったんだと思う。でもそれが、ジャニーズ的にもまだこなれていなくて、時代的にも理解不能のレベルでシリアスに提示されてしまったんじゃないか、と。

速水　ある意味、和洋折衷的ってことで言うと日本の戦後芸能の伝統ではあるんでしょうけどね。そもそも美空ひばりが「お祭り」で「マンボ」ですから。でも、忍者はハードコアにいろいろ混ぜすぎた。いずれにせよ、ここにはジャニーさんのセンスがたっぷり詰まっていると思われます。さて、時代はようやっと90年代に入ります。ここで登場するのが……。

SMAP〈スマップ〉

1991年9月9日

●Can't Stop!! —LOVING—

作詞：森浩美
作曲：Jimmy Johnson
編曲：船山基紀
発売：ビクターエンタテインメント

◎中居正広（19歳／4年）
◎木村拓哉（18歳／3年）
◎稲垣吾郎（17歳／3年）
◎草彅剛（17歳／4年）
◎香取慎吾（14歳／3年）
◎森且行（17歳／4年）

矢野　これまでデビュー曲にはすべてがつまっていると言ってきたけど、ＳＭＡＰに関してはちょっと例外で、この曲はコケたらしいんですよね。大きなヒットはしなかった。ＳＭＡＰの中では黒歴史みたいになっていて、デビュー当時はジャニーズの中でも失敗グループだとされていた。

速水　２０１１年はデビュー20周年で、デビューイベントをやったのと同じ西武園でこの曲を再現してみせたけど、デビュー曲で1位がとれなかったことに対する忸怩たる思いとか、当時は客少なかったよなとか、ジャニーズの中では俺たち異端なんだとか、ＳＭＡＰのメンバーたちが自ら語ってたんですよね。

大谷　ここにデビューコンサートのパンフレットがあります。ヴィジュアルの路線的には光ＧＥＮＪＩを踏襲しているね。ステージ上で奇抜というか、華やかでデコラティヴな衣装らしい衣装を着る。これは基本的にジャニーズ事務所の基本路線で、ＳＭＡＰももちろんこういった方向でデビューするんだけど、あまりうまくいかなくて、いろいろ試行錯誤することになったんだよね。

速水　このデビュー時のパンフの写真だと、ファッションとして意識してるのは当時のアメリカのトップアイドルグループだったニュー・キッズ・オン・ザ・ブロック[*18]ですね。ショッキング系の色の派手な感じ。

大谷　デビュー当時だから、森君がいて、メンバーが6人

＊18……84年に結成されたアメリカの5人組アイドルグループ。「STEP BY STEP」が有名。

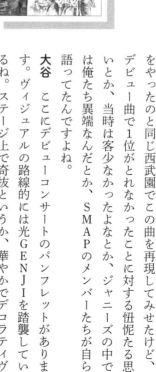

だね。この6人が「SMAP」として広く認知されるようになったのは、だいたいいつごろなんですか？

矢野　シングルの曲で言うと、93年に出した「$10」あたりからですよね。91年デビューだから、かなり長いあいだ楽曲的には大ヒット、ということにはならなかった。このころ丁度、それまでジャニーズアイドルをお茶の間に届けてきたテレビの歌番組がどんどん下火になってきたことの影響もあったとは思います。ところが同時期に、キムタクがドラマの『あすなろ白書』[*19]に出演して、一気に人気が出たこともあって、そのときに事務所は明確に路線を変えたようです。

大谷　歌謡ショーに出る、デコラティヴな、いわゆる非現実的な王子様タイプのファッションじゃなくて、それぞれに個性を持った、等身大の男性としてのアイドルという、いわば現在の嵐にまでつながってくる路線ですよね。

速水　歌番組というアイドルの活躍の場が減った時期で、代わりにバラエティ番組に出るしかなかった。そこで、トークやコントをやって、自分たちができる役割を自覚していった、と言われていますよね。92年から出演していた『夢がMORIMORI』でキックベースボールやったりコントやったりして注目を浴びるようになった。[*20]当時は、歌を歌ってた印象はあまりなかったです。もちろん、そうした総合的なタレントとして各人が個性を磨いた結果が今のSMAPを作っている。

矢野　あと、V6の岡田君も、実はバラエティ番組の『天才・たけしの元気が出るテレビ!!』（日本テレビ系）の企画でのデビュー（95年）なんですよね。いずれにせよ、SMAPはデビューしてしばらくのあいだ売れなかったのが、バラエティ番組で「こいつらアイドルなのに面白いじゃないか」というような雰囲気が出てきて、なんとか立て直した。バラエティに出るジャニーズのアイドルっていうことで、後輩たちに大きな道を作ったという功績は大きい。

速水　一方で、同時代には、少年隊はステージでミュージカルを続けている。おそらくミュージカル路線がジャニーズでは王道だと思うんですよ。実はCDデビューの直前にSMAPもミュージカルをやってるんですよね。有名な漫画の『聖闘士星矢』[*21]のミュージカル版。SMAPファンの方から公演パンフレットを借りることができましたけど、パンフ読むと、すごいですよ。不二家、バンダイほか多数の協賛がついてる。これもタイアップと言っていいのかな。

矢野　少年隊のようにミュージカル路線を目指すという道もあったんですね。

大谷　そこから撤退して、徹底的にテレビのバラエティとドラマに露出する方向で認知度を高めていった。これからのテーマになりますが、おそらくジャニーさんが大事だと考えてるのはテレビよりも劇場で、現場に足を運んでくれるファン＝ファミリーを一番のお客さんだと思っている。そういったことも含めて、これだけメジャーでありながら、ジャニーズの中でＳＭＡＰは異端というか、微妙な立ち位置だなと思います。これからどうするんだろうなーとか。木村メンバーおよび中居メンバーと同い年の40歳*22としては（笑）。

速水　ついにＳＭＡＰは40代に入りましたからね。第４章では、ＳＭＡＰがこれまで出てきたＣＭの変遷を見ていきますが、ＳＭＡＰのＣＭを見るとわれわれ団塊ジュニア世代の消費動向がわかる（笑）。キムタクが車のＣＭに出たのはいつからか、そしてその車はなんだとか。最近は不動産とかね。

大谷　次は何やるかね。老後の話はいつやるのかと思うとドキドキする。

速水　ポリデントとかおむつとかね。

大谷　中居君に老人ホーム勧められたりとか（笑）。

TOKIO〈トキオ〉

1994年9月21日

●LOVE YOU ONLY

作詞：工藤哲雄
作曲：都志見隆
編曲：西脇辰弥
発売：ソニーレコード

◎城島茂（23歳／8年）
◎山口達也（22歳／5年）
◎国分太一（20歳／6年）
◎松岡昌宏（17歳／4年）
◎長瀬智也（15歳／4年）

＊19……柴門ふみの同名漫画のドラマ化。フジテレビ系、93年。
＊20……ＳＭＡＰが「音松くん」という6人兄弟に扮するコントが話題に。フジテレビ系、92年〜95年。
＊21……車田正美によるマンガ作品。のちにアニメ化され、ギリシア神話をモチーフにした格闘モノという世界観で人気を博した。
＊22……第一版当時。その後8年経ち、いろいろあったことは皆さんご存じの通り。

大谷　デビュー当時のライブの映像では、微妙に肌を露出する方向での衣装ですね。

速水　長瀬君の衣装がテンガロンハットに半ズボンなんだけど、ちょっとＳＭっぽくもある。これはなんか元ネタがあるのかね？　うーん、いわゆるバンド感を出してはいますが、ジャニーさんの翻訳力というか、読み替え力というか、ファッションに関してはどのグループも、何が元ネタなのか判別が難しいものが多いですよね。

大谷　きちんとしたバンドサウンドで、この5人で演奏できる楽曲とアレンジ。男闘呼組、THE GOOD-BYEの路線ですけど、格段にちゃんとしてるっていうか……80年代とも、２０００年代とも微妙に違う、90年代のリアリティ感がありますね。この人たちが後にリアリティショーとして「ＤＡＳＨ村」をやるっていうのが、この時点では想像もできないけど、言われてみればドンピシャっていうか、ＳＭＡＰが開いた道はほんと大きいですね。

矢野　あと、のちにＣＭでヤマト運輸を普通にやっちゃうアンちゃん感がすでにありますよね。

速水　しかし、ＴＯＫＩＯっていう名前も「忍者」の流れだろうけど、グループ名としてこの時代に「ＴＯＫＩＯ」ってつけてしまうジャニーさんのセンスはやはり特殊。沢田研二が「ＴＯＫＩＯ」を歌った時代から彼らの結成まで10年以上経っているのに、「ＹＯＵたちこれからＴＯＫＩＯだよ」って（笑）。

V6〈ブイシックス〉
１９９５年11月1日

●MUSIC FOR THE PEOPLE

作詞：秋元康
作曲：G.S.A.J.Project
編曲：木村貴志
発売：avex trax
※フジテレビ系「バレーボールワールドカップ１９９５」イメージソング

◎坂本昌行（24歳／7年）
◎長野博（23歳／9年）
◎井ノ原快彦（19歳／7年）
◎森田剛（16歳／2年）
◎三宅健（16歳／2年）
◎岡田准一（14歳／1年未満）『天才・たけしの元気が出るテレビ!!』「ジャニーズ予備校」オーディションで加入

速水　この曲はカヴァーなんですかね。作曲者はG.S.A.J.

Project……何者かよくわからない。曲調でいうと、ばりばりユーロビート。

矢野　作曲に関わっているデイヴ・ロジャース（G.S.A.J. Project の Giancarlo Pasquini）は、ユーロビートのシーンでは有名だったようで、小室哲哉が『告白は踊る』という著書で影響を公言しています。

大谷　ハイエナジーとも言いますね。曲はよくできてますよ。ユーロビートとしては完璧のエイベックス仕事ですね。しかし、TOKIOと連続で聴き比べてみると音楽的にはかなり違いますね。このあたり、レコード会社が持っている手駒っていうか、レコード会社自体が得意とする音楽っていうのを、この時期まではまだジャニーズは自分のレーベルを持っていないから、どのあたりまでコントロールしながらデビューさせていたのか、興味深いですね。個人的にはV6のこのユーロ路線は大成功だと思いますが。

矢野　これはバレーボールワールドカップとのタイアップでのデビューですよね。

速水　ジャニーズアイドルをデビューさせるきっかけとして、スポーツ大会との絡み、特に90年代以降はバレーボールワールドカップとのタイアップというのはかなり大きな位置を占めている。「ワールドカップバレー・スペシャルサポーター」という肩書きが与えられて、デビュー曲が大会のテーマソングになるっていうね。V6に続いて、嵐、NEWS、Hey! Say! JUMP、Sexy Zoneがこの形でデビューしています。女子バレーボールは1964年の東京五輪の金メダルが栄光としてあって、その後なかなか日本が勝てなくなった。そんな中で、中高校生女子のファン層とジャニーズのファンはかぶっているだろうから、ジャニーズとのタイアップや、新しいグループのデビューとかをここでやったら相乗効果があるんじゃないか、という発想に行き着くんですね。だけど、その効果はバレーボール協会が思っていたよりもかなり強力だった。つまり、ジャニーズに乗っ取られてしまったと。これと同じ主客の逆転が、テレビとスポーツのあいだでも起こっていく。

大谷　スポーツの中継がメインじゃなくて、そこに出るゲストがメインになっちゃった、みたいな感じですか。

速水　バレーボールのルールは、テレビ向けにどんどん改造されていきます。たとえば、ラリーポイント制の導入は、試合時間が長くならないようにするために採用されたルールでしかない。あとバレーボールのワールドカップって日本でしか開催されないという異常な事態。そして、放送は日本の試合が中心で、どうでもいい下位の試合でも日本が出ていればゴールデンタイムに放送する。逆に決勝戦でも日本が出ていなければ深夜の3時の放送になったりするっていう、スポーツなんだけど視聴率がすべての世界ですね。テレビ業界はかつてのように広告料だけで収益をあげるのが難しくなってきたので、自分たちでイベントを打つとか映画を制作するとか、テレビ放送以外で直接収入につながることをやりはじめた。テレビ電波の私有化ですね。音楽とのタイアップでも、テレビ局が自分たちで原盤権を持って、タイアップ曲をかければかけるほど自分たちが潤うという構造になっている。

大谷　アイドルとテレビの関係っていうのは昔から密着していたわけだけど、テレビ局が自局の電波を使って自分たちのお金儲けのための宣伝をする。そういった作業にスポーツ番組まで露骨に巻き込まれるっていう事態がここら辺ではっきりしてきた。

速水　そうなんですよ。だけど、あまりにも番組がショー中心になってしまったということで、2011年のバレーボールワールドカップでは、バレーボール協会から試合前のパフォーマンスの禁止という要請が出た。歌がなくなって、テレビのカット割りも変わって、以前は選手がスパイクを決めたときに、そっちよりも応援席にいるアイドルの表情が多く抜かれていたっていうね。さすがにそれはなくなったんで、今までのバレーボールサポーターに比べたらSexy Zoneが映る割合は小さくなりました（笑）。

KinKi Kids〈キンキキッズ〉
1997年7月21日

●硝子の少年

作詞：松本 隆
作曲：山下達郎
編曲：山下達郎
発売：Johnny's Entertainment

◎堂本光一（18歳／6年）
◎堂本剛（18歳／6年）

速水　僕は、ドラマの『金田一少年の事件簿』[*23]が好きだったので、デビュー前の剛君が歌っていた挿入歌が名曲だったのを知っています。だけど、なかなかCDデビューはさせてもらえないという。KinKi Kidsは、デビューするまでが長いなと思ってました。このデビュー曲は、ほんと満を持してだった。あと、山下達郎は山下達郎で、90年代は不遇の時代だった。引退まで考えたらしいんですけど、この

ヒットで踏みとどまったそうです。でも、当時のこの曲の印象は、すごく凸くさいというか、原田真二[*24]?って思いました。これは音楽的にはどう解釈すればいいんですかね。

大谷　難しいですね。短調、どマイナーの曲。でも、山下達郎センセイの仕事としては、ジャニーズではマッチの前例がありますね。このまま音的に賑やかにすると初期マッチの曲に近くなる。それに、うっすらとラテンのテイストも加わっている。ってことで言うと、山下達郎はかなり歴代ジャニーズの楽曲を研究してこのデビュー曲を作ったんじゃないかと。きちんとKinKi Kidsという素材を吟味して、彼らに当てて書いている。山下達郎がKinKi Kidsのファンだってことが伝わってくる名曲・名歌唱だと思います。素晴らしいですね。

速水　達郎が白分の声でとっているデモテープが、一度ラジオで放送されたことがあって、ネット上で公開されていたんだけど、ついに『OPUS ~ALL TIME BEST 1975-2012~』でCD化されています。

矢野　おお、それはぜひ聴いてみます。この曲、あと、光GENJIの「ガラスの十代」のモチーフも引っ張って来てますよね。このあたりで、楽曲的にもイメージ的にも自分たちの過去のものを明らかに参照しはじめている。サンプリング以降の世代、っていうと語弊がありますが、一周してこれまでのジャニーズを自由に使えるような距離感を持っているというか。

速水　そうね。あと、もうひとつ重要なのが、ここで「ジャニーズ・エンタテイメント」というジャニーズの自社レーベルが立ち上げられたことです。今まではさまざまなレコード会社に投げていたレコード制作を自分たちではじめて、原盤権を管理するようになった。これは重要なポイントで、これまではタレントの所属事務所でしかなかったジャニーズがここから、コンテンツホルダーとして、本格的なメディアビジネス、多角経営を始めるんです。いわゆる、ジャニーズのディズニー化ですね。

大谷　それまでレコードの制作を自分たちでやってなかった、っていうのが逆に、今となっては驚きなんだけど。ジャニーズ・エンタテイメントの設立は、2000年代のジャニーズの快進撃を支える大きなトピックですな。あと、映像を見てもうひとつ思ったのは、現在のジャニーズアイ

*23……天樹征丸・金成陽三郎作、さとうふみや画による推理マンガが原作のテレビドラマ。堂本剛主演。日本テレビ系、95年、96年。
*24……77年に『てぃーんず ぶるーす』でデビューした歌手。

ドルがこなしている歌と踊りの絶妙なバランスは、おそらくこのあたりのキンキのスタイルが基盤ですね。

速水　なるほど。

大谷　SMAPはこの前の段階で、ちょっと曲中における歌と踊り……ステップ、振付の難易度の比率が違う。V6も違ってた。で、『硝子の少年』ができるかどうかが、その後のデビューグループのスキル判断になってるんじゃないかな。少年隊は踊りがハンパなかったけど、さすがにあそこまで踊れなくてもいいっていうね。歌もうまいし、踊りも揃ってるし、これは後輩に対してかなりのモデルを示したデビューだと思います。

嵐〈アラシ〉

1999年11月3日

●A・RA・SHI

作詞：J&T
作曲：馬飼野康二
編曲：馬飼野康二
発売：ポニーキャニオン
※フジテレビ系「バレーボールワールドカップ1999」イメージソング

◎相葉雅紀（16歳／3年）
◎松本潤（16歳／3年）
◎二宮和也（16歳／3年）
◎大野智（18歳／5年）
◎櫻井翔（17歳／4年）

矢野　この曲もバレーボール絡みですね。デビュー曲で着ていたビニール製のスケスケの衣装は伝説になってます。

速水　これはすごいですね。「世界一美しい死体」のキャッチコピーが付けられたローラ・パーマー[25]の死んでるときの衣装に近いんじゃない（笑）。

矢野　目立つ要素としては、ラップが入ってきています。DAPUMP[26]なんかが直前にいましたからね。SMAPがニュー・キッズ・オン・ザ・ブロックから入って、ニュー・ジャック・スウィング[27]からハウス[28]も取り込んでいくように、だんだん曲中のブラック感が増してゆくのが90年代後半という時代です。この辺になると洋楽もブラックミュージックがヒット曲のメインストリームになってくるし、やっぱりそういった所を参考にしているんでしょうか？

速水　でも、この曲はラップが入ってるだけで、まだ全然伝統的なジャニーズデビュー楽曲な感じですね。まだまだ日本の歌謡曲のサウンド。

大谷　ジャニーズ的に良くできた曲で、この時期のブラックミュージックの影響はまだあんまりないかなあ。これも馬飼野康二の仕事ですね。おそらく、ジャニーさんから「ラップをうまく入れ込んだ曲作ってよ。m.c.A・T[*29]みたいなの」ってオーダーを出されて、「はい」ってマーク・デイビスがさくっと作った（笑）楽曲の系譜だと思います。レコード会社はポニーキャニオンなのね。そういわれるとポニーキャニオン感がある曲です。レコード会社に合わせて曲を作れる馬飼野康二仕事の名作のひとつかも。

速水　デビューは99年ですね。日本のCDの売上げがピークを迎えるのが98年で、ここを境に売上げは落ちていく一方なんですけど、嵐がデビューしたのはそういう時期だったというのは重要かな。フジロックフェスティバルのスタートが、その前年です。歌手にとって、CDよりもライブが重要と呼ばれる時代がやってくるんです。まあ、ジャニーズの場合は、いつの時代もレコードよりもライブや舞台が重要視されてきたので、言ってみればジャニーズ・ビジネスに周囲が追いつく時代なんですけど。

タッキー&翼〈タッキーアンドツバサ〉

●Hatachi

2002年9月11日

発売：avex trax

◎滝沢秀明（20歳／7年）

◎今井翼（20歳／7年）

速水　その次のグループである、タッキー&翼のデビューは、シングルCDではなくて、アルバムなんです。いよいよCDが売れない時代という意識があったのか、ジャニーズもさまざまな工夫をしはじめるんですが、その先駆けでしょうか。まあ、この時期はまだ「CDが売れない」というより、「シングルCDの売上げが落ちた」って感じですけど。

矢野　90年代末くらいから、音楽業界的には、とにかく売

＊25……デヴィッド・リンチ監督のドラマ作品『ツイン・ピークス』の登場人物。作中、ビニールに包まれた死体となって発見される。
＊26……96年に結成されたダンス／ヴォーカル・ユニット。m.c.A・Tプロデュースによるヒップホップを基調とした曲で人気を博した。
＊27……第3章151ページ参照。
＊28……ディスコから派生した音楽ジャンル。基本的な特徴としては、速いテンポで、1小節に4つのバスドラム音が入っている。
＊29……ミュージシャン、音楽プロデューサー。93年発表の「Bomb A Head!」がヒット。DA PUMPほかエイベックス所属アーティストへの楽曲提供多数。

れるのは過去のヒット曲をまとめたいわゆる「ベストアルバム」ばかりになってゆく。今でもアルバムはまだ一応売れるけど、シングルは普通のやりかたでは本当に売れなくなりましたね。そのあたりの流れも含めて、「デビュー」に関するジャニーズの戦略もこれ以降、楽曲への工夫っていうことを大きく超えて、メディア的な仕掛けも多様化してゆくことになる。2002~2004年デビューのこのあたりのグループは、そういった意味では70年代後半以来の、ジャニーズ再びの試行錯誤の時代のデビューグループかもしれない。まとめて見ていきますと、次は……。

NEWS〈ニュース〉

2003年11月7日

●NEWSニッポン

作詞：KNM PROJECT
作曲：馬飼野康二
編曲：馬飼野康二
発売：M.Co.
※フジテレビ系「バレーボールワールドカップ2003」イメージソング

◎小山慶一郎（19歳／2年）
◎加藤成亮（後にシゲアキに改名／16歳／4年）
◎増田貴久（17歳／5年）
◎手越祐也（15歳／1年未満）
◎錦戸亮（19歳／6年）
◎山下智久（18歳／6年）
◎内博貴（17歳／4年）
◎草野博紀（15歳／2年）
◎森内貴寛（15歳／2年）

速水　彼らもバレーボールデビュー。なんですけど、このシングルは流通形態が珍しいというケースで、最初はコンビニ独占販売だったんです。つまり、レコード店では買えなくてセブンイレブンが独占する形で売り出したっていう。これもかなりの実験ですね。

大谷　これも馬飼野康二さんの作品ですね。仕事人だなあ。あと、デビュー映像を見ると、こんないっぱいメンバーいたんだっていうか……。

速水　それを言っちゃダメ（笑）。NEWSは2012年以後、在籍メンバー4人ですね。日本のポップス史上、もっともメンバーが目減りしたグループかもしれないです。「デビュー」という切り口の逆から見ると、「脱退」とか「解散」とか「移籍」っていう話があると思うんだけど、ジャニーズにおけるグループの終了の歴史っていうのも面白いよね。ジャニーズには卒業というシステムはない、とか。

関ジャニ∞〈カンジャニエイト〉

（関西）2004年8月25日
（全国）2004年9月22日

●浪花いろは節

作詞：MASA
作曲：馬飼野康二
編曲：馬飼野康二
発売：テイチクレコード

◎横山裕（23歳／7年）
◎渋谷すばる（22歳／7年）
◎村上信五（22歳／7年）
◎丸山隆平（20歳／7年）
◎安田章大（19歳／6年）
◎錦戸亮（19歳／6年）
◎大倉忠義（19歳／6年）
◎内博貴（17歳／5年）

大谷　これも馬飼野康二さん！　しかもレーベルはテイチク！　演歌の老舗、テイチクテイスト満載の楽曲じゃないですか。関西発ということも含めて、デビュー曲としても、これもジャニーズ的にはかなりの実験作。

矢野　最初は大阪限定で発売されて、実際、「演歌チャート」に入れられて集計されたっていうね。当時の歌番組の映像を見たんですけど、盆踊りみたいなセットの中で太鼓を叩いたりしてて、衣装が浴衣で。その浴衣の長さとか柄とか安っぽさとかが、絶妙なジャニーズ感です。成人式の暴れる若者を想像してしまったりも……。

速水　ラップの歌詞が「いろはにほへと」って……関西といえばお笑い、ってことなんだろうけど、最近では一番ノベルティ感があるグループですよね。いわば、シブがき隊のライン（笑）。

KAT-TUN〈カトゥーン〉

2006年3月22日

●Real Face

作詞：スガシカオ
作曲：松本孝弘
編曲：CHOKKAKU
ラップ詞：JOKER
発売：J one records（J Storm内レーベル）

◎亀梨和也（20歳／7年）

◎田口淳之介（20歳／6年）
◎田中聖（20歳／7年）
◎上田竜也（22歳／7年）
◎中丸雄一（22歳／7年）
◎赤西仁（21歳／7年）

大谷　関ジャニからがらっと変わって、これはスガシカオ作詞、Ｂ'ｚの松本孝弘作曲ですね。

速水　これは名曲ですよね。２００６年唯一のミリオンヒットです。で、21世紀に入ってミリオンヒットになったシングルって極めて少ないんですけど、最初の10年ではこの曲とＳＭＡＰの「世界に一つだけの花」、森山直太朗の「さくら（独唱）」、修二と彰の「青春アミーゴ」、秋川雅史の「千の風になって」だけ。つまり、ジャニーズ率が6割です。

矢野　すごい時代ですね。

速水　でも、２０１０年代に入ってＡＫＢ48が立て続けにミリオンを出して、ミリオンって言葉が再び出るようになってくるんですけど。まあ、ご存じのようにＡＫＢは１００万人が買っているわけではないと。

大谷　うーん、これは実験作ではなくて、ジャニーズ歴代のデビュー曲でも、かなり名曲の部類に入るものなんじゃないでしょうか。この曲はいいね。ジャニーさんの自信が伝わってくるような感じ。あと、何かしらいろいろやらかしそうなグループだなーということがこの時点で十分に伝わってくる（笑）。

速水　「ギリギリでいつも生きていたいから♪」というサビからビシビシ伝わってきますよね、赤西君のその後の人生を予言していました（笑）。あと、これ、デビュー曲からＪＯＫＥＲこと田中君がラップの詞を書いてます。ジャニーズラッパーの先駆、嵐の櫻井君が自作ラップ詞を起用してもらえるようになったのは、デビュー3年目のアルバム曲から[*30]で、シングルではさらに遅くて4年目から。でも、田中君は十分な貫禄というか、すでにこなれていて大物感がありますね。

Hey! Say! JUMP〈ヘイセイジャンプ〉

２００７年11月14日

● Ultra Music Power

作詞：MSS
作曲：馬飼野康二
編曲：CHOKKAKU
発売：J storm

※フジテレビ系「バレーボールワールドカップ2007」イメージソング

◎山田涼介（14歳／3年）
◎知念侑李（13歳／4年）
◎中島裕翔（14歳／3年）
◎岡本圭人（14歳／1年）
◎有岡大貴（16歳／4年）
◎髙木雄也（17歳／3年）
◎伊野尾慧（17歳／6年）
◎八乙女光（16歳／4年）
◎薮宏太（17歳／6年）
◎森本龍太郎（12歳／3年）

速水　変声期前のボーイソプラノのパートを入れるっていうのは、光GENJI以来ですかね。KAT-TUNから逆に振るかのように、今度のグループはかなりのショタ趣味全開というか（笑）、キャリアの浅い少年の大量投入。コスチュームも揃いで決めてます。

大谷　そしてこれもバレーボールデビューで、馬飼野康二仕事ですね。編曲は歌謡ハウス編曲の名手、CHOKKAKU。大好きな編曲家のひとりです。ブラックミュージックのループ感とボトムの重さっていうのと、歌謡曲の起伏の多いメロディっていうのはなかなかうまくまとめられないんだけど、キンキの「愛されるより愛したい」とかね、CHOKKAKUアレンジはかなり絶妙。この曲だとサビ前のブラスアレンジとかがCHOKKAKU印です。CHOKKAKUさんはSMAPやKinKi Kidsで見事な結果を残して、ジャニーズではおなじみの作家になりました。「Real Face」に続いてのデビュー曲担当ですね。

＊30……「言葉よりも大切なもの」、2003年。

Kis-My-Ft2〈キスマイフットツー〉

2011年8月10日

●Everybody Go

作詞：上中丈弥（THEイナズマ戦隊）
作曲：Samuel Waermo/Stefan Aberg/Octobar
編曲：中村康就
発売：avex trax

◎北山宏光（25歳／9年）
◎千賀健永（20歳／8年）
◎宮田俊哉（22歳／10年）

◎横尾渉（25歳／10年）
◎藤ヶ谷太輔（24歳／12年）
◎玉森裕太（21歳／8年）
◎二階堂高嗣（21歳／10年）

矢野　ここから２０１０年代に入ります。Kis-My-Ft2は、光ＧＥＮＪＩの再来みたいな感じでローラースケートを履いての登場です。ローラースケートはデフォルトではなくて、履かない曲も多いんですが。作曲は外国の作家による共作です。ジャニーズでは２０００年代後半からこうした作りかたの曲が増えてきます。スウェーデンやアメリカから曲を買い付けるとか。Samuel Waermoはジャニーズとエイベックスでよく仕事をしてます。

大谷　ふーん。この曲は……ちょっと全体的にまとまりが悪いかなあ。ボディはディスコだと思うんだけど、その前にラップ寄りの、ミクスチャー的なアレンジが入ってて、さらに冒頭はハイエナジー風。ＫＡＴ－ＴＵＮの「Real Face」に比べれば曲力が薄いかな。歌詞も凡庸ですね。

速水　このグループはデビューまでに時間がかかっているメンバーが多い。ジャニーズは事務所に入っても、ステージには上がるんだけど、グループを組んでＣＤデビューさせるまでには相当に時間をかける、っていうのが常識になっているんですね。事務所に入所してからデビューまで何年かかっているかを調べていくと、ほとんどの人が平均５年くらいはかかってる。キンキのとき、長いなと思ったけど、それでも６年なんですよ。今はもう７～８年が当たり前で、Kis-My-Ft2やＡ.Ｂ.Ｃ－Ｚなんかは10年選手が揃ってる。ただHey! Say! JUMPとSexy Zoneは、極端に若いメンバーを揃えているから短いんだけど。Ａ.Ｂ.Ｃ－Ｚの五関君は入所13年目でのデビューです。

矢野　僕と同い年くらいですね。

大谷　26歳。こうして見ていくと、Sexy Zoneのマリウス君と松島君が1年未満でデビューしているというのは例外的なことなんですね。

Sexy Zone〈セクシーゾーン〉

２０１１年11月16日

●Sexy Zone

作詞：Ｓａｔｏｍｉ
作曲：馬飼野康二
編曲：ＣＨＯＫＫＡＫＵ
発売：ポニーキャニオン
※フジテレビ系「バレーボールワールドカップ２０１１」イメージソング

◎佐藤勝利（15歳／1年）
◎中島健人（17歳／3年）
◎菊池風磨（16歳／3年）
◎松島聡（13歳／1年未満）
◎マリウス葉（11歳／1年未満）

大谷　これも実験というよりは伝統のラインの、馬飼野康二作曲、ＣＨＯＫＫＡＫＵ編曲のジャニーズダンス歌謡曲ですね。なんか、これまで聴いてきたジャニーズデビュー曲に含まれていた要素の中で、不良を抜いたものが全部ごっちゃになって聴こえる……衣装もすごい。

速水　衣装はほぼ宝塚ですね。マリウス君はお母さんが元タカラジェンヌで、宝塚に入りたかったけど男じゃ入れないからと言ってジャニーズに入ったというエピソードの持ち主。ジャニーズはもともと宝塚の要素を踏襲しているので、この融合には違和感はないですね。

矢野　宝塚といえば、「ジャニーズ事務所、冬の時代」のところで話したＪＪＳが、75年に「ベルサイユのばら」という曲でデビューしています。もちろん、当時宝塚で上演されていた『ベルばら』を意識してのことで、衣装の首もとには薔薇を着けていたそうですよ！

速水　Sexy Zoneの源流にはＪＪＳがいるわけだ。

矢野　あとグループ名が入っている曲って、良い曲が多いですよね。嵐の「Ａ・ＲＡ・ＳＨＩ」とか。あの曲の作詞をしたのはSexy Zoneの菊池風磨君のお父さん。

大谷　そうなんだ！　ここにも伝統が受け継がれているのかー。

A.B.C-Z〈エービーシーズィー〉

2012年2月1日

●Za ABC 〜 5stars〜

作詞：作田雅弥
作曲：Tommy Clint
編曲：Tommy Clint　奥山明
発売：ポニーキャニオン

◎橋本良亮（18歳／7年）
◎戸塚祥太（25歳／12年）
◎河合郁人（24歳／12年）
◎五関晃一（26歳／13年）
◎塚田僚一（25歳／13年）

矢野　Ａ．Ｂ．Ｃ－Ｚは本人たちがジャニーさんにデビューさせてほしい、と直談判してデビューしたという逸話のあるグループです。なんとこれ、ＤＶＤデビュー。今のアイド

ルのシングルは、初回限定盤にはほとんどDVDが付いていると思うんですが、いわばそこからCDを抜いて出した、とも言えるリリースで、これも実験作ですかね。作曲は外国の作家です。

速水　10年選手ばかりなので、それぞれのキャリアは長いんですよね。13年とか木星の公転周期より長い（笑）。

大谷　曲はいい感じですね。BPM速め。映像からは少年隊にちょっとコミカルさというか、苦労人感を足したような感じが伝わってきて（笑）、デビュー！　って新鮮さは全然ないけど、芸達者を見る楽しさは十分にありそう。Jr.も映像にいっぱい出ていて、デビュー時でもうすでに先輩感がありますねー。

ジャニーズWEST〈ジャニーズウエスト〉

●ええじゃないか

2014年4月23日

作詞：岩崎貴文／mildsalt
作曲：岩崎貴文
編曲：CHOKKAKU
発売：Johnny's Entertainment

◎重岡大毅（21歳／8年）
◎桐山照史（24歳／11年）
◎中間淳太（26歳／11年）
◎神山智洋（20歳／10年）
◎藤井流星（21歳／7年）
◎濱田崇裕（25歳／11年）
◎小瀧望（17歳／5年）

矢野　ディスコの要素がいくつも入っています。

速水　「愛のコリーダ」だよね。それからマッチの「ギンギラギンにさりげなく」のお祭り感と。

矢野　初期のジャニーズWESTって1stアルバム『go WEST』収録の「P&P」がクール&ザ・ギャングの「Celebration」みたいだったり、ディスコの派手な感じを強調していた印象があります。「ええじゃないか」は、JBと、あとはその後の「ズンドコ パラダイス」に続くドリフターズ感もありますね。そのなかで、ハイハットの刻みがすごく細かいところは2010年代以降のサウンドという感じがします。

速水　お祭りとブラックミュージックを結びつけて洗練させていくのがジャニーズで、そのやりかたはずっと変わらないんだろうというのが分かる曲です。関西出身グループの宿命なのか、ノベルティ、お祭りわっしょい路線が関ジャニ∞から引き継がれているけれど、これにはファンのあいだでも賛否があったりするわけでしょう。関ジャニ∞見ると、そういう路線じゃない音楽がやりたくて脱退するのかと思っちゃうし。でも渋谷君がソロでやりたかった音楽というのも、せっかくの歌唱力をいかせているかっていうとなんだか違う気が……

矢野　たしかに。「3コードのパンクでいいのか！」とか思っちゃいますね。いずれにせよ、コミカル路線一辺倒で行くのはいろいろな意味で厳しいのかもしれませんね。

大谷　デビュー曲のみならずジャニーズWESTのシングルはお祭り路線が多いですが、こればかりやらされるとなったら辛いんじゃないか。歌もダンスも実力はあるのに。こうやって聴いていると、ジャニーズにおける「関西」のイメージとは？　というテーマも派生的に出てきそうですね。

矢野　アルバムを通して聴くと、かっこいい曲も多いんですけどね。「関西」という話が出ましたが、「この地球もほらたこ焼きのかたち」（「浪花一等賞」）と超安直な「関西」イメージを歌う一方で、ファーストアルバムが『go WESTよーいドン！』と題されているなど、底流に「GO WEST」というコンセプトがあるのは面白いです。「ズンドコ パラダイス」もイントロはヴィレッジ・ピープルのオマージュのようで、文化としてのディスコを捉えている感じがあります。

速水　ジャニーズがローティーン向けの音楽を供給し続けるには、やってる側の人たちのプライドが守られる理由が必要な気がするんですよ。もちろんアイドルであることを引き受けるというのと同時に、アーティストとしての能力を発揮する場所を同時に与えてあげてバランスをとらないと、やる側は不満がたまる。

大谷　ファンクラブ会員になって、ファミリーに入ってしまえば音楽的に格好いいところも見えるんだけど、課金が必要（笑）。

速水　でも、クラスの中でイケてるサイドの男の子たちが祭りのときに神輿を担ぐというのも、ある種の日本の地域カルチャーの系譜なんですよ。

大谷　ただ、ファンは「神輿担いでるだけの人たちじゃないんだからね！」と主張したいとは思うんだよね。なんで関西人ばかりがお祭り担当なのか？　とか。関西のジャニーズファンって、関東圏の人との心理的距離感とかあるのかなあ。

矢野　ファンに聞いた話だと、ジャニーズにおける関東／

関西の格差は気になるところらしいです。応援している人が人気が出ると東京に行ってしまったり。この曲も、そのようなジャニーズの構造的問題が表れている曲だったんですね。

King & Prince〈キングアンドプリンス〉

2018年5月23日

●シンデレラガール

作詞：河田総一郎
作曲：河田総一郎／佐々木望
編曲：船山基紀
発売：Johnny's Universe

◎平野紫耀（21歳／6年）
◎永瀬廉（19歳／7年）
◎髙橋海人（19歳／4年）
◎岸優太（22歳／8年）
◎神宮寺勇太（20歳／7年）
◎岩橋玄樹（21歳／7年）

矢野　彼らはJr.時代にMr.King vs Mr.Princeという対決型ユニットとして編成され、その後別々の活動を経て、また一つのグループになってデビューしました。

速水　光とGENJIの光GENJI方式。

大谷　曲はフィリー・ディスコらしいストリングスの王道感ある音プラス、シンセのアルペジオ（でもないな。小さなフレーズ）が上でずっとキラキラ鳴っていて、新しいアレンジですね。これ「仮面舞踏会」の船山（基紀）先生のアレンジなんだ！　すごいなー。最近のダンスミュージック強めのポップスの流行最先端を取り入れつつ、ジャニーズ王道のディスコ・スタイルも抑えているというけっこうな折衷作ですが、曲とタレントの良さを最大限に引き出す素晴らしいアレンジですね。

速水　ただ単に昔のディスコやハウスをやってるのとは違うってことか。

大谷　上モノが現代的なんです。トロピカル・ハウスのサウンドで現代的な音色のシンセのモーダルなフレーズが、ずっと上で解決しないまま鳴ってるっていう。

矢野　この曲、メロディがけっこう難しいですね。

大谷　譜割もすごく細かい。サビの「シンデレラガール」と歌うくだり、頭打ちで合わせるのではなくちょっとタメがあって入っているところが二回ぐらいあって、これは難しいですよ。しかし余裕で歌いこなしてますね。恐るべしです。この歌とダンスがこれからのデビューの基準だとすると大変なことになるなー。

速水　ジャニーズタレントの中でも、キンプリ以降のジャニーズは合格最低ラインがこれまでとは違うんだということだ。

大谷　『ザ・少年倶楽部』[*31]（NHK BSプレミアム）を見ていると、今のジャニーズJr.は大変な進化を遂げています。

矢野　学校のダンス教育の成果ですかね。

速水　もう効果が出たの（笑）、早いな。

大谷　学校教育のおかげかはさておき、ダンスの基礎をいつの時代に身に付けたかによって、身体の使い方がかなり違うから。

速水　カラオケ普及の以前／以後でアイドル歌手の歌唱力の基礎値が変化したと思うけど、ダンスの基礎も相当違いがありそう。昔のアイドルはマスゲームくらいが基礎だったわけだし。

大谷　えーと、「コントラクション（&リリース）」っていう言い方で、モダンダンスの基礎技法には緊張と解放のシステムがあるんですね。キンプリの皆さんはその緩急がばっちり決まってますね。なので、振り付けのムーヴ自体は完全にジャズダンス、モダンダンスに見えるんですが、リズムの取りかたがヒップホップ以後。あと、軸を決めたターンのムーヴをバックビートが取れるノリの中でサッと挟んでくる。それまでインターロック（身体のパーツが連動して動く状態）していた身体を切り替えて、アイソレーション（身体のパーツを分離させて動く状態）が必要な振りも完璧にできるっていう、ダンス面でものすごいキメラなことをやっています。アイドル歌謡伝統の手先の振り付けもあるしね。

ある意味、LDH式のダンス・スタイルに対するアンチテーゼというか、ジャニーズからの総合的な回答の姿勢が感じられます。あちらがヒップホップ・ダンスの日本的取り込みを標準化して全面展開させるなら、こちらは、これまでのショー・ダンスの全ての伝統を統合させて、ものすごい高度なパフォーマンスを、新人が、しかもさらっと見せてやるぞ、っていうね。

矢野　大谷さんのように専門的な見地から言語化できなくても、この曲は誰もが「素晴らしい！」と絶賛していましたね。

＊31……ジャニーズJr.と若手デビューグループが出演する音楽バラエティ。

SixTONES〈ストーンズ〉

2020年1月22日

●Imitation Rain

作詞・作曲・編曲：YOSHIKI
発売：SME

◎ジェシー（23歳／13年）
◎京本大我（25歳／13年）
◎松村北斗（24歳／10年）
◎髙地優吾（25歳／10年）
◎森本慎太郎（22歳／13年）
◎田中樹（24歳／11年）

Snow Man〈スノーマン〉

2020年1月22日

●D.D.

作詞：栗原暁
作曲・編曲：HIKARI
発売：avex trax

◎岩本照（27歳／15年）
◎深澤辰哉（28歳／15年）
◎ラウール（16歳／4年）
◎渡辺翔太（27歳／14年）
◎向井康二（25歳／13年）
◎阿部亮平（26歳／15年）
◎目黒蓮（22歳／9年）
◎宮舘涼太（26歳／14年）
◎佐久間大介（27歳／14年）

大谷　この2つが最新のデビュー・グループですね。なんと2つのデビュー・シングルを合体させて1枚にして出す、という荒技が出ました。ジャニーズ事務所でも、もちろん他の事務所でも（笑）史上初のやりかたではないでしょうか。SixTONESがソニー、Snow Manがエイベックスからのリリースだということで、本当にこれよく実現できたなあと。発売初日（2020年1月21日）のオリコンのデイリーチャートでは「合計77万2902枚」の売上げと発表されています。ジャケット写真は個々のグループのパターンがあり、曲順もSixTONESが先の盤とSnow Manが先の盤があるので、Billboardチャートでは個別の売上げとして計上されていましたが。

速水　今回、増補版を出すための打ち合わせを始めたところは、「もう十分に人気があるのになんでデビューしないんだ?」って話していたんだよね。「anan」でSixTONES（2

０１９年４月３日号）とSnow Man（２０１９年７月３日号）を表紙にした号は、雑誌としては異例の増刷がかかった。

大谷　ジャニーズにおけるいわゆる「デビュー」＝「ＣＤのリリース」以前のJr.のグループが、「アイドル誌」ではなくて「女性誌」の表紙を飾るのは、レアケースなんじゃないでしょうか。[＊32]

速水　事務所としては戦略的に実験していたんだろうと思います。

矢野　デビューさせちゃうと営業にともなうリスクが跳ね上がるから、様子を見ているんだ説も出てましたね。

速水　デビューは、株式公開みたいなものでしょ。デビューするとそこからは減速なしのフルスピードにしないといけないので疲れるよね。チャートの１位が条件とか。

大谷　我々は長年、ＣＤをリリースすることがデビューの条件だととらえてきたけれど、そうしなくてもいけるんじゃないか。それは企業経営の「上場してこそ一人前」という発想をやめようという手法と、方向性が同じであるということですね。

矢野　しかしついに、２０１９年８月８日に２グループ同時デビューが発表されたという。

大谷　で、「デビュー決定」！　の発表があってから、実際に作品がリリースされるまでに約半年の期間が設けられているんです。その間に、YouTubeに開設した「ジャニーズJr.チャンネル」をメインに、ネット上でいろいろな動画を配信して、情報の拡散と浸透を丁寧におこなっている。ジャニーさん亡き後にデビューする最初のグループということで、本当に慎重かつ大胆なプロモーション戦略が取られているなあと感じました。

矢野　ただ、二組の対決を煽るような宣伝の仕方には、一部のファンから批判もありましたね。そして、２０２０年の１月、満を持して「Imitation Rain／D.D」が発売されました。楽曲についてはどうでしたか。

大谷　それで、肝心の楽曲なんですが……まず「Imitation Rain」からいきますと、「ジャニーズ・デビュー曲」の歴史からするとこれはかなり異端な部類に入る楽曲だと思います。これまではたとえデビュー曲であったとしても、それを担当する音楽家の「作家性」をジャニーズは全然、前

＊32……二組の商業的成功を踏まえてか、２０１９年以後はジャニーズJr.が次々と女性誌の表紙に採用されている。

面には押し出してこなかったわけですね。それが今回は完全にYOSHIKI決め打ちで、「世界のYOSHIKI様から頂戴した作品をSixTONESが唄わせてもらっている」という形になっている。話によると、リズムの打ち込みも含めて（ドラムスもなぜか打ち込みなんですが・笑）全部の演奏とアレンジをYOSHIKIが担当したそうで、おそらくできあがってきた曲に対してジャニーズ事務所側から、アレンジへの注文とかリテイクの要請は一切おこなっていないのではないか、と、何度か楽曲を聞いて思いました。その結果、なのだと思いますが、ジャニーズ歴代のデビュー曲の中では格段に「地味」な作品になっている。ノーストリングス。ノーホーン。サビで高音に上がらない。曲を盛り上げる音楽的小技って、最近のJ-POPでは若いバンドでもかなり達者に配置してくることが多いわけですが、この曲はもうすっぴんに近いほど大振りなアレンジですね。逆に言えば、SixTONESの実力がなければ成立しないデカい楽曲をYOSHIKIが投げてきた、とも言えるわけです。

これは一つには、YouTubeでPVがリリースされている「JAPONICA STYLE」の成功、というステップが踏まれている、と僕は思います。個人的には、「JAPONICA STYLE」がSixTONESの実質的なデビュー曲だと僕は受け取っていて、あの楽曲の強度と彼らのパフォーマンス・レベルの高さ、それにPVの完成度は物凄い。歴代のジャニーズ曲の中でも（デビュー曲ということを除いても）破格の出来栄えなんじゃないか。

「JAPONICA STYLE」と「Imitation Rain」を合わせて2曲でSixTONESのデビュー、という風に考えると、僕としてはしっくりくる感じです。

矢野　タッキー自らYOSHIKIに熱烈オファーして実現したようですね。歌詞の世界観から大仰なメロディまでYOSHIKI節が炸裂しています。周囲では「Imitation Rain」より「JAPONICA STYLE」のほうがいい、という声を聞きました。僕も同じ感想です。その意味では、大谷さんが言うように、2曲合わせてSixTONESのデビューという見方もできますね。

大谷　こういった複雑さに比べると、Snow Manの「D.D.」は非常にスッキリと歴代ジャニーズ・デビュー曲の系譜の中に収められる、ザッツジャニーズ優等生的な楽曲だと思います。K-POPからの影響みたいなことを云々されがちな曲調だと思うんですが、ポイントはサビがきっちり歌謡曲的に構築されていること。しかもよく聴くとサビの裏にギターソロが薄くずっと被せられている。これは韓流ではない（笑）。安心して彼らのパフォーマンスを楽しめる曲ですね。惜しむらくは、ＰＶのカット割りとカメラ操作が濃すぎて、ダンスのアンサンブルの魅力が半減しちゃっていること。ライブで観た方がこの曲はずっといいですね。

矢野　シンセの入れ方がＫ‐ＰＯＰ的に思えるんでしょうね。しかし、ハードロックというかラウドロック的な感じも強くあります。ＥＤＭとハードロックが合わさったノリは、一周してＶ６のアップデートだと思いました。

column 1

2013年以降のダンスミュージックの進化

ジャニーズの音楽はとても多彩で、特定のジャンル的傾向があるわけではない。しかし、1960年代の設立当初から、ジャズ、ラテン、ディスコ、ハウス、ヒップホップなど、ブラックミュージックを中心とした同時代のダンス音楽を意識的におこなっているとは言える。アイドルという立場を強みに、まだポップスとして定着していないリズムやサウンドを実験的に取り入れていくこともある。この傾向は、2010年代においても変わらない。2010年代は、ダンスミュージックにおいてもさまざまなトレンドとそれにともなう進化があったが、ジャニーズはお家芸的なディスコ路線を基本にしつつ、そのような潮流と向き合っていたと言える。

まず挙げられるのは、EDM時代におけるディスコサウンドのアップデート。2013年、ダフト・パンクの『Random Access Memories』というアルバムで、ディスコ時代の代表的なプレイヤー、ナイル・ロジャースが迎えられたことに象徴されるように、2010年代のとくになかば、EDM以降のボトム感覚でディスコ曲が作られた。ロビン・シックやブルーノ・マーズ、メイヤー・ホーソーンの活躍も記憶に新しい。この流れに共振するように、ジャニーズにおいても現代的なディスコの好曲が生まれている。思い浮かぶところでは、ジャニーズWEST「P&P」、NEWS「Sweet Martini」、A.B.C-Z「SHOWER GATE」、嵐「Starlight kiss」「FUNKY」など。これらは少年隊からつらなるジャニーズの正統的なサウンドの現代版であると同時に、2010年代の世界的なトレンドとも共振していた。

このディスコリバイバルの流れとも重なるが、そのなかでもっとエレクトロ要素を強めたものもある。これらは、EDMやダブステップといったハードなダンスミュージックとして、2010年代にもっともアピールしたサウンドのひとつだ。バキバキしたシンセサイザーの音は、日本のポップスとしては少し過激に映るかもしれないが、ジャニーズではこれらハードなサウンドも意欲的に取り入れて、EDM歌謡・ダブステップ歌謡とも言えそうな曲が多く作られた。例えば、Hey! Say! JUMP「Ride With Me」、NEWS「Going that way」、Kis-My-Ft2「Brand New World」「FOLLOW」などがそれに当たる。また、サウンド全体にエレクトロ色が強くなっていくのと呼応して、ヴォーカルもエフェクトがかかることも多くなった。Hey! Say! JUMP「NEW AGE」やSexy Zone「MELODY」などは、エフェクトのかかったヴォーカルが印象的な曲である。

このような潮流のなかで、ひときわ存在感を示したのはV6だった。「Supernova」「Sexy. Honey. Bunny!」といった楽曲が収録されたアルバム『Oh! My! Goodness!』は、全体的にかなりハードなシンセ音が鳴っていた。もともとユーロビート系の楽曲で登場したV6は、自分たちのキャリアを更新するように、EDMの曲を歌いこなしていた。「Sky's The Limit」などは、その頂点と言える曲だろう。また、全体を通してエレクトロ要素に振ってきた作品として、嵐『THE DIGITALIAN』が挙げられる。このアルバムに収録されている「Zero-G」「TRAP」といった曲は、エレクトロ要素が強く非常に攻撃的なサウンドである。

ところで、ダンスミュージックのエレクトロ化は、リズムにも大きな変化をもたらした。2010年代は一方で、トラップやグライムなどのジャンルに代表されるように、細かく刻んだリズムを変則的に配置するようなかたちでビートが複雑化した。とくに、ハイハットが細かく刻まれていることが多い。このようなグローバルな潮流は、ジャニーズの音楽にも当てはまる。『THE DIGITALIAN』も、表層のエレクトロ要素以上にビートが複雑化したことこそが重要だ。そこでは、ヴォーカルがチョップ（サンプルを細かく切り刻むこと）され、アイドルの大事な声すらもビートのいち要素となった。

ジャニーズにおける上記の傾向は、2010年代後半にさらに進められた。とくに、『NEVERLAND』以降のNEWSは、それまでの大味とも言える歌謡曲の延長の楽曲から舵を切るように、ビートミュージックの要素を強めた。例えば、エレクトロニカ要素もある内省的なダンスミュージックである「Brightest」などは、リズムを細かく分解したうえで一曲のなかでさまざまなビートパターンに展開させている。「Brightest」は、コンサートにおいてコンテンポラリーダンスのような演出になっていたが、そのようなコレオグラフィーはサウンド面に支えられたものでもあるだろう。加えて言えば、このようなビートの複雑化はヴォーカルのリズムの意識も高める。近作にあたるNEWS「Perfect Lover」やSexy Zone「Blessed」といった曲では、トラックのビートとリズムをズラすように、三連符のヴォーカルがさらりと披露されており、これもやはり、ビートミュージック化以降のものに思える。ヴォーカルも含めた楽曲全体が、ビートとの関係性から作られているということだ。

2013年以降、グローバルなトレンドと足並みを揃えるように、ジャニーズにおけるダンスミュージックも新たな展開を見せている。

（矢野利裕）

Johnny's Studies! 2020

第2章

ジャニーズとコンサート

パラダイス銀河にはまだ早い

大谷　この章は、ジャニーズにおける「コンサート」の位置付けについて考えていきます。今回、僕らが資料として参考にするコンサートの映像は、えーと、シブがき隊の「解隊」コンサート以後のDVD化されているもので、残念ですがそれ以前のコンリートの映像は手に入れられませんでした。しかし、しょっぱなのシブがき隊からしてド肝を抜かれました。

矢野　衣装が強烈でしたねー。

大谷　でしたね。ハンパなかったね！　今回、僕らは解散したグループから現役グループまで、さまざまなジャニーズのコンサートのDVDを見て、歴史的変遷や演出はもちろん、これが興行として実際にペイしているのかどうか？といった具体的な商売の話にまで踏み込んでいきたいと思います。

速水　コンサートは、ショーをお客さんに見せてその代価として報酬を得るというのが基本的なビジネス手法ですが、最近はショーを後日パッケージソフト化して売ることが前提とされるようになった。そうなることで、コンサートにかけられる予算規模も大きくなるんですね。このことは、通時的にDVDを見てゆくことで実感としてもわかります。

矢野　それから、ジャニーズのビジネスの根幹をなすと言ってもいいであろう「ファミリー制度」というものの存在ですね。これ、僕たちも最近まではっきり知らなかったんですが、ジャニーズのコンサートは、基本的にそのグループのファンクラブに入ってる＝ファミリーになってないとチケットが買えなくて、観に行けないんですよ！　で、僕と大谷さんはファミリーに手を回して（笑）、今回の考察のために現場デビューもしてきましたよ。Sexy Zoneの横浜アリーナ公演に行ってきました！

速水　では、その話ものちほど。

ジャニーズコンサートのはじまり

速水　最初にざっと歴史の話をしておきましょう。ジャニーズのコンサートがいつ始まったかというと、当然、初代ジャニーズの1960年代から開催されている。ソフト化されていないので、残念ながら映像では確認できていませんが。

大谷　初代ジャニーズが出演した日劇ウェスタンカーニバルとか、見たいよね。

速水　63年に開催された第19回日劇ウェスタンカーニバルが、初代ジャニーズの初舞台。伊東ゆかりのバックダンサーとして出演してるんですね。「日劇ウェスタンカーニバル」という出し物は、58年に渡辺プロの仕切りではじまり、若者たちのあいだに熱狂的なロカビリーブームを巻き起こしたコンサートシリーズです。ＧＳブームの誕生にも絡んでいて、60年代から70年代の後半まで続いたのかな？　現在、有楽町マリオンとなっているところにあった日本劇場が舞台です。

　この時期の日本のポピュラー音楽のコンサートがどのように開催されていたかというと、ミュージカルやダンシングチームが出演する劇場や公会堂、それに日比谷野外音楽堂のような音楽堂ですね。これらの劇場は、大体５００から１０００人規模のキャパシティが一般的で、日劇はその中でもかなり大きい方だったと。音楽のライブのありかたが変わるのは、ビートルズの66年の来日ですね。ここで、初めて日本武道館がコンサートに使用されます。これはビートルズ側が希望した「1万人以上を同時に収容できる屋内会場」が当時の日本にはまだなかったから、無理を言って使わせてもらったに近い。音響設備のレベルも低かったようです。

＊1……Sony Music Direct、２００４年。

　ビートルズはアメリカでは野球場を使ったスタジアムコンサートをおこなってたんですね。日本でも、これを踏まえて68年にＧＳのザ・タイガースが後楽園球場でコンサートをおこなってます。このときの観客は約2万１０００人。このあたりからコンサートの巨大化の時代が始まっています。とはいえ、そのころのコンサートは、歌をどういう順番で歌うか、どこで衣装替えをするかぐらいの演出しかなかった。特別なセットを組んだり、仕掛けによってアーティストが空を飛んだりもするようになるのは、もっともっと後のお話です。そういう変遷についてはまたのちほど。

●『88・11・2シブがき隊解隊コンサート』[＊1]

矢野　僕たちが映像で見た中で、一番古いジャニーズコンサートは、シブがき隊の解隊コンサートです。１９８８年11月2日に代々木体育館で収録されています。

速水　「解散」じゃなくて「解隊」。ＹＭＯは「散開」って言ってたけど、ＹＭＯの「散開」コンサートの5年後にシブがき隊が「解隊」してる。代々木体育館は第一と第二があるけれど、コンサートの途中で観客を「1万５０００

人」と言っているから、大きいほうの第一体育館でやってるんでしょうね。ちなみに、今回はコンサートがテーマですから、ホールの建築的な要素も語っていこうかと思います。代々木第一体育館を設計したのは丹下健三で、1964年の東京五輪のときにできています。つまり、武道館と同じ時期。

矢野　登場シーンは、ファンのキャーっていう歓声の中から、「僕たちは解隊します、解隊します、解隊します……(ディレイ)」っていう台詞が聞こえてきて、メンバーが姿を現すというものでした。

大谷　代々木体育館なんだけど、ステージの組み方はまるで歌番組みたいな……。

速水　昔のテレビの歌番組でよく見たような、チープなセットでした。『ザ・ベストテン』[*2]や『8時だョ!全員集合』[*3]に出てきた、階段に電飾という基本的なセットを使っていますね。奥から階段が扉状に開いて、焚かれたスモークの中からメンバーが現れるという演出も、歌番組っぽい。

矢野　メインステージから会場の真ん中までランウェイがあって、真ん中のセリ出しステージに出ていくという演出をしていましたが、あれは最近のコンサートでもよく見られますね。

速水　ランウェイが会場の中央にあるという様式は、いつ誰が始めたのかはわからないんですけど、遅くともフォーリーブスのころには、コンサートで使われるようになっていました。後ろに大階段を配置するのは宝塚の影響かな。ミュージカルでも見られますよね、『風とともに去りぬ』の大階段とか。大階段は舞台セットの基本なんですね。それから、なんといっても目を奪われるのが衣装。

矢野　冒頭からすごかったです。肩パッドどころじゃない、肩幅の3倍ぐらいありそうな、肩が横にも上にも張り出しているマントを着て出てきたのに、まず僕は衝撃を受けました。

大谷　ハンパないよね！　それで、その衣装をステージが進むごとに一枚ずつ脱いでいく。脱いでも脱いでもその下から奇抜な衣装が現れるっていう(笑)。

速水　すごくよく言えば、モード風のファッション。80年代後半のDCブランドブームのころだから、一応Y'sやギャルソンがこういうものを作っていてもおかしくない。いや、怒られるな。Y'sが仮面ライダーのショッカーの衣装を作ったらこうなるというのをイメージしてください(笑)。

矢野　あの肩のデザインは、カテゴリーとしては布袋寅泰の肩と一緒ですか？　昔の布袋って、衣装のジャケットの肩幅が異常に広かったのが印象に残ってるんですが。

速水　BOØWY[*4]の解散が88年。BOØWYが着てたのってゴルチエ[*5]でしたね。肩パッドの大きさを比較してみたいところですね。

Y's風でショッカー風の衣装

大谷　同時代のバンドでは、C-C-Bの衣装をアーストンボラージュ[*6]の佐藤孝信が作っていたのが有名だけど。シブがき隊の衣装もそうなんじゃないかな。アーストンボラージュって、80年代に晩年のマイルス・デイヴィス[*7]の衣装も作ってたんですよ。

速水　そうなんだ！　たしかに、こういう服を着てる写真を見たことがあります。やたら肩の張った服を着ているのはマイルスかジョディ・ワトリー[*8]かっていう時代があった（笑）。

ジャニーズ一「部活感」が高いシブがき隊

矢野　コンサートの中盤の「雨の日の君が好き」という曲は、シブがき隊としては意外な感じですね。しっとり聴かせる系で、「われわれシブがき隊と1万5000人のワンフーとで一緒に歌おう。大きな声で歌うように」とヤックんが曲紹介をします。

速水&大谷　ワンフー[*9]！（笑）

速水　いやー、やりたいことはすごくわかる。ミュージカルにおけるバラードね。

大谷　しかし、いかんせんバラードを歌う歌唱力がないっていう（笑）。かなり苦笑いな感じですなあ。

速水　「これが少年隊だったら」と考えずにはいられない

＊2……黒柳徹子、久米宏司会のランキング形式による生放送音楽番組。TBS系、78〜89年。
＊3……ザ・ドリフターズ主演のバラエティ番組。コントとゲスト歌手の歌、コントをまじえた合唱で構成されていた。TBS系、69〜85年。
＊4……81年結成の日本のロックバンド。氷室京介や布袋寅泰などが在籍した。
＊5……J＝P・ゴルチエが主宰するフランスのファッションブランド。
＊6……75年に創立された日本のファッションブランド。
＊7……アメリカのジャズトランペット奏者。1926年生―91年没。さまざまな音楽的ムーヴメントを先導した「モダンジャズの帝王」。
＊8……アメリカのディスコ・グループ、シャラマーのメンバーとして活躍した歌手。87年にソロデビュー。
＊9……ファンの逆さ読み。昔流行った業界用語。

ですね。アマチュア感というか、お遊戯感、部活感のはっきりしたラインですね。

大谷　シブがき隊はコンリートを見ると、ジャニーズの中で一番「僕たちがんばってます！」感がある。コンサートではひたすら走り回って、歌はひたすらシャウトしている。それで、全部の歌が同じに聞こえる。

速水　構成要素がシャウトと走り。それは何かといったら、マッチ感ですよ。

大谷　そうだね。マッチが3人揃っちゃったみたいな。

速水　マッチって、前回も言いましたが、端的に言うと学園ドラマのガキ大将っぽい役をやる人です。森田健作あたりから脈々と受け継がれてきた青春スターならではのシャウトと疾走感。シブがき隊はそれで行こうと。

大谷　3人揃ってそこにしか行くところがなかったと(笑)。

速水　そもそもさっきも言ったように、『2年B組仙八先生』からのデビューなんで、学園臭いのも仕方がないんですけど。

矢野　今見ると、この「がんばってます」感は、AKB48とか、ももいろクローバーZを連想しますな。だって終盤でモッくんが足つってましたもの。

速水　学園路線というと、シブがき隊の少し前に解散していますが、同時期に活躍していたおニャン子クラブ[*10]抜きでは考えられません。おニャン子は、「女子高生の放課後を見せる」というのがコンセプトでした。当時は高校の学園祭であったり、放課後を見せたりするってことがショービジネスの王道にあったんですよ。

大谷　秋元康はそれをいまだに続けているんだね。

速水　時代にあわせてアレンジしてはいると思う。AKBはただ単に放課後を見せるというよりも、気合いの入った部活を見せてる感じ。

大谷　そうですね。ジャニーズの中で部活感がいちばん高いのがシブがき隊で、いちばん薄いのが少年隊と言えるでしょう。

速水　これは大谷さんの名言だけど、ジャニーズとは、「夜とセックスを差し引いたショービジネスの世界」だって。でも、少年隊は「少年」を名乗りながらもデビュー時からそれなりにショービジネスとして大人の世界を見せているんだよね。少年なのに。

大谷　少年隊はいちばんそっち側に近づいているよね。フィクショナルな大人の世界。でも、シブがき隊はとにかくひたすら不器用に走ってシャウトしないとステージがもたない。ただ、歌に関しては、こういう残念なことになっているのは本人たちのせいとばかりは言えない部分もあると思います。

これ、技術的に言うとですね、歌のモニターがステージにないんですよ。今は耳に直接入れるイヤモニ（イヤーモニター）が主流で、それでバランスをとった自分の声も聴けるんですけど、このコンサートは88年だから、まだ使っていない。しかも足元に設置する「返し」って言われるモニターが、どうもステージには見当たらない。ということは、お客さんと同じ音を聴きながら歌ってるってことで、この声援の中だとほとんど自分の声は聞こえてない状態なんじゃないかなあ。

速水　音程を外しているように聞こえるのは、そういう技術的な問題もあるんですね。

ノベルティ性の高さ

矢野　シブがき隊の代表曲、「スシ食いねェ！」はどうですか？

速水　シブがき隊について特に押さえておかなければいけないものがあるとすればこれで、デビュー編の話で大谷さんが言ってたように、ジャニーズの中でこれだけノベルティ性の高いグループはほかにないという部分。
大谷　なんてったって「スシ食いねェ！」ですから。
速水　それから、ジャニーズ史におけるフッくんの存在って何だったんでしょうね？
大谷　何だったんでしょうねって（笑）。
速水　系譜ってあるじゃないですか。ヤッくんは何でもできて、その後の中居君に引き継がれる司会者路線を用意した人だし、モッくんは日本のアイドル史における美形の筆頭。でも、フッくんが僕にはよくわからないの。その後誰になるの？
大谷　少年隊にもいないし、嵐にもいないし……。
速水　彼が持ち込んだものって何？　「ヘイらっしゃい！」か。となると、ジャポニズム要素という、ジャニーズを考える上での本質をもっとも体現していたと言うこともできるか。
大谷　江戸っ子感かね。

＊10……85年から放送された夕方の若者向け帯番組『夕焼けニャンニャン』（フジテレビ系）から生まれた、秋元康プロデュースのアイドルユニット。女子高生を多数集めた。87年9月20日に国立代々木競技場第一体育館で解散コンサートを開催。

●『光GENJI　FIRST LIVE』[*11]

矢野　それでは、シブがき隊の次は光ＧＥＮＪＩの話に行きましょう。その前にデビューした少年隊については、「ミュージカル」という別枠で取り上げます。光ＧＥＮＪＩのファーストコンサートは武道館でやっているんですね。87年です。

大谷　いきなり武道館デビュー。で、オープニングのシーンではローラースケートを履いていませんね。

矢野　履くのは7曲目の「STAR LIGHT」です。デビュー曲から。

速水　序盤ではエルヴィス・プレスリー[*12]の「監獄ロック」とか、ロックンロールナンバーをメドレーでやってます。フィフティーズですね。

ローラースケートの意味

大谷　「STAR LIGHT」を見て気がついたことなんですけど、ローラースケートを履かせるって素晴らしい発明です。まず最大の利点は、ステップを踏まなくてすむということ。ステップを踏むには身体能力と同時に記憶力が必要ですが、さっきのシブがき隊じゃないけど、ステップなしで走り回るのは馬鹿な子でもできるっていうか（笑）、おそらく運動神経さえよければ急ごしらえでも格好がつくんだな。それに動きも大きくなるし、ステージも大きく使える。

速水　コンサートを見ると、踊りができている子とできていない子との差が激しい。明らかに、かーくんは朗らかさでごまかしている（笑）。

大谷　ローラースケートを履いていれば、きれいなステップを踏めなくてもサマになるんですね。

速水　光ＧＥＮＪＩは『スターライト・エクスプレス』という来日ミュージカルの公演にあわせて急遽デビューしたグループですけど、そのときのことを中居君がテレビ番組で話してました[*13]。Jr.がダンスのレッスンを受けているときに、ジャニーさんが「ＹＯＵたちの中でローラースケート好きな子来てくれる？」って招集をかけたので、中居君も「俺も行くべ」って行ったんだけど、初日の練習で転んで痛かったから、その後行かずにいたら、練習に来てたほかの子たちが自分を抜いてデビューしたって。その悔しさをバネにがんばって、ＳＭＡＰでデビューできたって話だったんだけど。光ＧＥＮＪＩの最年少は、73年生まれの佐藤アツヒロ君と赤坂晃君で、中居君はその一歳上ですね。

大谷　中居君は僕と同い年だけど、年下の子に追い抜かれちゃったわけだ。光GENJIって第1章でも指摘したけど、14、5歳の子たちが急遽抜擢されて、デビューさせられているんだよね。

速水　実は僕、デビュー翌年、全盛期の光GENJIを見てるんです。88年の十日町雪まつりで。まわりの女の子たちはもう、「かーくん、かーくん」ってすごい騒ぎようだった。僕はまだ少年隊を夢中で聴いているのに、女の子たちは少年隊なんかもう見捨てているっていうことがわかってショックだったから、鮮明に覚えてますよ。

光GENJIって急にぽっと出てきたのに、すぐにスターになったんですよね。そして、コンサートDVDを見てわかる通り、一発目でいきなり諸星君がセンターをとってる。他のメンバーはみんな年をとるにつれて、すごく変わっていくんだけど、諸星君ってこのあと10年くらい顔も変わらないんだよ。

矢野　デビュー前のかーくんって、家出をして、ホームレス同然の暮らしをしていたんですよね。

大谷　自伝がすごいんだよね。

矢野　僕、実はサイン本を持ってるんです（本を出す）。自伝『くそ長ーいプロフィール』によると、かーくんは住んでいた家が鉄砲水で流されるなど壮絶な人生を送っています。不良でもあり、13歳で家出をして代々木公園あたりをぶらぶらしていたら、ジャニーさんにオーディションに来ないかと声をかけられたっていう経緯ですね。

速水　フォーリーブスにおける北公次とほぼ同じエピソードだ。

矢野　光GENJIというグループの急ごしらえ感というのもさることながら、何年も地道に訓練してきたわけではない、不良のかーくんでもステージで見栄え良くできるものとして、ローラースケートが機能したんですね。

なぜ裸を見せるのか

速水　このファーストコンサートでやっている曲のうち、シングルで出ている曲って、「STAR LIGHT」と「ガラス

＊11……ポニーキャニオン、2003年。
＊12……アメリカのミュージシャン、映画俳優。1935年生－77年没。「黒人のように歌える白人」として物議を醸し、ロックンロールの創成期にスターとなった。
＊13……『中居正広のザ・大年表』2011年10月2日放送、日本テレビ系。

の十代」しかないんですよ。曲が足りないぶんはロックンロールメドレーでつなぐんだけど、ここもミュージカル風なんですね。特筆すべきは衣装ですか。上半身は前のあいたアラベスク模様のベストを羽織ってるだけ。イメージとしては「オリエンタル」なんだろうけど、というかなんで「オリエンタル」なのかわからない（笑）。エキゾチックってことで一括りで、日本も中国も中東も一緒なんだってことでいいんでしょうかね？

大谷　さっきのフィフティーズナンバーからジャクソンズメドレーをやって……さらにもっと脱いでいくんですよ。14歳がこれでいいのか（笑）。ここ、六本木の秘密クラブじゃないよ、武道館ですから。光ＧＥＮＪＩよりもっと昔のアイドル、西城秀樹を代表に、新御三家も裸をよく見せていたけど、なんかこれはもっと少年愛みたいなものが露骨に感じられてヤバい感じがするなあ。みんな身体とか細いし。

Jr.の使い方

速水　シブがき隊の解隊コンサートにはジャニーズJr.がいなかったけど、このコンサートにはいっぱい出てきますね。このコンサートのバックにはＳＭＡＰ、トニセン（Ｖ６の年長3人のユニット、20th Century）、ＴＯＫＩＯあたりがついているようです。ちなみに今日（２０１２年4月8日）は、東京ドームでKis-My-Ft2がコンサートをやっているんですが、彼らはローラースケートを履いてますね。グループのキャラクターは違うけど、伝統が引き継がれている。それから、最近のグループのコンサートでもバックにJr.がたくさん出てきますけど、Jr.をステージ構成でいちばんうまく使ったのが光ＧＥＮＪＩなんじゃないかと。このコンサートでは歌ってませんけど、「剣の舞」（88年）のころから、バックには「平家派」っていうJr.のグループがいました。

矢野　平家派は、反町隆史が本名の野口隆史時代に在籍していたグループですね。ＴＯＫＩＯのメンバーやトニセンのメンバーも。

速水　バックから出てきたジャニーズアイドルはこれ以前にもいるけど、光ＧＥＮＪＩのバックからは、輩出した人材の数がぐっと多くなる。そういう意味では、Jr.のシステムが本格的に確立された時期がここだったと言えるのかもしれない。

●SMAP『LIVE BIRDMAN 1999 SUMMER TOUR』[*14]

矢野　さきほど中居君が光ＧＥＮＪＩに入れなかったという話が出ましたけど、実はそれほど時間を置かずに、ＳＭＡＰが出てくるわけですよね。光ＧＥＮＪＩとＳＭＡＰって、キャラクターが全然違うので、もっと間があいているように思ってしまいます。

大谷　デビューが91年だから、実は4年しか違わないのね。

矢野　第5章でも話に出ますが、ＳＭＡＰの舞台デビューは『聖闘士星矢』でした。この点は、光ＧＥＮＪＩのデビューが来日ミュージカルとのタイアップだった、ということとも関係性がある。ＳＭＡＰはそのほかにも、確か『ドラゴンクエスト』のミュージカルとかやらされてましたよね。マンガとゲームが原作で、子ども向けなんだけど、ブロードウェイミュージカルの方向性も同時に持っていたことには注意が必要です。ジャニーさん的には、森君推し、吾郎ちゃん推しで、ミュージカルの方向性を打ち出したかったようですね。でも、初期に推されていた森君は96年に脱退してしまいます。今日とりあげる99年のコンサートである『BIRDMAN』にはもう参加していません。

コンサートの会場は横浜スタジアムです。このコンサートは、現在活躍しているグループのコンサートの原形というか、どのグループも使っている構成や演出ががっちり確認できて、ジャニーズ的にはとても影響が大きかったコンサートだと考えられます。また、ＳＭＡＰの黒人音楽路線がこのあたりでほとんど完成期に入ってる。なんにせよ、彼らの絶頂期と言える充実作として取り上げてみたいと思います。

ジャニーズの大転換期
――ドレスアップ／ドレスダウン

大谷　さっきの光ＧＥＮＪＩから一気に10年ほど飛ばしたわけですが、コンサートの規模も演出も、相当な違いがありますね。で、これは『聖闘士星矢』路線じゃなくて、もう僕らが一般的にイメージしている「ＳＭＡＰ」のありかたなんです。シブがき隊のステージ衣装を思い出してほし

＊14……ＶＨＳ：1999年　ＤＶＤ：2000年、いずれもビクターエンタテインメント。

いんですが、一言で言ってしまうと、これまで一貫してステージ上ではデコラティヴな「ドレスアップ」をしていたジャニーズアイドルの中にあって、ＳＭＡＰははじめてはっきりと「ドレスダウン」――ファッションにおいても普段着感を前面に押し出すことによって、グループのアイデンティティを生み出すことに成功した。『BIRDMAN』コンサートは、最初にドラマの映像が流れます。これが香港ノワールと『マトリックス』を足したような、ハードボイルドな感じの作品で、ここで着ているメンバーの衣装も、スーツとは言え現実的に着られるものになっている。

矢野　監督は石井克人[*15]です。ＣＭディレクター出身でリアリズム路線というか、オフビートというか――浅野忠信とかを登用してアドリブか劇かわからないような演出を持ち味とした監督です。そんな石井が採用されているのは時代の流れですね。同時期に石井克人は、『世にも奇妙な物語ＳＭＡＰの特別編』で、キムタクを主人公にした短編を作っていますが、キムタクのあの自然な感じというか、いわゆる演技らしい演技ではない部分と相性が良いのかもしれません。

速水　90年代は、ダンス音楽の現場の主流が「ディスコ」から「クラブ」へ変化した時代ですね。ディスコのファッションは、ドレスアップしたスーツで、80年代はみなＤＣブランドを着てディスコに行っていた。

でも、90年代になるとドレスアップが退行して、ドレスダウンの時代になる。その象徴がキムタクのアメカジファッションですよね。それまでのゴージャスなアイドルスターは、「スターにしきの」[*16]的なパロディになってしまう。ジャニーズの中で、ドレスアップ組に位置するのは少年隊です。デビューの「仮面舞踏会」っていうのがそもそも、モーニングとかイブニングとかの正装で行われるという性質の、さらに仮面も被る大変なもので（笑）。少年隊の踊りも、正装のクオリティでした。ＳＭＡＰは踊りも歌も、残念ながら少年隊ほどのクオリティはないけど、それはそもそも流儀が違う。ダンスや歌もドレスダウンしていたと。

矢野　第4章でも触れますが、ジャニーズが出演しているＣＭを通時的に見ても、80年代までが「ここはどこ？」っていうような非日常的な空間が舞台になっているのに対し、90年代以降は、ＳＭＡＰがそのへんにいる若者のように振舞うなど、日常に近づいている印象がありますね。さらに２０００年代になると、ＴＯＫＩＯがヤマト運輸で配達しているとか、嵐の櫻井君がサラリーマンになって居酒屋で飲んでいるとかいった描写にガラッと変わってゆく。カジュアル路線の成功っていう点では、ＳＭＡＰの存在はやはり大きいです。

速水　そうね。あと、コンサートの話で言えば、昔と大きく違う点は、コンサート中の観客の大合唱がなくなっていることですね。シブがき隊や光ＧＥＮＪＩでは、観客がみんなで歌ってたけど、歌わずに聴くという鑑賞のしかたがこのへんではもう浸透している。これもこの10年の大きな変化です。

矢野　それで言うと、ＭＣの変化も感じました。ＳＭＡＰ以降のグループは、クラブで言うような煽りかたをするんですね。ロックコンサートのように「イエーイ！　盛り上がってるかーい！」って言うんじゃなくて、「ナウ・スクリーム！」とか言いそうな、「一緒に騒ごうぜ！」というノリ。やっぱりクラブピープル、パーティピープル対応のＭＣになってる。ちなみに、嵐のコンサートでは櫻井君が「騒げー！」とか言うんだけど、「騒げ！」って、ヒップホップ黎明期のいとうせいこうが、[*17]「ナウ・スクリーム！」の日本版として使い始めて定着したものですよね。[*18]

速水　セットリストでも、いきなり盛り上がる曲をぶつけるのではなくて、演出にあわせた選曲がされてて、一曲目の「ＦＬＹ」とか渋い曲ですよね。

大谷　「ＦＬＹ」は、スライ＆ザ・ファミリー・ストーン[*19]を彷彿とさせるアレンジで、すごいクールなサウンド。音作りとしてはベースライン先行のスカスカな感じにクラビ[*20]が入ってリズムを刻んだりとか、ディスコ的な装飾みたいなのがあまりなくて、これもハードでリアルなイメージにあっていてとてもいいですね。クール。

スタジアムコンサートのノウハウ

速水　このコンサートの会場は横浜スタジアム。野球場です。さきほども言いましたが、日本のスタジアムコンサー

＊15……映画監督、アニメーション監督、ＣＭディレクター。映画『鮫肌男と桃尻女』『茶の味』『山のあなた』等を監督。『キル・ビル Vol.1』アニメーション部分を担当。ＳＭＡＰ出演のＮＴＴ東日本ＣＭ「フレッツ光」、大野智出演の森永ビスケットＣＭも監督している。
＊16……70年代にアイドル歌手として人気を博したにしきのあきら（現：錦野旦）は、90年代のバラエティ番組で「スターにしきの」という弄られキャラとして再ブレイクした。
＊17……タレント・小説家・ミュージシャン。近田春夫らとともに、日本にいち早くヒップホップを紹介した人物としても知られる。
＊18……『Ｊラップ以前　ヒップホップ・カルチャーはこうして生まれた』後藤明夫編、ＴＯＫＹＯ ＦＭ出版、１９９７年。
＊19……白人黒人男女混成の、アメリカのファンクロックバンド。活動期間は67年〜75年。代表作に『Stand!』『暴動』など。
＊20……クラビネッツ。エレクトリック・ピアノの一種。

トの歴史は後楽園球場のザ・タイガース公演から始まっている。有名なのは78年のキャンディーズの解散コンサートなんかですかね。そしてその後に、88年に東京ドームができて、そこからドームコンサートの時代がはじまる。90年代って外資系の大店舗のCDショップが開店したり、ミリオンセラーもどんどん生まれて、日本のポップミュージックが急速に成長して一大産業になっていった時代ですが、コンサートも5万人以上の規模のものが開催されるようになった。

『BIRDMAN』コンサートはそれを経たあとの時代ですね。スタジアムクラスのコンサートというのが当たり前に行われるようになって、10年ぐらい経過している時期。SMAPは、ジャニーズにとって、大規模コンサート時代への入り口を探っていった存在でもあるんですよね。SMAPのコンサートは、現在に至るまでショーアップされた大規模コンサートの最先端を行ってる。

大谷　さっきの光GENJIの日本武道館公演と比べると……。

速水　あの演出・構成でこのスタジアムに乗り込んだら、ものすごくしょぼいことになりそうですよね。Jr.がステージをスケボーでふらふら横切ったりとか(笑)。

もっとも大きな違いは、オープニングで映像を流していたのでもわかるように、巨大液晶モニターの導入ですね。たしか、プロレスやK‐1などの格闘技が90年代に東京ドームとかで興行をするようになるんだけど、音楽よりももっと切実に、彼らの動作のディテールを映すための液晶モニターが会場に必要になる。あと、煽りの映像とかね。こういったノウハウが、コンサートにも共有されている。花道があって、ステージがあって、花火も打ち上げて、レーザーもばしばし飛ぶ。今ではおなじみの光景です。

矢野　あと、客席のうちわにも目がいきますね。

大谷　ジャニーズの「うちわ」で応援、っていう習慣はいつ始まってるの?

矢野　顔写真つきの公式うちわが販売されたのは光GENJIからです。[*21] 名前を印刷しただけのものは、シブがき隊からあったらしい。その前に手作りのものもあるんでしょうね。

速水　うちわの歴史はけっこう長いんじゃない。アイドルの親衛隊文化の流れからきていたり?

大谷　うちわの大きさ問題もあるんだよね。Sexy Zoneのコンサートでも、手作りで持ち込んでる人がいっぱいいたけど、あのうちわって、公式グッズで販売しているサイズに収まらないとだめなんだって。

速水　書かれているコンテンツ（笑）も進化してるはずだよね？　一枚に一文字だけ書いて、並んでる人と一緒に出してつなげると名前になったり。
大谷　Sexy Zoneのファンの子たちは「投げキッスして〜」とか書いてたよ。

レアグルーヴ以降の黒人音楽の再解釈

矢野　途中で、ビージーズ[*22]の「ステイン・アライブ」を挟み込んでやっていましたね。
速水　90年代後半ってディスコはどういう扱いを受けてたっけな。サルソウル・レコード[*23]とかが再発見されて、ディスコクラシックの時期とはいえ、そのときに「ステイン・アライブ」がリバイバルしてた感じはないか。ＳＭＡＰが格好いいなって思うのは、さっきも「ＦＬＹ」でスライをやってるという話が出たけど、基本的にはレアグルーヴ以降の黒人音楽の再解釈というかリバイバルに対する意識ってあるんだよね。振り付けも意識してますよね。
大谷　そうですね。ダンスクラシックのステップがちょこちょこ入ってるし。あと、「ジンギスカン」のカヴァーやってますが……みんなで同じステップを踏んで振り付けをキメて、これはまあ、はっきりとネタとしてやってるね。
速水　この曲をやろうって言ったのは中居君かなあ。「ジンギスカン」は僕や大谷さんの世代にとっては、小中学校の運動会のフォークダンスの曲なんだよね。つまり、団塊ジュニアあるあるの、わりとベタなネタ感のあるチョイス。それに対して、さっきの「ステイン・アライブ」なんかは、ちょっとハズした格好よさみたいなものをイメージして、キムタクが選曲しそうだよね、多分。「ジンギスカン」だと完全にネタ感があって、中居君ってＳＭＡＰの中でもシャウト感、部活感があるタイプなんで、そういう方向に行きそうだし。
　ＳＭＡＰの場合は、レアグルーヴ以降の黒人音楽の再解釈って言い方をしたけど、実際に音楽のプロダクト自体が

＊21……『関ジャニの仕分け∞』テレビ朝日系、２０１２年２月18日。
＊22……63年にデビューしたイギリスのロック／ヴォーカルグループ。70年代にはアメリカを中心に活動をし、『サタデー・ナイト・フィーバー』の挿入歌「ステイン・アライブ」が世界的なヒットとなる。
＊23……３章注６参照。

本格的なクラブ仕様で、アナログで発売したり、スティーヴ・ガッド[*24]やマイケル・ブレッカー[*25]なんていうフュージョン系のミュージシャンに演奏させたりするようになっていく。

矢野　「がんばりましょう」の元ネタは、レアグルーヴの流れで発見されたナイトフライト[*26]というグループの曲ですね。

大谷　たしかにそうなんだけど、ディスコというより、ハウス以降の感覚ですね。サウンドとして、ハウス以降のレイヤーで考えるブラックミュージックのやりかたでもって、歌謡曲を再構築することができている。これ、アレンジのＣＨＯＫＫＡＫＵさんの功績かもしれないけどね。特に97～２０００年までのＳＭＡＰの音はすごい好きですね。

速水　ドレスダウンもそうだけど、音楽的にもクラブカルチャーの流れをくんでいる。コンサートに登場するときも、スーツで決めて格好良く出てきたけど、あれも必ずしも二の線だけを狙っているわけじゃないでしょう。

大谷　あれもバラエティ番組の中で、パロディでドラマをやるというのが90年代に一般化されたじゃないですか。コンサートのオープニングは『レザボア・ドッグス』[*27]的なシーンを『ＳＭＡＰ×ＳＭＡＰ』でパロディにしているような感じにも受け止められる。そういう背景を含めてのコスプレ感、引用感、自己言及感がありますね。

速水　なるほど。

大谷　タランティーノ自体がリバイバルだからね。

速水　90年代ってそういう、すべてがリバイバルでできていた、リミックス、サンプリング、元ネタありきの時代ですからね。

大谷　やっぱり時代の風潮を捉えているんだな。そうするとやっぱ売れる。『聖闘士星矢』じゃ90年代を乗り切るのは無理だったろうなー。こっちに進んで正解でしょう。

世相を反映させるのが歌謡曲の役目

矢野　コンサートも佳境に入ったところの、「ＳＨＡＫＥ」はどうでしたか。

大谷　素晴らしいよ！

速水　これ、僕らのテーマソングですね。このイベントの第0回[*28]をやったときに最初にとりあげた。それが、イベントの開催日がなんと3・11の4日後でした。阿佐ヶ谷でやったんだけど、中央線は止まってて、お客さんどころか自分も会場に行けなくて、どうしようかと思った。

矢野　いやほんと「渋滞のタクシーも進まなくたって」でしたよ。

速水　誰も来てくれないだろうと思ってたから、来てくれたお客さんのこと思うと、いまだに泣けてくる。そのときなぜこの曲をとりあげたかといえば、今こそ聴くべきときだ、そして被災された方々に黙禱を献げようという大谷さんからの提案があったから。「ＳＨＡＫＥ」は阪神・大震災の1年後である、96年に発売しているんですよね。

大谷　世相が大変なときにちゃんと反映させるのが歌謡曲の役目だから、ＳＭＡＰは正しいんです。オウムの事件の後ということでも「ダイナマイト」を出しているし。どっちの曲も売れたし、いま聴いてもどっちも超名曲で、聴くと泣いちゃうんだよね。

速水　そこで言うと、２０１１年の紅白では「ＳＨＡＫＥ」を聴きたかったな。まあ、「オリジナル スマイル」を歌ったんだけど、こういう状況で、誰もが知っているああいうレパートリーを持ってるＳＭＡＰはすごくいいなとは思ったけど。

大谷　世相を反映した歌は、だいたい1年後に出てくるんですよ。だから２０１２年に何が出てくるかには注目です。[*29]

メンバー紹介ラップに見るヒップホップ文化

矢野　ジャニーズのコンサートでよく見られる演出に、メンバー紹介をラップでやるというのがあります。ＳＭＡＰのメンバー紹介ラップにはいくつか種類があって、今では「FIVE RESPECT」が人気があると思うんですが、このコンサートで聴けるのは「Five True Love」という曲。

大谷　この演出はＳＭＡＰが確立して、後輩に受け継がれているもののひとつと言える。ここにもＳＭＡＰの貢献がありました。

矢野　次の人を紹介するかたちで定着させたのはＳＭＡＰ

＊24……アメリカのジャズドラマー。『リターン・トゥ・フォーエヴァー』他、フュージョンの名盤で数多く演奏している。
＊25……アメリカのジャズテナーサックス・ウィンドシンセサイザー演奏者。テナーサックスの演奏スタイルを変えたと言われる。
＊26……70年代後半から80年代に活動していたアメリカの白人黒人混合ソウル／ＡＯＲグループ。日本では、90年代にクラブ界隈で人気を得た。
＊27……強盗を企み失敗したチンピラたちを描くクエンティン・タランティーノ監督・脚本・出演のギャング映画。92年公開。
＊28……「黒人音楽として見るジャニーズ、及びＫ・ＰＯＰ」という前身のイベントがあった。出演は大谷、速水、矢野、西森路代。
＊29……同じことが現状（２０２０年）にも言えるだろう。２０２１年のジャニーズに注目である。

ですが、自己紹介ラップを最初にやったのは実は光ＧＥＮＪＩなんです。93年の諸星かーくん作詞作曲による「2．5．7」ってのがあるんですよ。

速水　あの時代でのラップってそれこそ、何をやろうとしたんだろうね。ＭＣハマーなのかな。

大谷　「2．5．7」を聴いたけど……（笑）。ラップはほとんど「人生」[*30]時代の石野卓球ですな。音楽的には打ち込みユーロをベースにした歌謡曲で、あ、サビもあるのか。よくわかりません（笑）。

速水　「Five True Love」の草彅君のラップはあきらかに中井貴一のラップの影響下にあると思います（笑）。これは、かなり昔、ＮＴＴのハローダイヤルっていう番号情報サービスのＣＭで、中井貴一が「ちょっと聞きたい駅前の、なんとか探してほしいな」っていうと、テレフォンアポインターが「はーいお答えします」ってアンサーしてくれるっていうのがあったんですよ、90年ごろに。そこで中井貴一がラップを披露したのは、日本でもかなり早くて、いとうせいこうの「MESS/AGE」とどっちが早かったかというぐらい（笑）。草彅ラップは、あれにそっくりです。

大谷　99年でまだこういう状態なのか、って感じではある。

矢野　ジャニーズの自己紹介ラップって、前の人が次の人を紹介する作りになっているんですが、僕はそこにサイファー感を感じるんですよね。

速水　サイファー感ってどういうこと？

矢野　特に嵐のコンサートを見て思ったんですけど、彼らくらいから踊りにブレイクダンスが入ってくるでしょう。そのときにメンバーが踊っている次の人を指さして、「次はこいつ」ってやるんですよ。そうやって集団でラップやダンスをすることをサイファーと言うんですが、ジャニーズの自己紹介ラップや嵐のダンスの構成には、そういうヒップホップ文化の文法をすごく感じます。

速水　なんでヒップホップってそういうことをやるの。仲間を確認するってこと？

矢野　表現する主体が自分一人というよりは、次の人も含めた場全体であるっていう共通認識があるからだと思います。

速水　ブロックパーティ文化みたいなものかな。このブロックに住んでいるやつらみんなでパーティやるぜ、っていう。

矢野　そうですね。グループの中で誰かが突出した主役になるのではなく、ＳＭＡＰならＳＭＡＰ全体が主役になるような作り。それぞれが個性を持った仲間というか。ＳＭ

APって嵐に先駆けて、そういう全体の関係性みたいなものを楽しむことができるグループじゃないですか。

速水　それって黒人文化っていうか、ブロックパーティ感っていうか、サイファー感って言っていいのこれ？

矢野　僕はそういうものを感じますね。

速水　それは重要な指摘だと思うなあ。そうか、そこにあるのか、関係性……。

大谷　それは、光GENJIでやってもあんまりうまくいかないだろうなって気がする。

速水　SMAPが個々にキャラクターとか能力が確立されているからできることですね。光GENJIの場合は、お兄さんたち二人がいて、かーくんていうセンターがいてというヒエラルキーがあったわけだし、個性がはじめからかなり確立していたSMAPとはあきらかに違う。

矢野　「ナンバーワンにならなくてもいい、もともと特別なオンリーワン」と歌うだけある。

大谷　このコンサートをやったころのSMAPは、困難を乗り越えていって、ポジションをひとつずつていねいに確立して、ついに大成功っていう時期だから、特にそう見える。

速水　SMAPは、存在の確立は早かったと思うけど、音楽のセールスっていう部分では、ミリオンセラーが出るのは、けっこう遅いんだよね。98年発売の「夜空ノムコウ」が最初なので。

●『KinKi Kids 2010-2011 ～君も堂本FAMILY～』＊31

矢野　この流れで嵐に行けばわかりやすいんですけど、KinKi Kidsの話をしておきましょう。ちょっと混乱させるかもしれませんが。

大谷　デビューの順番で言えば順当なんだけど、キンキを入れると混乱するというか、その特殊性にぶっ飛ばされるというか。

矢野　定例となっている年末年始のコンサートの2010-2011年版について。『KinKi Kids 2010-2011～君も堂本FAMILY～』——このツアータイトルもなかなかすごいですね。

大谷　とにかくオープニングからしてすごい。イントロが

＊30……現・電気グルーヴの石野卓球、ピエール瀧らが結成していたテクノポップユニット。80年代後半に活躍。
＊31……Johnny's Entertainment、2011年。

ハンパなく長い。そして、まずは地球の映像から始まる。ヤバい。そして登場しても、ずっと歌いもしないし、しゃべりもしないし、にこりと笑いもしないで、延々と立ったままクレーンみたいなので運ばれていく（笑）。ものすごい実力の持ち主にだけ許される登場の仕方ですよね。

宇宙・未来・神秘

速水　オープニングで彼らが白い服を着ているのは、会場が宇宙だってことを表現しているんだと思います（笑）。宇宙服が白い理由って、白色は光を反射して、宇宙空間で一番映えるからだけど、まさに彼らの衣装の白の意味もそれと同じだよね。

矢野　KinKi Kidsと言えば、堂本剛君が平安神宮とか宗教的な場でコンサートをやっているというのが見逃せません。ジャニーズはいろんなところでライブをやってますけど、剛君はその中でも異質。飛鳥石舞台とか薬師寺、平安神宮とか、聖地系ライブが多い。彼はシャーマンのように、自分を媒介にして宇宙のリズムを体現するっていう、すごい世界観を持っている。ある意味、芸能史における正統のアイドル（偶像）ですね。

速水　やっぱり宇宙につながっているんだ。

大谷　スピリチュアルですね。で、コンサートは、ようやく歌が始まったと思ったら、いきなり歌い上げるバラードで、歌詞の世界観の規模がハンパない。なんだか、「火星へいくのだろう」って歌ってます。これを剛君が普通に歌い上げて、大拍手。その後のMCがまた長い。２、３曲歌って、そのあとMCが20分以上続く。

矢野　関西的な、って言っていいのかわかんないですけど、フリートークでお客さんを笑わせたい欲望がありそうですね。しゃべりも軽妙です。

堂本剛はジョージ・クリントンの再来

大谷　SMAPで液晶モニターがでかくなったという話をしましたが、このキンキのステージにあるモニターの大きさときたら、SMAPから10年で、これ、何倍くらいの面積になったのかなあ。10倍じゃきかないよね。一説によると、レンタルでうん億円かかるとかいう話ですが……。

速水　この大きさのパネルが5面も設置されてるからすごい。

大谷　見切れてるだけで、もっとあるかもね。高さもビル

５階ぶんくらいはあるんじゃないか。で、それが全部音楽にリンクした映像を映している。コンサートといっても歌だけ聴かせるってわけじゃなくて、これは完全にアミューズメントパークというか、テーマパークというか、ディズニーランドとか、方向性としてはそういった方に向かってますね。

速水　ここまでしてなぜ宇宙を再現するのかっていうのも注目すべきところ。宇宙服みたいな衣装を着たり、ステージに宇宙船みたいなものを出したりとか、ショーに宇宙を持ち込むという演出には、歴史的な系譜があるじゃないですか。たとえば、ミラーボールって、ぐるぐる回してライトを当てて光をとばすけど、基本的にプラネタリウムみたいなものであり、宇宙を再現する道具なんですよね。細かい話は専門書に当たって欲しいんですけど、黒人音楽の系譜の中に「アフロ・フューチャリズム」という概念があって、ジャズ出身のサン・ラ[*32]、ジョージ・クリントン[*33]率いるP-FUNK、それにアース・ウィンド&ファイアー[*34]など、黒人音楽の一派には、宇宙を舞台にして活躍する、っていう思想を持っている人たちがいる。

矢野　たとえば「ザ・セイント」という、80年代前半に人気があったニューヨークのディスコも宇宙をテーマにしていて、ハコ全体がプラネタリウムでした。で、当時ニューヨークで活動していたＤＪの高橋透がディレクターとなって、その「ザ・セイント」や「パラダイス・ガラージ[*35]」を参考にしてオープンさせたのが90年代前半に芝浦にあったクラブの「ＧＯＬＤ」。といった感じでディスコと宇宙は関係が深い。ちなみに日本で『スター・ウォーズ』が流行ったときに、宇宙船のイメージを意識的にとりいれたのが赤坂のディスコ「マンハッタン」です。オーナーは細木数子[*36]だから、やはりスピリチュアルですね（笑）。ともかく、

＊32……アメリカのジャズミュージシャン。１９１４年生-９３年没。ビッグバンド「アーケストラ」を率い、アヴァンギャルドな音楽性を発揮した。アフリカ回帰や宇宙に関する世界観を語り、自らを土星から来た使者と称していた。

＊33……アメリカのミュージシャン。ファンカデリック、パーラメントというファンクバンドを率いた。この２バンド自体と、その音楽性を指す言葉がP-FUNK。パーラメントのアルバム『マザーシップ・コネクション』は「エイリアンが宇宙船に乗ってファンクを伝道しにきた」というコンセプト。70年代のライブのステージでは宇宙船から降りてきて、帰っていったという。

＊34……70年代を代表するアメリカのソウルグループ。グループ名、アルバムタイトル、音楽性など随所にスピリチュアルな思考が見てとれる。代表曲に「宇宙のファンタジー」など。

＊35……80年代に黒人ゲイ層を中心に人気を博したニューヨークのディスコ。ＤＪラリー・レヴァンのプレイが有名である。

＊36……六星占術の占い師、実業家。２０００年代にはタレント活動をして有名だったが、20代は銀座や赤坂でクラブ経営をしていた実業家である。

黒人のちょっと才気走ったアーティストの中には、宇宙っていうものをモチーフにしたり、自分が宇宙人だったりっていう系譜がずっとあるんですよね。

大谷　デトロイトテクノにもつながっていきます。その系譜をいまいちばん色濃く引き継いでいるのは、アメリカの黒人ミュージシャンではなく、ENDLICHERI☆ENDLICHERIだっていう説を唱えているんですが（笑）、剛君の宇宙志向、そして聖地志向は、日本の「アフロ・フューチャー」に他ならない。「過去が未来なんだよ」って言っているでしょ。戻ることが未来なんだって。ENDLICHERI☆ENDLICHERIって何ですか？って訊くと、太古から生きている魚の名前です、とか、すごいことをいっぱい言うじゃないですか。ワイドショーで見た記者会見でも、ケリーは宇宙船から降りてきて、ギターひきながらアナウンサーに答えてました。完全にＰ‐ＦＵＮＫ。

矢野　KinKi Kidsのステージの演出には、ジャニーズコンサートのノウハウに加えて、そういう別の文脈が読み取れます。

大谷　世界遺産とか「聖地」とか、地球外から来たっていうような、あのー、もうドレスアップすぎてわけのわからないところまで振り切った感じがKinKi Kidsのコンサートにはありますね。これがＳＭＡＰと対偶になってるところが、さすがジャニーズ。奥が深いです。

●『ARASHI 10-11 TOUR "Scene" 君と僕の見ている風景 in Stadium』[*37]

矢野　で、ＳＭＡＰの正統な継承者っていったら……。

大谷　それは嵐でしょう。あと、いろいろなコンサートを見た中で、現在形のジャニーズグループのコンサートとしては、おそらくほぼ完成形に来ているであろうと思われるのが、嵐のコンサートですね。『君と僕の見ている風景 in Stadium』のＤＶＤを見ましたが、金のかかりっぷりがハンパないですよ。まず規模がでかい。国立競技場。で、演出がすごい。スクリーンにメンバーそれぞれが映し出されて、イントロがあって出てくる。これはジャニーズコンサートの基本通り。しかしこのコンサートでは、嵐のメンバーが滝の中から出てくる！　国立競技場に水ざーざー流して滝作っちゃうんだよ。いやあ面白い。わざわざそんな演出するかねー。

矢野　自己紹介ラップの伝統も確認しておきましょう。このコンサートでは「Attack it!」っていうラップ曲をやって、その間奏でメンバー各自の挨拶をまわしていきます。ＳＭ

APの「Five True Love」のような、メンバーのキャッチフレーズをラップしていくというのとはちょっと形式が違いますけど。[*38] どうですか、嵐のラップは。

大谷　うまくなってますよね。進化している。

矢野　ラップのバリエーションが増えましたよね。

速水　今はじめて気づいたんけど、松潤のラップにはちょっとフッくんが入ってるよね（笑）。松潤って、センターにふさわしいようなスター性の持ち主なんだけど、どこかセンターに徹しきれない抜けている部分があるじゃないですか。もしかしたら、これってフッくんの「ヘイ、らっしゃい」の血が入ってるからなんじゃないかな？

大谷　かもしれないね。

嵐の再ドレスアップ化とキャラクター

矢野　どのぐらい大がかりな舞台演出をするかという話としては、松潤のソロの「Come back to me」が凝ってますよね。モニターがゲームの画面みたいになっていて、天井から吊された松潤がマリオみたいに障害をクリアしていく。メインイベントの導入部の「サーカス」っていう曲の前にも、松潤と相葉君の二人が天井から吊り下げられて、天井を逆さに歩いたり、空中で組体操みたいなことしたり。これ、忘れちゃいけないのはコンサートのひとコマだってことで、ワンステージにここまでいろんなことが盛り込まれているわけですよ。マイケル・ジャクソンあり、サーカスあり、ゲームあり。音楽のライブっていうよりは総合エンタテインメント。

大谷　このコンサート、ほんとに面白いですよね。アイディア満載。ジャニーズの舞台装置として、リフター[*39]とか、アリーナ外周を回るトロッコ（フローターとも）とか、あと、松潤が2005年のコンサート『ONE』で考案したと言われるムービングステージ[*40]とか、実は嵐の舞台で導入されたものって多いんですよね。気球もそうなのかな。[*41]

矢野　演出も装置も、本当に見入っちゃいます。それから、

*37……J Storm、2011年。
*38……2004～8年までは「La Tormenta」というメンバー紹介ラップ曲をやっていた。しばらくセットリストから消えていたが、2012年の国立競技場公演『アラフェス』で久々に披露された。
*39……一人一人が乗って、ドームの上のほうの席の高さまで上昇する機械。99年のSMAPコンサートのころは撮影用のクレーンに乗っているように見えるが、近年は専用機ができた。
*40……スケルトン素材のステージがアリーナの客席の上を移動する。今は他のジャニーズグループにも、他事務所のアーティストにも使われている。サイズは大きいが人力稼働。

ちょっと指摘しておきたいのは、ＳＭＡＰ的なドレスダウン感に対して、嵐はまたちょっとドレスアップしてるんじゃないのかという点ですね。

大谷 コンサートのメインのあたりで、衣装としてはやっぱり「変」な格好してるよね。

矢野 ピエロみたいな衣装を着て出てくる。マントになっていて、脱ぐとその下からまたギンギラギンの甲冑みたいなすごい服が出てきて、その姿でメインの「Monster」を歌うという。

大谷 でも、ジャニーズにおいては意外とまともなほう？

速水 あれもけっこうギリギリじゃない？

大谷 シブがき隊に比べたらぜんぜんなんじゃないですか。

速水 いや、だって、嵐にあれ着せる必要あるのかなって思うけど。いわば、ジャネット・ジャクソンっていうか、もう一歩で『PLAYZONE』の悪役の衣装だよね。

矢野 でも、これだけやっても、嵐にはシブがき隊的なノベルティ感って薄いですよね。むしろ、キャラとして平気で引き受けてるジェントルさっていうか、余裕まで感じられる。

大谷 だけどアンコールはＴシャツで出てきてる。

速水 なんだろこのＴシャツ姿。コンサートＴシャツを着て出てくるんだけど、その前までの衣装とのギャップがハンパない。

大谷 販促じゃないの？

矢野 とはいえ、ドレスアップしてさんざん着飾ったすえにＴシャツで出てくるという、この振り幅の広さが嵐の魅力を表していると思います。少年隊はずっと着飾っているし、ＳＭＡＰは逆に感覚としてはずっとＴシャツですから（笑）。

大谷 こうやってみると嵐っていうのは、ミクスチャーですね。先輩がやってきたいろんないいところをうまく使っている感じがする。

Sexy Zoneのコンサートに行った

大谷 で、僕と矢野君はSexy Zoneのコンサートに行ってきたんですよ。２０１２年、３月29日の横浜アリーナ公演。

速水 どうでした？

矢野 会場に入ってまず、規模の大きさに圧倒されました。わかってたはずなんですけど、おっきな会場ってのが、僕はなんだかんだＺｅｐｐ東京くらいしかイメージになかったんですね。

速水　全然大きくないじゃん。大きい会場のコンサートに行ったことがなかったってこと？

矢野　小さなライブハウスにしか行ったことなかったです。だから、舞台は正面にあるものと思っていたんですけど、アリーナ会場って３６０度開けているので、びっくりしました。

大谷　Sexy Zoneのコンサートは翌日のワイドショーでの報道によると、公演1回あたり1万４０００人が入っていたとのこと。僕らの席って3階席だったんですけど、アリーナから3階までぎっしり入ってまして、それで、僕らのうしろがおそらく女子中学生で、「キャー！」って叫び声がすごいんですよ。僕の耳のすぐ後ろで叫ぶんで、そのたびに鼓膜がびりびりびりびりびりーってなった。

速水　客層自体はみんな若い？　ジャニーズのコンサートって、グループによってまったく年齢層が違うよね。

大谷　若い。若いけど、となりはお母さんとちっちゃい娘さんの親子連れでした。よく見るともっと上の人とかもいて、三世代くらいのレベルで来ていましたよね。

矢野　ボリュームゾーンとしては女子中高生で、あのファンのありかたってのは新鮮でした。それから途中のＭＣの時間で、記者会見が始まって。

大谷　ガチ記者会見で、えらく長かった。あんまり長いんで、さすがにちょっと心が折れそうになった（笑）。A.B.C-Zが来てて、なんやかんや絡んで、取材にきているメディアがインタビューしたり撮影したりという時間。

矢野　司会者に「投げキッスをお願いします」とか言われて、Sexy Zoneの子たちが投げキッスをしたときに、となりの中学生の女の子がこう、わなわなしてるの。なんていうんですかね、「今、中島君と目があった」「わたしに手を振ってくれた」みたいなことよく聞くんですけど、実際に見てみると、あのありかたってすごく新鮮だった。こっち見てくれたらファンとして成仏できる、みたいな（笑）。僕もわりとそういう気持ちは共有できましたね。手を振ってくれたら「わーい！」ってなりましたよ。

速水　ショーとしての完成度とか、演出の凝り具合ってどうなの？

大谷　いきなり吊り下げられて出てくるんですよ、空中に。

矢野　天井からゴンドラで下りてくるんです。空中はやっ

＊41……嵐の2007年のコンサート『ARASHI AROUND ASIA+ in DOME』で初登場。その後ＮＥＷＳ、関ジャニ∞、ＫＡＴ-ＴＵＮのコンサートでも使用されている。グループごとに特色ある形状や使い方が見られ、進化している。

ぱ、テンションがあがります。

大谷　いや、僕は、なんかかわいそうだなあって思った(笑)。「いきなりぶらさげられてるわー」って。

矢野　けっこう冷静だったんですね。

大谷　子どもがぶらさげられてるなあ、かわいそうにって(笑)。あとね、かわいそう感で言うと、内装がちょっとね、なんか場末っていうか、近所のスナックみたいな感じなのね。紫と蛍光ピンクとか使って、すげえ安っぽい感じ。ヒラヒラした布がぶらさがってたりとかさ。あのー、同級生が飲み屋始めたっていうから、お祝い半分で遊びに行ったら、前の店の内装をそのまま居ぬきで使ってて、椅子がちょっと悪趣味でロココな感じで、カウンターにカラオケとかもあって、で、そこのたぶん10歳くらいの子どもが店を手伝ってて、チャームとか持ってきてくれたり、店の端っこで宿題やってたりとかしてんだけど、その子がむちゃくちゃ美形だっていう……こんな説明じゃダメか(笑)。いや、応援したくなるじゃない、店大変だろうけどがんばってねーみたいな(笑)。このペンライト(薔薇の花の形)もスナック感たっぷりでしょ。

速水　たしかにね。

大谷　天井に肖像画みたいなのも吊り下がっててさ。それがまた、「うちの店の指名ナンバーワン」みたいな感じを出してる。水商売な感じ。いや、実際にはそこそこお金もかかっているんだと思うし、女子アイドルのステージはもっともっと舞台が質素だって話も聞きますし。でも、たとえば嵐と比べちゃうとね、ちょっと違うという。

矢野　僕は、セクゾンにはやはり宝塚的な性格を強く感じました。マリウス君がいるから、というのもあるけれど。ドレスアップ／ドレスダウンで言えば、完全にアップ方向に対応できるスター性があると思います。バラエティ番組を通過した親しみやすさではなく、ステージで魅せることができるという点では貴重な存在ではないでしょうか。さきほど、嵐が再ドレスアップ化しつつもTシャツにもなれる振り幅があると言ったんですが、彼らはTシャツにはなれない気がした。こういう世界観の構築力がとても強いです。

速水　セクゾンはドレスアップ方向なんだ?

矢野　ヒラヒラの付いた王子様風の衣装を着たりもしていて、『少女革命ウテナ』[*42]とかと比較されたりもするみたいだけど、そういう衣装でもネタ感はあまり感じなかったですね。もちろん、ジャニーさん的な特異性はありましたが(笑)。

セクゾンって、年上組の菊池君と中島君がいて、年下の3人がいて、という単位でフォーメーションが組まれている印象があるじゃないですか。これもすごく良いんですよね。相互にキャラ立ちが起こっていて、舞台映えするんです。特に僕は佐藤勝利君が印象的でした。まだ無邪気さが残るマリウス君、松島君に対して、彼の目には、アイドルとしての責任感みたいなものを感じた。妄想かもしれませんが（笑）。MCとかもしっかりしていて、年上組も含めた他のメンバーと比べても、すでにかなりのプロフェッショナル感を感じました。ああいう優等生タイプは好きですね。

ポピュラーミュージックにおけるファンの捕まえ方

大谷　あ、もうちょっとセクゾンコンサートの話を続けると、チケット代は一律で、アリーナだろうが3階席だろうが、値段は変わらないんですよね。正直、ファンすごいなって思いました。

速水　ジャニヲタだと、東京ドームのチケットの「40ゲート」の文字で、天井席だってわかるんだって。

大谷　このままコンサートシステムの話に入りますが、まず私と矢野君、自分じゃチケット買えないんですよ。ファミリーじゃないから。「ファミリーじゃない」って何のことだかわかりますか？（笑）

速水　ファミリー？　マフィア？

大谷　ジャニーズファミリー。ジャニーズのコンサートは基本的に、ジャニーズファミリークラブの会員にならなければチケットを買えないんですよ。今回は会員の人に一緒にとってもらったんだけど。えーと、『滝沢革命』とかは違うんですっけ？

客席　帝劇などの公演は、劇場のプレイガイドで、一部扱っているものもあります。

速水　フォロー、ありがとうございます（笑）。とはいえ原則的には、「コンサートを観たいなら、まずファミリークラブの会員になってください」っていうのがジャニーズのチケットを入手する前提条件になってるんですね。「ファミリー」って名乗ってるのがまたいいですよね。ファン

＊42……学園を舞台に男装の麗人が活躍する、耽美的な世界観と前衛的な表現が話題を呼んだアニメ。1997年、テレビ東京系。漫画、ゲーム等のメディアミックスも行われた。

クラブとはちょっと違う。

矢野　趣がありますよね。

大谷　ファンなんじゃない、ファミリーなんだっていう。それで、手続き的に言うと、どのグループを応援するかを決めるんですね。たとえば、嵐のコンサートに行きたいと思ったら、ジャニーズファミリークラブの嵐のファンクラブに登録する。他のグループが見たいと思ったら、それはまた別途登録しなければならない。登録料がいります。入会金1000円、年会費4000円。

速水　ファンクラブの会報みたいなものはあるんですよね。

大谷　年に4回発行される。ここにありますけど（会報を取り出す）、年会費4000円ならもうちょっとがんばってもよさそうな気が……。オールカラーだけど、ホッチキス留めですからね。

速水　もうちょっと中身あってもいいんじゃないの？　って感じはしますよね。会報はあったとしても、ファミリー会員の人たちは、もちろんこれが欲しくて会費を払っているわけではなくて、目的は当然チケット購入の権利であると。これも一種のファンを囲い込んでいくやりかたなんでしょうね。

大谷　あと、かつて衝撃的だったのは、会員のあいだでの通称「振り込め用紙」という制度ですね。コンサートの申込用紙が郵便払込用紙なんですよ。2016年までは自分が行きたいコンサートの日時のコード番号を書いて、郵便局でチケット代を先に払い込まないと申し込めなかった。しかし、ネット申し込みで当選後の支払いという形式が嵐のコンサートから順次他のグループにも採用され、過去の風習になりました。

矢野　そうやってファンを囲い込んでいくやりかたの原点はどこにあるんですかね。

速水　大谷さんがやっているジャズは、ポピュラー音楽のはしりと言っていい音楽分野だけど、ジャズはどこでやるのが商売かといったら、ニューヨークのジャズクラブ。常にジャズのコンサートを開いていて、演奏聴きながらお酒を飲んだりするような場所ですよね。アウラ[*43]という言い方をするといいかもしれないけど、ジャズのアウラはどこにあるのかといったら、ジャズクラブですよね。

大谷　ライブですよね。ジャズはライブがあるということが前提になっている。

速水　ジャズでは、レコードなどの音源はライブよりも重要度が低いというか、「何年の誰々のライブ」を音源化するということがパッケージビジネスになっていく。でも、同じポピュラー音楽でも、ロックンロールになると、そこが違ってきます。最初にレコーディングがあって、発売されたレコードを再現する場所がライブなんです。オリジナルがある場所がジャズとロックは逆になっているんですね。ジャズはクラブにあり、ロックはレコードにある。

そういう見方をすると、アイドルはロックの流れで捉えていいと思うんだけど、だいたいがまず「レコードありき」ですよね。レコードを出して、それのプロモーションとしてライブをやったりするという関係性。ジャズとは逆。

大谷　そうですね。60年代以降のポップスはそういう形態がメインですね。レコードで知ってから、ライブを観に行くっていう形です。

速水　で、この状況において、ポップスのお客さんとはレコードを買ってくれる人のことです。そのレコードを知らしめる場所、PRする場所はラジオであったりテレビであったり、時代によって変わるんだけど、お金が直接的にやりとりされるのは、レコードの代金として動いてゆくとき。ただし、ジャニーズの場合は、それとは違うところにアウラがあるんじゃないかと。あとでその話もしたいと思います。

大規模コンサートのはじまり

速水　そこでコンサートがどういう役割を果たしたか、歴史の面から見ていきましょう。あんまり古くまで遡ってもきりがないので、ビートルズから始めようかなと。ビートルズってやはり、いろんなもののはしりですから。

先ほども軽く触れましたが、最初にスタジアムでコンサートをやったロックバンドはビートルズです。65年のアメリカ公演の会場はニューヨークのシェイ・スタジアムで、66年に日本に来たときは武道館が会場でした。当時の日本で音楽を演奏する場所というと、ウェスタンカーニバルをやってた日劇だったり、県民会館や公会堂だったりしましたが、そのクラスだと収容人数は1000人、2000人というところです。なんにしても1万はいかないわけで、そこで64年の東京オリンピックのときにできたばっかりだった武道館に目が付けられた。あそこなら入るぞ、と。

ただ、柔道や剣道といった由緒正しい武道の会場なので、

*43……ドイツの思想家、ヴァルター・ベンヤミンが用いた概念。芸術作品に宿る唯一無二の性格。オーラ。

「ベートルズとかいうやつらには貸せない」って最初は言われて。日本武道館会長で読売新聞社主の正力松太郎が文句を言ったんですよ。あんな野蛮な連中に貸せないって。そうやってもめたんだけど、結局は、彼らは英国王室から勲章をいただいている大事なお客さんなのでやらせてくださいってことになった。

矢野 そうなんですか。最初は正力松太郎が反対してたんだ。

速水 しかし、プロモーターと武道館のあいだでは、すでに契約は交わされていた。マッチポンプだった。そもそも、ビートルズ公演の主催者には、正力の読売新聞が名前を連ねていたわけだし。それで、68年のタイガースの後楽園球場でのコンサートと来て、GSって完全にビートルズの真似をして出てきたものなので、コンサートもおんなじビジネスモデルでやったわけですね。こうしたGSのコンサートっていうのが、その後のいろんなコンサートビジネスのモデルになってる、という流れです。

アウラのありか

矢野 初代ジャニーズが最初に立ったステージは「ウェスタンカーニバル」ですが、そのときはまだジャズ的なポップスの文脈も残っていますよね。舞台ショーの一環なので、アウラ＝オリジナルがまだライブのほうにある。60年代はおそらく、舞台人とミュージシャンとがステージを通して連続性を持っていた。そもそも、初代ジャニーズがデビューしたテレビ番組『夢であいましょう』だって、音楽ライブやコントなどの舞台をそのままリアルタイムライブとして放送していたものだから、舞台演芸の延長という感覚だったと思いますよ。

速水 ジャズ的と言うより、舞台でしょうね。ジュリーとかも歌手で出てきてすぐに映画に行き舞台に行き、っていうのがあるから、そんなに違いはないかな。打ち合わせの段階で大谷さんが言ってた話でおもしろかったのが、『平凡』って雑誌の話。あれってまたアウラの場所が違うっていう話ですか。

大谷 そうですね。アウラって言葉使うと微妙な話になっちゃうけど、どこに価値を求めて、なんにお金を払うか、つまりいちばん重要だと考えられている場所が、芸能界全体の中でいろいろ移動していくわけですね。『「平凡」の時代――1950年代の大衆娯楽雑誌と若者たち』という研究書があって、読者研究の部分を読むといろいろ興味深い。

速水　『平凡』ってみなさん知ってますかね。87年の時点で休刊した雑誌です。

大谷　今はもうありませんね。『平凡』はアイドル雑誌で、グラビア雑誌だったんですが、昭和30年代が絶頂期だった。で、それを読んでるファン同士が交流するっていう手紙のコーナーがあって、事務所気付でファンレターも送れる。

速水　アイドルとファンをつなぐものとして、事務所とファンのあいだに雑誌がある。

大谷　ライブには行けないっていうか、ライブ自体もそもそもやっていなくて、テレビもそのときはそれほど普及していないし、出る番組も少ない。昭和30年代というと、アイドルというよりも「スター」、アイドル雑誌の花形は映画スターが中心なんですけど。とにかく、スターの情報を得る機会も、ファン同士のやりとりも、この時代は雑誌を中心に展開されていた、という歴史があります。

速水　もともとは映画スターをアイドルのように扱っていたのが、テレビの時代になって、対象がどんどん歌手になっていった。だけどテレビっていうのは、彼らの活躍の中心の場所ではあるんだけど、ファンがコミュニケーションできる場所としては、雑誌が重要だったということですね。コミュニケーションと言っても、投稿欄を介したものですね。80年代ぐらいまではそういう状況が続きます。テレビでも、『ザ・ベストテン』とか、アイドルが頻繁に出る番組が増えてずいぶん近づいたんだけど、ファン自身が参加する場所、アイドルの情報を得る場所が雑誌だったという時代は、やはり長いかと。

実はビートルズだって、さっき「レコードありき」だと言いましたけど、『ミュージック・ライフ』で星加ルミ子[*44]さんが記者をやってた時代に、ビートルズってのがイギリスで今流行ってます、日本ではまだレコードが発売されていないけど、こんなにかわいい子たちなんですよって、アイドルとして雑誌のグラビアに取り上げられたのが日本での露出のはじまりですよ。66年の武道館は、後ろのほうの席にいた人たちには、演奏の音はまったく聞こえなかったって言われているんですよね。当時のPAの技術では、声援でかき消されてしまったらしい。だからあれはみんな何しに行ったかって言ったら、音楽を聴きにいったというよりも、ビートルズを見に行った。

*44……音楽誌『ミュージック・ライフ』の二代目編集長。24歳のとき、日本人初となるビートルズの単独会見を行ったことで有名。

矢野　実物を見に行って、雑誌、レコード、その他これまで伝わってきた情報がほんとに正しいのか、あと、その情報を共有しているコミュニティがほんとにあるのかってことを確認したという感じでしょうかね。

速水　あ、ほんとにいるんだって、パンダと一緒（笑）。なので、僕らは勝手にジャズはライブがオリジナルで、ロックは録音したメディアが中心だとか思ってるけど、実は雑誌、テレビというメディアも重要だったりします。プレスリーとか見るとわかるんですけど、デビューしてレコードを出し、それがラジオを通じて話題になって、『エド・サリバン・ショー』[*45]とかでテレビを通して全米に伝わって、その後彼は映画スターになっていく。一箇所にはとどまらない。もちろん、ジャニーズの場合もそうです。ジャニーズは、メディアを使ったファンとの距離の取りかた、コミュニケーションをどのように行っているのか。それは、重要なテーマかと思います。

グレイトフル・デッドから コンサートビジネスを考える

速水　いきなり話が飛ぶようだけど、60年代に登場したアメリカのロックバンドの、グレイトフル・デッドについて話しておこうと思います。グレイトフル・デッドを知っているかどうかは難しいところですよね。僕も知っているのは、存在だけで一曲も歌は知らないわけで。

大谷　西海岸を拠点とした60年代から活躍したロックバンドですよね。

速水　２０１１年のベストセラー『グレイトフル・デッドにマーケティングを学ぶ』って本で、彼らの活動形態が「マーケティング」の参考として取り上げられていました。何かっていうと、グレイトフル・デッドって、ロックバンドである以前にヒッピーの集団なんです。彼らはいろんなものを発明していて、コンサートグッズ――ロゴが入った絞り染めのTシャツとか、そういったものを作って会場で売る、っていうシステムを最初にやりはじめたのは、グレイトフル・デッドだろうと言われている。

大谷　いろいろあるんだよね、熊のキャラクターとかさ。デッドベア。

速水　カラフルなやつ。それで、なぜTシャツをグッズにしたかというと、そのコンサートグッズを作ったのは業者じゃなくて、彼らのコンサートに来ているファンたちで、実は彼らはファンっていうよりファミリーなんですね。ジャニーズファミリー以前に、デッドファミリーがあったわけです。彼らは、ファミリー会員ではなくて、ヒッピーのコミューンで生活していたんですね。グレイトフル・デッドもその一員で、彼らのコンサートツアーには、ファミリーもぞろぞろキャンピングカーか何かでついていくんです。で、コンサートに行った先で、絞り染めのTシャツを作って売って金をかせいで、その金でまた追っかけていくんですよ。屋台を出したりね。

矢野　ああ、あと、ファンが勝手にライブの録音もして、それを交換して情報を広めたりとか……。

速水　ダビングしてもメンバーとか怒んないの、別に。それで曲があちこちで聴かれて、グレイトフル・デッドっていいバンドだね、っていうリスナーが増えれば、コンサートをやるとみんな来てくれるっていう考え方。ただでプロモーションをするためにファンがコピーを作るという、今の言い方で言うとフリーモデルですね。

大谷　そうですね。自分たちで作品をYouTubeにどんどん上げちゃう、みたいなもんで。

速水　そうそう、ネットでよく使われるようなビジネスモデルって、実はグレイトフル・デッドが先駆者なんだ、っていうのが、先述の本の主張なんだけど。あと、デッドはチケットをチケットセンターとか使わないで自分たちでさばくっていうのもやってるんだよね。で、チケットも、日本だとチケットぴあとかローソンチケットとかのチケット流通会社にまかせるのが普通ですよね。だけど、ジャニーズのコンサートや舞台は、基本的には流通会社を通さないで、ジャニーズファミリークラブの会員に売る。

大谷　つまり、ジャニーズのビジネスは、グレイトフル・デッド・スタイルだと。

速水　そうなんですよ。デッドのビジネスはもっぱらコミュニティの中、コミューンの中に向けてのもので、俺たちのことを好きなやつらと一緒にやりたい、という動機でチケットを売っていた。レコードのセールスが伸びることで、そのコミューンが広くなってくれるのは嬉しいけれども、大事なのは毎回ライブを観に来てくれるお客さんだ、ってことで、密な付き合いをしてくれるファンとの交流を大切にする。ジャニーズファミリークラブと同じですよ。ファミリーって名乗るのは正しい。

＊45……エド・サリバンが司会をつとめたアメリカの音楽バラエティ番組。48年放送開始。

大谷　なるほど。「私たちここで一緒に暮らしましょう」ぐらいな勢いの、ホントのファミリー。あのー、こういうチケット購買のシステムがいつから始まったのか、ジャニーズファンの方々にリサーチかけたんですけれど、わかった範囲では1985年にはすでに、チケットの取りかたは現行のシステムになっていた、ということです。このあたり続報がまだありそうですが、中野サンプラザでのシブがき隊のコンサートに行くとき、ファミリークラブから申込書兼振込用紙が送られてきて、それで申し込んだとの情報をいただきました。しかしまあ、コンサートに行くにも、このようにハードルが高いわけです。

矢野　ハードルが高いからこそコミュニティ感が強化されるんでしょうね。

アウラがあるのはコンサートなのか音源なのか

速水　そもそもグレイトフル・デッドって不思議な存在ですよね。アメリカの代表的ロックバンドって言われてるわりにどんな音楽性なのかも日本人は、っていうか僕はまったく知らない。

大谷　ヒット曲が1曲もないんで。

速水　でも動員数は多い。80年代にアメリカでスタジアムツアーをやっていた、ブルース・スプリングスティーン[*46]かボン・ジョヴィ[*47]あたりのクラスの動員記録よりも、グレイトフル・デッドのほうが上だったわけだから。コンサート観客動員記録でギネスにも載っている。でも、曲は知らない（笑）。

大谷　僕もあんまり知りません（笑）。僕の印象だと、カントリー寄りのロック。ジャム・バンドの元祖とも言われています。で、だらだら始まって10分から15分くらい平気で続けて、そのまま次の曲に行くとか、だから開放的なコンサートだとも言えるわけだ。アルバムを再現するパッケージングショーをやってるわけじゃなくて、さきほどの話で言うと、完全にライブがオリジナル。録音はそのコピーってことですね。

矢野　だらだらライブしているというのは、普通にマリファナとかやってるわけですよね、ファンは。

速水　演奏する側も聴いてる側もマリファナやってることを前提としているんだと思います。

矢野　ロックコンサートと言うより、レイヴパーティと言ったほうがイメージしやすいかもしれない。

大谷　基本的にはヒッピー文化なんだけど、ヒッピー文化ってのはそのままレイヴにつながっていくものだから。あと、ヒッピーとレイヴのあいだにひとつ挟まるのが、コンピューター文化なんですよ。実はみんな出自が一緒で、西海岸生まれです。アメリカ西海岸のカリフォルニア思想。だから、インターネットの発想ってのは、当然ヒッピー文化と相性がよくて、ネットビジネスにおいてデッドが参考になるってのは当然っちゃ当然なんだよね。

矢野 スティーヴ・ジョブズがヒッピーだったっていう有名な話もありますね。

速水 ヒッピーって、反東海岸、反消費文明的な色合いが強いので、ニューヨークのブロードウェイのような娯楽とは対極なんですよね。ジャニーさんは西海岸出身ですけど、むしろ東海岸への憧れが強い。ただ、ジャニーさんの本質として、自分はニセモノの西海岸だっていう呪縛は持っているんじゃないかって気はしますね。一度、初代ジャニーズを連れてアメリカに行った時も、自分は西海岸から先へは行けなかったんですよね。

矢野 話を戻すと、つまりジャニーズビジネスには、ヒッピー的なモデルが表層的にでも採用されていると言えるんでしょうか？

速水 ヒッピー、デッド的なことを採用したわけではないよね。どちらかというと、ファンを身内として扱うとか、囲い込む方法みたいなものをマーケティング的に考えた結果、こうなったんだと思うんですね。ビジネスとしてやっていくときに、ほかのJ-POPとも違う、ニューミュージックとも違うっていうのは、ジャニーズはジャニーズだけで独自の宇宙を作っていくところがある。さっきの話に戻るんだけど、ジャズはライブがオリジナルである、ロック、ポップスはレコードがオリジナルであるって話なんだけど、ジャニーズはどっちでもないんですよね。

大谷 そうですよね。どこに魅力を置いているのかっていうことが、実はかなり錯綜していて、見極めづらい。

速水 どういうことかというと、まず、いわゆるレコードデビューのタイミングよりも、とにかくライブ、ステージ、コンサートでの露出のほうが先にあるんですよね。KinKi KidsもKAT-TUNもデビュー前にコンサートをやっているし、グループとして固まっていなくても、Jr.だけでコンサートをやってた時代もある。今でも、先輩のコンサー

＊46……70年代から活躍するアメリカのシンガーソングライター。代表作に『ボーン・イン・ザ・U.S.A.』など。
＊47……84年デビューのアメリカのハードロックバンド。代表作に「リヴィン・オン・ア・プレイヤー」など。

トでJr.が歌う時間がとってあったりとか。持ち歌がなくても先輩の曲とか歌って、テレビに出てバラエティとかもやらせて、「え、まだデビューしてなかったの？」って思うぐらい、日本中に知られている状況になってからシングルを出すのがジャニーズ式なんです。鳴り物入りでデビューさせるから、ジャニーズってデビューシングルは1位をとらなきゃいけないっていう感じになる。これは、かつてデビューを急いで失敗した例なんかを経験則にしている部分もあるようなんですけど。

大谷　ジャニーさんの中で楽曲＝レコードっていうのは、「コンサートをやる」ために必要なスタートキットであって、ジャニーズでは「アルバムを出す」＝「コンサートツアーをやる」なんですよね。大体において、アルバムタイトルがそのままツアータイトルになり、アルバムのコンセプトがツアーのコンセプトになる。となると、オリジナルはもちろんレコードで、コンサートはその復元、確認なんだけど、絶対にコンサートのほうがクオリティ的にもエンタテインメントとしてもレコードより上になるようにする。

ジャニーさんって、レコードマニアっていうか、録音物を完結した作品として考えるってことが一切ない人なんだと思う。録音された楽曲は、ファンと一緒に楽しむための招待状というか、道具のひとつで、それ以上でもそれ以下でもないっていうね。

秋元康プロデュースと比較してみると

大谷　あと、ちょっと考えていることは、今のジャニーズって「卒業」がないじゃないですか。

速水　光ＧＥＮＪＩが「卒業コンサート」と言ったのが最初で最後みたいなんだよね。秋元康は、おニャン子クラブでもＡＫＢ48でも言い続けているわけですが。

大谷　ジャニーさんが自分から明確にクビ切ったりするってことは、たぶんない。不祥事でやめざるを得なくなることはたまにあるけどね。

速水　フェイドアウトはあるけど。

大谷　フェイドアウトはある。事務所をやめていったアイドルもいる。しかし、基本路線としてはジャニーさんからはクビにしないうえに、関係は一生続くって発想のほうがおそらく強いわけ。

矢野　人間性なども含めて、プロフェッショナルなショービズスターを育てていくみたいな発想ですね。

速水　ジャニーさんがインタビューで言ってることなんで

すけど、子どもも時代にオーディションをしてスカウトするわけじゃないですか。13～4歳で。その子たちに演技をさせると、大人の基準で言えばみんな下手なんだけど、それをだめとは絶対言わないんだって。[*48] 13～4歳の子なりのことをやってくれればいい、そのままのYOUをMEは見たいんだっていう。言い方はともかく（笑）。それは逆に言うと、背伸びした演技をする子はだめで、年齢相応のことをやってもらうという意味でもある。だから卒業させないというのは、ジャニーさんは自分がずっと子どものままっていう意識があるからなんじゃないか。子どもっぽくというのじゃなくて、ずっと自分なりのままでいるべきという考えで。

矢野　SMAPでいうところの「そのまま」ってやつですね。

大谷　そう考えると、レコードっていうのはその時々の商品だし、当たり外れがあってもしょうがないうえ、単なる過程であると。

矢野　大局的に見たら過程なんだってことですね。その意味でジャニーズには卒業がない。合宿所とか、学校をモデルにしたシステムもなくはないですけど、全体として学校色はあまり強くはない。それに対してAKBは、みんなで制服を着たりして、明らかに「学校」のコスプレをやっていますよね。学校の比喩だから、卒業のときを必ず迎えるっていう含みもあって、刹那的なアイドルであるという印象を強く打ち出しています。

速水　AKBにはプロトタイプとしておニャン子クラブってのがあったじゃないですか。あれはある意味、実験だったわけです。テレビに素人女子高生を出して、そのまま放課後の過ごし方みたいなのを見せれば、みんなそれで人気者になれる、誰でもアイドルになれるんだよっていう。実際に、狙い通りに人気は出たし、レコードはめちゃくちゃ売れてチャートの1位もとりました。けど2年でぽしゃった。

大谷　続かなかったね。

速水　飽きさせないために、どんどんメンバーを卒業させて入れ替えていって、だけど番組が飽きられていって、視聴率が落ちていくとともにおニャン子クラブ自体の人気も落ちていった。秋元康はあのとき悔しかったと思うんです

*48……『ボクの夢はキミたちが描く夢　ジャニー喜多川が語るジャニーズ塾の子供たち』あおきひろし、メタモル出版、1999年。

よ。同時代にいたハウンドドッグ[49]とか尾崎豊[50]はライブハウスから始まって、どんどんキャパを大きくしていって、最後は武道館に行くみたいな物語を描きながら、ずっと通ってくれるファンっていうのを作っていったのに対して、自分たちはポッと出のかわいこちゃんをテレビに出して、2年で飽きられたと。俺たちはロックに負けたんだってのがすごくあった、と彼は言っている。僕、これ本人にインタビューした時に聞いたんですけど。

で、AKBをやるときは、ライブハウスで一からやる、客が3人しかいなかったぜってところから始まるようなロックの物語を、アイドルでやってみたかったって言うのね。なので劇場からスタートして、しばらくはテレビにもあんまり出さずに、常設の劇場に行けばなんかやってる「会いに行けるアイドル」というコンセプトで、叩き上げのアイドルとしてAKBを作った。それはおニャン子でね、おそらくいちばんジャニーさんなら嫌がりそうな、2年で飽きられるようなやりかたを自分がしてきたってことに秋元康が気づいて、今度はジャニーズ式もしくはグレイトフル・デッド式の、ファミリーとして育てていけるマーケティングを採用して成功した、ということだと思うんですよ。

矢野　興味深い話ですね。秋元康のその方針転換は、2000年代以降の流れだとか、90年代のアイドル冬の時代とかにも関わりそうです。そして、くしくも今日は岡田有希子の命日[51]ですけど……。

大谷・速水　そうなんだ！

矢野　岡田有希子が亡くなったのは、おニャン子が出てきた翌年の86年なんですが、ああいう悲劇があったためにアイドルが成立しづらくなっていった部分があったのかもしれません。ライムスターの宇多丸[52]さんなんかは、岡田有希子の自殺をきっかけにアイドルファンを離れたと発言しています。それで、アイドル冬の時代と言われた90年代は一方でタイアップの時代でもありますよね。ボトムアップじゃなくてトップダウン式にがんがん広告を打って、ヒット曲を作ってしまおうっていう時期があった。

2000年代後半になると、Perfumeとgirl next doorがほぼ同時期に出てくるんですけれども、このあたりで潮目が変わった印象があります。CDが売れない時代にあって、Perfumeは、YouTubeなども含めネットの口コミを経由して、ボトムアップ的にスターになっていくわけですよね。これはたぶん意図しなかったものだったでしょう。対して、girl next doorは、設立20周年のエイベックスが社運をかけて、トップダウン式に広告をがんがん打ってスターにしようとしたんだけど、ブレイクしないまま2013年に解散した。

速水 撤退戦が、もはや何年目に入ってるのかわからないぐらい長かった。

矢野 その違いがなぜ生まれたかといえば、やはりインターネットが関わってくるのだと思います。ネットのコミュニケーションにおいてはまさしくリアルがリアリティショー的に捉えられ、受け手も成長物語のほうがコミットしやすいのではないか。叩き上げのほうがウケるような時代になった。そして、そのようなネットのコミュニケーションを前提にしたAKB48が登場する。

そういう時代状況からAKBとジャニーズを比べると、重なる部分と重ならない部分がありますよね。ジャニーズはファミリー感プラス、Jr.からがんばっていきますよってい う成長物語――これは終わらない成長物語なんだけど――があって、そういう点ではAKBとシンクロしているところがあります。

大谷 インターネットの影響に関してひとつフォローすると、さっきも言ったけど、ヒッピー文化とコンピューターカルチャーっていうのはすごく親和性がつよくて、インターネット時代になったときに「Do it Yourself」というか、自分で情報をまとめて発信したり、チケットを自分で手配したりとか、中間業者を排除してダイレクトに消費者と作り手がものを買ったり作ったりするっていうことが、楽にできるようになったわけですよね。そういう中で、Perfumeも含めて、2010年前後に売れた人はまずネットで知られたわけだ。そうしたインフラ整備が2000年代後半に急激に進み、実はAKBもそれをうまく使ってるわけですよ。

速水 おニャン子のころはテレビの役割だったものが、AKBだと完全にネットですよね。

大谷 ヒッピー文化っていうのは一時代以上前の話ってことで、それと今のコンピューターとの関係ってのはなかなか見えにくいんですけど、そういったDIY精神がこうし

＊49……76年に大友康平を中心に結成された日本のロックバンド。80年代後半、ライブの観客動員力を誇った。
＊50……シンガーソングライター。1965年生〜92年没。88年に東京ドーム公演を行う。
＊51……岡田有希子は人気絶頂の86年4月8日に自殺した。
＊52……日本のヒップホップグループのライムスターのラッパーであり、近年ではラジオ・パーソナリティーとしても人気を博す。岡田有希子については、「LIFE GOES ON」という曲の中でラップを捧げている。

たインフラのおかげで、一般的に理解しやすくなった。で、そういった状況に対応しているビジネスとして、もう50年前からステージを大事にしているジャニーズと、インディーズからはじめたＡＫＢがアイドル文化でとびぬけた成功を収めたっていうのは、ちょっと面白いなと。

速水　勝ったのはそこの一つだよね。特にジャニーズは、一瞬で消費させるんじゃなくて、男の子をデビュー前から見せて、見てる側も育てている感を持つようなやりかたでずっとやってきたから強い。やっぱりジャニーズは、最終的にはレコードを売って儲けるビジネスではなく、ファンとアーティストがともに成長する「ショービジネス」なんだ、ってのが、大きいんでしょうね。ＡＫＢの会いに行けるモデルとも全然違う。しかも、そういうやりかたを昨日今日始めたんじゃなくて、ずいぶん前からやってる。で、秋元康はネットの時代になってようやく、そういった関係をお客と容易に結べることに気付いてやり始めた、という解釈でいいのかなって思うんですけど。それから、もうひとつ重要なのは、秋元がラジオ番組のハガキ職人だったということ。

大谷　あー、それはいろんな意味で作用してるだろうね。

速水　インターネットの時代に秋元康が対応したっていうわけではないんだよね。彼は、常にハガキ職人的なメディア世界に生きていて、今の時代は、インターネットっていう、はがき投稿文化の２・０みたいなものがたまたま来て、秋元康の時代が来たように見えるだけなんじゃないかと。今はハガキ職人の時代なんですよ。

大谷　現代は、インターネット化したハガキ職人とヒッピーの時代であるというわけだ。Twitterのネームって、みんなラジオネームみたいだよね（笑）

モーニング娘。とリアリティショーの時代

速水　そうすると、歴史の流れとしては、あいだに入るつんく♂の立場はどう考えればいいんだろうか、という話になりますが。

矢野　モーニング娘。はリアルな成長をバラエティ番組に仕立てて見せましたよね。

速水　『アメリカン・アイドル』[*53] みたいなことを、『ＡＳＡＹＡＮ』で10年以上先取りしてたよね。つんく♂は、おニャン子でやってたようなことを、90年代のメディア状況でやったらどうなるかって、おそらくシミュレーションしながらモー娘。を作っていったんじゃないかって気がします。

矢野　『進め！　電波少年』[*54]のアイディアもかなり色濃く受け継がれているのでは。

大谷　まあどっちの番組も同時代だよね。90年代後半は、バラエティの中でも「リアリティショー」に注目が集まった。あれも流行ったでしょ、男女で車で移動したりするやつ。

速水　『あいのり』[*55]？

大谷　あれも90年代なんじゃない？

速水　『あいのり』はギリギリ。放送開始が99年の10月です。

大谷　あれ、グレイトフル・デッドっぽくない？

速水　あー、ピンクのバスで旅していくから（笑）。ケン・キージーやティモシー・リアリーというヒッピーの親玉たちが乗ってLSDツアーをやったマジック・バスの現代版が『あいのり』だった？　それはともかく、モー娘。の立ち位置は、リアリティショーの中の人たちなんだと思う。

大谷　それがテレビの外まで波及したのが90年代だったけど、ネットの時代になって、「俺たちみんなリアルにリアリティショーなんだ」ってことになったんじゃないか。生きている人全員が相互に監視して、自分を相手に向けて効果的にプレゼンして、そこで自分自身も他人もネタとして使い、ネット上に配信する。それをみんなで見て、またやりとりがあり……、このメディア時代にあって、どのように「ショー」を成立させるかっていうね。この話は重要なので第6章であらためて取り上げます。そう思うと、まだモー娘。はテレビ時代で、V6の岡田君もさらにそれより早い企画でデビュー組だけど、テレビがまだプライオリティがあって、そこに映る＝見られることで「デビュー」とか物語が作れたわけですよね。今はテレビに映されたくらいじゃ、そういったショーは成り立たない。

速水　ジャニーズは、テレビ・マスメディアの時代も、リアリティショーの時代も、現在のインターネットの時代になっても、常に軸足をファミリー会員に、さらに言えば劇

＊53……2002年から放送されているアメリカのオーディション番組。リアリティショーとして人気が高い。
＊54……「猿岩石のユーラシア大陸横断ヒッチハイク」など、若手芸人に理不尽とも言える使命を与え、体当たり体験取材をさせる企画で高視聴率を取ったバラエティ番組。日本テレビ系、92・98年。
＊55……ラブワゴンと呼ばれる車に乗って旅をする参加者たちの恋愛模様を見せるバラエティ番組。フジテレビ系、99-2009年。

場に置いているので、そこから踏み出しすぎることなくアイドルを作り続けることができているよね。

矢野　たしかにジャニーズはその点で一貫していますよね。逆に言えば、ＳＭＡＰの特異性がきわだつのもその点からですよね。90年代って共感を重視するような「あるある」系の時代で、自然派のキムタクがそこで見出されていく。でも、特にネット以降の時代に「俺たちはみんな人目を気にしているじゃん」って気付いてしまったときに、ＳＭＡＰの自然感っていうのも一周まわって演出に見えてきた。そんな「俺たち全部リアリティショーじゃん」って意識されるようになったときに、嵐ってそこにすごく対応したんだと思うんですよね。

　さっきの話につながりますけど、嵐がコンサートですごくドレスアップした変な格好させられて、でも最後にはＴシャツ姿でアンコールに出てくるっていう、その振り幅っていうのは、メディアを通して演劇的にしか存在することができないっていう今の時代と呼応している感じがします。僕は嵐世代なので、この感覚は共有できる気がする。それに、コンサートのＤＶＤを見ていても、嵐以降くらいから衣装替えをめちゃくちゃするじゃないですか。

大谷　ああ、するね。

矢野　本当に曲単位曲単位で替えていくぐらいの。それは、ももクロのＰＶとかで1曲の中でもＢメロからサビに変われば世界観が変わるみたいな、そういうありかたとの同時代性を感じます。

ＬＤＨと比較してみると

速水　もう一個ね、比較したい芸能界の宇宙があるんです。それはＥＸＩＬＥを開祖とするピラミッド形の宇宙を構成しているＬＤＨなんですけど。

大谷　そうか、ＬＤＨを入れて、ジャニーズ、ＬＤＨ、そして、ＡＫＢ、モー娘。と比較すると話がわかりやすくなるような……。

速水　三代目J SOUL BROTHERS[*56]とか、名前からしてファミリー感がありますが、ＬＤＨにはさらにガールズグループも何組かいて、『週刊ＥＸＩＬＥ』（ＴＢＳ系）とかのリアリティショーでオーディションや舞台裏を見せるというモー娘。メソッドもあるわけですよ。

　それプラス彼らはビジネス体系を持っていて、ＨＩＲＯを中心として「居酒屋えぐざいる」[*57]を開いたり、アパレルやカフェもやってるし、『月刊ＥＸＩＬＥ』も自社で出版している。[*58] 一番大きいのは、直営のダンススクールと、アディダスなどのブランドと組んで行っているジャージのプロデュースじゃないですか。特にジャージは、日常生活、ライフスタイルの領域でのLDHの浸透を実現するものなので、キャラクターグッズなんかよりも重要です。

矢野　ジャージ恐るべしですね。しかも彼らには劇団EXILEもある。ひょっとしたら常設の劇場も計画していて、ジャニーズ・ランドの前にエグザイル・ランドみたいなアミューズメントパークができるかもしれない。

大谷　どっかにできそうだもんね、エグザイル駅とか。

速水　もう中目黒が実質エグザイル駅になってるんじゃないかな。事務所のビルもあれば、ダンススクールもあるし、所属アーティストのグッズを販売する「EXILE TRIBE STATION」もアパレルショップの「24KARATS」もあって、ファンが詣でに行ってる。

大谷　"exile"なのに駅作っちゃだめだよね、ずっと放浪してなくちゃ（笑）。

速水　メンバーもどんどん増殖していってるけど、彼らは芸能人としては引退しても、系列ショップの店員とかに入ってもらえばいいということで経営の多角化に向かっているんです。ショービジネスとしてこのモデルは新しいですよ。ジャニーズにはもちろんこれはないですからね。もしあったら、豊川誕もね……。

それはともかく、LDHは、カリスマ社長をトップにおいた、多角経営のベンチャー・ショービジネスであると。言ってみれば、AKB48とはシステムであり、LDHはリーダーを社長に置く企業体であり、ジャニーズは家族共同体であるということになります。

コンサートは何のため？

速水　あ、そうだ。Sexy Zoneのコンサートの当日って、何時に行きました？　気合いの入ってる人は、グッズを買うために始発で行って並んだりするんでしょ？　嵐とかだ

＊56……2010年から活動するダンス&ヴォーカル・ユニット。EXILEの前身であるJ SOUL BROTHERSから2回のメンバー入れ替えを経て、現在の三代目J SOUL BROTHERSに至る。
＊57……2009〜11年の夏期に開催されたイベント。お台場などに期間限定の居酒屋を出店し、EXILEメンバーが考案したメニューを提供したり、グッズ販売を行った。
＊58……創刊当初はフラックス・パブリッシングから出版。

と公演の前日からグッズだけ販売したりする。

大谷　夕方行ったから、もうグッズはそんなになかったですね。もともと、ブツ自体も少なかったみたい。

速水　そうか、デビュー直後だと、まだグッズがそんな揃ってないんだ。

矢野　クリアファイルとか、うちわとかは売ってましたけど。

速水　すぐに作れそうな定番グッズですね。さっきちょっと、コンサートってほんとに黒字なのかなっていう話をしましたけど。

大谷　国立競技場に滝を作ったり、ドームで超特大の液晶モニターを何面も使ったり、全部足してみたらいくらになるのか、これでペイするのかって疑問がありますよね。

速水　上から降らせる水代だけでも下手すると億とかの単位になるんじゃないかって気がするけど。嵐の国立とかだと、余裕で発電とかできる量の水で滝を作りますからね。

大谷　いろいろ諸経費も含めて、表に出ているデータだけで計算してみたんですが、ざっくり言うとけっこうぎりぎり、それぞれ黒字にはなりそうだなっていう結果です。いちばんわかりやすい経費で言うと、たとえば2012年のSexy Zoneのコンサートがあった横浜アリーナの平日の会場使用料は、当時はコンサート使用で500万円、前日や翌日の準備・撤収作業だと使用料は250万円。単純計算で、1日コンサートをやれば会場使用料だけで1000万円を超える。[*59]

矢野　そこに人件費やセットの製作費が加わって。

大谷　Sexy Zoneのあの内装は、他のグループに比べたらお金かかってないとしても(笑)、動員が一公演1万4000人。チケット代5500円とすると、[*60] 1公演あたり7700万円のチケット収入。ちなみに1日2回公演だったので1日で1億5400万円。一人がグッズも含めて合計で1万円つかうと、けっこうな利益になるはず。

速水　音楽のビジネスの世界では、よくコンサートってのは、CDを売るためのプロモーションだっていう言い方をしていたじゃないですか。だから、コンサート自体は赤字でもいいって。その極致が、GLAYが20万人を動員した幕張メッセでのコンサートは、大赤字だったって有名な話ですよね。仮設トイレ1500個に、ツアーバス500台、臨時シャトルバス600本だよ。警備を入れたスタッフの延べ人数は、1万人を超えたって。人が多くても、ここまで大規模だと逆にコストがかさむってこと。経済学用語で言うところの収穫逓減の法則ですか。

大谷　CDが売れないから、実入りが直接的なライブを重視するようになったのが2000年代。90年代が異常だったっていう話もあるけどね。
速水　ミリオンがバンバン出た時代だったから話題作りにお金がかけられたけど。そこでジャニーズはどっちも積極的にはやらなかった。タイアップはもちろんあったけど、ビーイングのように無闇にはやらなかったし、話題作りにお金をかけたわけでもない。だから、90年代はジャニーズは相対的に、目立たなかったとは言えるよね。特別なことをやったわけではなく、どの時代もファンでいてもらうことを重要視した活動をしているだけ。宝塚が世代を超えてファンを作っていたり、コミュニティみたいなものを維持しているのと近い。
矢野　少年隊がまだ現役でやってるわけですからね。やはりジャニーさんは自分の作ってるものに関して、ビジネスっていうよりも、はっきりと文化として考えている感がありますよね。

消費者ではなくファミリーを作る

速水　ジャニーズ事務所ってのは、レコード会社でもエンタテインメント産業でもなくて、マーケティング会社じゃないかってことなんですよね。これは、悪く言ってるんじゃないよ。マーケティングと言うと、市場調査をやってそこに合わせて商品を作る手法のことを指すように思うけど、本来は少し違う。ニーズに合わせて商品を作るんじゃなくて、もともとニーズがないところに、ニーズ自体を生み出しているっていう意味。マーケティングの世界では、「消費者じゃなくてファンを作れ」っていう言い方をするんですね。でも、ファンを作るっていうのは当たり前で、さらにその上のレベルの、ずっと見守ってくれるコミュニティ、つまり「ファミリーを作れ」っていうことをやっているのが、グレイトフル・デッドとジャニーズなんですよ。
大谷　AKBはファミリーじゃない、よね。あれは「ものを切り売りしている」感がハンパなくあるんだけど……。
速水　なんかね、僕はAKBには乗れないところがある。残酷な感じがしちゃって。いくらジャニーズが光GENJ

＊59……http://www.yokohama-arena.co.jp/riyou/arena_ryokin.html（2012年12月末現在。現在の料金は改定されている）
＊60……この公演はジャニーズジュニア情報局の販売で5500円だった。

Iを裸にしようと、Hey! Say! JUMPをステージの天井から吊り下げてぐるぐるまわそうとも、別に残酷とは思わないけど、そういうものを超えた残酷な何かがAKBにはある。回転木馬のデッドヒート的なね。

大谷　女性だからそう思うのかな？　男女差って大きいよね。

速水　AKBが目指す方向はショービズじゃないんですよ。秋元康自身も言ってるけど、あれは高校野球に近い。決勝まで俺たちは行くんだ、っていうアマチュアリズム。高校野球で優勝したあとって、プロに行く奴は行けばいいけどあとの連中は、卒業してちゃんと就職しようぜみたいな。ショービジネスだと、ブロードウェイに象徴されるトップがあって、そこでは優勝とかなくて、毎日ショーが続くの。「ショー・マスト・ゴー・オン」[*61]。でも高校野球は甲子園で全勝して、優勝したぜってダッシュして、夏が終わると卒業なんです。負けたら負けたでいい思い出で終わるんだ。

矢野　映画の『DOCUMENTARY of AKB48 Show must go on 少女たちは傷つきながら、夢を見る』を観たんですけど、僕はずっとサッカー部だったんで、あれを観ると本当に部活を思い出すんですね。刹那的な青春があって、そこに全力で汗を流す。

大谷　ジャニーズで言えば、シブがき隊感ですよね、それは。そうかー、そういうことで言うと、一生ずっと年を取っても応援できるっていうのは、ジャニーズのものすごい魅力だね、そうなってくると。

速水　普通の結論ですね、それ（笑）。

大谷　だって女性アイドルには、いきなり卒業されちゃったりするでしょ。結婚とか。

速水　そうか、AKBとの違いはそこか。

矢野　AKBは同じ応援を楽しむものなんだけど、もっと流動的なんですよ。

大谷　ジャニーズはそうではないかたちでの応援ができる。

矢野　少年隊を30年以上ずっと応援してきたファンがいるわけですからね。

大谷　だから赤西君や田口君があんなことになっちゃったら、情緒不安定になっちゃう女子がいっぱい出てきたんでしょ。

速水　そうなんですか？

大谷　ネット上にはしんどそうな書き込みがいっぱいあって聞いてますが。

速水　卒業はしないけど、ああいう、なんていうの、親殺し？

大谷　親殺し（笑）。

速水　郷ひろみに始まり、家出というか、裏切りの系譜はありますよね。

大谷　偉大なる父への裏切りもあるよと。それはそれでまた、ちょっといい話だと思うんだけど。

速水　森君もそうだし。放浪、放蕩息子の系譜というか。それがあっても、ジャニーズの安定感とか安心感とかはハンパない。ＡＫＢは５年後にはなくなってるかもしれないけど、ジャニーズは50年後もあるんじゃないかって思えてしまう。

グレイトフル・デッドはどうやって終わったかって言うとですね、彼らは65年くらいから始まって、ずっと長いこと活動してたんですよ。けどジェリー・ガルシアっていう中心人物がドラッグ中毒で死んでしまった。でも、残りのメンバーはいるんで、やろうと思えばできたんだけど。

大谷　デッドっていう名前で続けてたんだけど、やっぱりばらばらになっちゃったんだよね。

速水　「なんか違う」ってことになって、結局グレイトフル・デッドはそこで永眠ってかたちでやめるんですよ。

大谷　ってことはやっぱ、ジェリー・ガルシアがいなくなったら、まずいんだな。

速水　いや、ジャニーズは複数グループの集合体だから。グレイトフル・デッドのようには崩壊しないでしょ。御大がいなくなったという問題は、これからどう転ぶかわからないとはいえ。

大谷　まあちょっとね、いろいろ出てくるのかも。でも撤退はないよね。

速水　ですね。

大谷　なぜなら商売ではなく、ファミリーだから。

速水　ＮＥＷＳもＫＡＴ‐ＴＵＮも、中心人物が抜けるという経験をしているけど、揺るがずに生き残ってる。レッド・ツェッペリンやクイーン[*62]だと終わってるよ。ファミリーって存続することが目的の共同体だからなのかな。

大谷　長く続くといいね、と。

平成ラストディケイド・デビュー組の急成長

大谷　さて、『ジャニ研！』第一版出版後の動きとして注

＊61……堂本光一主演のミュージカル『Endless SHOCK』のテーマでもある。５章参照。
＊62……60年代後半から活躍したイギリスのロックバンド。ハードロックの先駆け的な存在である。代表曲に「天国への階段」「移民の歌」など。

目したいのは、Hey! Say! JUMP以降のデビューグループの成長です。前のときはあまり触れられなかったんだけれど、2010年代の彼らのコンサートDVDなどを見ると、個人としてもグループとしてもとても成長していて、驚きました。

速水　まとめてコンサート映像を見るとあらためて驚く。お茶の間のテレビを見ているだけでは、嵐や関ジャニ∞の存在が大きすぎて、そのあとの世代はあまりよくわからない部分って多い。存在感が拡大したLDHやK-POPに押し切られそうにさえ見えていたところがあるんだけど、ここ数年でデビューしたKing & Prince、SixTONES、Snow Manが大きなセールスを上げ、いよいよジャニーズが男性アイドル界を制しにいっていると捉えるべきかも。

大谷　キンプリがデビューしたときに、ダンスや歌のスキルの高さに驚いたんですよ。でも、キンプリ&それ以降の世代の上手さっていうのは、彼らが出てくる土壌である「平成最後の十年期」に活動を始めたグループたちの成長があったから成し遂げられたんだと改めて確認できたし、そこに感動しました。

●『Hey! Say! JUMP LIVE TOUR SENSE or LOVE』*63

大谷　Hey! Say! JUMPの2018年のツアー『Sense or Love』はいいですね。アルバムリード曲の「BANGER NIGHT」は音楽的にすごい。難しい譜割の歌をサラッと歌いこなしながら、ちょっとずつズラしたダンスのアンサンブルも完璧。

矢野　単純に言って、うまいですよね。

大谷　歌もダンスもすごくうまい。デビューからそれぞれすごく伸びている上にキャラも立っている。途中の各人の見せ場もすごいよ。有岡大貴君の「Bubble Gum」のオシャレ具合なんてNe-Yoばりだし、伊野尾慧君（+髙木雄也君）の「条件反射」のあざといばかりの演出も最高。知念君が自分の身長をテーマにした「159」もヤバイ。

矢野　知念君が自分の背が低いことを「キャラ」にしたパフォーマンス。背景の映像が面白いですね。「富士山376m」とか「牛久大仏120m」とか、大きいものから始まってだんだん小さいものに移行し、最後に159㎝の知念君が出てくる。「たまたま『小さな』運命で可愛がられる僕」は「実際158」で、「みんなチョロいね」とか人を食ったような歌詞の俯瞰っぷりもすごい。

大谷さんに意見を聞きたいんですけど、2013年から18年あたりでR&Bのクオリティがひとつ上がり、そのような音楽的な変化によってダンスも変化したと思います。僕は「159」も、そのようなダンスの変化を反映していると思いました。

大谷　この5年間で、音楽に対する振り付けの多様化が進んだとしか言いようがないんだけれど、それをみんな、自分の個性に合わせて表現できるようになっているよね。ダンスのスキルと振り付けのバランスがいい。グループとしてもよく勉強しているのがわかります。

矢野　この曲の場合、体の小ささを活かしたクイックな動きがかっこいいですね。キャラクター性が確立しており、それを表現するようなダンスの技術もそなえている。ジャンプ、キスマイのパフォーマンスには、そういう強さを感じます。

大谷　ただプロデューサーや演出家に言われたことをこなしているのではなく、きちんと自分たちで自分たちの個性を考えてやっていることが伝わってくる。「ゆとり世代」と言われる人たちが、これからどうしようって真剣に考えて、がんばってスキルを伸ばしてきたんだね。

＊63……J-Storm、2019年
＊64……エイベックス、2016年

●Kis-My-Ft2『CONCERT TOUR 2016 I SCREAM』[*64]

矢野　キスマイの2016年の『I SCREAM』というコンサートがまた、コンセプトがしっかりしていて見応えがありました。映画館のようにアニメーションのキャラクターがコンサート鑑賞にさいしてのマナーを示したのち、ホラー映画みたいなオープニングでメンバー紹介。そこから時間を贅沢に使って曲に入っていきます。大がかりでコンサートの世界に引き込まれる。

大谷　北山君と藤ヶ谷君のユニット曲の「You're Liar♡」もすごい。中居君プロデュースの舞祭組の「棚からぼたもち」も。「すごい」とか「良い」とか言ってるだけになっちゃってますが（笑）、見ていない人は騙されたと思ってぜひ見て欲しい。

矢野　藤ヶ谷君のソロがドレイクみたいな曲でよかったなあ。キスマイはいろんな方向に対応できるグループですよね。SMAPのような洗練されたかっこいい路線もあれば、コミカルな路線もある。あと、今でこそそうではありませんが、デビューして数年はセンター3人と後列の4人に分けて活動させていたのが特徴的でした。見ていて結構きつかった。

大谷　「誰々とグループを組まされる」ということについて、なんでこの面子なの？　って、それまで応援してきたファンは思っちゃうことが多い、という話は聞いていますが……。

速水　舞祭組とかのサブグループじゃなくて、そもそものグループの話も含めて。

大谷　そう。ファンだけじゃなく、メンバー自身もね。組まされた時点では、自分けなんでこのメンバーとやらなければいけないんだって考えることもあると思うんですよ。でも、その中で、互いに切磋琢磨して、自身のキャラクターも段々と確立させていって、ともに成長して、名実ともにグループになっていくんだよね。

速水　グループのメンバーの個性やスキル、あと人気のばらつきはめちゃくちゃあるわけじゃないですか。ジャニーさんによるメンバーのセレクトは入念に設計されていると言われているけど、実際のところは、かなり場当たり的に見えますよね。でも十代って、歌やダンスの上達度に差があるのは当然。急に伸びる子もいれば、時間がかかる子もいる。それから、Jr.の人数が多くなって、昔より一層デビューまでの競争が激しくなったという問題もあるけど、Jr.の活動の中で揉まれてそれぞれの役割を見つけ出した中で、さらに再構成されることもあるでしょう。キンプリもデビューするまでには、Mr. King vs Mr. Princeという3人対3人の対戦型ユニットという形でまず出てきて、その後ばらばらに活動した期間があり、デビューはまた6人になるという紆余曲折があった。

大谷　SixTONESのメンバー6人も、このグループに選出される前は別のグループにいたし、Snow Manが9人になったのはデビュー発表の7か月前。

矢野　デビューした人もいれば、なぜ俺はデビューできないのかっていう苦悩も当然あって。Snow ManとSixTONESはHey! Say! JUMPやSexy Zoneと同世代ですから、先を行かれたことのストレスもあっただろうし。

大谷　デビューできないまま長く活動することの大変さもあると思うんだけど、デビューが決まってグループが始動してしまったら、もうそこから後戻りできない、降りられないことに対する不安とストレスも、Jr.とそのファンにとってはかなり大きいんじゃないかと思うんだよね。どこかのグループに実際に放り込まれると「なんでこいつと組まなきゃならないわけ？」と思うことは当然あるだろうし、それがデビューとなったら、それこそ一生の付き合いになるわけで。例えば、なんでこんなに歳の差のある人と組まされるのかとか、このグループだとバラエティ要員になっちゃうじゃん、とか、自身のアイデンティティを揺るがされるような事態が当然あるはずだから、「くっそー、ジャニーめ！」と思う夜もあると思うんだよね。これからは「タッキーめ！」ってなるんだろうけど、タッキーはジャニーさんのグループ創造力を引き継ぐことができるのか。

矢野　真意はジャニーさんにしかわからないことではありますが。Snow Manに関して言えば、２０１９年に新たに３人のメンバーが加わったことで６人時代からのファンのなかには戸惑った人も多かったようです。

大谷　そのように、ある意味、暴力的に組まされて「平成ラストディケイド」にデビューした人たちが、自分なりにストレスを乗り越え、プランを立てて作品をつくっている。大雑把な話になるけど、２０１０年代とは、日本においてはまったくの「低成長」「停滞」、もっと言えば「衰退」の時代であり、「成長」なんて言葉にはぜんぜんリアリティがなかった。そういった時代にあって、このように立派に成長している男の子たちがいるっていうことに、心の底から感動しました。

column 2

嵐コンサートを振り返る

Netflix（契約しました）オリジナル・ドキュメント「ARASHI's Dialy -Voyage-」の更新第2回目を見る。

『5×20』アニバーサリー・ツアーの構成と演出を考える松潤を中心としたドキュメントで、ホワイトボードを前に粘り強く苦悩するMJと、その後、メンバー全員が揃って衣装合わせと振り付けに入った瞬間の、「みんなで動きはじめて、ようやっと動き出した」感がある、と言った時の彼の表情にあらわれている、20年付き合ってきた仲間への信頼と自尊心に感動した。嵐ってホントいいグループですね。

このドキュメント収録時点でまだ彼らは、休止の選択を対外的に公表していない。メンバーだけで話し合いを続け、このコンサートには事務所にも決断を宣言してから臨んでいる。Netflix側にも多分伝わってはいなかったのではないか？

すぐに思い出すのは、2016年のツアー『Are You Happy?』の冒頭映像、櫻井君がなかなかリハに参加できず、松潤が構成も三割くらいしか仕上がってないと述べ、相葉君がランチボックスに額を付けてもうわかんないと悩む姿である。DVDで見直してあらためて確認してみる。

休止会見の談話によれば、この時まだ大野君は一人で悩んでいる段階である。映像中、「大野さん最近フリーズ気味だからね」という言葉があってドキッとする。確かにこの頃の大野君はちょっと表情が陰り気味のことが多いように、今となっては思えるのだ。

『Are You Happy?』ツアーは、2016年最初のシングル「復活LOVE」（作詞：竹内まりや　作曲：山下達郎）からインスパイアされたと思われる「シティ・ポップ」感について指摘されることが多かったと思うけど、僕が感じるのは――特に冒頭の「Ups and Downs」から「I seek」までの部分――90年代のSMAP感である。リハ不足がネタでないとするならば、そのことによってもともと嵐の中に備わっていた「SMAP」成分がここでは前面に浮かび上がっており、20世紀からのジャニーズ・ファンに一言では言えない複雑な感情を(多くの人にとっては、意識の水面下で)抱かせるのである。2016年は、もちろん、SMAPの解散を食い止めることができなかった年だ。このコンサートで嵐(とそのスタッフ)は、一世代前のジャニーズたちへのリスペクトと惜別を、おそらく完全に無意識的に、表明しているのである。

思えば、2014年の『THE DIGITALIAN』、そして2015年の『Japonism』と、嵐はコンサートツアーという大舞台を使って、テーマ的にも技術的にも高度な試みを連続しておこなってきた。センサーと通信技術の最先端(Apple Watchの発表が2014年である)を演出に導入し、「身体性のデジタル可視化/拡張化」を「アイドル」が「歌と踊り」でおこなう、という『THE DIGITALIAN』の試みは極めてアーティスティックなものである。

そもそも、いわゆる「オリエンタリズム」に溢れているジャニーズ・ワールドにあって、あらためて正面から『Japonism』をテーマに据え、「伝統の継承と更新」を宣言するのは、これも挑戦と呼んでいい取り組みであったと思う。この二つのコンサートで得られた成果は数多い(一つだけ挙げるとすれば、観客手持ちのLEDライトの同期演出の可能性!)が、いま見てグッとくるのは各人のソロパートの素晴らしさだ。長いパルクールを決める「Don't you love me?」の松潤も良いが、ジャニーさんからJr.に無茶振りされている演目にそれぞれが大真面目に取り組んだニノのタップ、大野君の仮面劇、櫻井君のファンカッションなど、どれもきちんと仕上がっている。しかし最高なのは、謎のインド風神輿に担がれて登場する「Disco Star」および、エアリアル（ジャニーズファン内の通称はリボンフライングというらしい）しながら唄う「Mr.FUNK」の相葉君である。両ツアーの相葉君ソロはそれだけでお釣りがくるほどのケッサクだ。この時期に一番伸びたのは彼だと思う。

この二つのツアーの前には『Popcorn』（2012年）『LOVE』（2013年）がある。嵐のコンサートといえばムービングステージだが、『Popcorn』ではゴンドラおよびベルトコンベアも駆使してドーム史上屈指と思われる高速移動が行われる。さらっとこなしているが、滑って転んだりしないかヒヤヒヤですよ（以後ベルトコンベアはコンサートに登場していない？　さすがにスタッフも怖かったのでは）。全員が30代を迎えた『LOVE』では、ダンスの振り付けがソロ／アンサンブルともにバラエティに富んだ、これは本当に時間をかけてリハーサルをおこなわなければ上手くいかないような手の込んだものになっており、シブい歌も多く、ボーイズ・コーラス・グループとしての嵐はここで一旦の完成を迎えている模様だ。だからこそ次なるステップを目指してさまざまな実験に踏み込んだのだと思うが、もしかすると、テーマ＝コンセプトを優先させたコンサートの制作は、ここから先の嵐が、『LOVE』のツアーほどにはガッチリと稽古の時間を取れなくなることを見越しての選択だったのかもしれない。

そして、2017年の『untitled』ツアーは、「休止」という言葉が、まだメンバー内だけでやりとりされていただろう時期のコンサートである。しかしこの時、5人はすでに休止するという選択に納得し、決断していたのだと思う。序曲が終わって、冒頭の「Green Light」。セパレートされたそれぞれの場所で、凝った振り付けもないまま、次々とソロ・パートを回してゆく嵐の表情は実に毅然としている。レーザーとＬＥＤの照明も見事に映え、このまま１ｓｔパートはJr.の登場なしに、この５人のパフォーマンスだけで押し切られてゆくのだ。そして２ｎｄパートは各人のデュオとトリオの組み合わせを意匠を凝らしてたっぷりと展開し、ＭＣと映像を挟んで、大野君が人形振りの糸を切り裂く「つなぐ」へ。今となってみればメッセージは明らかだ。「休止」を胸に秘めたままこのツアーを遂行した嵐は本当に大したものだと思う。

２０１０年代の中盤から後半にかけて、ジャニーズは多難な時代だったと言っていいと思う。しかし本文中でも触れたように、この困難な時代にあっても若者たちはきちんと成長し、青年は自分で自分の未来を選択することが可能なのだ。日本はジャニーズを見習え。

（大谷能生）

column 3

NEWSのコンサートでけっこう衝撃を受けた

2019年の1月、友人に誘ってもらってNEWSのコンサートに行った。『EPCOTIA』のアンコール公演である。アルバム『EPCOTIA』の世界観そのままに宇宙旅行をコンセプトにしたコンサートだったのだが、これがとても良かった。メンバーが宇宙船に乗り込むオープニング映像は、まるで遊園地のアトラクションが始まるときのようなワクワク感。しかも、それを東京ドームの大画面と大音響というスケールでやられたら、興奮せざるをえないではないか。冒頭からいきなりコンサートの世界に引きずり込まれたまま、まったく飽きることなく観終えることができた。

NEWSは2017年の『NEVERLAND』から、コンセプトアルバムのプロジェクトをおこなっている。『NEVERLAND』『EPCOTIA』『WORLDISTA』『STORY』というコンセプチュアルな作品を1年ごとに発表し、コンサートもその世界観をもとに作られている。「NEWS」の頭文字が冠された4作品が出揃ったとき、NEWSをめぐる大きな物語も見えてくるという試みだ。『NEVERLAND』が発売された当初、その世界観と楽曲の質の高さはすでに話題になっていた。インタールードが多用され、アルバムとしての作品世界を作り込みつつ、楽曲のクオリティも高い。このようなアルバムのありかたは、ファン以外の人に開かれているように感じた。同じように、コンセプチュアルで大がかりなコンサートも、初めて観に来るような人に対して開かれていた。実際、この時期、「初めてジャニーズのコンサートに行くならNEWSがおすすめ」という声も聞いた。

もちろん、明確なコンセプトと大がかりな舞台装置があれば、必ずすぐれたコンサートになるかと言えば、そんなことはない。大事なのは、言うまでもなくパフォーマンスである。むしろ僕が魅了されたのは、アトラクト（引き付ける）させた目を離せない個々のパフォーマンスだった。とくに感心したのは、増田貴久。歌モノのヴォーカルからラップまでとにかく表現力があった。増田くんのパートが始まるとつい聴き入ってしまうというくらい、強烈な存在感を放っていた。表現力という点では、テゴマスでの増田くんの相方、手越祐也も外せない。のびやかでよく通る手越くんの高い声は、NEWSの楽曲に奥行きをもたらしていた。さらに、個性ゆたかな加藤シゲアキ。もともとシゲの小説のファンだったこともあるのだが、「あやめ」「氷温」とソロ曲はここ数作でどんどん深化している。そして、そのような三人を背後から支える小山慶一郎。長身で華があり、歌も踊りもトークも安定感のある小山くんが、見事にコンサート全体を支えていた。

4人のキャラクターとチームワークが見通せてくると、パフォーマンスやMCも楽しめるようになってくる。とくにMCでは、リラックスした4人が本当に楽しそうにやりとりをしている（のちにDVDで観たけど、「あやめ」をネタにみんなではしゃぐ『NEVERLAND』のMCとか本当に最高！）。

コンサートに行くと、当然のことながら、いままで見えていなかった魅力に気づく。NEWSに関して言えば、個々のパフォーマンスと4人の関係性に一気に魅了された。「EMMA」とかも、実は発売当初はそこまで夢中にならなかったのだけど、コンサートで聴くとなんと名曲か！　基本的に楽曲中心にジャニーズを楽しんでいた立場としては、コンサートひとつでこんなにも見方が変わったのはとても新鮮で、自分でもちょっと驚いている。他のグループのコンサートも観たことはあるのに、NEWSに関してはけっこう特別感があった。

なぜそんなにも魅了されたのかについては、またゆっくり考えるとして。実はNEWSというグループはそれまで、自分にとって語りにくい存在だった。『ジャニーズと日本』という自著においても、実は唯一言及できなかったのがNEWSだった。理屈っぽくジャニーズの歴史や系譜をたどって位置づけようとしてもなかなか位置づけられない。かと言って、ジャニーズを代表するような大クラシックの持ち歌があるわけでもないと思っていた。メンバーの変動が大きかったことも、語りにくさの要因のひとつだったのかもしれない。

ただ、実感だけで言うと、そのような語りにくさをくぐり抜けてきたいまの4人は強い。圧倒的に。語られることなく、表に出てこないような言葉や痛みを抱えているような、そういう優しさとともにある強さを感じる。MCひとつとっても、単純に信頼関係の深さを感じさせる。その意味では、NEWSおよびジャニーズを代表するクラシックはやはり、4人になって最初のシングルである「チャンカパーナ」および「フルスイング」と言いたい（「フルスイング」をあえてB面にもってきた見事さよ！）。初めて4人体制のNEWSでのぞんだ秩父宮ラグビー場でのコンサートも、本当に強く優しく、素晴らしいものだった。

（矢野利裕）

Johnny's Studies! 2020

第3章

ジャニーズとディスコ

情熱☆極東でぃすこてぃっく

速水　この章の題目は「ディスコ」です。ジャニーズ事務所に限らず、日本の歌謡曲って、その時代にアメリカで流行ってる音楽のジャンルをアレンジとして取り入れて、アイドルソングにして売るということをずっとやっているんだけど、その中でもジャニーズについて考える上で、ディスコっていうジャンルの存在がとても大きいというのが僕の印象なんです。

ディスコという音楽は、セクシュアリティだとか、テクノロジーだとか、音の構造だとか、あと、音楽産業の制作や宣伝の手法のイノベーションだとか、20世紀のポピュラー音楽の中でも面白いトピックが揃っている分野だと思います。なので、そんなディスコという文脈からジャニーズを見ていくとどうなるか、というのがこの章のテーマです。

大谷　僕もブラック・ミュージック・ラヴァーとしてディスコ音楽は大好きなんだけど、これはほんとに速水くんのテーマだよね。今回はもっぱら楽曲分析のほうから関わっていければいいな、と思っております。

速水　ジャニーズにおけるディスコってことで、たとえば、近藤真彦の「ギンギラギンにさりげなく」って曲を取り上げてみますか。これは、音として完全にディスコ調で、特に「ジャニーズディスコ」の特徴がよく表れていると思います。マッチって、第1章でも話したけど基本はシャウトする青春スターなんですよ。だから彼が、もともとは密室的、快楽的なダンスミュージックの代表である「ディスコ」って音楽をやるってことには、実はちょっと合っていないのかもしれない。

矢野　たしかに。マッチの特徴は不良少年感ですよね。あと、どっちかっていうとアウトドアっていうか、バイク乗ってる感じのワルで、あんまり「ディスコ」方面のパーソナリティではないのかな。

速水　ディスコっていうのはほんとは、夜の、大人の、性愛（異性間とは限らない）の音楽なんだけど、マッチの「ギンギラギンにさりげなく」におけるそういった「夜」とか「大人」とかっていう世界の削除っぷりは完璧に近くて、ほとんどそれがもともとは含まれていたってことに気づかせないくらいに音楽の中から省いてある。

大谷　そうか、ディスコから夜を削除したんだ。あのー、12時以降は風営法でクラブ営業できませんていう、日本の特別な事情を反映してるとか？（笑）。

速水　竹の子族[*1]ってそうだったよね。中高生はディスコに入れないから、「じゃあ俺たちホコテンで踊るわ」っていう。彼らが着てたペラペラの服って、ジャニーズの衣装にも近い部分がある。それで竹の子族が何の曲で踊ってたかっていうと、SMAPもコンサートでやってた「ジンギスカン」。そう、ディスコミュージックなんですね。

大谷 あれプロテストなんだね。デモなんだ。「俺たちも中に入れてくれ!」って青空の下で踊ってた(笑)。

速水 あの、「青空ディスコ感」ていうのはジャニーズディスコの原点なんじゃないかな? ディスコって本来はセクシュアルマイノリティの音楽で、ジャニーズディスコはそこと関係があるようでいて、でも、夜、性愛、マイノリティっていう感覚が抜けて、なぜかキラキラした感じだけが残った。僕がずーっと一貫して考えてるのは、あのキラキラ感は何なのか? ということ。それもビザールな、淫靡な感じではない「ギンギラギン」なわけです。「さりげない」の(笑)。

大谷 ジャニーズ音楽は全般的に、かなり徹底してセックスの要素は抜いてあるよね。ディスコから夜とセックスを抜くって、かなり困難だと思うけど、言われてみると「ギンギラギンにさりげなく」には全然、大人も夜も性愛もないわ。

速水 ポピュラー音楽っていうのは、基本的にダンス音楽として成立しているものが強い分野ですよね。ディスコっていうのはその中でもかなりダンス寄りの単純な構造音楽なんですが、ジャニーズはそれを独特な形で取り込んでいる気がします。そんなわけでディスコとジャニーズの関わりについて話していきたいと思います。

ジャニーズ研究部が選ぶ ジャニーズディスコ5曲

矢野 じゃあ、それぞれのジャニーズに対する興味もディスコの解釈も少しずつ違うので、実際に曲を挙げて説明していきましょう。

速水 各自で、ジャニーズの楽曲の中から「これは俺にとってのディスコだ」っていう曲を5曲ずつ選んできたんですよ。チョイスした曲にもとづいて、それぞれのディスコ観を解説していきましょう。

＊1……1980年代前半に流行した、おもに原宿・代々木公園の歩行者天国でディスコを踊る若者たちのグループ。参加者の派手な衣装が特徴的だった。

♥大谷チョイス

●川崎麻世「レッツゴーダンシング」
作詞・作曲：Michael Lloyd　訳詞：Johnny.k　編曲：田辺信一　1979年

●田原俊彦「恋＝Do！」
作詞：小林和子　作曲：小田裕一郎　編曲：大谷和夫　1981年

●少年隊「バラードのように眠れ」
作詞：松本隆　作曲：筒美京平　編曲：馬飼野康二　1986年

●SMAP「しようよ」
作詞：森浩美　作曲：Jimmy Johnson　編曲：CHOKKAKU　1995年

●V6「GUILTY」
作詞：KAORU/Kohei(SIMONSAYZ)　作曲：Kohei(SIMONSAYZ)　編曲：Jun Suyama　2009年

【番外】

●SMAP「ダイナマイト」
作詞：森浩美　作曲・編曲：小森田実　1997年

●V6「Music For The People」
作詞：秋元康　作曲：G.S.A.J.Project　編曲：木村貴志　1995年

♥速水チョイス

●郷ひろみ「君は特別」
作詞：岩谷時子　作曲・編曲：筒美京平　1974年

●田原俊彦「ラブ・シュプール」
作詞：三浦徳子　作曲：筒美京平　編曲：大谷和夫　1982年

●近藤真彦「ギンギラギンにさりげなく」
作詞：伊達歩　作曲：筒美京平　編曲：馬飼野康二　1981年

●少年隊「湾岸スキーヤー」
作詞：秋元康　補作詞・作曲：山下達郎・Alan O'Day　編曲：井上鑑　コーラスアレンジ：山下達郎　1989年

●SMAP「俺たちに明日はある」
作詞：相田毅　作曲・編曲：岩田雅之　1995年

♥矢野チョイス

●郷ひろみ「恋の弱味」
作詞：橋本淳　作曲・編曲：筒美京平　1976年

●田原俊彦「アバンチュールをリザーブ」

作詞：阿久悠　作曲：林哲司　編曲：大谷和夫　1984年

●**少年隊「バラードのように眠れ」**

作詞：松本隆　作曲：筒美京平　編曲：馬飼野康二　1986年

●**KinKi Kids「Back Fire」**

作詞：戸沢暢美　作曲・編曲：石塚知生　コーラスアレンジ：岩田雅之　2000年

●**関ジャニ∞「関風ファイティング」**

作詞：MASA　作曲・編曲：馬飼野康二　2006年

【番外】

●**忍者「お祭り忍者（TOKIO三社MIX）」**

作詞：原六朗・荒木とよひさ　作曲：原六朗・馬飼野康二　編曲：鷺巣詩郎　リミックス：内沼映二　1991年

●**忍者「THE 花笠！」**

作詞：たきのえいじ　曲：羽田一郎　編曲：船山基紀　1991年

●**忍者「Our Dance」**

作詞：岩室光子　作曲：富樫明生　編曲：米光亮　1991年

郷ひろみから川崎麻世まで

速水　古いところからいきますか。僕があげているのが、郷ひろみの「君は特別」。1974年リリースで筒美京平作曲。日本にディスコのアレンジを持ってきたっていう意味では、筒美京平はもちろん早かったわけですが。

●**「君は特別」郷ひろみ**

大谷　いい曲ですよね〜、これ。

速水　いわゆるワウによるカッティングの「ワカチコ」ギター。ワカチコっていうと少年隊の「デカメロン伝説」ですけど。

矢野　どことなくアイザック・ヘイズ[*2]の「黒いジャガーのテーマ」を思い出しました。

大谷　音色的にはウーリッツァー[*3]ですな。スティーヴィー・ワンダー[*4]が使ってた。アレンジ的には「Superstition」を参考にしてるんじゃないかな。ホーンの入りかたが特徴的で。これはすごく良くできてますね。アレンジャー誰だ

＊2……60年代から活躍するアメリカのソウルミュージシャン。映画『黒いジャガー』に書いた「黒いジャガーのテーマ」が有名。
＊3……ここではオルガンメーカーのウーリッツァーが開発したエレクトリックピアノのこと。
＊4……スティーヴィー・ワンダー、72年。

ろう？　筒美さんか！

速水　この曲は生演奏なんですね。ディスコって言うと、今では打ち込みと思うかもしれないけど、70年代の時点では、ディスコはまだバンドでの演奏で、まあファンクですよね。

大谷　少し突っ込んだ言葉で言うと、このサウンドは「ニューソウル」と言われていた曲のアレンジを真似たものです。この時期のスティーヴィー・ワンダー、マーヴィン・ゲイ、カーティス・メイフィールド、そのあたりの人が、自分でプロデュースしはじめたときの感じ。

速水　ベースの使い方が特徴的ですね。

大谷　そうそう。フィリーソウル[*5]とかサルソウル[*6]よりは、音はどっちかっていうとまだモータウン[*7]に近い。

速水　なるほど。僕がこの曲を選んだのは、この時代の日本のディスコの典型が表れていると思うからです。歌謡曲がディスコをやるときに何を真似るかっていうと、このリズム全般、ベースとカッティングギターなんですけど、それがとてもよく出てる曲じゃないですか。僕、元ネタとして、これかなって思ったのが、フィリーソウルを出したフィラデルフィア・インターナショナル・レコードっていうレーベルにいたスリー・ディグリーズの「Dirty Ol' Man」っていう曲なんですけど。スリー・ディグリーズは、モータウンのシュープリームス[*8]の東海岸版とも言うべき3人組のガールズグループで、筒美京平は、実際に曲を提供するという形でコミットもしています[*9]。この時代の日本ではモータウンのリズムも取り入れられたけど、同時にディスコから取り入れられたのがスリー・ディグリーズだったのかなって。

　それで、ディスコにおいては、ストリングスをのっけるかのっけないかっていうのが重要なんですよ。このキラキラした感じがフィリーソウル独特で、僕が今日のテーマでジャニーズに見出したいものなんです。選んだ5曲を通して、キラキラ感をみんなに聴き取ってほしいなって。で、矢野君も郷ひろみを選んでますね。

矢野　はい。「恋の弱味」です。「君は特別」の2年後の76年のリリースで、作曲はやはり筒美京平。ただし、これはジャニーズを抜けたあとの曲なのでちょっと反則ですが、「君は特別」と並んで筒美ディスコの名作だと思います。

●「恋の弱味」郷ひろみ

速水　これのディスコっぽいところはどういうところですか？

矢野　ビートがシンプルなところとなにより女声コーラスが効果的に使われているところですね。

速水　そこはディスコっぽいけど、他はどうかなと思ったな……。

矢野　ちょっとファンクの成分も強いかもしれない。結局、日本流ディスコってなんですよね。「恋の弱味」の何がいいかって、本場のディスコをすごくうまい具合にアレンジしてると思うんです。女声コーラスとかストリングスとかホーンとか、ディスコ要素を断片的に取り入れつつも、ディスコっぽくまとめないバランス感覚が素晴らしい。特に最初のエレキギターのカッティングの感じって、NYのディスコにはあんまりない。おそらくこれは日本独自の解釈で、そのセンスがすごいなと。

大谷　カッティング、良かったよね。

速水　ディスコミュージックで、カッティングギターっていうと思い浮かぶのはCHICなんだけど、これCHIC[10]より早いのか。ナイル・ロジャース[11]が80年代半ばにマドンナの曲で使うような、カッティングギターでリズムを細かく煽るディスコの手法をここですでにやってる。

矢野　ナイル・ロジャースより早いし、ナイル・ロジャースと比較しても「恋の弱味」のカッティングは異質だと思いますね。

大谷　では次は、僕が選んだ川崎麻世を。

速水　「レッツ ゴー ダンシング」ですか。

大谷　この曲がさ、実はあんまりいい曲じゃないんですよ。

一同　(笑)。

大谷　いい曲じゃないんだけど、ディスコといったら外せないだろうというぐらい、音と歌詞に「ディスコで彼らがやりたいこと」が、ものすごくはっきり出てるの。

●「レッツ ゴー ダンシング」川崎麻世

大谷　イントロに「ビュンビュンビュン!」って電子音が

＊5……フィラデルフィアソウル。135〜136ページ参照。
＊6……ディスコの隆盛を支えたアメリカのレーベル。「サルソウル」はサルサ+ソウルという意味の造語で、ラテンテイストが盛り込まれたディスコサウンドが特徴。
＊7……ベリー・ゴーディJr.によって設立されたソウル/ブラック・ミュージックのレーベル。スティーヴィー・ワンダーやジャクソン5などが所属していた。
＊8……60年代から70年代にかけて活躍した女性3人組のヴォーカルグループ。リードヴォーカルにダイアナ・ロスがいる。
＊9……「にがい涙」歌：スリー・ディグリーズ、作曲：筒美京平、作詞：安井かずみ。
＊10……77年にデビューしたファンク/ディスコバンド。「おしゃれフリーク」や「グッド・タイムス」などのヒット曲がある。
＊11……140ページ参照。

入ってる。これ、インベーダーゲームだよね。

速水　インベーダーゲームとディスコって深い関わりがあります。

大谷　「ディスコ・スペース・インベーダー」[*12]。

速水　ディスコブームと宇宙ブームはリンクしている。カール・セーガンも『スター・ウォーズ』も『未知との遭遇』もインベーダーゲームもディスコも、完全に同時期の現象なんです。[*13]

大谷　はい。「レッツゴーダンシング」の音を解説すると、まず重要なのはバスドラの4つ打ちアレンジね。これがすべてのディスコサウンドの基盤になります。で、この曲は、ジャニーズのほかの曲とくらべると構成がシンプルで、アレンジがちゃんとディスコ寄りになってる。でも、そのぶんだけ曲の魅力が薄くて、なんかちょっと川崎麻世は不幸だなーと思う。この人、歌がうまいんだよね。だからアレンジに関して、「音がスカスカでも大丈夫」って判断されちゃった可能性が、もしかしたらあるのかもしれない。曲をまとめて聴いているとそんな気がしました。

速水　この曲はカヴァーで、原曲はレイフ・ギャレットの歌ですね。僕、この議題のためにいろいろ調べてて、一番「あっ！　そっか」と思った発見ていうのが、レイフ・ギャレットに関することなんですよ。レイフ・ギャレットの一番のヒットってこの「レッツゴーダンシング」の原曲なんですけど、日本ではトシちゃんがカヴァーした「哀愁でいと」の原曲の「New York City Nights」が有名です。でも実は、「New York City Nights」は向こうではあんまり知られてない単なるアルバム収録曲だったんですね。

レイフ・ギャレットって70年代末に世界的にめちゃくちゃ流行ったアイドルなんです。今でいえばジャスティン・ビーバーみたいな感じかな。デビューの章でも説明しているんで、あんまり繰り返しませんが、何度かドラッグで捕まった。ということはマコーレー・カルキンの元ネタ的存在とも言えます。子役あがりで、途中で心を病んで、どんどん変な方向に行ってしまうというパターンですね。この先、ゲイ文化との関係でご登場いただく、ジュディ・ガーランドもそういう系譜に位置づけられますけど、レイフは15歳やそこらで世界的ヒットを出して、そっちに行ってしまった。

で、川崎麻世やトシちゃんとかのジャニーズの当時のソロ・デビュー・アイドルの元ネタ（これは人生的なことではなく、売りかた的な意味で）が彼だった。この時期に、こういったかわいい系美少年のアイドルって他に海外では……あんまり見当たらないかな？

大谷　見当たらないね。エマニエル坊や[14]とはまた違うし。

速水　違いますね（笑）。だから当時のジャニーズアイドルが真似た原形はレイフ・ギャレットだったんじゃないかなと思いました。でも、郷ひろみはそこにあてはまらないんだよな。なぜならレイフ・ギャレットよりデビューが早いから。しかも、カーリーヘア。そこは郷ひろみの謎で……。

大谷　そこは追々ときあかしていくということで（笑）。

速水　大谷さんから川崎麻世の「レッツゴーダンシング」はディスコサウンドをストレートにやってるという話が出ましたが、原曲のレイフ・ギャレットも、音楽性としてはディスコなんですよ。アイドルがやるディスコということで、要チェックなのが、「キャンディポップ」って呼ばれるジャンルの音楽です。これ、日本での独自の呼び方なのかな？　当時、ノーランズとかアラベスクとか、ＡＢＢＡ[15]を筆頭とする、アメリカやイギリスの出身ではない、アイドルグループがディスコサウンドをやるのが人気だった。

矢野　キャンディポップは、まさに竹の子族のレパートリーとして定番ですね。

大谷　ＡＢＢＡも含めてさ、アイドルソング的なものをモロにディスコアレンジにしてやった人たちが、何語だか、どこの国の歌だかわからないんだけど、日本でもばんばんヒットするって傾向がありますよね。「恋のマイアヒ」[16]とかさ。あれは東欧の曲だっけ。

速水　そうですね。あの流れはＡＢＢＡから延々続いてる。ｔ.Ａ.Ｔ.ｕ[17]とかもそうですね。

矢野　ディスコは世界的ヒットを産み出すという、不思議な傾向がありますね。

速水　イギリスとアメリカ以外の国からポップミュージックのヒットが生まれるようになった契機っていうのは、おそらくディスコでしょうね。ミュンヘンディスコとか、ド

＊12……演奏：ファニー・スタッフ、1979年。
＊13……『スターウォーズ』、『未知との遭遇』は日本では78年公開。
＊14……80年代アメリカの黒人の子役スター。日本でもCMに出演し、シングル「シティ・コネクション」をヒットさせた。
＊15……70年代後半から活躍したスウェーデンの男女4人組ヴォーカルグループ。「ダンシング・クイーン」などが有名で、世界でもっとも売れたアーティストのひとつ。
＊16……モルドバ出身のダンスミュージック・ユニット、O-Zoneの曲。日本ではネットでの話題も手伝ってヒットした。
＊17……99年に結成されたロシアの女性二人組ヴォーカルユニット。日本でもアルバム『t.A.T.u』が大ヒットとなった。

イツからもヒットが出たように。

矢野　ドナ・サマー[*18]もミュンヘンディスコです。ジョルジオ・モロダー[*19]の曲で。

ディスコとは

矢野　ここまでディスコとは何かっていうことを言わずにきちゃったので、このへんで歴史も含めて説明しておきましょう。まず言葉の定義からいくと、ディスコとはフランス語のディスコテーク（discothèque）の略です。第二次世界大戦でナチス・ドイツに侵略された1940年代初めのフランスで、音楽の演奏を禁止されたバーなどが、バンドではなくてレコードを再生してダンスの場を提供した。プレイされたのはアメリカのジャズミュージック、つまり黒人音楽です。で、こうしてレコードとダンスが密接に結び付いた場所が「ディスコテーク」と呼ばれたのが、おそらく現在につながるダンスフロアとしての「ディスコ」の始まりです。

速水　ナチス占領下のフランスでは、広く抗ドイツ運動が行われたんですが、パリでその舞台になったのがサンジェルマン・デ・プレあたりの哲学者とかが集まるカフェの地下で、レジスタンス活動と称して彼らはパーティをやっていた。何をしてたかというと、たぶんドラッグをやりながら、レコードをかけて踊ってたんですね。

矢野　そして、さらに重要なのはアメリカにその潮流が届いてからの話ですね。ニューヨークに「ル・クラブ」という場所が60年にできるのですが、その店の装飾などはフランスをコンセプトとしていました。ディスコの源流はフランスにありますが、文化として発展するのはニューヨーク。70年ぐらいから盛り上がりを見せてきます。

速水　『ブラック・マシン・ミュージック』などのブラック・ミュージック／ディスコ研究本によると、ターニングポイントとして挙げられているのが、69年に起きた「ストーンウォールの暴動」です。これは、ニューヨークのグリニッチ・ヴィレッジで起きたゲイ、レズビアンの公民権運動の始まりの瞬間です。東京でいえば新宿二丁目のような場所に手入れが入ったのがきっかけだったんですね。それまでは、当時のゲイやレズビアンは表立って行動はしてなかった。

大谷　それまでは手入れが入ったら、みんなおとなしく捕まるか逃げるかっていう感じだったんですけど、69年のそのときにはみんなカチーンときて怒っちゃったわけ。

速水　怒って何をしたかというと、投石の代わりにスパンコールを投げつけたりとかしたらしいんですが（笑）、この反抗には背景があって、たとえば、マーティン・ルーサー・キング牧師がテネシー州で演説中に暗殺されるのが68年。で、黒人の公民権運動はそれまでに一応結果が出ていて、政治的な前進を見ていたんですけど、ゲイ、レズビアンに関してはまだその存在はクローゼットの中のままだった。69年ってのが彼らの権利の出発点で、そこには彼らのアイコンであったジュディ・ガーランドの死、というものがありました。ジュディ・ガーランドは女優のライザ・ミネリの母親で、ミュージカル映画『オズの魔法使』で主役のドロシーを演じた、30年代のミュージカルスターです。

大谷　子役出身なのかな。

速水　子役からスタートして、ハリウッドで活躍した。アンディ・ウォーホールのアイドルとしても知られていますね。50年代はちょっとキッチュな感じで、ウォーホールをはじめとする、ゲイカルチャーのアイコンだったんですね。

速水　彼女がハリウッドから干されていた時代があって、その時はパリとかロンドンとかでミュージカルをやっていました。彼女は歌うことしかできないから歌い続けるんだという生き方を貫き、それと、ドラッグと男関係の出入りが激しかったっていう。

大谷　ハリウッド育ちによくあるタイプで、すーんごいドラッグを使う人なんですよ。起きるために覚醒剤をキメるぐらいの。そういう生活を繰り返して、40代で亡くなります。パリでのライブを収録した『Live in Paris』というアルバムがあるんだけど、ほんとに感動的なんだよね。素晴らしい歌手なんですよ。

速水　そういう、圧倒的に支持していた歌手の死を悼んで集まっていたところに、警察が土足で踏み込んできたものだから、ゲイ、レズビアンは立ち上がったんです。自分たちの存在を認めろということを、パレードなどをして公に訴えるようになった。今でもレインボーパレードってやってるじゃないですか。なぜ「レインボー」かといえば、『オズの魔法使』の中のナンバー、「虹の彼方に」から来ています。虹が運動のシンボルになった。

大谷　白でも黒でも関係ないんだ、われわれは七色であると。

＊18……70年代から活躍したアメリカのソウルシンガー。「ホット・スタッフ」などのヒットがある。
＊19……70年代から活躍するイタリアの音楽プロデューサー、作曲家。ムーグシンセサイザーを取り入れたサウンドが有名。

DJカルチャーの発祥

矢野　手入れをくらったゲイバーとは、どんなところだったかというと、それが今につながる「DJ」の発祥地なんですね。ディスクジョッキー。これはラジオのパーソナリティのことではなく、ターンテーブルを2台つなげて、エンドレスでレコードで曲をかけてお客をダンスさせる人のことです。DJ黎明期のレジェンドたちには、アフリカ系とイタリア系の人たちが多かった。初めてターンテーブルを使ってMixを行った一人であるフランシス・グラッソは、「サンクチュアリ」という、もとは教会だった場所を改修して、そこをディスコにしちゃった人です。彼がマネージャーにお金を持ち逃げされて困窮していたとき、資金面で支えたのがゲイコミュニティの人々だったと言われています。DJの歴史において、ゲイピープルは重要なんですよね。

速水　彼らがどんな音楽をかけていたかというと、当時はディスコサウンドが生まれる前のプレ・ディスコ期なので、まだ、いわゆる今でいう「ディスコソング」ではない。それはのもとになるようなソウルミュージックやロックミュージックを、彼らは独自のセンスで選んでプレイしていた。これははっきりアンダーグラウンドな遊び場の音楽なんですが、踊りやすいようにテープを切り貼りして編集されたダンスミュージックが作られたり、パーティソング化していく中で、いわゆる簡易ディスコミュージックみたいなものも生まれていく。

大谷　いわゆるディスコミュージックっていうのが、音楽上のアレンジが固定化し、ヒットチャートに載り、そのイメージがはっきりするのが75年前後ですね。その前にゲイカルチャーのパーティでみんなが楽しく踊っていた音楽というのは、ソウルを含め、いろんなジャンルから選ばれていた。

矢野　レッド・ツェッペリンとかもかけていたらしいですね。

大谷　そうね。ロックでは「胸いっぱいの愛を」の間奏の、喘ぎ声の部分を2枚がけしてたっていう話が有名です。10分ぐらい延々と、しかもエフェクトきかせまくって……夜の3時ぐらいにそれ聴いて、みんなで興奮しちゃって、とか、そういう形で、DJが一晩かけてレコードで物語を作ってゆく場所がディスコ。しかもレコードだったら演奏とちがって曲を選び放題だし、音が途切れない。ずっととにかくノンストップで踊っていたい、この部屋から出たくない、外なんか行ったら辛くてしょうがないから、みんなでここで暮らしましょうみたいな人たちが夢を見るために、音楽を必要としたんです。そういったダンスミュージックが、メジャーな音楽産業側からも注目されて、ポップチャートにもランクインするようになる。で、そこからポップスのひとつとして「ディスコ」ってジャンルが生まれてゆく、みたいな感じですね。

速水　ディスコでは意外に西海岸のロックなどもよくかけられていて、ドアーズ[*20]なんかが人気だったといいます。なんでもアリね。

　実は、ディスコを解釈するときにも、西海岸で生まれたヒッピーカルチャーの影響は無視できません。ゲイの聖地でもあるサンフランシスコのヘイト・アシュベリーとか、あのへんで起きたラブ&ピース運動って、ゲイカルチャーの原点のひとつなんですよ。文化運動全般、音楽だけじゃなく、舞台、美術、当時のハプニングなど、全般をサイケデリックカルチャーと呼ぶんだけど、その西海岸の文化が東海岸に影響を与えたもののひとつが、ディスコだと言えます。

　黒人の音楽ジャーナリストのネルソン・ジョージは、著書の『リズム&ブルースの死』で、R&Bは単なる音楽のジャンルではないんだという話をしています。そこでは、黒人の公民権運動にまつわるすべての黒人文化の総称がR&Bなんだと言っている。ディスコに関してはそれを明確に言ってるわけではないんだけど。今僕らは、基本的に音楽の話としてディスコっていうものについて話していますが、ネルソン・ジョージがR&Bについて言うのと同じように、ディスコっていうのは単なる音楽のジャンルを指すだけではない、それは総合的なカルチャーなんだ、っていうのが僕たちの視点です。

ディスコは総合文化

速水　ディスコっていうのは、ばさっと切り取って言ってしまえば、黒人とイタリア系というマイノリティの中の、さらにゲイというマイノリティから生まれた文化、音楽です。それで、同時に付随してディスコ美術みたいなものも生まれてるんだよ。たとえばディスコの内装だとか看板だ

＊20……60年代後半から活躍したアメリカのロックバンド。サイケデリックな作風で多くの支持を得た。代表曲に「ハートに火をつけて」など。

とかのビザールな雰囲気や、ディスコフォントみたいなね。

大谷　これ（サルソウルのLPジャケットを掲げて）とかね。すごい微妙な感じですけど。

速水　ひとことで言うとビザールで悪趣味な世界。

矢野　頽廃的ですよね。

速水　何か決定的なものはないかな……あっ、これ！（レコードを取り出して）。大場久美子のシングル「ディスコ・ドリーム」のジャケットですが、このドリームフォント見て！

矢野　超サイケですよね〜。

速水　キラキラしたスパンコール的なサイケデリックが入った、悪趣味でビザールなものっていうのは、基本的にはディスコ美術として捉えることができる。

大谷　いいフレーズですね、「ディスコ美術」。

速水　ポール・トーマス・アンダーソンが監督した『ブギーナイツ』っていう映画は、70年代のポルノ業界を描いてるんだけど、あそこに出てくる悪趣味な美術はディスコカルチャーへのオマージュ。音楽だけではなく、いろんなものも含めてディスコは生まれたんですよ。

大谷　音楽の話の中で、ヒップホップがよく「ヒップホップは音楽とグラフィティとダンスでできている」みたいに、トータルなカルチャーの代表として挙げられることが多いんだけど、ディスコだって負けてない、ってことですね。

はい。ディスコに関する基礎知識が入ったところで……まさにディスコブーム時代のこの曲に行ってみましょう。トシちゃん！　です。

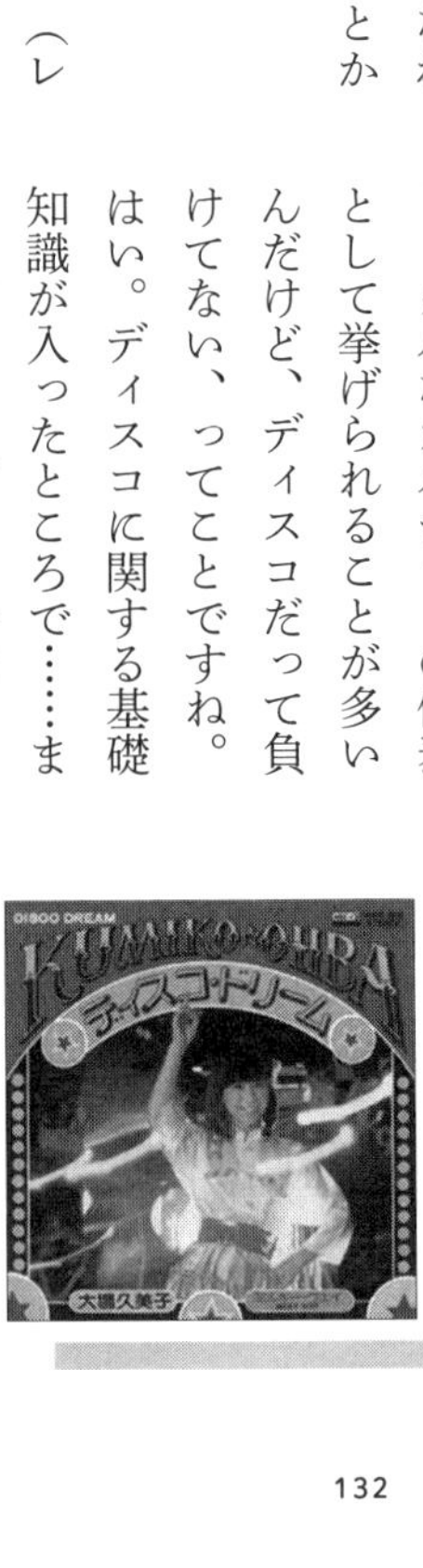

王道をいくトシちゃん

● 「恋=Do!」田原俊彦

速水　川崎麻世の次にデビューした、トシちゃんの「恋=Do!」。

大谷　この曲はディスコとして完璧ですね。

速水　どのへんが完璧なんでしょう。

大谷　バスドラ4つ打ち。BPM120くらい。で、ストリングス入ってるでしょ、ホーン入ってるでしょ、あまつさえコンガも16ビートでリズムを埋めまくってます。で、その割にはスムーズなアレンジで、今回約30年ぶりに聴き直しましたけど、こんなにいい曲だったのかと驚きました。

速水 「恋＝Ｄｏ！」の「Ｄｏ！」ってたぶん、ディスコを代表する、ヴァン・マッコイの75年のヒット曲「The Hustle」から取ってますよね。「細マッチョ、ゴリマッチョ」のコピーでおなじみのプロテイン飲料のＣＭでも流れてた曲。「ハッスル」は「フィーバー」と並ぶ、ディスコブームのキーワードです。

大谷 パチンコの「フィーバー台」もディスコ起源。「みんなで今夜もハッスルしようぜー！」って言って、「The Hustle」をかけるんだな。

速水 それでゴリマッチョが踊る（笑）。トシちゃんはレイフ・ギャレットのカヴァーでデビューしたのを手はじめに、王道をやり続けるんですよね。ミュージカル路線を中心に置きながら、ＳＭＡＰの黒人音楽路線に受け継がれていくような、のちには久保田利伸作曲の「It's BAD」ってのもやりますし、ジャニーズ的ブラックミュージックの王道をゆく。「恋＝Ｄｏ！」はディスコの直球、王道です。

大谷 トシちゃんの曲は名曲揃い。全部聴きたいですよ。（テーブル上のレコードを指して）これもトシちゃんですか？

●「アバンチュールをリザーブ」田原俊彦

速水 矢野君が選んでる「アバンチュールをリザーブ」ていう曲は知らないな。

矢野 これはアルバム収録曲で、ＣＨＩＣの「おしゃれフリーク」そっくりの作りなんですが、「おしゃれフリーク」より良い曲になってしまっているんですよね（笑）。「おしゃれフリーク」を聴いてみましょう。

●「おしゃれフリーク」CHIC

大谷 トシちゃんのほうがいいね！

速水 なんか、ＣＨＩＣは普通だよね（笑）。トシちゃんの曲を当時アルバムで聴いてた方っています？（客席に向かって）トシちゃんのアルバムって、当時のアイドルだとよくあった構成なのかもしれないけど、曲間にトシちゃんの一人しゃべりがあったりしますよね。「ごめん、遅刻しちゃった。待った？　そんなに怒らないでくれよな」みたいにしゃべるの（笑）。

矢野 この曲もラジオＤＪみたいなしゃべりで始まってますね。近田春夫[*21]がラジオＤＪとして参加している曲もあります。

速水　DJもののほかに、デートしてるシチュエーションのがあったりとか。ヴァーチャルデートSE。アイドルの王道だなあ。シングルのB面だと、たのきんトリオでおしゃべりしてるのもある。これ何年の曲ですか？

矢野　84年ですね。

●「ラブ・シュプール」田原俊彦

速水　僕がトシちゃんから選んだ「ラブ・シュプール」は82年の作で、これは隠れた名曲なんですよ。純然たるディスコアレンジではないけど、キラキラ感が最高で、僕の一押しです。

大谷　とてもいい曲ですよね。

速水　フィリーソウルの特徴に、ホーン、ストリングス、ファルセットを使うというのがあるんだけど、もうひとつ、サウンドエンジニアリングの妙というのも肝なんですよ。フィリーソウルを産み出したフィラデルフィア・インターナショナル・レコードの、多くの楽曲が制作されたシグマ・サウンド・スタジオに、トム・モールトンていうミキサーがいて、素晴らしいミキシングをしたんですが、そこが僕のディスコが好きだっていうコアな部分で。ラリー・レヴァン[*22]もモールトン・サウンドが好きだと語っています。それで、トシちゃんの曲には「モールトン感」を感じるんですよね。トム・モールトンがアレンジした「More More More」っていう、70年代のポルノ女優が歌った曲があるんですが、聴いてみましょう。

●「More More More」Andrea True

大谷　「もっと！　もっと！　もっと！」って（笑）。

速水　畑中葉子さん、彼女はいま僕のFacebookのお友だちでもあるんですけど、その「後ろから前から」[*23]みたいなものです（笑）。ちょっとHな風味の歌謡曲。トム・モールトンて、こういう色物もやっちゃう人なんですね。彼がアレンジした曲のコンピレーションも出てて[*24]、それにはこういうアイドルの曲からガチのダンスミュージックまで集めてあります。これは、聴いての通り歌が下手だから、エコーをかけてそのあたりはごまかしてあります。基本的には歌謡曲なんですよね。具体的に似ているというわけではないんですけど、この「モールトン感」は、トシちゃんの曲にすごく感じるんですよ。バックトラックのかっこよさといい。

大谷　聴きながら思ってたんだけど、トム・モールトンの音、フィリーソウルの音ってポール・モーリア[*25]に似てるよね。

速水　「恋はみずいろ」の。

大谷　そう。それで、ポール・モーリアって、今聴くとＭＩＤＩ[*26]の音がするんだよ。

速水　ある時期からデジタルをすごく押し出すんだよね。

大谷　うん、でも、デジタル機材が出てくる時代よりずっと前から、なんかポール・モーリアの音ってＤＸ７[*27]の音に聞こえるんだよね。話はもちろん逆なんだけど、ＤＸ７の音はポール・モーリアが好きな人が設計した音のように感じる。彼の音楽の分離ぐあいっていうか、ストリングス鳴らしたあとホーンが出てきたときのヌケの良さとか、プリセット音みたい。「ＤＸ７のプリセット音＝ポール・モーリア」説なんですけど。

キラキラのフィリーソウル

速水　ちょっとここで説明をしておくと、ディスコミュージックを解釈する上で非常に重要だと思うのが、先ほどから何度か名前が出てきているフィラデルフィアのソウルミュージックですね。70年ぐらいのニューヨークのディスコでよくかけられた音楽のひとつです。

大谷　フィリーソウルね。一曲聴いてみようか。

速水　じゃあスタイリスティックスにしよう。

矢野　これは、キムタクが出演していた「ギャッツビームービングラバー」のＣＭでかかってた曲です。

大谷　聴くと幻想のミラーボールが見えてきて、みんな踊りたくなりますよ（笑）。75年にＵＫチャートで1位、アメリカで3位に入ってます。

＊21……ミュージシャン、作曲家、音楽プロデューサー、音楽評論家、タレント。70年代より、ニューウェーヴ、ヒップホップ、トランス等幅広い音楽ジャンルで活躍。活動したバンドに近田春夫&ハルヲフォン、ビブラトーンズ、ビブラストーンなど。『考えるヒット』等の歌謡曲評論でも知られる。
＊22……DJ、音楽プロデューサー。1954年生―92年没。ハウスの成立に大きな影響を及ぼした。
＊23……80年リリース。同じ年に、この曲をモチーフとした畑中さん主演の同名映画が日活ロマンポルノ作品として上映された。
＊24……Tom Moulton Mix, Soul Jazz, 2006
＊25……フランスの作曲家、指揮者。「恋はみずいろ」などの曲で知られ、日本ではイージーリスニングの巨匠として有名。
＊26……「Musical Instrument Digital Interface」の略で、電子楽器の演奏データをデジタル変換するための共通規格。
＊27……ヤマハのシンセサイザー。MIDI規格初期を代表するキーボード。

●「Can't Give You Anything But My Love」The Stylistics

速水　スタイリスティックスは68年結成、71年にレコードデビューして、良質なフィリーソウルをやるバンドとして評価されていたんですが、この曲は初期のファンからはすごくけなされたんです。聴いてわかるように、めちゃくちゃキラキラしたゴージャスな音で、いわばディスコとしても「やりすぎ」なんです。で、スタイリスティックスの特徴というと、ファルセットボイス。高い声の裏声で歌うっていうこと。それから、ストリングスが鳴っていること。

大谷　うん。今の曲はどちらかというとホーンが目立つけど、フィリーソウルは基本的にはストリングスがカウンターメロディとしてのっかってる。

速水　ファルセット、ホーン、ストリングスがキラキラの三大要素。シカゴソウルとか、その他のソウルはこんなにキラキラしてないんですよね。

4つ打ちの意味

大谷　あと、さっきも言ったけどディスコのアレンジのポイントは、基本的には一小節のあいだに4回バスドラを踏むこと。リズムパターンはそれでキープされていて、その上にいろんな展開がキラキラキラキラした音でのっかります。

矢野　ディスコでDJがかけるときの機能性を重要視しているんですね。ケン・イシイ[*28]が「4つ打ちは誰でものれる」ということを言ってますが、4つ打ちだからこそミックスもできるし、間奏部分を2枚使いでつなぐこともできる。最初はミックスしやすい曲をDJが探していたんだけど、ある段階になると、DJにかけられることを前提とした曲の作りが増えてきますね。4つ打ちでイントロと間奏が長尺になっていたりとか。ローリング・ストーンズの「Miss You」やザ・クラッシュ[*29]の「Rock the Casbah」などはその典型です。

速水　ディスコとは何かと言ったら、音楽的には「4つ打ち」という、生産技術、またはプラットフォームのことなんですよね。「4つ打ち」というフォーマットがあるから、その上に何語がのっかってもいいし、どんなものでも呼び込める。ネタはなんでもやっていい。だから、アイドルソングをディスコとしてやるっていうのは、やりやすいんです。

大谷　さっきの「2枚がけ」の話にも関係するんだけど、ディスコ人種はとにかく一晩中踊っていたいわけですよ。その時にターンテーブルが一台しかないと、レコードを替えるときに間ができちゃうじゃないですか。だから二台で、一台のレコードが終わったらもう一台、って感じで切れ目なくつないでいく。

でも、そうやってつないでも、そのときにかけてる曲のテンポとか雰囲気ががらっと変わると、そこで踊りも切れちゃいますよね。なんで、先にかけた曲と次の曲のテンポを合わせてプレイする。もともとの曲のテンポは当然バラバラなんですけど、ターンテーブルで回転速度を変えて、リズムが途切れないように続けてゆく。これがDJの基本スキルになります。

これね、踊っていると実感できると思うんだけど、BPMが3〜4違っても、ダンスってつんのめっちゃうのね。ガクガクっとなっちゃう。しかもバスドラが入っていると、そのBPMが四分音符で明確に外側に提示されてるから、テンポに関してはもう強制的で、むしろそこにノンストップで強制的に踊らされる快楽っていうものが発生するんです。ずーっと同じテンポで、上モノだけがどんどん変わっていく。これは一度のってしまうと、麻薬的に気持ちのいいものです。

矢野　ただね、ECD[*30]というラッパーは「4つ打ちは制度である」とも言っていて。

速水　それは「打ち破らねばならん」という意味で？

矢野　規律性が強いということだと思います。ECDは4つ打ちの曲で踊ることはすごく束縛が強いから、サウンドデモではフリージャズのほうが自由でしっくりくるというようなことを言っている。トシちゃんのアルバムに代表曲のディスコメドレーがあって、「恋＝Do！」等の曲が4つ打ちでつないであるんですね。4つ打ちという共通性があるからつなぐことができるわけですけど、このメドレーでは「ハッとして！Good」のサビがないんですよ。なぜなら、4つ打ちだと「ハッとして〜」の「ハッ」のリズムがとれないから、サビ部分を削除しちゃってるんです。この事実が興味深い。

＊28……日本のテクノ・ミュージシャン、DJ。93年にベルギーのレーベルR&Sからデビューし、日本のテクノ音楽が世界で評価される先鞭をつけた。
＊29……イギリスの代表的なパンクバンド。活動期間は1976年〜86年。
＊30……日本のヒップホップシーンの創成期から活躍するラッパー、DJ。2018年死去。

つまり、4つ打ちというのは、共同体性が強いだけに排他性も強いんです。ゲイコミュニティっていうのは、マイノリティによる共同体を立ち上げなければならなかった人たちでしょ。そういう人たちが、自分たちだけが生きられる空間を演出しなければならなかった。その意味で、強い共同体性を持つ4つ打ちと、共同体化しなくてはならなかったゲイコミュニティの結びつきって必然的だなと思いました。4つ打ちが続いているあいだは、自分たちの世界も続く。だからこそノンストップミックスが重要なのではないか。

速水 サビがないっていうのは、セックスの手法でもあるわけでしょう。サビって、興奮していっちゃうところだから、それがないっていうのは、興奮して上がったところで寸止めみたいな感じで。ずっと続いてほしいから射精しないというような。DJが先に、勝手にサビにいって盛り上がっちゃったら、フロアでまだ踊りたい人が、「おーい、先いくなよ」みたいになっちゃうよね。

元ネタとしてのナイル・ロジャース、クインシー・ジョーンズ

矢野 トシちゃんのディスコキングぶりを楽しんだところで、そろそろマッチの話に入りましょうか。

速水 はい。近藤真彦のデビュー曲「スニーカーぶる〜す」が出たのが80年で、これ、いきなり100万枚売れました。その前にピンク・レディーがミリオンヒットを出してはいましたが、男性アイドルがここまで売れるとはみんな思ってなかった。ここで男性アイドル市場というものが本格的に生まれたわけ。この「スニーカーぶる〜す」レベルの曲を大量生産しなくてはならない時代が突然始まります。そのときに、たとえば松田聖子は、ニューミュージックの大御所や中堅の職人を連れて来て曲を書かせるということをやってたんだけど、ジャニーズはあまりそういう方向には行かず、ここでディスコに行ったんですね。

トシちゃんは1930年代のポピュラーミュージック／ブロードウェイのフェイクとしてのジャズ感……こじゃれた都会感のある曲を中心において、さっきみたいなキラキラしたディスコをやったりするんだけど、マッチってキャラクター的にも音楽的にも、どっちかっていうと地方都市のアンちゃん、男の子っぽい感じで。トシちゃんが「洗練」だったとすると、マッチは粗削りで「シャウト」「ロック」。

大谷　ものすごくよく言うとジェームス・ディーン路線[*31]だよね。

速水　そうです。「ブルージーンズメモリー」に代表される、カラオケでもシャウトシーンで盛り上がる曲。「サヨナラなんて言えないよ、バカヤロー！」って。それが、最初にも取り上げた「ギンギラギンにさりげなく」は違うんですよね。これは筒美京平作曲で、完全に元ネタがあります。元ネタを聴きましょう。クインシー・ジョーンズの「愛のコリーダ」です。

●「愛のコリーダ」クインシー・ジョーンズ

速水　この曲のサビでそのまま「ギンギラギン」歌えますよ。

一同　「ギンギラギンにさりげなく〜♪」

大谷　編曲の馬飼野康二が完全にこの曲にインスパイアされて、うまいことコピーしてイントロなどアレンジしていることがわかります。馬飼野康二さんさすがだなあ。

速水　ただ、作曲が筒美京平で、筒美は通常は編曲込みで仕事を受ける人なんで、まったく口出ししていないことはないはず。編曲のアイディアも込みで、筒美も関わってるんじゃないかな。

矢野　80年代のディスコヒーローっていうとナイル・ロジャースとクインシー・ジョーンズですね。

速水　そう、80年代になって、アンダーグラウンドの音楽だったディスコが商業化され、洗練されるわけで。

矢野　プロデューサー業っていうのが目立ってくるんですね。

速水　クインシー・ジョーンズがもともとどういう人かっていう話ですが、もともとはジャズ出身なんだけど、途中から黒人大衆音楽のプロデューサーとして成功し、大物になった。大変な苦労人です。フランク・シナトラのアレンジとマイケル・ジャクソンのプロデュースの両方ともやってるっていうね。マイケル・ジャクソンは79年のアルバム『OFF THE WALL』でクインシー・ジョーンズと組みます。そのあたりから、ディスコっていうものが、アングラ臭が完全に払拭されて洗練されたポップミュージックの先端になっていく。マイケルの「ROCK WITH YOU」といった曲は、完全にディスコチューンですね。この洗練によって、

＊31……50年代に活躍したアメリカの俳優。1931年生〜55年没。『理由なき反抗』などの演技は、若者の象徴として多くの支持を獲得した。

ビージーズとかが醸し出していた「ディスコは安っぽいもの」だという概念が覆された。さっき矢野君が言ってたCHICのナイル・ロジャースの役割も大きい。

大谷　ナイル・ロジャースはマドンナと組むんだよね。マドンナの「Material Girl」や「Like a Virgin」のころのプロデューサーで、ディスコをメジャーなポップスに昇華させた。ディスコってもともとは非常に匿名性が高い音楽なんですよ。アーティストじゃなくて、それが機能する場所に帰属しているってことで。なんだけど、ディスコサウンドをブラッシュアップしていくときにクインシー・ジョーンズやナイル・ロジャースが、ものすごく効果的にポップスのアレンジとしてそれを取り入れたという流れがある。ジャニーズディスコの全盛期というのは、コアな現場からの直輸入じゃなくて、クインシー・ジョーンズ以降のチャートの流れから出てきたもの、ということですよね。

多様化するディスコ

速水　「ストーンウォールの暴動」の話の続きぐらいから、ディスコとチャートの関係の話をもう少ししておきましょう。ダンスフロアで人気DJによってプレイされることで、「いまディスコでかかっている」ってことでヒットするようになると、レコード会社はプロモーションにお金をかけるのをやめるんですね。ついでに、ディスコであればなんでもいいっていうことで、4つ打ちのいい加減な曲がたくさん作られる。ディスコのポイントは、非常にイージーにそのサウンドの真似ができて、曲が量産できることなんですよね。だから色物もたくさん出てくる。

矢野　そうやって出てきたものは、色々ありますよね。「ディスコ未知との遭遇のテーマ」とか「ディスコお富さん」とか。

速水　「♪死んだはずだよお富さん」、ていうみんなが知ってるメロディをディスコアレンジにしてる曲です。ちょっと聴いてみようか。

●「ディスコお富さん」エボニー・ウェッブ

矢野　日本語で歌っていますね。赤坂MUGEN[*32]にエボニー・ウェッブ[*33]がゲストで来日したときに、突貫作業で録ったと言われています。

速水　こうした、安く作った薄っぺらい音楽が大量に市場に出回ったんですね。この状態で割を食うのが、ビッグネームのアーティストたち。焦った彼らは、みんなディスコ音楽に走った。先ほど話に出たストーンズの「Miss You」とか、ジェームズ・ブラウンもディスコ化したし、フォークっぽかったシェールもディスコをやった。

矢野　ディスコというフォーマットさえあれば、工業製品のように曲を量産できたということでもありますね。とはいえ、「ディスコお富さん」は現在でも根強い人気があります。

●「関風ファイティング」関ジャニ∞

矢野　ここで、僕の選んできた関ジャニ∞の「関風ファイティング」を紹介したいんですが。これ、ディスコにはなんでもぶっ込めるというのがよく出ている曲です。カンフー映画風のフレーズがあるのがポイント。ディスコと中国って関係が深いですよね。

速水　その通り。ディスコと中国というのは、実はすごく関係がある。72年に米中の国交正常化の動きがあって[*34]、中国ブームがアメリカでまきおこって、カンフーが流行するんですよ。ブルース・リーの『燃えよドラゴン』[*35]などのカンフー映画がアメリカで大ヒットしたりする。当時の中国のイメージって、日本のイメージとごっちゃになっていたのもあるんでしょうけど、キッチュで安物感があって、まさにディスコとマッチしていた。インベーダーがディスコと融合していくのと同じように、カンフーもディスコと融合していきます。

「関風ファイティング」はタイトルからして、カール・ダグラスの「Kung Fu Fighting」って曲のダジャレになってるよね。しかも、「Kung Fu Fighting」はマッチの「情熱☆熱風せれなーで」の元ネタだから、何重にも意味が重ねてある。「情熱☆熱風せれなーで」もめちゃめちゃディスコなんだよね。

矢野　カール・ダグラスの「Kung Fu Fighting」は74年のヒット曲で、世界中で500万枚以上を売り上げました。

速水　いわゆる一発屋で、カンフー映画ブームに乗っかって出てきた曲なんだけど、カンフー映画のサントラからフ

*32……68年にオープンされたクラブで、日本におけるディスコの先駆けとして有名である。
*33……アメリカのファンク／ディスコバンド。メンフィスを拠点にしており、ディスコファンのあいだでは実力派バンドとして有名だった。
*34……アメリカのニクソン大統領と中国の周恩来首相が上海で米中共同声明に調印。声明には両国間の関係正常化を進める、軍事的衝突を避けるといった方針が盛り込まれた。
*35……1973年、日本公開も同年。

レーズを持ってきていたり、当時の映像を見ると、バックでカンフーの型みたいなのをやって踊ってる人がいたりする。

大谷　ディスコブームというのは、リズムさえ4つ打ちであれば、その上には何でものせられるってことで、とにかく雑食的にそれまでの音楽を食い荒らしていった。広い意味でのダンスミュージックならなんでもディスコで演奏できる。「Kung Fu Fighting」って曲はその典型で、ブラック・ミュージックの中にアレンジとして香港映画のサントラの定番が入っていて、歌っているのはイギリス系の黒人だという、マルチカルチャーなんです。アメリカ自体がそういう国なんですけど。

日本でディスコが最高に流行ったころ

速水　はい。日本にそういったディスコブームが到来した、そのいちばん大きいきっかけが、映画『サタデー・ナイト・フィーバー』のヒットです。公開は日本では78年、アメリカでは77年。

大谷　ああー、その時期、全国津々浦々の駅前、その他諸々で、チェーン展開から個人資本まで、あらゆる場所にディスコができて、みんながそこで踊りまくっていた。NOVAの「駅前留学」じゃないけど「駅前ディスコ」状態。そこで踊っていた人たちはゲイではなくて、普通の大学生だったりサラリーマンだったりするんですけど。

速水　「ディスコ＝ゲイ」っていうのはオリジナルディスコの段階で、そこから先に行くとゲイ要素は剝ぎ落とされていったんですね。でもアメリカではそうでもないところがあるので、一応この話だけしとこうかな。ヴィレッジ・ピープルの曲あるっけ。あ、ヴィレッジ・ピープルは、今年実は、サマソニに来ます（２０１１年7月現在）。

客席　エー！

速水　今もアメリカではローカルに活動しているんですよ。それこそ、いろんな地方に行ってショーをやっている。ヴィレッジ・ピープルのヒット曲は「Y.M.C.A.」とか「GO WEST」などがありますが、93年に「GO WEST」をペット・ショップ・ボーイズ[*36]がカヴァーしますね。ペット・ショップ・ボーイズのメンバーってゲイなんだけど。でも実は、ヴィレッジ・ピープルで歌を歌っているセンターの人は、ゲイじゃないんですよ。ヴィジュアルを知ってる人は逆にびっくりする。

大谷　あんな格好なのにね。

矢野　警察官とか、保安官とか、バイカーとか、ゲイのアイコンが勢揃いしていますね。

速水　つまり、水野晴郎[*37]が好きそうなファッション（笑）を、メンバーが身につけてるんですね。それから、曲のタイトルの「GO WEST」、訳して「西へ行こうぜ」っていうのは、ゲイタウンである「サンフランシスコに行こう」と言っているんですよ。で、「Y.M.C.A.」のほうは、ゲイのハッテン場となっている、教会が運営する簡易宿泊施設みたいなものを歌っているんです。

　このように、ゲイをネタにした歌を歌っている人たちだけど、ヴォーカルは実はゲイではありません。ジャック・モラーリっていうフランス人のプロデューサーが、発掘したヴォーカリストを売り出そうとして、仕込みを必要とした。それで、さっき言ったグリニッチ・ヴィレッジっていうゲイタウンに行って、バックダンサーを連れてきたんですね。つまりバックダンサーはリアルゲイなんです。でも、彼らは流動的なメンバーなんで。

大谷　とんねるずが新宿二丁目に行っておネエさんを連れてきたみたいなもんですね。

速水　そうそう。「ちょっと君たち、後ろでコスプレして踊ってくれ」っていうだけのメンバーです。

　で、その曲、「Y.M.C.A.」を日本では西城秀樹が歌うという、歌謡史の謎がね。ヒデキ・バージョンの「Y.M.C.A.」のさわやかさというか、一点の曇りもないあの青春の「青空ディスコ」が、日本の歌謡曲を代表するディスコ曲になる、ってわけです。ま、ヒデキが穿いていたピタピタのジーンズにちょっとゲイっぽさを見てとれなくもないけど（笑）、意図してないと思うんだよね。このように、ゲイテイストがどんどん俗化していって、ビジネス化していくっていうのがディスコの歴史的経緯です。

大谷　メジャーグラウンドに上ってくるときに、そういう経緯がいろいろあるわけだ。それで、ジャニーズディスコも基本的には、ディスコが社会的にすでに咀嚼され終わって、ヒットチャート上でも一段落したときぐらいからが、いちばん賑やかになってくる。ジャニーさんの特徴だけど、音楽上のアレンジでは、その当時のカッティングエッジの、

*36……81年から活動しているイギリスのエレクトロ・ポップ・デュオ。

*37……60年代から活躍した映画評論家。1931年生〜2008年没。『金曜ロードショー』の解説者として親しまれており、「映画って本当にいいもんですねぇ」という決まり文句もおなじみである。警察マニアとしても知られる。

ギリギリの部分を本気で取ってくるってことは基本的にやらないよね。音楽的にはワンテンポ遅れてる方が多い。

トシちゃんはなぜグローバルヒットにならなかったのか

大谷 それで、さっき話に出た「ディスコは世界的ヒットを産み出す」っていう理論でいくと、たとえばトシちゃんが世界中で売れても良い、って話にもなると思うんですが、ずっと聴いてると「これはやっぱり日本だけでしか受けないものなんじゃないか」って思って。

何かって言うと、国内市場の、ある特定の層に向かって、ジャニーさんがこの曲をものすごく正確にチューニングしているって感じがするんですよ。「ダンシング・クイーン」とか、「恋のマイアヒ」とかは、なんか巨大で、どこに向かってボール投げてるのかわかんないじゃん。彼らが何を考えて「♪マイアヒー、マイアホー」って歌ってるのか全然わかんない（笑）。そういった変なメジャー感があるものが突然出てくるのがポップスのいいところだよね。

それに対して、トシちゃんの曲は完全にドメスティックっていうか、洋楽から影響を受けたジャパンローカルのディスコポップスとしてきっちりチューンされてるから、これ、間違ってアイルランドで売れたりはしないなーって思っちゃう。

速水 日本発のアイドルディスコで、世界で唯一通用したのはピンク・レディーです。ピンク・レディーの面白いところは、見た目はどこからどう見てもディスコ風なのに、やってる音だけがディスコじゃないってことなんですよ。さっき、ディスコっていうのは音楽だけに限らないという話をしたんだけど、ピンク・レディーって宇宙っぽいキラキラした格好してるんですよね。

大谷 この格好、ディスコですよね（「ペッパー警部」のジャケットを指して）。

速水 「ソウル・ドラキュラ」[*38]とか、ディスコに色物をのっけるというのが当時ブームになったんですが、ピンク・レディーが「ペッパー警部」とかでやっていた、意味のないものをネタにして歌うというのも、完全にディスコの手法です。ファッションだってディスコ。

大谷　ピンク・レディーっていうとラメとスパンコールでキラッキラしてるイメージだよね。
矢野　ミラーボール感満載で。
大谷　そう。ディスコのイメージそのものなのに、でも曲も音も完全に歌謡曲！
速水　さっきのキャンディポップの話で出た、ノーランズのプロデューサーがピンク・レディーをアメリカに連れて行った人なんですよ。それで彼女たちはラスベガスでショーをやって大人気になって、チャートインする。
矢野　これがアメリカ盤の12インチです。

速水　ピンク・レディーがアメリカで何を歌ったかというと、「ソウル・トレインのテーマ」をやるんです。MFSBっていう、スリー・ディグリーズのバックバンドのヒット曲。スリー・ディグリーズも歌ってるんだけど、その曲をショーで歌わせた。その後日本に戻ってきたピンク・レディーは凱旋公演をしますが、最先端だと思ってディスコチューンだけを並べたライブをやったら大不評を買って、急に人気が落ちていく、という流れで解散に至るんです。

少年隊がダンスミュージックを取り入れる必然性

●「バラードのように眠れ」少年隊

矢野　少年隊いきます。大谷さんと僕が選んだ「バラードのように眠れ」です。
大谷　素晴らしいですねー。「タラララ、タラララ」っていうアルペジオ[*39]のキラキラ感。
速水　冒頭のSEにいきなり電話が入るんですけど、この曲が出た86年はNTT民営化の翌年です。
大谷　なるほど（笑）。
速水　SEに電話の音を使うというのは、スティーヴィー・ワンダーの「心の愛」（84年）もやってますね。あれは、コードレスホンに向かって歌うプロモビデオがありま

＊38……フランスのスタジオ・ミュージシャン・ユニット「ホット・ブラッド」の作。76年に日本でもリリースされてヒットした。
＊39……和音を1音ずつ順番に弾いていく演奏方法。

すよね。

大谷　あとNTT民営化の年のCMといえば、薬師丸ひろ子ね。「もしもし、私、誰だかわかる？」っていう、うざい電話をする[*40]（笑）。

速水　「バラードのように眠れ」のディスコ感ていうのはどういうところですか？

矢野　最初のアルペジオはストリングスですよね？

大谷　そうです。

矢野　やっぱ、あのキラキラ感とベース。それから「チャララッチャラッチャャッ」ていうキーボード。僕の音楽原体験にはダンスクラシックもあるんですけど、この曲ほんとにダンクラっぽいなあと思います。キーボードのメロディなんて、ザ・ウィスパーズ[*41]の「And The Beat Goes On」を思い出す。

速水　少年隊は85年にデビューしていて、80年代に入ってディスコが手弾きから打ち込みになったころの音ですね。

大谷　そう、ほんとにクインシー・ジョーンズ以後のサウンドをうまくデザインしてます。

速水　少年隊はやっぱり、ダンスの要素が大きかったんですね。トシちゃんも踊るのが売りだったけど、少年隊は特に、バク転とかも入れてハードな踊りをする。だから、こういったダンスミュージックを全面的に取り入れている。その中に当然、ディスコもある。あと、ディスコのルーツのひとつであるサルサ。サルサ的情熱のラテン音楽っていうものの情緒も、少年隊に代表されるジャニーズの王道のひとつですね。

楽曲のレイヤー構造化とジャニーズサウンドの関係

速水　ここでディスコの生産技術の話をしたいと思います。最初は生音でみんなで演奏して録音してたのが、ビージーズの77年の「ステイン・アライブ」あたりから、編集でリズムを作ってその上に歌をのっけるようになり、手法自体が大量生産可能なものになって、そのあとテープからハードディスクに行くまでのあいだにMIDIがあって、サンプラーがあってとかいった、技術革新の歴史があるわけじゃないですか。86年というとMIDI以降ですよね。

大谷　基本的な考え方としては、録音するときに最初は2ミックスで一気に全部入れていたのが、80年代までにスタジオの標準装備は16〜24トラックになった。アナログ録音はテープの幅の限界があるので、無限にはトラックを増やせないんだけど、こんだけあれば基本十分で、たとえば16トラックあれば、バラバラに録音したものを好きなやりかたで16個重ねるということができる。
　こういったメディア的な進化の一方、音楽の構造上、ディスコっていうのは、下のリズムが4つ打ちでありさえすれば何でもいい。じょんがら節でも、リズムを4つ打ちにしちゃえば「ディスコ・じょんがら節」ってことで売れる。つまり、それまではリジッドなひとつの建築物としてあった曲を、土台と上物を分けるっていう発想がはっきり生まれたわけです。この音楽的発想が、マルチトラックの技術とぴったり合致した。
速水　上部構造と下部構造を分けたんですね。下部構造がしっかりしていれば、上になにをのせても大丈夫、と。
矢野　そうそう。で、そこで忍者の話をしたいんですよ。
大谷　いきなり忍者ですか！
矢野　忍者はある意味、ディスコ的な下部構造と上部構造の特性をいちばん活かしたグループです。下部構造と上部構造を分けて考えているから、ダンスビートを使っておきながら、上物として美空ひばりや三味線をのっけることができる。忍者の『Summer Fiesta』っていうミニアルバムがなかなか名盤なんですが、これは竿燈祭りや花笠祭りなど、各地の祭りをモチーフにした曲が並んでいます。実際の祭り囃子をフィールドレコーディングしてサンプリングしているような曲もあるのですが、それでもボトムにダンスビートがあるからダンスミュージックとして成立する。
大谷　そういう形で曲を分解できるっていうこと自体が、ディスコ以降の発想だと思いますね。ロックバンド的な「バンド」の力学でも、ジャズ的なアレンジと即興の現場性でもなくて、上と下、前と後を分割して、あとでそれを組み合わせるっていう、言ってみればメカニカルにいくらでも曲を量産できるって方法。「ディスコ・ポパイ・ザ・セーラーマン」[*42]とか、それまであった曲のリズムだけを入れ替えるっていうことが、発想としても技術としてもイージーにできるようになって、しかもそれが流行したのが80

＊40……「あなたを・もっと・知りたくて」歌：薬師丸ひろ子、作詞：松本隆、作曲：筒美京平、編曲：武部聡志、1985年NTTキャンペーンソング。
＊41……60年代後半から活躍するソウル／ディスコのヴォーカルグループ。「And The Beat Goes On」や「Rock Steady」などのヒットがある。
＊42……ポパイのテーマ曲をディスコ調にアレンジしてヒットした。演奏のスピニッヂ・パワーはアメリカのバンドという触れ込みだったが、実際はビーイング所属の日本人スタジオ・ミュージシャンだった。

年代だと思います。

僕は「楽曲のレイヤー構造化」って言ってるんですけど、楽曲をパーツごとに分けて考えるようになった。テクノロジー的にはマルチトラックが一般化して、発想的にはディスコ以降にリズムと上物を分けて考える。それが細分化していくと、ドラムならバスドラとハイハットを分けて考えるようになる。で、さらにハイハットだけ入れ替えるとかフィルターで切って変化を出す、っていう曲の作りかたになるのが、サンプリング以降・ハウス以降の発想になります。

速水 それは90年代以降ですか？　ＳＭＡＰぐらいから？

大谷 そうですね。ジャニーズで僕が聴いた範囲では、93〜96年のあいだのＳＭＡＰのアレンジで、こういった音楽の咀嚼が一気に進みます。特に90年代後半、ジャニーズの楽曲全体のアレンジが、なんていうか、根本的なテンションがものすごく上がってゆく感じがするんです。それというのは、「アイドルという存在があればバックは何をやってもいいんだ」という認識のもとに、すごい集中力でアレンジャーがアレンジを発展させた感じがあるんですよね。

ひとつには、楽曲制作およびアレンジが、パソコン上で、かなりの部分までコンピューター制御で一人で打ち込めるようになったこと。それまでは演奏者に任せていた部分を、ほとんど家内制手工業状態で、アレンジャーが最後まで手作りできるようになった。この時に、それまでレイヤーに分割して記憶の中に取りためてきたさまざまな音楽のパーツが、優秀なアレンジャーの手によって改めて一息に結び付けられた。ニュー・ジャック・スウィングのドラムに、フュージョン的なベースラインを打ち込みで、とかね。ＳＭＡＰの90年代半ばの歌謡ハウスにはそういった実験の興奮があると思います。

そして、そういった下部構造の実験を、「アイドル」という上部構造が許している。いや、存在としては「アイドル」のほうが下部構造なのかもしれないけど、ともかく、そういった分割と統合の実験が、ＳＭＡＰに代表されるジャニーズアイドルのサウンドには聴き取れる、というわけです。

矢野 楽曲制作における分業化の話でよく指摘されるのは、アーティストの内面がなくなってくるっていうところですね。

速水 内面か。難しいな。

大谷 少年隊には内面はないのか？（笑）

矢野 ない、と言い切る！　アイドルとディスコの食い合わせがいいというのはおそらくそうところで、フォークの時代は歌い手自身が実存をかけて音楽をやっていたように見られがちだけど、ディスコ以降は歌い手自身も匿名的になっていくじゃないですか。あるいは、コスプレ的と言ってもいい。だから、ディスコの歌い手としてアイドルはふさわしいんですね。

速水　僕が少年隊を好きなのは、バックトラックをおもしろがって作ってる感があるところです。「デカメロン伝説」の「ワカチコ」とギターのミュートしたカッティング音を口で言わせるとか。少年隊は85年にデビューして、いちばん売れていた時期は86、7年ぐらいです。僕が一番好きな曲は87年の「stripe blue」なんですけど、その当時はほんとに、少年隊とビーチ・ボーイズしか聴いてませんでした。

大谷　両極端ですねえ。

速水　時代は下るんですけど、僕が選んできたのは98年の「湾岸スキーヤー」です。もともとは、ららぽーとスキードームSSAWS（ザウス）が93年に開業したときに、CMソングとして山下達郎が作った曲。「湾岸」と「スキーヤー」って矛盾してるんだけど、実際SSAWSって湾岸にあったスキー施設で、インドアの人工スキー場のCMソングだった。その曲を少年隊が98年にカヴァーするんだけど、これは長野五輪のタイミングなのね。

達郎って、実はジャニーズとディスコを結ぶキーなんだけど、有名なのは最初に起用されたマッチの「ハイティーン・ブギ」やKinKi Kidsの「硝子の少年」といった楽曲ですよね。もともとブラック・ミュージックが由来なのに、ジャニーズではそこを全然披露しないんですよ。でも、少年隊でだけはそういう面を見せている。それが90年の「FUNKY FLUSHIN'」と、この「湾岸スキーヤー」です。

●「湾岸スキーヤー」少年隊

速水　達郎は早くからコンピューターを音楽制作の場に取り入れた一人ですが、この時期になると、自分の曲では完全にバックトラックの作りが打ち込みになっています。アレンジャーとしては本当にすごい人で、日本でトップクラスだと思うんだけど、このころから生のストリングスを入れたりするのが面倒くさくなったのか（笑）、打ち込みトラックになっていきますよね。

大谷　これ、ほとんど家で一人で打ち込んで歌をかぶせた、いわゆるデモテープの音だよね！　それも含めてとてもいい感じですが。

速水　うん（笑）。この曲は、山下達郎がおもしろがって作ってた80年代のジャニーズ仕事と、90年代以降のテクノロジーで何でもできるようになったサウンドのうまい融合だと思うんですよね。曲自体も素晴らしいし。あんまりディスコらしい曲とは言えないんだけど、好きな曲なんで選んでしまいました。

音楽の作りかたの変化（90年代）

速水　90年代になって、サンプラーが登場してきて以降、音楽の作りかたって変わりますよね。

大谷　サンプラーもそうですが、大きいのは、デジタル録音と、プログラミングの問題ですね。家で相当なレベルまでデジタルで組み上げられるようになったときに、その状況にテンションが上がる人と下がる人がいると思うんだけども。

さっきも言った通り、ジャニーズという大看板があってアレンジでデモを出すっていうときに、現場で演奏する人がいないほうがテンションが上がる人も多いんだろうなっていうことが、ＳＭＡＰのアルバムからくっきり表れている。今回聴き直してみて一番思ったのは、95年を中心としたＳＭＡＰの楽曲のアレンジ、歌、それから歌詞もすごいなっていうことでね。聴いてて泣いちゃった（笑）。

速水　うん、本当にすごい。ＳＭＡＰだけ聴いてりゃいいわって思っちゃったよね。その当時の時代背景を考えると、矢野君が詳しいと思うんだけど、いわゆるダンスクラシック、レアグルーヴ・ブームの時代だよね。小沢健二[*43]とか、コモリタミノル[*44]とかが参照した音楽っていうのはどういうものだったのか。

矢野　90年代は渋谷系のムーヴメントなどがあって、昔の曲が再発見されていく時代ですよね。特に多かったのは、やはり70年代のソウルとかジャズファンク。あるいはソフトロックと呼ばれたような音楽も見直されました。

速水　ＤＪ的にみんなが70年代とかのかっこいい曲を探しはじめて。それがなぜ行われたかっていうと、サンプリングやプログラミングで音楽を作ることが可能になったからでしょう。

矢野　いろんな背景があると思います。槇木野衣[*45]のように、素朴な「新しさ」という神話を信じられないという時代性を指摘する人もいるし、ＨＭＶやタワーレコードなどの外資系レコードショップの進出によって、参照先のアーカイヴが一気に増えたことが関係しているかもしれません。いずれにしても、楽曲の作りかたが、既存の曲から切り取ったフレーズを編集していくような方向に変わった。J-POPの中でもそういうやりかたが意識的に採用されはじめ、ある時期のSMAPの楽曲も完全にその流れに乗っているなという印象があります。

速水 当時、小沢健二は完全にフィリーディスコ、具体的にはMFSBをやっていて、筒美京平と組んだりするのがまさに意図的だったんだけど、ストリングスとかを使ったディスコのアレンジをパクってきて、そこに自分の曲と歌詞をのせた。

大谷 曲はモータウン的だったよね。

速水 いや、そこは論争があって。僕は完全にフィリーだと思う。

矢野 モータウン的だったのは『LIFE』(94年)のころだと言われていますよね。そのあとちょっとフィリーに行きます。

速水 いや、『LIFE』はフィリーだよ。

大谷 そこはまた別の機会に検証することにして、「しようよ」に行こうよ。

ドレスアップとドレスダウン
――ハウスとディスコの違い

●「しようよ」SMAP

大谷 イントロ聴いただけで泣けるよ、この曲は。

速水 「Saturday in the Park」[*46]ですね。

大谷 大ネタばっかりです、アレンジ的にも。ビートがニュー・ジャック・スウィング。

速水 ニュー・ジャック・スウィングというと。

大谷 この時期流行ってた、はねる感じのビートです。もうちょっとBPM落とすとグラウンドビートになる。

矢野 ニュー・ジャック・スウィングは、ボビー・ブラウンがいたニュー・エディションの影響で日本でも流行っていましたね。

＊43……89年にデビューした歌手。小山田圭吾とのユニット、フリッパーズ・ギターからソロ活動を通じて90年代の渋谷系ムーブメントを牽引した。
＊44……歌手 作曲家、編曲家。SMAPの「SHAKE」「ダイナマイト」をはじめ、J-POPの作曲家として多くのヒット曲を手がけている。
＊45……62年生まれの美術評論家。『日本・現代・美術』『シミュレーショニズム』など著書多数。
＊46……シカゴによる72年のヒット曲。

速水　ニュー・エディションは黒人の少年グループですね。歌って踊る、ジャニーズ的な。その白人版としてデビューするニュー・キッズ・オン・ザ・ブロックが、当時のSMAPの参照元のはずです。

矢野　だから、僕はむしろSMAPにはディスコを感じていないんですよね。ハウスやニュー・ジャック・スウィングという印象のほうが強い。

大谷　これは、僕の中でも、ディスコの範疇としてはギリギリセーフという感じです。SMAPは完全にハウス歌謡というか。ディスコというものが全滅した後に、もう一回黒人発のダンスミュージックの主流をちゃんとやってくれたという感じ。で、僕が思うディスコとハウスの違いは、服装なんですよ。ディスコはドレスアップしなきゃなんないんだけど、ハウスは下がっててもいい。で、SMAPはドレスダウン派。このあたりのSMAPは本当にいい。

●「ダイナマイト」SMAP

大谷　「ダイナマイト」は、まさにハウス歌謡です。完全に打ち込みで作ってある。だけど、やっぱりこれは「ディスコ」ではない。ある種のハイブリッド音楽で、類例がないというのが僕の見解です。

速水　「スリットの透き間から悦しいユメをみる」って歌詞が意味深です。これを近田春夫は「釣り糸の隙間から楽しい夢を見る」と聞き間違えて、「すごいシュールな歌詞だな」っていう話で一本コラムを書いてしまったという。

大谷　「全部壊れてもー」って歌詞も意味深。これ阪神・淡路大震災の翌々年の初めに出たんですよ。「SHAKE」の次の年。

●「俺たちに明日はある」SMAP

速水　この曲は95年だから、小沢健二がばりばりフィリーをやってたのと同時期なんですよ。いい曲だよねー。それ以外に言葉がない。

大谷　これはギリギリ、デジタル・レコーディング・システムの前です。

矢野　「俺たちに明日はある」は、いくつかバージョン違いがあって、アルバムではワーワー・ワトソンなどのジャズプレイヤーが参加しています。いま聴いているのはシングルバージョンかな。ホーンなんかは完全に生演奏ですね。でも、リズムの刻み方はプログラミングっぽいかな。そこが現代的で良いですね。ドラムが生音でドタバタしていると、「また逢う日まで」[*47] みたいな懐メロ感が出てしまう。

いや、「また逢う日まで」も大好きですが。

大谷　でも、これはまだ90年代初頭のフィーリングですね。アレンジが……ここから「ダイナマイト」へはジャンプがある気がする。

速水　「俺たちに明日はある」と「ダイナマイト」のあいだに大きな断絶があるってことですね。

大谷　うん。どっちも好きだけど。

速水　ファンキーなんだよねえ。歌い方もすごくいいし。このころのキハタクのはずした歌い方はとても好きです。だんだん、いかにいい曲かっていう話しかしなくなってきたんだけど（笑）。

シミュレーションの絶妙さ

●「Back Fire」KinKi Kids

速水　次はKinKi Kidsに行きましょう。

矢野　僕の選んだ「Back Fire」って曲は、アルバム収録曲なんですけどファンには人気が高いみたいですね。これは、KC&the SunShine Bandの「That's the Way」が元ネタですよね。僕はやっぱりレアグルーヴ以降の人間なので、元ネタ探しをしてしまいます。「That's the Way」を聴きましょう。

●「That's the Way」KC&the SunShine Band

速水　（歌い出しの「That's the Way」というフレーズまでを聴いて）この曲はこれがすべてです。

矢野　はい。だからさっさと切り上げます（CD停止）。

速水　「Back Fire」のイントロはプリンスの「Kiss」だね。

矢野　たしかに。

速水　ＫＣも元ネタだけど、完全に元ネタを超えてる（笑）。KinKi Kidsのほうがいいですよ。

大谷　デジタルにシミュレートするわけですよね。完全に縦線がビシッと揃っちゃうわけ。縦の線がリズムで、横の線がアーティキュレーション[48]と音量なのよ。そこをコントロールしてる。良くできてます。

矢野　Pro Tools[49]以降の発想ですね。

大谷　そうね。そういう線で僕が選んだのがＶ６の

＊47……尾崎紀世彦による71年のヒット曲。第13回日本レコード大賞受賞。
＊48……音の形を整え、音と音のつながりに強弱をつけること。

「GUILTY」で、またこういう話になっちゃうのが何だけど、今回V6聴き直してみたら、すごくいいんだよ！

速水　V6がいいっていう評価は変わらなかったのね（笑）。

大谷　そう、最初はさ、「ディスコっぽいのないかな」って、適当に飛ばし飛ばし聴くつもりだったんだけど、音楽がいいもんだから全部聴いちゃったのよ。で、V6はデビュー曲の「MUSIC FOR THE PEOPLE」のユーロティックなアレンジでバーンと出てきたわけじゃないですか、いわゆるジュリアナ的な方向の。あー、ジュリアナってディスコなのかなあ。で、「GUILTY」は2009年の曲なんですが、先にも言ったデジタルによる作り直しというか、シミュレート感がハンパねえなっていう。元ネタはおそらくNe-Yo[*50]ですね。

● 「GUILTY」V6

大谷　Ne-Yoのほぼ完コピなんだけど、でも断然こっちのほうがいい！

速水　ユーロ感というのではないわけですね。

大谷　ユーロ感はまったくないです。この曲は、ディスコ心にきたね。僕にとっての。

速水　ディスコが何かっていう問題なんですけど、今ディスコっていうと、ヴォコーダーを多用してるような、2PAC[*51]以降の音がイメージされるんじゃないかと思うんですが。

大谷　あー、そうだよねえ。

速水　ジャニーズでも取り入れてるわけでしょう。

矢野　ヴォコーダーを使ったディスコと言えば、KAT-TUNの「THE D-MOTION」がありますね。エレクトロハウス路線で、ヴォーカルはほとんど全編にわたってヴォコーダー。K-POPを意識した曲だと思いますが、サマになっていて良いですよ。あとは、SMAPのアルバムに「ココロパズルリズム」という中田ヤスタカがプロデュースした曲がありますが、これは、流行っているからやってみました、みたいなノリかな。中居君のヴォコーダーを使ったロボ声は、けっこう新鮮に響きますが。

速水　中田ヤスタカだとちょっと文脈が別なんじゃない？フィルター系？

矢野　まあ、そうですね。ネオ渋谷系＋ダフト・パンクという感じだから。そう考えると、イケイケのディスコ路線にしっかり対応できるのはKAT-TUNだけかもしれませんね。ジャニーズのディスコは、ディスコから夜とセックスを抜いたものだという定式がありましたが、ＫＡＴ‐ＴＵＮはほとんど唯一、夜にもセックスにも対応できる強さがありますね。

あとは、Sexy Zoneも初期のコンサートのメインに置いていた曲「IF YOU WANNA DANCE」では、ＫＡＴ‐ＴＵＮとは違ったかたちで夜とセックスの世界を歌わされていたけど、あれは何だったんだろう。幼い子どもたちがなにも知らないまま夜とセックスの世界を歌わされているようで、見ているほうが悪いことをしている気になりました(笑)。デビュー当時の郷ひろみの世界観に通じるのかな。郷ひろみはロボ声というより、虫声ですね。同時代では、『トッポジージョ』の山崎唯《ただし》を連想させた*52とか。

ジャニーズ式ディスコ

速水 じゃあ、今日の締めをそれぞれちょっとずつ。

大谷 あの、リリースされた音楽だけを語るっていう作業は、ジャニーズにおいては相当不十分というか、音楽は逆にいうとオマケでいいんだというのがジャニーさんの発想だと思うんです。基本的にはエンタテインメントとしての、ミュージカルとかコンサートとかが大事で、それで、ディスコの総合芸術性とジャニーズの相性が良いということが重要なんだと。

速水 そう。行き着くべき最終地点にミュージカルとか総合芸術、服装とか全部入れたようなものを究極の目標にしてる。

大谷 シングルというのはそういったものへの招待状みたいなもので、「音だけ取り上げて聴かれても……」という感覚はたしかにあると思うんです。だけど、音楽ファンとして、音だけ聴いてもこんなに良いのか、と認識を新たにしたというのが正直なところ。

ディスコの話に換えると、ジャニーさんとジャニーズ事務所が、アメリカのマイノリティカルチャーとしてのディスコから、日本に入れるときに何を抜いて、何を残したか

＊49……アメリカのアビッド・テクノロジー社が開発したデジタル・オーディオ・ワークステーション用ソフト。
＊50……アメリカのR&Bシンガー・ソング・ライター、音楽プロデューサー。２００６年のデビューアルバム『In My Own Words』が世界的にヒット。
＊51……ギャングスタ・ラップの代表的ＭＣ。１９７１年生〜９６年没。96年のヒット曲「Califolnia Love」でのヴォコーダー使いが有名。
＊52……音楽家、俳優、声優。１９３３年生〜９０年没。ネズミの男の子が主人公の人形劇『トッポ・ジージョ』(ＴＢＳ系、67年)の声優をつとめ、声色で注目された。

というのが気になっていて。たとえば、ジャニーズのはじまりは野球チームだったわけだけど、ベースボールというものは日本に入ると甲子園になっちゃうっていう転換があるじゃない？　そういう形で、メジャーリーグがプロ野球になるとき、何かが変わって何かが始まる、そういう動きがジャニーさんが洋楽から何かを取ってくるときにも起きるんだよね。

矢野　とはいえ、ディスコ自体がある種の「取ってきた結果」ですよね。

大谷　そうですね。

矢野　それをさらに日本に輸入するときに、もう一回ジャニーさんの手が加わっている。

大谷　うん。そこでジャニーさんが完全に切ったものは、ディスコのアンダーグラウンド感ですよね。あと、匿名性っていうのも切った。みんなが使えるものっていうプロダクションなんだけど、アイドルがいなきゃならないっていうのがまず大前提だから。

速水　たしかにディスコから匿名性を切ったっていう解釈もある気はするんだけど、ジャニーズがスター依存システムなのかといったら、僕はそうでもないんじゃないかという気もして。常にその時代に売り出すべき対象が、光GENJIがあって、次にSMAPがいて、とかあるんだけど、やっぱ置き換え可能な匿名性ってどこかに残している気はちょっとするんですよ。

大谷　そうだね。なんだけど、お客さんが主人公っていうことがディスコだとすれば……あぁでも、それもやってるっちゃやってるもんね。

速水　うん。そこは非常に難しいところではある。スター依存で売り出したグループもあるし。そうじゃない、入れ替え可能なグループなんかは、ディスコ的な匿名性を備えている。

大谷　置き換え可能だし。80年代ジャニーズがぐんぐん伸びていくというのは、そういうプロダクションをディスコを経由してうまくやってるから、かも。

速水　誰とは言えないけど、一見置き換え可能に見えてしまうメンバーもいなくはないじゃん（笑）。でも、そういうポジションゆえにファンが生まれたりもする。

大谷　そのまま10年続いたりするんだからね。

速水　実は最後のほうまで事務所に残ってたりするし。

大谷　あと、音楽的に言うと、さっき言った「楽曲のレイヤー構造化」によるマスプロダクションが可能になったことが、ジャニーズにはプラスだった。工業製品として、さまざまなバリエーションで曲を書かせて、その中から選んで……みたいにして、グループの個性にあった曲を探すことが容易になったんじゃないかと。

速水　そのときに必ずしも作曲者を名前で選ぶんじゃなくて、やっぱスターシステムじゃないところがあって。ディスコシステムってまさにそういうもので、松田聖子とは違うサウンドクリエイトの仕方をしている感はすごいある。

大谷　そういった選択をコントロールできている。そのセンスにおいて、ジャニー喜多川の現役感はハンパなかったなっていうね。

速水　山下達郎を特別視しないんだよね。

大谷　そうなんだよね。山下達郎の名前を決してありがたがったりしない。達郎もチャゲアスも、下手すれば僕の作った楽曲も平等に聴いてくれる可能性がある。すごいと思います（笑）。

2020年の視点からあらためて、「山下達郎中心史観」でひもとくジャニーズ楽曲史

速水　山下達郎とジャニーズといえば最大の功績はKinKi Kidsの「硝子の少年」ですが、40年以上のキャリアを持つ大物ミュージシャンが、90年代以降は、他人への楽曲提供はジャニーズにほぼ特化してやっていて、他への提供が極端にないということは注目に値します。

大谷　山下達郎は、実は日本のポップス史的には、とても位置づけが難しい音楽家です。歌謡曲の流れにはいなくて、80年代のニューミュージック全盛期に時流とは違うポップスをやっていながら大ヒット曲を出した。75年にバンドでデビューしたあとソロになって、一般的な人気を獲得したのは1980年にリリースしたシングル「RIDE ON TIME」および同名のアルバムですが、これは、全世界的なフュージョン&クロスオーヴァー、およびAORの流行に、タイミング良く彼の「技巧主義的」なポップス職人のセンスがマッチした、という印象があります。このあたりのサウンドが、2020年の現在、いわゆる「シティ・ポップ」として再評価&リバイバルが行われているわけですが……。

矢野　最近では、Sexy Zone『POP × STEP!?』収録の「タイムトラベル」が達郎直系のギターカッティングとファルセットを駆使したシティ・ポップでした。このあたりのサウンドは普通に入ってきますね。それだけ、山下達郎の存在が深く浸透しているのでしょう。

速水　達郎は、ＣＭやタイアップに躊躇がない。まだ売れない70年代に、それらが主な食い扶持になっていたのが大きい。ちなみに「RIDE ON TIME」がブレイクしたのもＣＭタイアップ。マクセルのカセットテープのＣＭソングだった。この曲はその後、２００３年に木村拓哉のドラマ『GOOD LUCK!!』の主題歌に起用されリバイバルヒットしているわけだけど。

大谷　息の長い曲ですね。さらに今では若手ジャニーズの密着ドキュメンタリー番組『RIDE ON TIME』[*53]のタイトルと主題歌になって、すっかりジャニーズと関係の深い一曲になっているという。

速水　ドラマ『GOOD LUCK!!』の協力はなぜかＡＮＡだった。最近、達郎はＪＡＬのＣＭソングをやっている（『LEHUA, MY LOVE』２０１９年）けど、日本で最初の航空会社のＣＭソングは、ＪＡＬのキャンペーンソングの『愛を描いて－LET'S KISS THE SUN－』（１９７９年）。ＪＡＬとジャニーズの関係だと嵐にまでつながる。

　山下達郎自身の音楽のキャリアをさらっておくと、大学在学中に始めたバンドのシュガー・ベイブで75年に大瀧詠一主宰のナイアガラ・レーベルからレコードを出し、76年に（レコード会社のＲＣＡから）ソロデビューした。78年のシングル「LET'S DANCE BABY」のＢ面「BOMBER」がディスコでＤＪにプレイされたことによって一部で名が知られますが、「RIDE ON TIME」が80年に大ヒットするまでにはそれなりに時間がかかっており、遅咲きだったと。自分が前面に出るアーティストの活動を30代を超えてやる上で、アイドルへの楽曲提供は、生き残る上でも重要な路線だったと考えていたみたい。

矢野　ちなみに、山下達郎の再評価は何回かあって、それぞれ微妙に異なっているところもあります。例えば、フリーソウル華やかなりし94年にシュガー・ベイブ『SONGS』が復刻されたときは、ソウルフルな雰囲気とソフトロック的な面が注目されていました。温かみのある70年代のサウンドが求められていたので、80年代のキラキラしたＡＯＲの雰囲気は必ずしも評価の中心ではなかった。だから、80年代のアーバンな『FOR YOU』や『RIDE ON TIME』は、つい最近まで中古市場でも数百円で売られていました。ＭＵＲＯ[*54]がプロデュースしたＢＯＯ[*55]の「Smile In Your Face」という曲で「SPARKLE」（『FOR YOU』収録）をサンプリングしたとき、「『FOR YOU』を使ったんだ！」という意外性に驚いたことを覚えています。でも現在では、『FOR YOU』の中古ＬＰが何千円という価格で新宿のディスクユニオンの壁に何枚も面陳されています。それは、世界中の音楽ファンが買いに来るからです。

近年の山下達郎の再評価は、80年代の日本で「シティ・ポップ」と呼ばれていたAORの系譜にあるアーバンなポップスの世界的な流行を背景にしています。山下達郎はそのムーヴメントの中心人物として再発見されているんですね。

速水 山下達郎の自己認識は〝職人〟なんだけど、同時に〝ヒットメーカー〟であるのも間違いない部分。コンサートでは、真夏であろうが必ず「クリスマス・イブ」を演奏するの。なぜならそれが一番ヒットした自分の代表曲だから。

矢野 お客さんが求めているのはこれだと意識してやっているってことですか。

速水 〝ポップミュージックの送り手〟としての矜持なんだと思う。ヒットした曲が、ポップミュージックの定義であり、自分はその作り手という。だからラジオ番組で自分の曲をかけるときも「おなじみのこの曲」と紹介するのに躊躇がない。ライブのセットリストも30年間ほぼ変化がない。みんなが知っている曲をやる。ちなみに「ハイティーン・ブギ」も歌う。そして重要なのは、達郎が自分のキャリアの転機として「硝子の少年」を強く意識していることです。では、ここでジャニーズへの提供曲の歴史を見てみましょう。

＊53……フジテレビ系、2018年10月～19年3月放送、Season2：2019年10月～20年4月放送
＊54……ヒップホップMC、DJ　プロデューサー、デザイナー。ヒップホップ集団K.O.D.Pを主宰。
＊55……日本のソウル・R&Bシンガー。02年メジャーデビュー。

◎山下達郎作曲のジャニーズ楽曲

【1981年】

・近藤真彦「恋のNON STOPツーリング・ロード」
（「ギンギラギンにさりげなく」B面）

【1982年】

・近藤真彦「ハイティーン・ブギ」（＋B面「MOMOKO」）

【1984年】

・近藤真彦「永遠に秘密さ」（＋B面「One more time」）

［1997年］
・KinKi Kids「硝子の少年」
・KinKi Kids「Kissからはじまるミステリー」
［1998年］
・少年隊「湾岸スキーヤー」
・KinKi Kids「ジェットコースター・ロマンス」
［2008年］
・KinKi Kids「Happy Happy Greeting」
・NEWS「SNOW EXPRESS」
［2016年］
・嵐「復活LOVE」

達郎とジャニーズが交差する点

速水　最初にジャニーズに提供した曲は、近藤真彦の「ギンギラギンにさりげなく」のB面、「恋のNON STOPツーリング・ロード」（1981年）。次が「ハイティーン・ブギ」。現代の目で見ると、達郎とマッチの相性の悪さってないですか？

矢野　達郎はファンキーなカッティングギターのイメージなので、「ハイティーン・ブギ」の「ジャキーン」ていうロックっぽいエレキギターの音をやってるのは意外性がありますね。

速水　「デデデ♩デデデ♩」っていうリードギターのリフから始まる。「ヤンキーギターロック」の系譜。むしろ達郎の音楽の系統的には、トシちゃんならわかる感じだよね。

大谷　野村ヨッちゃんならさらに納得がいくけどね。両者ともビーチ・ボーイズ好きじゃん。

速水　たしかに。達郎の好きな音楽の系統にはサーフィン・ホットロッドがあるけど、それはTHE GOOD-BYEがその路線を突き進んでいたよね。

矢野　達郎がジャニーズに曲を提供するようになったのは、所属していたレコード会社RCAの担当ディレクターがマッチと同じだった縁だということです。そのディレクターが達郎のマネジメント会社スマイルカンパニーの前社長で、かつ2019年に解散した[*56]ジャニーズ・エンタテイメントの代表取締役だった小杉理宇造氏。また、小杉元社長は男闘呼組、嵐、Hey!Say!JUMP、Sexy Zoneのデビュー曲や、長年歌い継がれる「勇気100%」の作曲家である馬飼野康二をジャニーズに繋いだ人でもあります。1975年に当時のジャニーズの新人グループ、リトルギャングがＲＣAからデビューする際、担当ディレクターとなり、デビュー曲「アイ・ラブ・ユー」の作曲・編曲を馬飼野康二に依頼したのがはじまり。二人はグループサウンズのバンド、ブルーシャルムを一緒にやってたんですよね。

速水　達郎本人の曲となると80年代の「RIDE ON TIME」から「さよなら夏の日」（１９９１年）の頃は、シングルが必ず話題になる継続的なヒットメーカーと言っても良かった。でも90年代以降、ミリオンセラー連発の〝Ｊポップ全盛時代〟には、それは途切れていた。ちょうど年齢的にも40代に差し掛かってます。そんな時期にKinKi Kidsへの提供曲の「硝子の少年」が生まれ、これがポップミュージックを続けていく上での大きな自信になってる。達郎史とジャニーズ史が交差して、双方の転機となった重要なタイミングに「硝子の少年」があるんですね。

シティ・ポップ、ヴェイパーウェイヴとジャニーズ

矢野　「デビュー」の章でも話に出ましたが、「硝子の少年」の哀愁の歌謡曲路線って当時からしても古臭く聞こえました。近田春夫さんも当時の「考えるヒット」（週刊文春連載）で、「ここまではんぱに古臭くていいのか⁉」という戸惑いを書いていますね。「ハイティーン・ブギ」もそうですが、達郎がジャニーズに提供する曲と、本人が自分用に作った曲って路線が違いますね。

速水　全然違う。セルフカヴァーというか、本人が入れてた仮歌はずっと非公開にされてましたし、本人は自分で歌うつもりはまったくなかったと思います。

矢野　ただ、嵐の「復活ＬＯＶＥ」に関して言えば、わりと達郎自身が歌う曲のイメージに近い。イントロなんて明らかに、シティ・ポップ再評価以降の音楽のモードを意識した上で作られています。

大谷　そういう意味で非常にいい曲を、狙って一発で作っていてすごいなと思ったよ。

速水　あれは奇跡的というか、唐突な名曲だよね。90年代以降の達郎は、自分でも他人提供でも、もう少し成熟味の強い音楽に寄っていたので、かつてほどファンキーでもディスコでもなくなった。「復活ＬＯＶＥ」は、KinKiとい

＊56……レーベルとしては存続し、株式会社ジェイ・ストームの一部門になった。

うよりさらに昔、少年隊あたりが歌うのが似合うディスコポップス路線かな。

大谷　私は「硝子の少年」はすごく好きですけれど。というか、あらためて聴きなおしてみると、「復活ＬＯＶＥ」は意匠こそ色々と「シティ・ポップ」的なものが散りばめられていますが、ボディとなるのは「硝子の少年」ラインのいわゆる「ラテン歌謡」だと思うんですよ。判断の根拠としては、ＢＰＭがＡＯＲ標準よりも随分と速い。

ジャニーズの楽曲って、基本的には、同時代の音楽的流行とは無縁のままで、あるいは、もう流行が終わってほぼ定番になっちゃったものを使って作られることが多いと思うんですよね。例えば、最近では、Snow Manのデビュー曲がＫ‐ＰＯＰとしては10年前くらいのアレンジ、とか揶揄されているのを聞いたことがあるんだけど、そもそもドンピシャ最新系のサウンドを取り入れることは重要視されていない。そういうのは音楽ファンの言い分であって、ジャニーズ楽曲の良し悪しの判断は別に立てなくちゃならないと思う。

そういう意味でいうと、「ヴェイパーウェイヴ」とか「シティ・ポップ」っていうジャンルは、もうすでに価値が確定したもののリバイバルであって、これまでずうっと放っておかれたそのあたりの音楽にも実はエヴァーグリーンがあるってことが、ようやっと最近になって認められた、そういう流れだと思うんですね。でも、ジャニーズはそう言ったサウンドは一貫して取り上げてきていたと思う。例えば、嵐の『DIGITALIAN』コンサートの中の「Love Wonderland」とかね。

完全にブラコン、ＡＯＲのムードで、現在あらわれているジャニの「シティ・ポップ」感っていうのは、「流行を取り込む」っていうよりは、これまでもやってきた「すでに確定した価値の応用」なんだと思う。ジャニーズ・サウンドは不易流行で変わっていないけど、世間の評価のほうがノスタルジックに変化した結果、奇跡的にジャニーズの曲が現在、音楽ファン視点からもＣＯＯＬなものに感じられているんじゃないかなぁと。だから多分、５年後にはまたズレてきますよ（笑）。

矢野　山下達郎や竹内まりやなどアーバンなシティ・ポップは、フューチャーファンクというかたちで再発見され、２０１０年代後半に流行しました。厳密に言うと、ヴェイパーウェイヴはその前身的なムーヴメントにあたります。これらに共通するのは、「失われた古き良きアメリカ」という架空のノスタルジー感覚ですよね。興味深いのは、ヴエイパーウェイヴやフューチャーファンクにおいて参照されるのが、「80年代の日本を通した古き良きアメリカ」であることです。

本書でくり返し主張しているように、ジャニーズが戦後日本におけるアメリカ文化であるならば、ジャニーズは、フューチャーファンク／ヴェイパーウェイヴとかなり方向性が重なる部分があります。実際、80年代の光GENJIのマイクロマジックのCMや少年隊の明治チョコレートのCMのフィクショナルなアメリカ感は、そのままSaint Pepsi[*57]とかの映像に使われていてもおかしくない。ジャニーズ的な理想のアメリカとフューチャーファンク／ヴェイパーウェイヴ的な架空のノスタルジーの結節点に、山下達郎がいたと言えます。

＊57……フューチャーファンクの代表的アーティストのひとり。山下達郎「LOVE TALKIN'」をサンプリングした「Skylar Spence」で知られる。

column 4

振り付けから考えるJ-POPとダンスの2010年代

ダンスを見るのは大好きで、ミュージシャンとしても多くのダンサーと舞台作品をこれまで作ってきてはいるのですが、実際に自分で踊るわけではないので、以下、単に「ポピュラー音楽におけるダンス全般が好き」な人が書く素人意見として読んでいただければ幸いです。

2010年代に入ってからの、日本ポップスにおけるダンスのレベルは格段に底上げされていて、これはLDHとAKB両陣営がずっとメジャーで活動してくれたお陰であることは間違いない。色々あるけどダンス方向から見れば、彼ら・彼女らの最大の功績は「集団で踊る」芸能を、これまでの「日舞」的なものとも(例:マツケンサンバ)、運動会的なものとも、盆踊り的なものとも異なったかたちで提示して、定着させたことだと思う。この両陣営のステージは、身体を動かすことが嫌いではない子供にとって、とても良いダンスへの入口となっている。HIPHOPルーツのステップをマッシュアップしてまとめたEXILEチームの振り付けはNHKで番組が持てるほどの汎用性があるし、歌詞を基盤にしたAKBの手踊りは「振り付け」の楽しさをわかりやすく伝えてくれる。ここで「踊ることの楽しさ」を覚えた人は多いだろう。

メジャー・シーンで飛び抜けた存在は三浦大知とPerfume、それに「USA」という最高の振り付け作品で完全に勢いを取り戻したDA PUMP——と、これは衆目の一致するところ。この三つは方向性が全然違うので簡単には比較できないし、ISSAはむしろ歌手として最高だが、さて、ここに我がジャニーズ・グループを並べてみた場合、なんと歌と踊りのどっちをとってみても、最近のグループはこの三者と比べてもまったく遜色がないんですね。

やはり「King & Prince」のデビューは衝撃だった。歌も踊りも細かい細かい部分まで作り込んであって、キャラ立ちもすでに完璧（玄樹君復帰お待ちしております）。現況のJ・POPシーンの中においてみた場合、彼らのダンサーとしての特異点は、ミュージカル・ステージで鍛えられた立ち姿勢（と移動）の抜群の美しさと、モダン・ダンスを下地にしたラインのブレなさにある。ほとんど本物のプルミエがアイドルの振り付けで踊っているみたいなもんで、6人ともほぼ同等・同傾向のダンス・スキルの持ち主ということもあって、ここ最近ではもっともユニゾンの見応えがあるグループだ。素晴らしいですね、と思っていたらすぐにSixTONESとSnow Manの登場ですよ。どちらも入所10年超の（Snow Manは追加メンバーありだが）満を持してのデビューで、彼らのダンスの達者さを見ると、やはりこの10年のジャニーズ・タレントのスキル・アップ度は半端ないことが実感される。キンプリに比べるとどちらのグループもHIP HOPベースの分量が多く、特にスノはそこに器械体操系のアクロバット、というか、ジャパンアクションクラブ（エンタープライズ）＝戦隊モノのムーヴが混じっている気配もあり、K・POPモデルで全体を統合する作業を止めた後に、どのような個性が発揮されてゆくことになるのか、興味深く見守りたい。ストは怪我にだけは気をつけてください。

20世紀のエンタテインメント業界における舞踏の源流の一つは、バレエからモダン・ダンスに繋がってゆくバー・レッスンのある体系。もう一つは、ブロードウェイとストリートで磨かれてきた、スコティッシュ／アイリッシュのステップとアフリカンのビートを折衷させたタップ・ダンスである。そこに参加する型の娯楽ダンスであるフォックス・トロットとチャールストン（とその二つを止揚させたリンディホップ）が影響を与え、さらに20世紀後半には様々なソウル・ダンスのステップが加わって、ポップスと同じように、現在はさまざまなプレイヤーがさまざまな割合でそれらを混ぜ合わせ、自身の作品を作っている。昨今のジャニーズ・グループの振り付けも、このように複雑にミクスドされたものであり（さらにここに「戦後日本」が混ぜ込まれ）、複数のルーツを乗りこなす彼らの身体はとても魅力的だ。

ジャニーズの発端となった『ウエスト・サイド・ストーリー』は、ストリート・ギャング・キッズたちのアクション／ダンスを、ニューヨーク・シティ・バレエ団出身のジェローム・ロビンズが振り付けたもので、マンボなど当時のポップスも取り込みながら（ダンス・アット・ジム！）、シャーク団とジェット団は町中を身体にラインの入ったバレエのスキルで歌い踊ってケンカするのである。ポーランド系とプエルトリコ系のグループを主役にしたこのミュージカルを、日系二世のマイノリティ、ジャニー喜多川はどのように見たのか。この映画からもう60年。『ウエスト・サイド・ストーリー』が体現していた文化的混淆は、ジャニーズ・グループのステップにまだ響き渡っているのである。

（大谷能生）

Johnny's Studies! 2020

第4章

ジャニーズとタイアップビジネス

KANSHAしてタイアップしようよ

大谷　第4章は、「ジャニーズとタイアップビジネス」ということで、まず前半パートは『タイアップの歌謡史』という著作もある速水さんを中心に話を進めていきたいと思います。

「タイアップ」という言葉自体は、みなさんにもすでに馴染みがあるものだと思います。大雑把に言えば、コマーシャルやテレビドラマやラジオ番組といったマスメディアのコンテンツと、音楽なりタレントなりが手を組んで、一丸となって何かしらのイメージを作りあげ、モノを売ろうとする、そういった戦略のことを「タイアップ」と言うんですね。そのためにどういった手の組み方があるか、その歴史はどういったところから始まっているのか。そして、そこにジャニーズはどのように関わったのか……ということで、まずは日本のタイアップビジネスの歴史をおさらいしてみるところから入りたいと思うんですが、とりあえず、この映像を見てみましょうか。

●コカ・コーラ〈1968年〉
出演：**フォーリーブス**
※フォーリーブスがコンサート会場で観客を前にして、コカ・コーラを片手に歌って踊る。

速水　ジャニーズのCM史を遡る上で、スタート地点となるのは、フォーリーブスのコカ・コーラのCMです。当時、ジャニーさんの一番のお気に入りだった北公次が中心となったグループですね。

フォーリーブスがどういうグループだったかということについては、デビュー研究の章で触れたとおりですが、初代ジャニーズが『ウエスト・サイド物語』を原形にしたグループだったのに対して、グループサウンズ・ブームに対応して作られている。まずは、どうやって彼らがCMに起用されるに至ったのか、その歴史を振り返りましょう。

コカ・コーラで見るCMの歴史

速水　まず、僕らの研究すべきテーマとして「ジャニーズとアメリカ」というものがあります。コカ・コーラという飲み物は「アメリカ」っぽいものの象徴とも言える存在ですよね。

コカ・コーラが日本に本格的に入ってきたのは進駐軍がきっかけです。まずは、アメリカの兵隊が飲んでいる憧れの飲み物として知られるようになって、実際に日本人向けにコカ・コーラが発売されたのは、かなりのちの61年のことです。日本ではそれ以前は、一般の日本人に向けては販売されていなかったんです。そして正式販売の翌年、62年にテレビのCMも始まります。

コカ・コーラのCMの特徴は、キャッチコピーと音楽です。それは、50年経った現代でも変わりません。歴代のものはどれも聞き覚えがあるはずです。最初が「スカッとさわやかコカ・コーラ」で、「I Feel Coke」とか「No Reason Coca-Cola」とかが有名です。

まずは、最初のCMはこんなものだったというのを見ていただきたいと思います。

●コカ・コーラ〈1962年〉

※画面では地球儀が回り、その表面にCoca-Colaのロゴが浮かび上がる。「世界にさわやかさをふりまいている」という女性のナレーションが入る。シーンが切り替わると、人々がコカ・コーラを飲む姿が映し出される。

《CMソングの歌詞》

コカ・コーラを飲もうよ　コカ・コーラを冷やしてね（中略）

みんなでそろってコカ・コーラ　スカッとさわやかコカ・コーラ

速水　これを見てわかるのは、基本的には黎明期に多かった商品名連呼型のCMソングだということです。

大谷　小林亜星[*1]なんかが得意とするスタイルですね。

速水　当時は、「コマソン」なんて言われてました。代表的な作家は、三木鶏郎[*2]でした。小林亜星のレナウン「ワンサカ」娘はたしかに、これとほぼ同時代ですね。レナウン以後なんて言い方もあるので、このころから

＊1……CM作曲家、タレント。レナウンの「ワンサカ娘」や、日立グループの「日立の樹」などのCMソングが有名。小西康陽は、作曲家としての小林亜星を尊敬するミュージシャンの一人に数えている。

＊2……戦後のラジオ／テレビ業界で活躍した作詞家、作曲家、放送作家。１９１４年・９４年。コマーシャルソング制作の第一人者。戦後のＮＨＫラジオ『日曜娯楽版』内の「冗談音楽」で一躍人気となった。

ＣＭが単なる商品名のアピールから、イメージ的、記号消費的なものに変わっていこうっていうくらいの時代ですね。

矢野　なるほど、イメージ戦略という点でＣＭの重要性が増していく時期なんですね。三木鶏郎が講師をしたコマソンについての講義では、「キャッチフレーズ・ウィズ・ミュージック」というのを鉄則としたらしいです。[*3] つまり、商品名をフックにしたキャッチフレーズを連呼する、という作りかた。

大谷　名前を覚えてもらわないと話にならないからね。

速水　企業側の欲望がストレートに出てる。とりあえずこれを知ってもらって、さらに買ってほしいという。

大谷　「♪コカ・コーラを飲もうよ」って直接言わせてるっていうね。

速水　ただ、コカ・コーラのＣＭはこの時代の中ではそれなりに洗練されているんですよ。「スカッとさわやかコカ・コーラ」っていう、今でも僕らが知っているキャッチフレーズはこのときから使われているんです。では次に、進化したバージョンを見ます。

●コカ・コーラ〈1964年〉

※ガーデンパーティに若い男女が集っている。ホストがバーベキューを焼き、客をもてなしている。

速水　これは64年のＣＭですが、ここで見られるちょっと進歩した点は、若者のライフスタイルが描かれるようになったことですね。ようやく憧れのイメージというか、「コカ・コーラがある生活ってかっこいいよね」というのが描かれるようになった。

矢野　経済成長がある程度達成されると、消費者の需要に対して商品が供給されるという段階から、消費者の欲望自体が企業によって作り出される段階に移行します。こういったＣＭを見せられることによって、「憧れのライフスタイル」が作り出されていくんですね。

大谷　芝生で豪勢にバーベキューやるような生活にふさわしい飲み物は……っていうアピールですね。

速水　ですね。さらにこの一歩先を見ます。

●コカ・コーラ〈1968年〉

出演：**加山雄三**

※高原の道を走るトラックの荷台に、ドラマーの加山雄三が率いるバンドが乗っている。バンドはGS風の曲を演奏し、トラックが駐車すると若い男女が荷台に上がってきてモンキーダンスをする。

速水　サイケっぽい格好の若者たちが、高原に停まっているトラックの上でダンスをしてます。洗練された若者の生活を描こうとしています。

大谷　みんなで車で山に行ってライブ演奏を楽しみながらコカ・コーラ！　レイヴじゃないですか（笑）！

速水　どっちかっていうと夏フェスですかね（笑）。中津川フォークジャンボリー[*4]が始まった時期だし。まあ、フォークジャンボリーはこんな格好いいものではなかったんですけどね。で、このCMで目新しかったのは、歌はまだ旧態依然とした商品名連呼型なんだけど、有名タレントを起用した点です。

　コカ・コーラは、いろいろCMの歴史で画期的なことをやっていますが、アーティストを起用するというのは、コカ・コーラが生んだ文化です。日本の初代コカ・コーラ・タレントが、この加山雄三[*5]です。エレキもスキーもヨットもやる彼は、若者文化の象徴であり、アメリカへの憧れを喚起する存在でした。その彼がバンドの練習のあとやスキーのあとにコカ・コーラを飲むという内容のCMが作られました。

　のちに、その座が加山の弟分である加勢邦彦がやっていたバンドのザ・ワイルドワンズに引き継がれ、若者文化の象徴的なタレントがコカ・コーラ・タレントになる流れが生まれ、フォーリーブスも起用されています。もう一度フォーリーブスを見てみましょう。

――再びフォーリーブスのコカ・コーラCMを見る

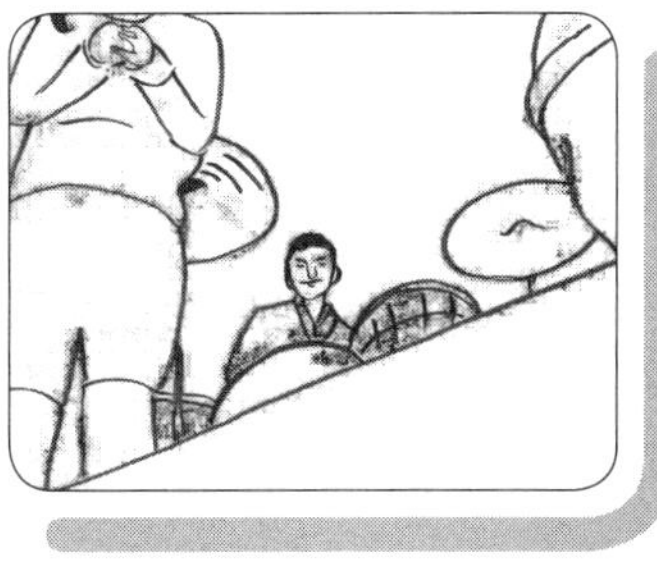

*3……田家秀樹『みんなCM音楽を歌っていた』徳間書店、2007年。

*4……正式名称は全日本フォークジャンボリー。1969年から3回にわたって開催された日本初の野外音楽コンサート。高田渡や岡林信康などが出演した。

*5……俳優、歌手。60年代に主演した東宝映画『若大将シリーズ』は恋愛、スポーツ、レジャーといった若者風俗を描いてヒット。

大谷　この撮影の会場どこなんだろう。3階まであってあっち側に壁があるけど、まさかNHKホールじゃないだろうしなー。

速水　これは彼らのコンサート映像をそのまま使ったものではなく、CM用にあらためて撮影したものです。『コカ・コーラCMソングデータブック』という本には、この収録の様子が書いてあって、観客役のエキストラを何千人も用意して撮ったという話でした。

象徴天皇制下の自由恋愛とレジャーの推奨からアイドルが生まれた⁉

速水　ここで重要なのは、フォーリーブスのコンサートに行くという若者のライフスタイルが描かれ、その層をコカ・コーラ社はターゲットにしていたということですよね。

この前後から、アイドルがCMに出るという文化が生まれています。フォーリーブスがコカ・コーラのCMに出る少し前のGSブームのころに、タイガースが明治製菓、テンプターズが森永製菓のCMに起用されてました。今でもチョコレートのCMといえば、アイドルが起用されるという伝統が守られていますが、このころが起源なんですね。

以前はお菓子はファミリー向け商品だと考えられていて、CMでは子どもがいて家族団欒のひとときを過ごしているというシチュエーションが求められていた。それが売りかたの転換期を迎えて、アイドルのファンの女の子に向けた見せ方になった。ちなみにGSのアイドルたちって、衣装にフリルがついていたりして、王子様っぽい格好をしていたじゃないですか。ああいう、王子様が女の子に訴えかけるようなノリのチョコレートCMがこの時代から始まっている。

時代はいきなり80年代に飛んでしまいますが、アイドルのチョコレートのCMとして代表的なグリコアーモンドチョコレートのCMを見てみましょう。当然、この枠にうってつけなのがジャニーズのタレントなわけですが、田原俊彦がグリコのCMに出演していました。

●グリコアーモンドチョコレート〈1980年〉

出演：田原俊彦・松田聖子

歌：田原俊彦「ハッとして！Good」

※高原のテニスコートで男女がお互いの姿を見かける。電話ボックスですれ違う。

速水　このCMにはすごくいろんなポイントがあります。

まず注目したいのは、ＣＭソングが商品名連呼型ではなくなっていること。イメージソングって言われるんですけど、商品とかけ離れた形で音楽が作られています。

大谷　基本的には曲と商品は独立してますよね。

速水　そうなんです。出演者は松田聖子と田原俊彦の二人という豪華キャスト共演です。ちなみに、松田聖子は、そういうイメージソングの時代に出てきた代表的なアイドルです。

大谷　デビュー曲から、リリースがＣＭソング３連発だったでしょう？

速水　そう。デビュー曲の「裸足の季節」が資生堂の「エクボ洗顔フォーム」、２曲目の「青い珊瑚礁」がグリコのアイスクリーム「ヨーデル」、３曲目「風は秋色」が資生堂「エクボミルキィフレッシュ」のＣＭソングになりました。資生堂、グリコっていう企業のバックアップのもとに出てきたタイアップ型アイドルです。

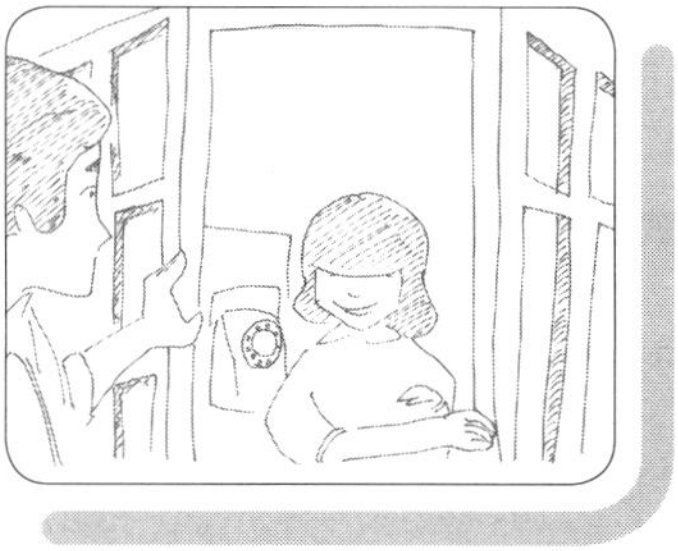

こういう企業のタイアップイメージを一身に背負って世に出てきたアイドルは、松田聖子が最初だと思います。デビュー曲の歌詞にはこっそり商品名が入ってるんですよね。「エクボのー秘密あげたいわー」って歌うんだけど、さりげないところがミソなんです。

大谷　商品名が出てくるのは、ほんのちょっとだけなんだよね（笑）。

速水　それで、グリコアーモンドチョコレートに戻ると、「ハッとして！Ｇｏｏｄ」には商品名は出てこないんですけど、歌詞には「高原のTelephone Box」とあって、ＣＭの映像の描写をしているんですよ。つまりこの曲はＣＭありきで作られたということがわかる。そこで用いられたイメージ群が面白いので、細かく見てみましょう。

田原俊彦が着ているのは赤いスウィングトップにジーンズ。これ、ジェームス・ディーンのスタイルですよね。そしてテニス、高原ときて思い浮かぶのは、「ミッチーブーム」。今の上皇陛下、当時は皇太子殿下のご成婚は１９５９年ですが、美智子妃殿下との出会いのきっかけは高原の避暑地で開催されたテニス大会だったんですよ。二人が結婚するまでの物語は「テニスコートの恋」と呼ばれていました。そして、二人が高原のテニスコートで出逢ったというシチュエーションをそのまま継承してるのがこのＣＭです。その前に、70年代にヒットした天地真理[*6]の歌に「あなたを待つのテニスコート」って歌詞がありましたが、「アイドルと高原とテニスコート」っていう王道のイメージの元ネタは、実はミッチーにあったんです。

大谷　ミッチーは戦後最初のグラビアアイドルと言ってもいいですよね。テレビを一番売ったしね。ミッチーっていうと渡辺美智雄[*7]みたいだけど（笑）、美智子妃殿下ね。

速水　美智子妃殿下は民間出身のプリンセスということで国民が熱狂したんです。彼女はアイドルの原形の一人ですね。ここではじめて、家と家との結びつきという従来型の見合い結婚ではなく、恋愛を経た結婚がクローズアップされました。当時はお見合いが主流でした。恋愛結婚が過半数を超えるのは１９６８〜９年[*8]とけっこう最近なんですけど、のちの上皇が身をもって社会の変化をアピールしたところが、まさに〝象徴〟天皇制なんですね。

矢野　日本の知識人は、それこそ明治初期の北村透谷[*9]のころから、ずっと西洋型の自由結婚を説いていたけど、実際にはなかなか実現しなかった。それが天皇家における恋愛結婚を経て変わっていく。

速水　それで、皇太子と美智子妃を引き合わせた「テニスコートの恋」の仕掛け人である小泉信三[*10]は皇太子の家庭教師で、日本のテニス普及の父であり、慶応義塾の塾長もつとめた大正・昭和期の偉人。この人が日本における自由恋愛、恋愛結婚を推奨するために、筋書きを書いたと言ってもいい。それともうひとつ、ここで重要な目的だったのがレジャーの促進です。

大谷　舞台のテニスコートは、軽井沢ですよね。

速水　そうです。この時代、内需を拡大するために余暇はお金を使って娯楽にいそしもうということが推奨されはじめた。アイドルも、戦後の娯楽の王道のひとつです。小泉信三は、アイドルという分野を作った黒幕、プロデューサーと言っても過言ではない。ちょっと話を大きくしちゃうとですけど。

大谷　コカ・コーラのＣＭの加山雄三は山に行ってましたね。あれはどこだろう、箱根かな。

速水　やっぱり内需拡大、レジャー推進路線なんですね。

大谷　じゃあＪＡＬ（日本航空）のＣＭの嵐もそれに乗っかってるわけだね。ジェット機でどっかに出かけなさいと言ってる。

矢野　KinKi KidsもＡＮＡ（全日空）のＣＭに出ていましたね。

速水　そこも重要です。ANAの「'98パラダイス沖縄」キャンペーンのCMですね。キンキの二人が出演して、彼らの3枚目のシングルの「ジェットコースター・ロマンス」がキャンペーンソングとして起用されてます。KinKi Kidsのデビュー曲を作曲した山下達郎がこの曲も作曲していますね。

　ちなみに、沖縄観光キャンペーンというのは、沖縄が1972年に日本に返還された直後、電通と沖縄県の観光課がタイアップして観光キャンペーンをやったところから始まってる。その一連の流れの中で航空会社が大きな役割を担うんですけど、JALで78年から沖縄キャンペーンが始まって、最初にキャンペーンソングとして起用されたのは山下達郎の「愛を描いて」でした。ちなみに達郎はANAのCMもやってて、「高気圧ガール」(83年)と「踊ろよ、フィッシュ」(87年)がそう。ANAとジャニーズの結びつきはそこから始まっているとも言えますね。ANAの全面協力を受けていたキムタク主演ドラマの『GOOD LUCK!!』[*11]の主題歌は達郎の「RIDE ON TIME」だったし。

"I Love NY" キャンペーンの影響

速水　もう1個、懐かしCMを見ましょう。トシちゃんはグリコでしたが、その数年後にはこの人たちが明治チョコレートのCMに出てます。

●Dela（明治製菓）〈1984年〉

出演・歌：少年隊

※NYで踊る少年隊。手にした商品パッケージの赤（錦織）・黒（東山）・黄色（植草）はメンバーのイメージカラーと同じ。

大谷　いやー、すごいね。背景にウォーターフロントがバーンと映ってるのとか。ザ・80'sな感じですね。

速水　CMの見どころはいろいろあるんですけど、僕は80

＊6……1970年代前半に人気を博した女性アイドル。南沙織、小柳ルミ子とともに「新三人娘」と呼ばれた。
＊7……自民党の政治家。「ミッチー」と呼ばれ親しまれていた。みんなの党代表渡辺喜美の父。
＊8……http://www.ipss.go.jp/ps-doukou/j/doukou13/chapter1.html　国立社会保障・人口問題研究所。
＊9……明治期の詩人、評論家。「厭世詩家と女性」で恋愛至上主義を理論的に提唱し、浪漫主義の文学者に影響を与えた。
＊10……1888年生―1966年没。上皇陛下の皇太子時代の師父。慶応義塾塾長としても有名である。
＊11……木村拓哉がパイロット役で主演した。TBS系、2003年。

年代ニューヨークとＣＭについてだけでも30分は話したいぐらいで（笑）。この撮影地は今はショッピングモールになってますね。当時は、みんなニューヨークでＣＭを撮ってました。沢田研二が出ていた「ブルーバード[*12]、お前の時代だ」とか、武田鉄矢の赤いきつねと緑のたぬきとか、江川卓のザ・ニューヨーク[*13]とか。

なぜニューヨークに集中したかというと、70年代末から80年代にかけて、ニューヨーク市が「I Love NY」という観光キャンペーンを張って、映画やＣＭの撮影を積極的に誘致していたというのが大きい。ちなみに、このＣＭは少年隊がシングルデビューする前のものです。84年なので。ジャニーズ事務所が、新人を歌手としてデビューさせるときに、ＣＭやドラマに先に出させて顔や話題を世間に十分に認知させるやりかたって、すでに少年隊のときにもやってたんですね。

このＣＭ曲の、「Oh my Dela」っていうフレーズがいまだに頭に焼き付いてるんですが、発売されてないからＣＭでしか聴けない。こういう曲があるっていうのがジャニーズの底知れないところですね。

イメージソングの時代

速水　では、コカ・コーラのＣＭに戻りましょう。少年隊のＣＭと同じく80年代。さっきも言ったように、アメリカ的なライフスタイルへの憧れというものがコカ・コーラのＣＭの手法なんですけど、80年代にはこうなります。

●コカ・コーラ「Yes Coke Yes」〈1983年〉
歌：早見優「夏色のナンシー」
※早見優がローラースケートで滑りながら片手にコカ・コーラの紙パックを持っているなど。

速水　この「夏色のナンシー」は早見優の代表曲なんですけど、シングルには「Yes Coke Yes」っていう歌詞はありません。さっきの「ハッとして！Ｇｏｏｄ」と一緒で、ＣＭありきの曲。30秒バージョンを引き延ばして1曲に仕上げています。

大谷　ＣＭありきだけど、歌詞は差し替えてあるんだね。

速水　うん。CMソングといえば、かつては歌詞で商品名を連呼するものだったという話を先ほどしました。つまり、商品とCMソングでは、商品のほうが偉かった。しかし、このころには事情が変わってます。70年代の後半の資生堂あたりが始めるんですけど、曲のほうが偉くなってくる。商品名ではなく、キャッチフレーズが歌詞で歌われるようになる。資生堂のキャンペーンソングだった矢沢永吉の「時間よ止まれ」なんかがそのはしりで、直接商品名を歌わないけど、実はCMありきというのがイメージソングです。

矢野　資生堂は、オリジナルの新曲がCMを通じて人々の耳へおのずから入っていくことへのプロモーション効果を明確に意識していました。化粧品の領域では、「資生堂対カネボウ」なんて言い方がされたみたいですが、いまだに中央線の中古レコード店なんかに行くと「資生堂イメージソング」っていうシングル棚を見かけますね。

速水　わかりやすいのは、78年に出た山口百恵[*14]の「いい日旅立ち」。これは国鉄の「ディスカバー・ジャパン[*15]」キャンペーンのCMソングなんだけど、広告臭はないんです。本当は、CMありきで作られた曲なんだけど、そう見られると安っぽく思われる。当時の彼女は、国民的歌手ですから。なので、良い曲だから国鉄がCMに採用したみたいな印象操作が行われました。さっきの早見優と同じです。

大谷　そこらへんで、ポップソングとCMの関係というのがちょっと変わってくるわけですね。たとえば「いい日旅立ち」のあと、国鉄は84年に「エキゾチック・ジャパン」というキャンペーンを打って、郷ひろみの「2億4千万の瞳　エキゾチック・ジャパン」がキャンペーンソングとして使われたけど、あれはイメージソングだって言われてたよね？

速水　あの曲もキャンペーンコピーがタイトルになったイメージソングです。80年代って、ヒット曲の多くはイメー

＊12……日産自動車の乗用車。1959〜2001年のあいだ生産・販売されていた。
＊13……不二家から発売されていたお菓子。
＊14……1970年代に活躍した歌手、女優。1972年、『スター誕生！』をきっかけにデビューし、その後1980年に引退するまで国民的なアイドルとして存在していた。代表曲に「ひと夏の経験」「いい日旅立ち」など。
＊15……大阪万博のため整備した交通網を収益化するために個人旅行客の拡大を狙った。1970年開始。

ジソングですよ。たとえばシャネルズの「ランナウェイ」はパイオニアのラジカセ「ランナウェイ」のイメージソングでした。山下達郎の曲で大ヒットした「RIDE ON TIME」はマクセルのカセットテープのCM用のイメージソング。イメージソングでないヒット曲を探すのが難しいぐらいになってくるんです。

コカ・コーラに話を戻すと、ハワイ育ちの早見優が、CMの中でローラースケートを履いてコーラを飲んでいる。

大谷 「アメリカじゃん!」みたいな(笑)。

速水 僕は、影響されてローラースケートを買ってもらうわけです。早見優と光GENJIと、どっちのきっかけで履くかには世代間格差があるんですけど、僕は前者(笑)。まあそういうアメリカ、西海岸、スポーツといったイメージをコカ・コーラが打ち出していたという例として、もう1個見てください。

●コカ・コーラ「Coke is it!」〈1986年〉

歌:EPO「太陽にPUMP! PUMP!」

※プールで飛び込み、シンクロナイズドスイミング、水泳などに興ずる男女。プールサイドで仲間と過ごす時間はコカ・コーラを片手に。

速水 80年代のコカ・コーラのCMって、全部こういうノリなんです。群像劇シリーズと呼んでるんですけど、踊ってる人、スポーツをしてる人、スポーツのシーン、たとえばパラグライダーやシンクロナイズドスイミングといった、そういう人たちが、休憩の場面でコカ・コーラを飲む、みたいな。なんか、コーラって格好いいって思わせる。矢野君とかの世代が見ると「バカな時代だったんだな」と思うだろうな(笑)。

矢野 当時これがベタな憧れだったんですか?

速水 やっぱり理解できないか(笑)。コークのCMを見てローラースケート履いたり、スケボーを買ったり。つまり、コカ・コーラさえあればウエストコーストは近所にあるという気分になった。現実のそこは、新潟県の関屋浜でしかなかったんだけど。一応、日本の西海岸(笑)。

ただ、コカ・コーラはこのわかりやすいイメージ広告が、いつまでも通用するとは思っていなくて、90年代に路線変更します。アメリカ=西海岸、スポーツ、水着みたいなイ

メージからの脱却を図るんです。

では、90年代にどのような路線変更がなされたか。

●コカ・コーラ「Always Coke♥」〈1995年〉

歌：奥田民牛「息子」

※団地内の道路でスケボーをする少年のあとを追うバンダナを頭にまいた少女。団地をバックに少年少女のキスシーンが映し出される。「ほうら君の手はこの地球の宝物だ」という歌詞が流れる。

矢野　この辺になると80年代的なわざとらしさがなくなって、僕としても安心して見られます。不況の匂いが出てくると身近に感じますね（笑）。

速水　95年のＣＭですね。スケボーがあってバンダナがあってという、旧来のアイテムは踏襲してるんですよ。でも舞台は団地。日常なんですね。この地形から見て、練馬の光が丘団地じゃないかと。今度、団地マニアの大山顕さんに聞いておきますけど。

つまりは、日常を描き始めたんです。ヒロインは、15、16歳かな。彼女と憧れの男の子との接触みたいな瞬間とコカ・コーラを結びつけた内容なんですけど、その背景は、ファンタジーではなく、現実の団地です。

さらに重要なのは音楽。奥田民生の「息子」。民生自身がもう普段とか日常の象徴みたいな人です。スニーカーとかスウェットとかアメリカ臭さのある人ではあるけど、そこにアメリカを匂わせないところってあるじゃないですか。この歌なんて、自分の息子に対してのメッセージソングで、「小麦色の太陽ＢＯＹ♪」とかじゃないんです。つまり、この選曲って出演している十代の少年少女よりも、むしろ親の視点ってことですよね。

大谷　要するに、奥田民生と同世代の人に向かって投げてるＣＭってことですね？

速水　そう。お前ら青春時代を思い起こしただろ？コカ・コーラ懐かしいだろ？　ってことです。不景気だし、若者だけに宣伝していてもダメだということなんでしょう。そして２０００年代に入るとコークのＣＭはこうなります。

●コカ・コーラ「No Reason」〈2001年〉

歌：桑田佳祐「波乗りジョニー」

※大学の校舎の外階段らしき場所。少し離れたところから男の子の横顔を見つめていた女の子が突然寄り添ってキスする。映像は無音状態で始まり、キスシーンで「波乗りジョニー」のサビがかかる。

速水　これ無名時代の永山瑛太が出てましたね。キスっていうシチュエーションは同じですね。青春のひとこまみたいなものを心象風景として映し出している。曲は桑田佳祐ですよね。やっぱりこれも、若者に媚びるのではなく、もっと上の世代なんじゃないかな。

矢野　ヤマ場らしいヤマ場がないけど、なにかが起こった瞬間にＢＧＭがバーンと流れてコーラを飲む。あらためて見ると印象的ですね。

速水　演出的にも力の入ったＣＭですね。

ジャニーズで群像劇に戻った

速水　コカ・コーラにジャニーズが再び登用されたのは、２０００年代に入ってからです。２００３年夏にコカ・コーラは「2003 No Reason Coca-Cola」キャンペーンというのをやっているんですが、そのときのＣＭでKinKi Kidsと嵐の曲を使い、両グループのメンバーを出演させています。さっきのフォーリーブスのＣＭが１９６８年なので、実に35年ぶりです。

●コカ・コーラ
「2003 No Reason Coca-Cola」〈2003年〉
●KinKi Kidsメイン編

歌：KinKi Kids「永遠のBLOODS」

※グループで海の家にいる。

●嵐メイン編

歌：嵐「ハダシの未来」

※みんなで薪割りをしたあと、砂浜でキャンプファイヤー。

速水　これも音楽がＣＭのために作られているように思えます。KinKi Kidsの「永遠のBLOODS」も嵐の「ハダシの未来」もシングルとしてリリースされているんだけど、いかにもなコカ・コーラのＣＭに共通する雰囲気があって、コカ・コーラのＣＭで使うことを前提に作られた曲に聞こえますね。「リクツじゃなくて♪」（「ハダシの未来」）って歌っている歌詞が、「No Reason Coca-Cola」に対応しているという読み方もできます。

コカ・コーラのＣＭソングはいろんなアーティストが手

掛けているんですけど、前のキャンペーンソングの雰囲気を踏襲してほしいというオーダーがされていたらしいんですよ。それが今も続いているとは思えないけど、コカ・コーラっぽさみたいなオーダーはあるのではないかと思います。

大谷　奥田民生はそういう感じはなかったね。

速水　あれはないですね。あれはおそらくCMありきじゃない。ちなみに、キンキと嵐のコークCMは、映像もその前までとは変化してますね。90年代コークCMの「青春の一瞬」というより、80年代以前の群像劇に戻ってる感じですね。シチュエーションとしてはキャンプとか、海とか。

大谷　コカ・コーラの王道な感じがありますよ。アメリカ感はないけど。

矢野　このバランス感覚は面白いですね。奥田民生的な日常を通過して、『木更津キャッツアイ』[*16]的な、いわゆる「ジモト志向」[*17]になっている感じがする。時期も同じころですね。

速水　もうアメリカ行かなくても、日本でもいいんだよというメッセージなんだと思います。

*16……宮藤官九郎が手がけたテレビドラマ作品。木更津で青春を送る若者を描いて人気を博した。TBS系、2002年。
*17……鈴木謙介『サブカル・ニッポンの新自由主義』ちくま新書、2008年。

大谷　でもさ、2001年に桑田佳祐の曲を使ったときは、露骨におっさんに向けて「青春再び。コークを飲もう」みたいに作ってるわけじゃないですか。2003年にいきなり何でこうなったんでしょう？

速水　桑田佳祐というチョイスは国民的に周知されている歌手という、ターゲット＝「日本国民」ということだったと思うんだけど、それだとターゲットとして広すぎたと。キンキ&嵐っていうチョイスは「10代〜30代の女性全般」なのかな。コカ・コーラを一番手に取らなそうな空白の層にリーチしようってことなんじゃないかな。

この次のコークの展開も面白いので、見てみましょう。

●コカ・コーラ「つながる瞬間に。コカ・コーラ」〈2005年〉

歌：BENNIE K「Dreamland」

※人と人が出会ったときに飲んでいたり、人から人へ手渡されたりするコカ・コーラ。

速水　完全に80年代半ばの群像ドラマに戻りました。曲は、どこからどう聴いてもコカ・コーラの曲ですね。西海岸を連想させるようなポップチューン。歌っているのは当時は無名だったBENNIEKです。国民的歌手を起用する路線から完全に切り替えて新人を起用、しかもそれが当たって35万枚の大ヒットになりました。

大谷　商品をバーンと出して音楽が売れてるっていうのは、2000年代では珍しいんじゃないかな。

速水　そうですね。でも、曲はヒットしたんだけど、コークは売れなかったんです。CMによって商品の売上げが上がらず、CMソングだけがヒットした。なのでこの路線は一回で打ち切りになって、次からは倖田來未とか安室奈美恵とか、国民的な知名度のある存在を起用する路線に戻します。

一方、コーラで言うと、コカ・コーラのライバルがペプシ・コーラです。ペプシは、2008年のCMで嵐の松本潤君を起用します。それはあとで矢野君に解説してもらいましょう。ペプシとコカ・コーラというのは単純なライバル関係ではなくて、ライバルは缶コーヒーなどのほかの清涼飲料水だったりします。そういうわけで現在は市場が拡散してしまっているので、音楽産業にとっても、CMをする商品にとっても、いろいろ難しい時代です。テレビCMのタイアップがとれたからといってCDが売れるわけじゃないし、その逆で、タイアップ曲が売れたからといって商品が売れる時代でもない。そういった複雑な時代に今は突入していると言っていいでしょう。

テレビの深夜放送開始とCMソングの変化

速水　またジャニーズの話からは外れてしまうんだけど、90年代の頭に起きた、CMソングの大きな変化についてだけ触れておきます。宝石販売店「銀座じゅわいよ・くちゅーるマキ」のCMです。これが、夜中にスポットでガンガン流れていた。その音楽を手がけていたのが、音楽制作会社のビーイングです。80年代末ごろから深夜放送が面白くなってくる。記憶しているところではフジテレビの『カノッサの屈辱』[*18]なんかが人気でした。それ以前の時代って、夜のテレビ放送が終わると砂嵐になったんですね。

大谷　そうしているあいだに湾岸戦争が始まる。

速水　湾岸戦争のときに僕らのメディア体験が書き換えられます。夜中にずっと放送があるから。

大谷　朝までずっとテレビをつけてしまうんですね。

速水　そうそう。湾岸戦争の時期は、リアルタイムで戦争の映像が流れていたんです。

大谷　「パトリオットミサイルが」とか言ってるニュースの合間に差し込まれるCMが、「じゅわいよ・くちゅーるマキ」だったという鮮烈な記憶が（笑）。

速水　「じゅわいよ・くちゅーるマキ」のCMにはいろいろな人が出演していますが、バブル期にはダイアン・レインといったハリウッド女優や、クラウディア・シファーなどのスーパーモデルも出ていました。歌は氷室京介や、ビーイング系ではB'zもやっていました。映像は統一感があって、どれも「銀座じゅわいよ・くちゅーるマキのCM」としか言いようがない世界。

大谷　「女、夜と噴水、そして宝石」みたいな（笑）。

速水　ギラギラしてて、水っぽい。で、あのCMの曲を多く作っていたビーイングっていうのはレコード会社ではなく、CM音楽制作会社なんですよ。代表的な所属アーティストにB'zがいますが、B'zもまさにCM音楽を作るプロフェッショナルのグループです。

　ビーイングのCMソングと、それ以前のイメージソングがどう違うかというと、企業側から「こういうCMを作りたい、こういうキャッチコピーでやりたい」と発注されて作った曲に、不満が上がったとしますよね、イメージソングの時代は、主導権はアーティスト側にあったんですけど、ビーイングはアーティストに主張させなかった。B'zのようなクラスでさえ例外ではなかったようです。

矢野　ビーイングはモータウンを元ネタにしてるという話もありますよね。ビーイングに依頼すれば、ミュージシャンやスタジオなどがすべて用意されて、あとは工業製品のように楽曲ができあがってくる。このような楽曲は、参加ミュージシャンのクレジットもモータウンを意識して「システム」と書かれていたそうですよ。この手法を確立していたビーイングは、なるほどハマると強い。

速水　作家主義ではなく、大量生産的にシステムで音楽を作っていくというやりかたですね。

大谷　カスタマーがいて、クライアントがいて、「要望があれば直します」ということですね。普通っちゃ普通の考え方なんだけどね。

速水　でも、アーティストに「そこはもっとシズル感が」とかいうと怒られそうじゃないですか。松田聖子はCM音楽ありきでデビューしたって言いましたけど、彼女に曲を

＊18……現代の消費や流行を歴史教養番組のパロディの体裁で解説したバラエティ番組。フジテレビ系、1990—91年。

提供したのは細野晴臣[19]とかユーミン[20]とかで、CMソングだからといって好き放題に要求はできないんじゃないですか？

大谷　そうですね。ちょっと面白いのは、アイドルソングは歌詞から先に作るという話。たとえば、松本隆がアイドルに書いたときの歌詞の分量というのが、非常に多いんですって。だからAメロ、Bメロじゃ間に合わなくって、大サビ作らないといけなくて、その結果日本独特のCメロのある曲が生まれたっていうことを細野さんが話してました。展開が多いのは歌詞が多かったからなんですね。その中のどこかうまい部分を使ってCMソングにするんです。

速水　ビーイングの曲って、一時期すごくタイトルが長かったじゃないですか。「僕が君だけのためにナントカするのだ」とか「愛のわがままに君をどうのこうのする」とか。あれはCMのキャッチコピーがそのままサビになり題名になるというシステムなんです。

矢野　ビーイングを立ち上げた長戸大幸は、フォークソングではヒットが出なかった一方、安易に作ったディスコが売れてしまったという経緯を持っています[21]。そんな長戸の、音楽はビジネスであるという割り切りかたがビーイングをビーイングたらしめたのですね。

世代論として見るCM

速水　ここからは矢野君も見たことがある、より現代に近いジャニーズCMの話にしましょう。世代論なんかを交えながら。まず、年齢的な確認をすると、このパートの中心となるであろうSMAPは、上は72年生まれの中居正広、一番下は77年（早生まれ）の香取慎吾というメンバーで構成されているわけですが、これはまさに、世代で言うと団塊ジュニア世代なんです。

大谷　まさに僕と速水君の世代ですが……僕はキムタクと中居君と同い年で、速水君は稲垣メンバーと同じ。

速水　僕らはいろんなブームを作ってきた人口の多い世代で……実際に作ったのは僕らじゃなくて、キムタクとかだけど（笑）。団塊ジュニアは71～74年生まれなので、慎吾ちゃんは厳密には外れます。マーケッターの三浦展が提唱する、真性団塊ジュニア（実際に親が団塊世代）になると、今度は、慎吾ちゃんが含まれます。矢野君はもうひとつ下の嵐世代ですよね。

矢野　そうですね。僕はニノと同い年なので、嵐目線、二宮君目線でお話ししたいです。

速水　矢野君たちから見たジャニーズＣＭというのは、今まで見た80年代のアメリカの感じとはたぶん違うでしょうね。

大谷　80年代のあの感じはまったく体感としてないわけだ。

矢野　記憶の奥底に残っている気はしますが、肌では感じていないですね。今までＣＭを一緒に見てきた印象で言うと、ディスコとクラブの違いと同じような雰囲気の違いを感じました。

速水　なるほど。わかりやすいね。

大谷　われわれは駅前ディスコ世代ですから（笑）。

速水　いや、駅前ディスコって、本当はもうちょっと上の世代だけどね。マハラジャブームは僕らが中学生ぐらいのときだったから。

トラウマＣＭ「マイクロマジック」

矢野　自分が見てきたジャニーズＣＭの話を先にしてもいいでしょうか？　僕は83年生まれなんですが、ジャニーズＣＭの原体験は光ＧＥＮＪＩの「マイクロマジック」です。早見優ではなく光ＧＥＮＪＩを見てローラースケートを買ったクチなので（笑）。「マイクロマジック」のＣＭが放送されたのは88年で、5歳のときでした。これは僕のトラウマＣＭとして記憶に鮮明に残ってます。

●マイクロマジック（大塚食品）〈1988年〉

出演・歌：光GENJI

※ニューヨークのビル群をバックに、ローラースケートで走る光GENJI。CMソングは「僕のポテトはチンチンチン、チンチンポテトマイクロマジック」と光GENJIが歌う。

大谷　これは（笑）。たしかにトラウマになるかもね。「ちんちん」、「ちんちん」連呼（笑）。

矢野　フレーズが強烈ですよね（笑）。マイクロマジックって、電子レンジで「チン」するとフライドポテトができあがる冷凍食品のことなのですが、このＣＭではその仕組

＊19……音楽家、プロデューサー。エイプリル・フール、はっぴいえんど、ティン・パン・アレー、イエロー・マジック・オーケストラ（YMO）等のバンドで活動。松田聖子ほか歌謡曲の楽曲提供も多数手掛けている。

＊20……松任谷由実。ミュージシャン。呉田軽穂名義で他アーティストへの楽曲提供を行う。松本隆と組んだ松田聖子の80年代の作品は特に有名である。

＊21……「ディスコ・ポパイ・ザ・セーラーマン」。第3章注42参照。

みを説明しているんですね。
でも、このCMでは明らかにポテトを男根のメタファーにしている！　「僕のポテト」って！
速水　そうだったのか！（笑）。
矢野　これは、まぎれもないファルス中心主義[*22]ですよ！
速水　これ、誰に売りたかったんだろうね？
大谷　主婦じゃない？（笑）
きっと、そのせいで話題になったはずです。
矢野　マイクロマジックのシリーズに「チンチンシェイク」って商品もあるんですけど、では「僕のシェイク」は何のメタファーなんだろうって……。
（客席）（笑）。
矢野　失礼しました！　もうやめます。
速水　やっぱり『ウエスト・サイド物語』風だし、ロケ地もニューヨーク。３年違いぐらいで少年隊と同じ場所で同じようなことをやってる。
大谷　さっき見たＤｅｌａと同じだね。
矢野　黒人が出演しているのもＤｅｌａと共通していますね。
速水　ちなみに、冷凍食品のイノベーションも80年代なんだよね。少し前の電子レンジの低価格化にあわせて、さまざまな冷凍食品が開発された。僕らは、それを夜の塾から帰ったあとの夜食として喰わされた世代です（笑）。

ＴＯＫＩＯは物流をリードする

矢野　次は、Ｊ‐ＰＯＰの歌詞のありかたとＣＭの関係について考えさせられたＣＭです。ナイーブな話になるのですが、いとうせいこうや町山智浩[*23]などはしばしばＪ‐ＰＯＰの歌詞について、歌詞に中身がないという点で批判していました。中身のなさというのは、抽象的で、誰でも何でも入れ替え可能になっているということを意味しています。ストーリー性のなさと言ってもいいかもしれません。
歌謡曲はたしかにストーリー性に富んでいました。たとえば阿久悠が作詞した、郷ひろみ・樹木希林の「林檎殺人事件」などは、楽曲だけで完結した虚構世界を構築していましたよね。一方、「Ｊ‐ＰＯＰ」以後の歌詞は、ある時期まで「いつかどこかで誰かと会った」みたいな抽象性のほうへ舵を切っていきました。このような抽象的な歌詞は、ある視点から見るとたしかに稚拙なのですが、一方で広告やタイアップに対応していたということは見逃せません。たとえば今から見るＪＲ東海とヤマト運輸のＣＭがそうです。

●JR東海「AMBITIOUS JAPAN!」〈2003年〉

出演・歌：TOKIO「AMBITIOUS JAPAN!」

※新幹線に併走するTOKIO。「突き進めば望みはかなう」と歌う。

矢野　2003年のJR東海のキャンペーンソングです。[24]新幹線の「のぞみ」と「望みがかなう」を掛けて、ダブルミーニングにしています。

速水　そこがJ-POPの歌詞的であると。

矢野　はい。これは基本的に新幹線「のぞみ」に対する曲なのですが、CMと切り離して一人で聴いていても、カラオケなどで友人と歌っていても成立するように配慮されています。誰の、どんなシチュエーションにも対応可能というのがJ-POPの歌詞が目指した方向です。その結果として、J-POPの歌詞は抽象性を高める傾向になった。誰もが感情移入できるように歌詞を抽象的にするというのは、この時期、少なくないアーティストが意識していました。同様に、「KIBOU」では「想いを届ける」という歌詞が運輸に掛けてあります。

●クロネコヤマト宅急便「宅急便ひとつひとつに、希望をひとつ入れて」〈2011年〉

出演・歌：TOKIO「KIBOU」

※TOKIOがセールスドライバーに扮した配送の風景。歌詞は「今溢れ出す想い　届けよう」。曲はCMオリジナル曲として発表され、2012年にCD化される。

速水　俺、このCM好きだなー。

大谷　いいよねえ。

矢野　そうだよね。新幹線に宅急便。

速水　TOKIOは一貫して日本の物流に関わってますね。今気づいたけど、JRの「AMBITIOUS JAPAN!」

＊22……ロゴス／パトス、精神／身体といった二項対立において前者を優位とする、ひいては女性に対して男性を優位とする立場。
＊23……映画評論家、コラムニスト。近年、ラジオなどでしばしば、J-POP批判を行っている。
＊24……2003年10月にJR東海道線品川駅が開業し、それにともなう新幹線のダイヤ改正があった。

ていうコピーは、旧国鉄がやった「ディスカバー・ジャパン」「エキゾチック・ジャパン」のキャンペーンの流れを汲んでるんだね。

大谷　「日本を欲望せよ」ってすごいコピーだ（笑）。

速水　そういう曖昧なとこも、現代っぽいよね。

矢野　しかし、これらのTOKIOのCMは、さっきの80年代コカ・コーラに比べるとだいぶ身近なシチュエーションになっていますね。なにせアイドルが自宅まで荷物を届けてくれるんだから。「遠いアメリカの幻想」みたいな手の届かないものを提示するよりは、身近な「あるある」ネタを提示するようになっていくというCMの流れは、J-POP以降の歌詞の変化と重なります。

嵐とKAT-TUNと「つながり」需要

矢野　次は、嵐のauのCM「もし僕が、嵐でなかったら。」のシリーズを見ていきたいと思います。これはメンバー一人ひとりが「嵐じゃなかったら何をしているか」という仮定でストーリーが作られています。今日は櫻井君編と二宮君編を。どちらもとてもよくできていると思います。

大谷　このシリーズは名作ですよね。ほんとは全部見たい。

●au「もし僕が、嵐でなかったら。」〈2008年〉櫻井翔編

歌：嵐「season」

※若いサラリーマン（櫻井翔）が京都で外国からのお客さんを案内している。その際に携帯電話のカメラで撮影した写真を、あとから会社の飲み会で見せている。

矢野　音楽も含め、とてもすぐれたCMだと思いますが、重要なことは、このCMの物語構造が回想形式をとっているという点です。話題の中心である接待の様子は、同僚と飲んでいる際に、写メールで振り返りながら語られているわけですね。つまり、ケータイを囲んで同僚たちが話をしているという構図です。鈴木謙介[*25]さんなどが指摘していることで、そして実感としてもわかりますが、ケータイ世代にとってはアドレス帳が人間関係なんだ、写メールに残っているデータが思い出なんだ、っていう感覚ですよね。CM内の物語を回想形式にすることに

よって、写メールの機能をよくアピールしていると思います。しかも写メールなら送り合うという行為もできる。

速水　世代の身体感覚が自然にCM化されていると。

矢野　そうですね。北田暁大[*26]さんの「繫がりの社会性」という言葉がありますが、ある時期以降のコミュニケーションって、たしかに「つながり」のオブセッションが強いんですよね。僕が高校生だった2000年前後ってケータイメールのインフラが整う直前だったのですが、「ワン切り[*27]」して着信履歴に名前が一瞬残るという一点だけで、友人関係を確認し合ったりしていました。「ワン切り」は、「つながり」が確認できればその中身は問われない、というコミュニケーションの最たる例ですね。このように、自分の経験から言っても「つながり」を確認するコミュニケーションは重要度を増していったと思います。

音楽で言えば、みんなで行くカラオケなんていうのは、その最たるものでしょう。カラオケにしても着うたにしても、みんなが適度に共感できるネタをフックにしてコミュニケーションするのかもしれません。そんな「つながり」を確認するツールとして、ケータイはかなり重要です。

速水　このCMの新鮮なところは、ごく普通のサラリーマン役を嵐がやっているというところ。カジュアルすぎますよね。さっき見たような、「ニューヨークに行ってジェームス・ディーンみたいなスウィングトップを着て踊ってる」といった、普通にアイドルをCMで使う時のメソッドとは逆に、櫻井君は「普通の若いサラリーマン」なんです。TOKIOが宅配便ドライバーの役をやるまでには、メンバーが30代になり15年以上のキャリアが必要だったわけだけど、嵐はそれをまだ20代でさらっとやっちゃう。あとで出てきますが、木村君がウィダーinゼリーで演じるサラリーマンとは全然違いますよね。普通すぎる！

大谷　なかなか難しいよね。80年代だとCMっていうのは、落合信彦[*28]だってババババってプロペラ音させてるヘリコプターから登場するぐらい、格好付けなきゃいけなかったんだから。

＊25……社会学者。TBSラジオ『文化系トークラジオ　Life』のパーソナリティとしても人気。著書に『ウェブ社会の思想』『サブカル・ニッポンの新自由主義』など。
＊26……社会学者。著書に『広告都市・東京』『嗤う日本の「ナショナリズム」』など。
＊27……携帯電話などで一瞬だけ呼び出しをして相手の着信履歴に電話番号を残す手法。現在では、架空請求の手口として利用されることもあり、否定的な意味合いで使われることが多い。
＊28……作家、国際ジャーナリスト。国際情勢や諜報活動に関する著書多数。87～89年、アサヒスーパードライのCMに出演した。

速水　消費を煽るというのは、非日常を描くものというのが、80年代までのCMでした。

矢野　じゃあ二宮君行きます。

●au「もし僕が、嵐でなかったら。」〈2008年〉二宮和也編

歌：嵐「season」

※若いサラリーマン（二宮和也）が携帯電話で話しながらお辞儀をしている。契約がとれたようだ。次のシーンでは、退職した彼が引っ越しの準備をしている。

速水　いいねえ。これは、会社を辞めて役者になろうとしてるんだよね。

矢野　このCMには続編もあって、主人公は舞台役者をやってるんですけど、そのシチュエーションに二宮君自身の成長物語を重ねて見る人がいるんじゃないでしょうか。下積み時代の二宮君が嵐になっていくプロセスとして、このCMは見られているのではないか。この時期に売れ始めたPerfumeなどのアイドルも成長物語として受容されていました。下積み時代からメジャーになっていくという物語込みで、アイドルが消費されていた時期だったという印象があります。

速水　僕はちょっと違う感想を持ってます。これはナチュラル演技派の二宮君だからできるCMなんだと思った。他のメンバーだと、普通に夢見て会社を辞めるみたいな、いけすかない自分探しの若者の話になる。でも、二宮君が演じると、一番会社を辞めなそうな奴が辞める話に見える。きっと周りからは「お前みたいに覇気のない奴が役者になるって意外だな」っていう感じ。ニノだからこそ、愛すべき話になっている。

大谷　松潤だったら違う話になるだろうね。

速水　うん、いきなりニューヨークに行きそう（笑）。

大谷　それでいきなり舞台に立ってたりしそうだねえ。

速水　明らかにこれは、キャラの当て書きをしてると僕は思った。二宮君って、強い個性がないから、クリント・イーストウッドからも「自分の色に染めちゃいたい」って見初められたんじゃない？

矢野　なるほど、二宮君だから説得力が増しているんです

ね。じゃあ次は違う話になってしまう松潤を。

大谷　アッパーなCMをね（笑）。

●ペプシNEX〈2008年〉

歌：松本潤

《CMの台詞から》

「おいしいところがいいって、みんな飲んでたけどさ、あれってほんと？　ほんとじゃなかったら、俺ちょっと傷つくぞ」

「20代男性、松本潤です。今コーラの世代ど真ん中、って別にコーラに年齢関係ねえか。まあいくつになっても、ずっと一緒に弾けてような、NEX」

「一回飲んでるわけでも、それって気のせいかも。CMの影響とか。でも何回リピートしてもうまかった。気のせいじゃない」

「海の家といえば、やっぱ焼きそばだよな。おでん？　おでんはプールでしょう。たこ焼きって、あれは縁日じゃないの？」

「プレゼントを選ぶときって、相手のことをいっぱい考えてる。その気持ちがもうプレゼントだよな。おいしいところが、メリークリスマス」

速水　これ、一本ずつ見てると真価がわかんないけど、まとめて見るとむちゃくちゃ面白いね！

大谷　これは強力ですよ！　わざとらしいぐらいアイドルっぽい！　しかし、これ、ストレートに、シンプルに「カッコいい！」ってことではないですよね？　あのー、ジャニーズファンの方にお伺いしますけど、松潤はこのキャラクターでいいんですか⁉

（客席）　このころはツンデレ期なので、やりたくないことをやらされてる感がすごいイイです。

大谷　やらされてる感が伝わってくるんですね？

（客席）　普段はこういうこと、「やりたくない」って言ってやらないタイプです。照れちゃって。

速水　なるほど。でも世間が求めてるのはこういう松潤かもしれない。彼は郷ひろみ路線の直系として、「エキゾチィーッ・ジャペ〜ン」までやっちゃう過剰さを求められているとすると、むしろこれ。とはいえ、葛藤してやってる感じまで伝わってしまっているのが、このCMの魅力でもある。

大谷　今はどうなんですか？

（客席）　今はちょっと丸くなりました。

大谷　そうなんだ。でも、ファンとしては、このCMの見どころは「やりたくないことをやらされてる」感が出てる感じが良いと。

速水　でも、作り手の狙いもそこにあるよね。ツッコミを入れながら見るCMとして作られている。

大谷　「プレゼントは考えただけじゃプレゼントになりませんから」ってツッコんだり（笑）。

矢野　メタなことを言ってますよね。「みんながコーラ飲んでるのってCMの影響でしょ?」って、CMに出演している本人が言っているわけだから。

大谷　これが成り立つのは松本潤君だからですね。

速水　キャラクターが強い。CMに起用する側が、いろいろやらせたくなるキャラ。

大谷　このシリーズ、続けてみると松潤のファンになっちゃうよねえ。

矢野　では次はKAT-TUNによるデコメのCMです。

●デコとも☆DX〈2010年〉

歌：KAT-TUN「THE D-MOTION」

※金色の衣装を身につけたKAT-TUNが、金粉の舞う金色の家具の置かれた空間にいる。一人ひとりがクローズアップされ「何で俺たちがデラックスなんだろう?」というナレーションが入る。

大谷　おー、まだ6人いる（笑）。

速水　「じゅわいよ・くちゅーるマキ」感あるなあ（笑）。

矢野　デコメは、さきほどの「繋がりの社会性」という話にも関わります。たとえばメールの返信をするときに、「了解」とだけ言えばいいのだけど、それだけでは素っ気ないと判断されてしまう。そこで絵文字を使って微細なニュアンスの調整を行っていたわけですよね。それが洗練化していくと、今度は言葉すらも用いずに、ただ笑顔の絵文字を送りつけるだけでコミュニケーションが成立するという事態になる。「つながり」が確認できれば中身は問われないということですね。デコメは、その絵文字的な方向性を強化したものでしょう。「了解」の一言を言っているだけなのに、やたら過剰で豪華な装飾が施される。

速水　ということがこのCMで表現されてるということ?

矢野　ギラギラした衣装は、過剰なデコレーションを表したものですよね。それで、CMの中で「何で俺たちがデラックスなんだろう?」という台詞がありましたが、これはさきほどの例で言うと、「了解」の一言に対して、なぜこんなにも過剰にデコレーションする必要があるのかというデコメ自体への批評になっています。デコメの利用を促すためのCMなのに、デコメの空虚さのほうが際立っている。でも、その空虚さこそがデコメの本質かもしれないという意味ではリアリティを感じるし、やはりすぐれたCMだと思いました。

速水　これは「デコレーションされてる俺たち」っていうCMなんだね。

矢野　そして、さらに想像をたくましくすれば、ひいては

「何で俺たちはこれをやらされているの？」というアイドル批評にも見えてくる。空虚なデコレーションを空虚なままに身にまとうことができるのは、やはりアイドルという空虚な存在しかいないですよ。本当に素晴らしいと思います。

この次には任天堂ＷｉｉのＣＭを見たいんですけど、結局、嵐世代の僕が見てきた風景って、コンテンツがコミュニケーションのネタとして機能するというものかもしれない。自分の人間関係を振り返って考えても、コミュニケーションの作法はやはり重要だった。で、嵐という存在はそのことをよく示していると思います。嵐のパブリックイメージって「仲がよさそう」というのがまず挙げられますよね。誰かがヤンターとして突出しているというよりは、メンバーそれぞれが魅力的で、それゆえに和気あいあいとしている。

速水　フラット感、平等感、という話ですね。

矢野　これからＷｉｉの話になるのですが、Ｗｉｉってゲーム自体が高度化するのではなく、単純なゲームをみんなでやって楽しむというところにマーケットを移しましたよね。単純なゲームだけど孫からおじいちゃん、おばあちゃんまでプレイできる、と。そうするとゲームのＣＭは、今までみたいにゲームの画面を映すのではなく、実際にゲームをプレイしている人を映すようになる。そして、そこに嵐を投入したらこういうことが起きた。

●任天堂Ｗｉｉ〈2011年〉
・スーパーマリオブラザーズ（大野、二宮）
・スーパーマリオギャラクシー（二宮、相葉）
※並んでソファに座り、ゲームを楽しむ嵐。

矢野　見ていて幸せな気持ちになりますね（笑）。

大谷　二人用のラブソファに座ってるところからしてすごい。

矢野　二人で同一の対象を欲望すると、むしろその二人に緊密な連帯関係が生まれるため、その二人は同性愛的な図式になるという議論がある。[*29] 要するに、イチャつき感がすごい（笑）。加えて、プレイしているゲームが「スーパーマリオ」だから、二人における同一の欲望対象はキノコなんですね。やはり、メタファーが利いている。ここにもフ

＊29……イヴ・Ｋ・セジウィック『男同士の絆』上原早苗・亀澤美由紀訳、名古屋大学出版会、2001年。

アルス中心主義が……。

大谷　矢野君はメタファー読みとるねえ（笑）。

速水　このCMにも世代間格差が表れてる気がするよ。嵐って、家で普通にゲームをやっていい世代なんだなあって。かつて、アイドルはオタクであってはならなかった。別冊宝島のSMAP特集で、ライターの成馬零一が「SMAP、少年ジャンプ、90年代　同性の僕らが憧れたチームメイトシップの美学」というコラムを書いているんだけど、キムタクが『ONE PIECE』を推したり、慎吾ちゃんが『ドラゴンボール』を好きだと言ったりしたおかげで、ジャンプはSMAPに所有されたみたいなことを指摘してる。漫画ってちょっとオタクっぽいものだっていうイメージがあったのに、この二つはOKになったと。

大谷　SMAPは『聖闘士星矢』のミュージカルをやってたね。あそこの切り結び方はすごいなと思った。SMAPっていうのはジャニーズの中にあったいろんな壁を崩していったグループとして重要なんだけど、特殊かつ異端だ、っていうのがわれわれの認識です。

速水　嵐が自然な姿でゲームのCMをやれる土壌を作ったのがSMAPですね。

矢野　それは間違いないですね。僕はやはり、80年代のニューヨーク感よりこっちのほうがアガります。

大谷　チンチンポテトより、こっちのほうがアガると。

SMAPのCMから日本の通信の進化が見える

速水　光GENJI以降のジャニーズ出演CMを見てきました。TOKIOが鉄道と運輸を司り、嵐が携帯電話のCMで通信の時代を切り拓くなど、ジャニーズCMはインフラに貢献してきたと。この伝統は、SMAPから始まっています。関わりの始まりは91年に出演したPanasonicの「おたっくす」のシリーズです。

大谷　FAXか！

速水　超アナログだけど、重要なポイントです。80年代後半は、「ニューメディア」なんて言葉が流行りましたが、その定義って電電公社民営化以後に出てきた、電話線の先に接続される新しいデバイスやサービスのことでした。F

ＡＸはキャプテンシステムやテレビ電話、ケーブルテレビに並んで、その代表でした。

その後、ＳＭＡＰはＩＳＤＮ[*30]の宣伝をするようになり、フレッツ光[*31]や地デジに至るまで、デジタル時代の通信メディアが出てくるたびにＣＭをやってきたんですよ。ＳＭＡＰのＣＭから日本の通信の進化をたどれると言っても過言ではない。まあ、基本的にＮＴＴグループのＣＭ歴が長いっていうことですけど。

大谷　なるほど。ＦＡＸからやってるってびっくりしたね。携帯もネットもない時代から通信産業のイメージを引き受けている。

団塊ジュニアの買い物指標としてのＳＭＡＰ
――クルマ

速水　さて、ＳＭＡＰは単体ＣＭも多いです。ＳＭＡＰの木村君は大谷さんと同じ72年生まれで、彼が小学生のときにガンプラブームがあって、ファミコンが登場し、中１でスーパーマリオが出てきて、高校に入るとバンドブームとカラオケブームがやってくる。つまり、常にブームの中心でそれを体験してきた世代です。この世代は人口ボリュームが大きくて、購買力が強い。彼らがハイティーンになって、バイト代でＣＤをたくさん買えるようになったころ、がんがんミリオンセラーが出た時代に突入します。
こうした購買力を持つ世代として日本の消費に大きな影響を与えてきたのが、まさにキムタクです。ＣＭを見ながらやろうと思うんだけど、最初はトヨタのＬＵＶ４から行きます。

●トヨタ　ＬＵＶ４〈1994年〉
歌：木村拓哉

速水　このＣＭが放送されたのが、『あすなろ白書』の直後ぐらいかな。『あすなろ』の取手君は、木村君が世間的に注目された当たり役だったけど、実は脇役なんです。それが主演の筒井道隆を喰ってしまった。月９で初めて主演したのは96年の『ロングバケーション』[*32]ですが、その前に、ＣＭではすでにトップスターになっていました。
ちなみに自動車の市場って、91年のバブル崩壊の年をピ

＊30……90年代に日本で普及したインターネット回線。
＊31……ＮＴＴが提供している、光ファイバーケーブルを使用した光回線の高速通信サービス。

ークに、国内の新車販売台数はどんどん減っていきます。木村君が18歳で免許がとれるようになるのが90年。つまり、一番人口が多い世代が免許をとるタイミングで不景気が始まって、車が売れなくなっていくんです。困った自動車産業にとって、この世代に車を売るということが非常に大きいテーマになったんです。

大谷　94年というとキムタクはまだ22歳。その歳で普通はLUV4は買えないよね。高級車でしょ、これ？

速水　けどね、僕の友達で当時LUV4を持ってたヤツいました。親が金持ちだったので、車を買ってもらえたんですよ。

大谷　そうか。なるほど。大学に車で通学してくる人がまだいた時代だよね。

速水　いたでしょ。もう少し上のバブル世代だと車を買うことがステイタスだったので、バイトして借金して買ったと思うんだけど、僕らの世代って、車持ってるからってモテたということはなかった。

大谷　この時点でもう自動車産業が、われわれの世代にSMAPによるテコ入れを施そうとしてるわけですね？

速水　団塊ジュニア世代は、スポーツカーへの憧れを失った世代だと思うんですね。90年にマツダが若者向けにロードスターって車を作るんだけど、そういうオープンカーとかスポーツカーは、不況期にはあまり売れなくなる。LUV4って、スポーツカーではない、SUVと呼ばれる車が日本で流行った最初の車種なんです。キムタクが、この車種を日本の市場において流行らせた原動力と言っていい。

大谷　ワンボックス？　ってやつだよね。これ。

速水　ワンボックスカーやバンが主流になっていく時代というのは、エスティマが登場する90年以降です。それは家族向けなんだけど、LUV4は、独身世帯、20代の若者向けでした。

それで、面白いのは、この11年後です。2005年のトヨタのCMを見ましょう。

●トヨタ　カローラフィールダー〈2005年〉
歌：木村拓哉

速水　注目すべき点は、LUV4という若者向けのマーケットを開拓した車のCMに出ていたキムタクが、この年、つまり30歳を超えてついに「日本の国民車」であるカローラのCMをやるっていう物語の部分です。しかもセダンタイプではなくフィールダーだというのが面白いところです。これはキムタクのライフスタイルが広く知られているがゆえのキャスティングでしょう。釣りが好きだったりアウトドアが好きだったりっていう。だからLUV4の延長でスポーツビークル的なワゴン車をトヨタは作った。やっぱり、大人になってもキムタクは、セダンには乗らないんです。

大谷　キムタクでマークⅡは売らないってことだ。

速水　そう。こうなると、次に彼がなんの自動車のCMに行くのかが見物ですよね。ハイブリッドなのか、EV車なのか、VWあたりに引き抜かれるのか？

カジュアルなスター、木村拓哉

速水　94年に戻ります。ゲームのCMをキムタクがやるということが衝撃的でした。

●MOTHER2（任天堂）〈1994年〉

歌：木村拓哉

※喫茶店のテーブルに青年（木村拓哉）と幼稚園児が向かい合って座っている。周囲の客が突然声をそろえて「マザーツー、マザーツー」と歌い始める。「大人も子どもも、おねーさんも。」というコピーのテロップが出る。

矢野　これは覚えているなあ。僕は小学生でしたが、こんな近所のお兄ちゃんがいたら良いなあと幼稚園児のほうに近い目線で見ていましたね。キムタクはスターだけど、近所のお兄さん感を手放さないから良いですね。

速水　これは糸井重里が作ったゲームです。当時、糸井重里と木村拓哉はブラックバス釣り仲間で、一緒に釣り番組をやったりしていました。その縁で、糸井が89年に作った『MOTHER』というゲームのパート2を出すときにキムタクにCM出演を頼んだ。木村君は圧倒的なカリスマで、SMAPの中でも突出しているんだけど、矢野君も言うとおり、カジュアルなスターであるというのが特徴ですよね。友だちに頼まれると、CMに出ちゃうんだっていうリアリティがある。本当にそうだったかどうかはともかく、この『MOTHER』のCMには皆驚きました。それまで、ゲームのCMってスターを起用するとか、そうそうなかったので。

彼は演技も基本そうですけど、この時代のキムタクのCMというのは「ぶっきらぼうな俺」シリーズなんです。次はその典型です。

＊32……木村拓哉がピアニスト役を演じたテレビドラマ。年上の女性とのラブストーリーで、「ロンバケ現象」と言われるほど話題となった。フジテレビ系、96年。

●TBC〈1997年〉

歌：木村拓哉

※男女がホテルの一室でボソボソとしゃべっている。男（木村拓哉）は浮き輪をふくらませる。のちに二人でビーチに行く。

速水　カップルがバカンスに出かけていて、プライベート撮影をしているという設定です。

大谷　エステティックサロンのCMですね。これ、男性のエステのCMではないんだよね。

速水　女性向けです。一緒にリゾートに泊まりにきた彼氏を、彼女がハンディカメラで撮っているという設定。だから男しか映らない。

大谷　しかも普通の手持ちカメラの画像のフリをしてる。

速水　画質も構図も悪いですね。99年に『ブレア・ウィッチ・プロジェクト』[*33]が公開されるんですけど、そういう疑似ドキュメンタリー（モキュメンタリー）の先取りみたいな。木村君は、ボソボソしゃべっているんだけど、これは彼女に向かってしゃべっているから、CMを見ている人たちは無視されている。つまり、彼女に自己投影して見るCMなんですね。ハメ撮りのメソッドです。このシチュエーションが良いなあと思った人に、エステで自分がきれいになったら、もしかして？　と思わせようって魂胆ですね。キムタクのぶっきらぼうな演技が、あーこんな日常感いいなあって思わせるの。照れても、決めすぎてもダメ。ボソボソっとしゃべるキムタクの演技ならでは。たぶん、松潤にはできない。

大谷　ニノだとほんとに普通になっちゃったりしてね。CMにもなんにも見えないみたいな。

速水　自然すぎて面白くない（笑）。

矢野　このCMのターゲットは女性なんですよね。

速水　だけど翌年、男性向けの「MEN'S　TBC」が展開されることになって、そのCMでもキムタクが起用されます。

　このTBCのCMにはいろんなバージョンがあるんですけど、キムタクの歌が流れているのがあって、なんと山下達郎の「RIDE ON TIME」を歌ってるんです。「RIDE ON TIME」はのちに、キムタク主演のドラマ『GOOD LUCK!!』の主題歌になります。第3章でディスコとジャ

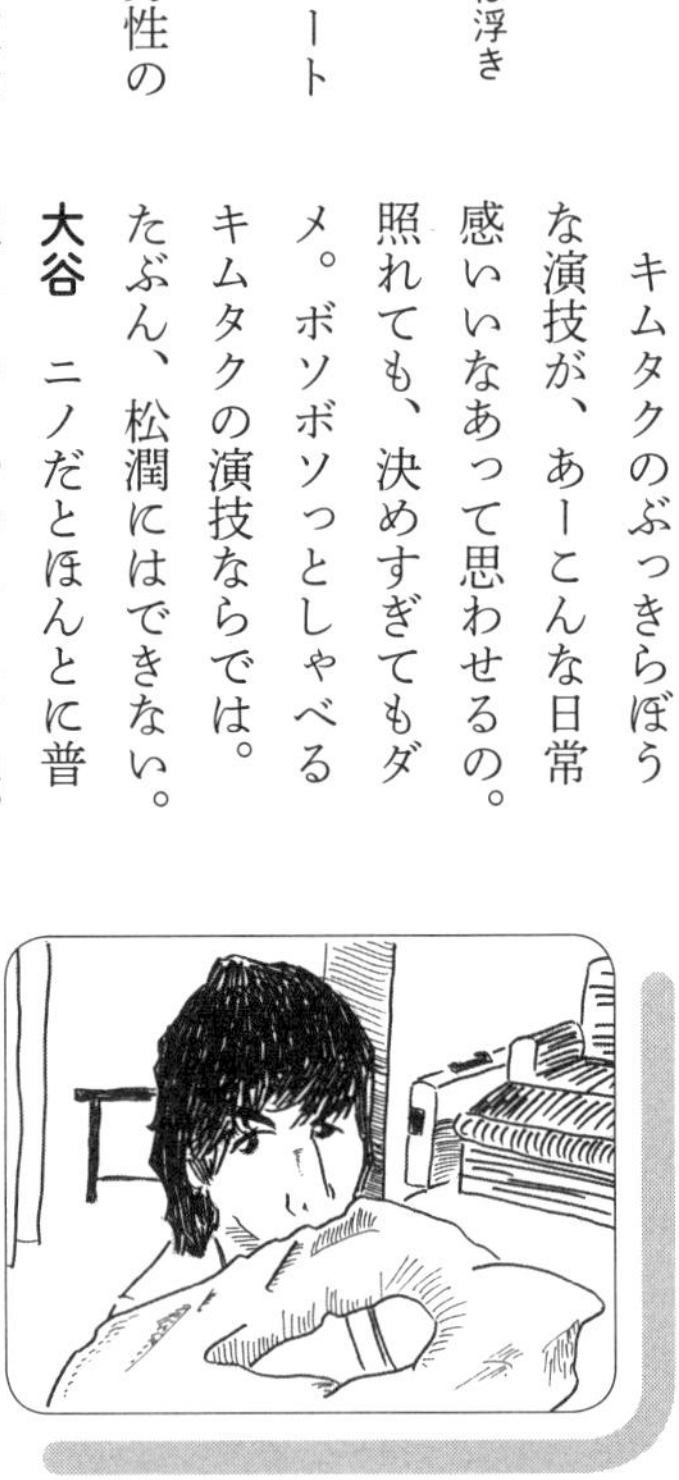

ニーズと山下達郎の関わりについて話しましたが、ここでこの曲を口ずさんでいるのにはびっくりしました。

大谷　海辺が舞台だから、サーフィンとのつながりでしょうね。

速水　なるほど。CMソングとして起用した理由はそうでしょうね。こういうことができたのも、ジャニーズ事務所と達郎のパイプがあるからなんじゃないかなと。

キムタクは団塊ジュニアのロールモデル

●ウイダーinゼリー〈2000年〉

※スーツ姿でメガネをかけたビジネスマン（木村拓哉）が暑そうなビル街の中を歩いている。周囲の人びとが倒れる中、ウイダーin　ゼリーを取り出して飲み、エネルギーチャージ。

速水　ビジネスマンを演じています。キムタクはこのとき28歳かな。アイドルがビジネスマンを演じるというのは、意外性があって新しかった。auのCMで櫻井君がビジネスマンを演じているのを、今の僕らは違和感なく見てるけど、この時はキムタクがビジネスマン役をやるっていうのが売りだったんですよ。

矢野　斬新なCMとして映ったんですね。

大谷　ビジネスマンが出てくるCMというと、それまでは「リゲイン」とかね。「24時間戦えますか」みたいな、ああいう感じのものであってもおかしくないところを、「スタイリッシュなビジネスマンの食事はウイダーinゼリーなんだよ」という打ち出し方をしてみせた。

速水　たぶん、これも女性に訴求する意図のCMですね。TBCと一緒で、「こんな彼氏いいな」という訴求ポイントなのかな。やっぱりこのCMも、木村君以外だとまったく違うものになりますよね。生活感というか、ライフスタイルがにじみ出る人なんだよね木村君は。郷ひろみやマッチじゃ無理。

大谷　無理だね。光GENJIだともっと無理だし。

速水　さっきから褒めすぎだけど、キムタクだからできる表現とか、可能なCM手法とかがたくさんあって、アイドルがやれるCMという枠を大きく広げたんだと思います。そんな時代が90年代の終わりで、キムタクがCMの王様だった。

＊33……「ドキュメンタリー映画を撮影しようとした学生3人が行方不明になったが、彼らが撮ったビデオのみが発見され、そこに映っていた超常現象を編集して映画化した」という設定のアメリカのホラー映画。

大谷　アイドルのビジネスモデルに、1回ここで穴があいたというかさ。キムタクがこのとき28歳ぐらいでしょ。そこの世代の人が僕らだけど、僕らがサラリーマンとしてモデルを求めるときに、SMAPがドラマでそういう役もやって、いろんなロールモデルになってるよね。

速水　キムタクのドラマってかなり意識的に職業ものとして作られてる。最終的に総理大臣までいくわけだけど。

大谷　早いよね！　40前にして。

矢野　ほかに検事、ホッケー選手、美容師、パイロット……いろんな職についてますね。

速水　ライバルとして織田裕二を挙げると、彼はひたすら公務員をやり続けている（笑）。警察官、ダム職員、県庁職員でしょ。

大谷　海外にも行ってるね。

速水　外交官ね。対比すると面白い。トム・クルーズもそういう役者で、戦闘機のパイロット、レーサー、海兵隊員、スパイ……。

大谷　ああ、バーでツボ振ったりとか。

速水　ツボじゃない、カクテルのシェーカー！（笑）。トム・クルーズの映画は僕らの世代が一番観てきた。『トップガン』[*34]観てMA-1買ったり『ハスラー2』[*35]観てビリヤード始めたり（笑）。僕らよりちょっと下の世代にとっては、キムタクのやる職業が憧れの対象になる。『ロングバケーション』観てピアノ始めたり、『ビューティフルライフ』[*36]を見て美容師に憧れたり、『GOOD LUCK!!』見て増えたのは、パイロットより柴咲コウの整備士だったっていうのは話題になりました。

大谷　ドラマはそういう、人の欲望を映すわけじゃん。SMAPのメンバーはそれぞれ、いろんなドラマに出演することで僕ら世代の社会的欲望を体現してきたわけだね。これはそれまでのジャニーズグループにはなかった、できなかった機能と言っていいんじゃないか。

矢野　個人的にいうと、僕は反町隆史にけっこう影響されたんですよ。反町も元ジャニーズですね。

速水　教師だ！　ん、織田信長[*37]のほう？

大谷　「職業＝信長」か（笑）。

矢野　これを人に言うと笑われるけど、マジで『GTO』[*38]を見て教員免許を取得しましたからね。

大谷　今は職業ものドラマをやる俳優というと、福山雅治なのかな？

速水　『ひとつ屋根の下』[*39]の医者とか『ガリレオ』[*40]の物理学者とかですね。あと脱藩藩士とか？（笑）。

大谷　でも、さすがに美容師から総理大臣までやる人って、いないよねえ。SMAP全員のドラマでの職歴を並べるとすごいことになりそう。慎吾君のベトナム留学生役とか、両さんとかも含めて（笑）。

団塊ジュニアマーケティング

●芝浦アイランド〈2005年〉

歌：SMAP

※「いいね新居！」「レインボーブリッジも見えるよ」等とおしゃべりしながらリビングで焼き肉をしているSMAP。「何をしているんですかあなたたち」と声をかけられる。その部屋はモデルルームだった。

速水　さきほどの自動車のCMの話でも出ましたが、SMAPが団塊ジュニアマーケットの牽引者であるという話をしましょう。今見たのはタワーマンションのCMです。芝浦は東京の湾岸地域の埋め立て地ですが、映像を見るとわかるように、ニューヨークに見立てて映像を作ってますね。2005年は、団塊ジュニアが30歳を過ぎたころで、ウイダーinゼリーでビジネスマンになったキムタクがそろそろマンションでも買うか、という齢になったっていうことですね（笑）。でも実際、2005、6年のタワーマンションラッシュで、物件を買った世代って、団塊ジュニア世代だって言われているんですけど。

大谷　そうなんですか!?

速水　そうなんですよ。でも僕らの世代って貯金ないでしょう？　就職氷河期世代だし非正規雇用が増えた世代でもあるし。じゃあ、なぜ買えたかというと、団塊世代の親がちょうど定年退職するのが、このころなんです。退職金で「頭金貸すからマンションでも買えば？　その代わり孫を産んでくれ」って親が言い出したと。

大谷　うーん。続けて見ていくと、木村メンバーが着実に社会の階段をステップアップしていってるのを感じますね

＊34……米海軍の戦闘機パイロット（トム・クルーズ）が主人公の青春映画。86年公開。
＊35……元ハスラー（ポール・ニューマン）とハスラー志望の青年（トム・クルーズ）の交流と勝負を描くビリヤード映画。86年公開。
＊36……木村拓哉が美容師役を演じたテレビドラマ。障害を題材にしたラブストーリー。TBS系、2000年。
＊37……反町隆史は大河ドラマ『利家とまつ』で織田信長を演じた。NHK、2002年。
＊38……藤沢とおるのマンガ作品を原作とするテレビドラマ。元ヤンキーの教師・鬼塚を反町隆史が演じた。フジテレビ系、98年。
＊39……きょうだいの絆を描いたテレビドラマ。「そこに愛はあるのかい？」という流行語を生み出した。フジテレビ系、93年。
＊40……東野圭吾の小説が原作のテレビドラマ。フジテレビ系、2007年。

え。

速水　ホームレスにもなるわけですけど（笑）。ところで、次は中居君と草彅君が出てるCMなんですが……。

●スカルプDシャンプー〈2011年〉

歌：中居正広、草彅剛

※発毛促進、育毛、抜け毛予防に効果があると謳っているシャンプーのCM。

大谷　これはオチとして面白い（笑）。僕らもこういう、頭皮が気になり、抜け毛が心配な年齢になりました！　団塊ジュニア！　育毛剤のCMって、アイドルとしてはありえないよね、少年隊の方々はやらなかったわけですから。SMAPが開けた扉は大きいなー。

速水　別冊宝島のSMAPの号で、「SMAPが出演したCMをたどることで団塊ジュニアの消費像がわかる」っていうコラムがあって、オチとして「彼らも年をとればガン保険や毛はえ薬、老人用オムツといったCMに出ていくに違いない」って書いてあるんですけど、まさにそのコラムの予言通りになっちゃった。

大谷　予知が当たった！

速水　すごい先見の明のあるやつだなって署名を見たら、書いてるのはなんと自分だった（笑）。

大規模タイアップ

速水　広告業界では、広告費をかけたからといって売れる時代じゃないと言われて久しいですが、それでも大規模キャンペーンていうのがある。２０００年代のＳＭＡＰって年に１、２回しか新曲を発表しないグループになったけど、リリースするときは大規模タイアップがついてるんですね。それの一番大きいものが、２００６年から始まった、資生堂が50億円の広告費をかけて一大キャンペーンを行った「ＴＳＵＢＡＫＩ」です。

大谷　ＳＭＡＰは曲だけで、女優さんがいっぱい出てくるやつだね。

速水　この曲ね、すごくかっこいいんですよ。２００７年の新年版のCMを見てみましょう。

●TSUBAKI〈2007年〉

歌：SMAP「Dear WOMAN」

速水　「ようこそ日本へ」と歌っています。日本の良いところを再発見しようという意味では、かつての国鉄の「ディスカバー・ジャパン」のキャンペーンを思い起こさせますね。「ディスカバー・ジャパン」のキャッチコピーは「美しい日本と私」だったのに対して、TSUBAKIのCMは「日本の女性は美しい」。意識してるのかな？

大谷　このキャンペーンってライバルがいたんだよね。同時期に、花王のアジエンスのCMではチャン・ツィイーを起用していました。

速水　アジエンスが汎アジア的な美意識を打ち出したのに対して、TSUBAKIはナショナリズムで対抗した。「椿」というモチーフが資生堂の象徴であり、日本の伝統的な意匠でもあるっていうことで、アジアを軸にしながら、資生堂はよりナショナリズム方向で、アジア人女性の髪の美しさを打ち出した、っていうことなのかもしれません。

大谷　で、そのキャンペーンソングをSMAPが全力で歌うっていうね。

速水　この歌詞が特徴的なのは、「君はとても美しい」って、消費者に直接「君」って語りかけているところ。これに50億円の広告費を投じている。資生堂って広告では花王に勝てても、売上で負けるんですね。「愛の劇場」には勝てない資生堂が、史上最高額の50億円を投じて、美人女優軍団とSMAPを連れてきた。

大谷　CM撮影の様子を撮影してるのがCMになっちゃうぐらいのすごさ。映画の現場みたいだね。

速水　日本のあらゆる美人のバリエーションを揃えるというキャスティングですかね。

大谷　登場してる女優さんたちは、年の幅はそんなにないでしょ？

速水　えーとね、仲間由紀恵を中間にですね、鈴木京香（1968年生まれ、2007年秋CM出演）から堀北真希（1988年生まれ、2009年春CM出演）までといった感じですかね。ちなみにTSUBAKIのライバルである花王のアジエンスのCMソングってあれは……？

大谷　坂本龍一さんです。大物を持ってきますね。しかし、TSUBAKIって海外に売れてるわけじゃないんだよね？

速水　日本人にシャンプーを売りたいだけだと思います。

大谷　なぜこうなってしまうかっていうのは、わからないっちゃわからないんだけど（笑）。

速水　「ディスカバー・ジャパン」も日本人に向けた「国内旅行をしよう」という呼びかけで、外国人の目線で日本を見るとこんなにきれいだよっていう意図だったじゃないですか。

矢野　外からの目線を取り入れるという。

速水　「エキゾチック・ジャパン」だと。TSUBAKIでは日本女性の美しさを「外国人の目線で見ると美しい」って言ってるんじゃないですか。そういう意味ではアジエンスも一緒か。オリエンタリズム[*41]ですよね。

SMAPは世界だ

矢野　このあと、オリエンタリズムすら超えて、SMAPは世界を包み込む規模にまで発展しますよね。

大谷　世界ってどういうこと!?

速水　SMAPのCM史でいうと、FAX、ISDNから始まったSMAPが携帯電話とフレッツ光まで行くわけですよ。ソフトバンクのiPhoneのCMではシンガポールで撮影して。そうやって世界へ出ていったっていうこと?

矢野　CMから離れてしまいますが、2010年のアルバムの『We are SMAP!』のスケールがすごかったです。アルバムのジャケットは地球全体を空撮したもので、世界平和を歌った「Love & Peace Inside?」や、太田光作詞、久石譲作曲の「We are SMAP!」とか、どんどん規模が大きくなっている。この時期から、歌詞の内容も戦争とか環境とか、大きなものを背負うようになっていきます。『We are SMAP!』、すなわち僕たちはみんなSMAPなんですよ!

大谷　X JAPANを超えたね。

矢野　こういうスケールの拡大は、マイケル・ジャクソンを思い出しますね。僕は嫌いじゃないですよ、こういうワケのわからないスケールの大きさは。

速水　ウィー・アー・ザ・ワールド、ウィー・アー・ザ・スマップ。

大谷　イッツ・ア・スモール・ワールド。

矢野　世界を包み込んでいく方向に向かっています。

速水　僕はSMAPにはドメスティックな存在でいてほしいんです。彼らは実質的な日本国民統合の象徴としての役割を担いつつあると思ってます。

大谷　われわれのほうに寄り添ってほしいよね。団塊ジュニア世代に（笑）。毎年ちゃんと、次は僕たちが何を買えばいいのか教えてくれないと。

速水　カローラフィールダーの次ね。大谷さんは車の免許持ってるの?

大谷　持ってないんですよ。ダメですね。

速水　いかにも団塊ジュニアだねえ。

大谷　そうだな、えーと、ＳＭＡＰの誰かがレーシックの手術を受けて、体験ＣＭをやってほしい。それを見たら僕もレーシックの手術を受ける。

（客席）　（笑）。

速水　でもね、この世代が何を消費するかには、日本の景気の行方がかかってるんですよ。

大谷　パイがでかいからね。

速水　親世代の団塊世代は、元気に消費してますよ。今本屋とか行ってもさ、老人系の「いかに死んでいくか」とか「エンディングノート」とかさ、そういう本ばっかりでしょう。

大谷　お墓のＣＭとか。

速水　週刊誌が売れる特集はお葬式特集だからね。般若心経ブームとか。

大谷　ＳＭＡＰが次にやるべきなのは『おくりびと』じゃないか？　もうモッくんがやってる（笑）。

スポーツのイベントビジネス化

＊41……西洋側が東洋側の文化に対して憧れを抱く姿勢のこと。

速水　ここまでは団塊ジュニア世代とＳＭＡＰのタイアップについて話してきたんだけど、90年代以降のタイアップの状況を語る上で、「スポーツイベントとジャニーズ」という視点は欠かせません。皆さんご存じのとおりＶ6が95年にバレーボールワールドカップのイメージキャラクターとしてデビューして以来、バレーボール大会は、ジャニーズから新しいグループをデビューさせる場所を常に提供し続けてきました。

矢野　バレーボールの6人制にあわせて、6人組にするために岡田准一君を入れたんですよね。岡田君はジャニーズJr.から出てきたのではなくて、『天才・たけしの元気が出るテレビ!!』（日本テレビ系）でオーディションをやって選ばれた。

速水　スポーツで大きなお金が動くようになったのって、１９８４年のロス五輪以降と言われています。スポンサー契約の仕組みが変わって、公式サプライヤー制度が作られた。以降、スポーツ大会は、お金を生むということが常識になって、放映権料などが跳ね上がっていきます。また、同時にこのころからテレビ局のビジネスが多角化していく。

フジテレビが『南極物語』で、映画の制作を始めるのが、83年ですね。自社制作の映画を、自局の放送枠でガンガン宣伝するという、電波の私有化を始めたと。日本のテレビ局は、公共性がある放送をするという倫理規定があるはずなんですが。

大谷　建前は今でもそうですね。

速水　僕はテレビ局のビジネスの大きな転換点は、92年11月公開の映画『パ★テ★オ』だと思っているんです。[*42]

大谷　ああ、『パ★テ★オ』か。あー、あったなあ。

速水　矢野君は『パ★テ★オ』わかる？

矢野　ちょっとわからないですね。

速水　テレビでドラマを放送して結末は見せずに「続きは映画館で」ってやったの。ドラマはつまんなかったから、視聴率はダメだった。だけど映画の興行成績は悪くなかった。なぜかって言うと、今ではもう当たり前になってますけど、映画館から出てきた観客の「サイコー、超楽しかった～」みたいな感想の映像を、自局でCMとしてガンガン流すっていうのを始めたんです。その後『キダム』や『サルティンバンコ』[*43]でおなじみになっていく方式ですね。「なるほど、ガンガン宣伝をすれば客は入るんだ」という姿勢で、テレビ局が放送だけでなく、実際に自分たちで興行を主催したり映画を制作したりするっていうビジネスを確立する。

１９９７年にフジテレビがお台場に移転したのも、「俺たちイベント会社になります」っていう宣言でした。これが「お台場冒険王」「お台場合衆国」[*44]につながっていく。

テレビ局がイベント会社化していったときに、ジャニーズ事務所は、そのパートナーになる道を歩むんです。大きな収益を生むスポーツイベントに参加するという。なかでも、日本が勝てなくなって価値が下がりつつあったバレーボール中継に目を付けて、バレーボール協会とタイアップする。つまり、ジャニーズ事務所のアイドルをイメージキャラクターにするということです。新しいグループをそこでデビューさせれば、ジャニーズ事務所は新しいグループの認知度を高めることができ、バレーボール協会は注目を集めることができ、テレビ局はアイドルグループの曲の版権を持つことができる。で、そういう形の版権ビジネスっていうのは、アメリカでは禁止されています。

大谷　普通に考えて、独占禁止法に引っかかりますよね。

速水　一番の成功例は、ゆずですね。「栄光の架橋」が２００４年のアテネオリンピックのＮＨＫ公式テーマソングに採用されたんです。体操競技で日本選手がメダルをとる瞬間に、「これが栄光への架け橋だ！」という名文句をアナウンサーが言うんだけど、これは、ゆずの曲のタイトルだった。このシーンが、何度も繰り返されて流行語になったんだけど、ゆずのタイアップの大成功例です。ＮＨＫ出版が版権を持っていますが、公共放送なのにねっていう。

大谷　公共性しかないでしょ、あそこは（笑）。

速水　ジャニーズがスポーツイベントに参入って、違和感がある気もしますが、考えてみればジャニーズ事務所というのは、ジャニーさんが少年野球のコーチをしたことから始まってるわけで、いまだに野球大会を会社の最重要イベントとしてやっている会社でもあるから（笑）。スポーツとの結びつきはもともと強いんです。ちなみに、オリンピックで言うと、92年のバルセロナオリンピックで、光ＧＥＮＪＩの「リラの咲くころバルセロナへ」が応援ソングに起用されてました。

大谷　これをきっかけに、テレビ局のスポーツ大会放送枠の中の応援テーマソングっていう仕事をとってくるようになるわけね。

速水　これに続いて、ディスコ研究の章で取り上げた少年隊の「湾岸スキーヤー」は、98年開催の長野オリンピックで、フジテレビのテーマソングになってますね。長野オリンピックはもうひとつ、大会マスコットのスノーレッツのテーマソングというのがあって、それが「ＷＡになっておどろう」です。覆面バンドのＡＧＨＡＲＴＡの曲で、作詞・作曲は長万部太郎となってますが、これは角松敏生[*45]の別名義ですね。この曲は97年にＮＨＫの『みんなのうた』で放送されて評判になり、Ｖ６がカヴァーしてます。角松敏生はアイドルの曲もたくさん作ってますけど、ジャニーズとの関わりはあまりなくて、この曲が唯一の接点なのかな。

テレビの産業構造の変化とスポーツ

大谷　僕、バレーボールをやってたんですけど、いつのま

＊42……幻の宝石の謎をめぐって展開するミステリー。テレビドラマはＰＡＲＴ１、２の計２日間の放送。92年、フジテレビ系。
＊43……ともにシルク・ドゥ・ソレイユの移動公演の演目。
＊44……お台場にあるフジテレビ本社周辺で行われた夏休みイベント。
＊45……シンガーソングライター、ミュージシャン、音楽プロデューサー。81年デビュー。自身の名義での活動とともに、他のアーティストへの楽曲提供も多数。

にルール変わったの？　もう違うスポーツだなと思ったけど。

速水　ルールがテレビ向けにどんどん改造されていったんですよね。今、ラリーポイント制って言って、サーブ権を持ってるか持ってないかにかかわらず、スパイクとかの攻撃を決めて、ラリーを終わらせたほうのチームが点をとるでしょう。あれは試合時間が長くならないようにするために採用されたルールです。

　バレーボールのワールドカップって77年からずっと、日本でしか開催してないんだけど、放送は日本の試合が中心で、どうでもいい下位の試合でも日本が出ていればゴールデンタイムに放送する。逆に決勝戦でも日本が出ていなければ深夜の3時の放送になったりするっていう、公平性が重要視されるはずのスポーツ大会とはいえ、視聴率がすべての世界なんですね。

大谷　アイドルとテレビの関係っていうのは昔から密接だったわけだけど、テレビ局が自局の電波を使って自分たちのお金儲けのための宣伝をする。そういった作業にスポーツ番組まで露骨に巻き込まれるっていう事態がここらへんではっきりしてきた。

矢野　ずっと疑問に思ってるんですが、ワールドカップの試合会場にいる観客の、バレーボールファンとジャニーズファンの比率ってどれぐらいなんでしょう。

大谷　ジャニーズファンのほうが多かったりして。

速水　それは当然、そうなんじゃないのかな。

大谷　会場まで行く人っていうとねえ。

速水　日本ではスポーツ全般が、儲からないようになりつつあります。バレーボールは、ジャニーズのおかげで成り立っている部分も多いはずです。

大谷　現場に来る人をがっちりとっていくっていうね。

テレビの変化への対応がタイアップビジネスだった

大谷　こうやってジャニーズが関わってきた広告の仕事を続けて見てきたことでひとつわかるのは、おそらく90年代の後半に、テレビコマーシャルに代表されるイメージ産業になんらかの大きな変化があって、その変化の時代にジャニーズ、特にＳＭＡＰのメンバーが見事に対応した。対応することによって、あらたなひとつの時代を築くことができた、ということですね。

　ＣＭが夢や憧れを描く非日常的なものから、きわめて日常的な、視聴者の傍にあるようなものにシフトしていったときに、そもそも非日常を代表している「アイドル」という存在はそこでは出番がなくなり、それまでのイメージを放棄してリアルな役者方向に進むか、または過去の自分をパロディ的に扱って延命を図るか、くらいしか進む道がなくなっちゃったわけですけど、SMAPはアイドルとしてのイメージを保ちながら、そのどちらも引き受けてやってみせた。同世代として、あらためて尊敬しました（笑）。

速水　SMAPのようなメンバー全員が一本立ちできるといったタイプの成功は、かつてはなかったものですよね。これは、歌番組中心ではなくなったテレビコンテンツの変化への対応の成功だったと。嵐はそれをさらにうまく推し進めた例として捉えることができます。

一方、テレビの変化への対応のもうひとつのケースが、バレーボールタイアップの仕組みの確立ですかね。ジャニーズビジネスって、どちらかと言うと宝塚的、ミュージカル的なもっとも原初的なショービジネスの分野に主軸を置き、時代の変化にはむしろ即応しないのが特徴のように考えられますけど、この時代は明らかに即応してみせたという感があります。同時に、ジャニーズ事務所のビジネスも、タレント派遣業の延長線上にあるものから総合エンタテインメントに路線を大きく変えていったことがわかるのが、1990年代のことでした。90年代って、一般には不況に覆われた「失われた10年」として知られているんですけど、広告・メディア産業的に実は大きく成長した10年だった。ジャニーズ事務所にとってもまさにそうでした。

矢野　さきほども話しましたが、光GENJIの「チンチンポテト」を幼少期に見た僕からすると、ジャニーズをはっきりと意識したのは、SMAPが登場した小学生くらいのときなんですね。それもSMAPが主題歌を歌っていたアニメ『姫ちゃんのリボン』[*46]で、特別に作中にSMAPが出てきたのを見て認識したんですね。そして、その数年後にはドラマの『金田一少年の事件簿』『銀狼怪奇ファイル』[*47]が始まって、KinKi Kidsを認識することになります。つまり、僕がジャニーズをちゃんと認識したきっかけは、いずれもアニメやドラマなどのタイアップなんですよね。これはやはり、90年代以降のことです。

KinKi Kidsにいたっては、さんざんメディアに露出した

＊46……水沢めぐみによる少女マンガ作品のアニメ化、テレビ東京系、92〜93年。アニメ、小説、ミュージカルなどに展開し、人気を博した。ミュージカルでは、ヒーロー役の小林大地を草彅剛が演じた。

のちにCDデビューをしたから、自分の周囲でもすごく話題になっていた。裏でコンサートを着々と企画しながら、そうやってテレビで新しいファンを獲得していたのだということは、自分の経験的にも実感できますね。実際、小学校の同級生の女子などは、そのままジャニーズ共同体の一員となってコンサートに行きまくっていましたから。

　舞台芸術という基本線とバレーボールなども含めた同時代的なビジネス戦略という二重性を怠らなかったことが、現在まで続くジャニーズの隆盛の秘訣だとよくわかりました。今回は、その中でもタイアップビジネスの部分が明確になりましたよね。そして、テレビ、特にバラエティに対応したSMAPがタイアップ的な側面でいかに重要な存在だったかも確認できたと思います。それゆえに、SMAPは国民的アイドルとして君臨したのでしょうね。

オリンピックTwenty・Twenty計画

速水　本書の第一版が出た2012年の東京は、オリンピックの招致活動の真っ最中でした。EXILEが写った招致プロモーションのポスターが都内の駅に貼られてたよね。「2020年オリンピック・パラリンピックを日本で！」というコピーが添えられてて。

矢野　招致に成功したら、石原慎太郎[*48]とEXILEにジャニーズが駆逐されて、64年からやりなおすことになる！って僕らは震撼してたんですけれど（笑）。それにしても、新型コロナウイルスの影響でオリンピックが延期になるとは思いもよりませんでした。現時点では1年後の開催ということになっています。本当にできるのかという疑問もありますが、オリンピック開催の未来を見据えつつ、オリンピック招致から現在までを振り返ってみましょう。

大谷　当時、東京五輪を開催したがっていた都知事石原慎太郎とその一派というのは、アメリカに占領されていない日本こそが、われわれの正しい日本だと主張したい人たちです。その後の都知事はいろいろとなんだかわからないことになってますが（笑）、しかし、石原＆ジャニーさん世代の政治家の多くは、ジャニーさんがアメリカからやってきた植民地主義者で、日本をアメリカの属国だと考えている側の人間である、とみなしているはずだと思います。そういう人の事務所に東京五輪を任せるわけには絶対にいかない、と。

速水　前回の東京五輪開催年の64年は、ジャニーズ事務所がスタートして間もないころですね。石原慎太郎は、弟の裕次郎とのコンビで、若くタフでスポーティな男性像で社会に旋風を巻き起こしていた。ジャニーズ事務所も裕次郎という若い映画スターがモデルになった部分は当然あった。だけど、タフでスポーティという路線では、現代ではより近いのがLDHだったということですよね。LDHは、ジャニーさんの趣味とはちょっと違った、ガタイのいいマッチョ系がメンバーとして選ばれている。

大谷　独立系のラーメン屋さんみたいな感じのかっこよさですよね。つまり、ベンチャーで、男らしくて、こだわりがあって、みたいな押し出しがある。

速水　ちょっと「和」なんだろうね。感覚的にだけど、ジャニーさんからは出てこないドメスティックさがあって。

大谷　初代ジャニーズから、第一版当時の最年少グループSexy Zoneまで、ジャニーさんは「かわいい少年」がいい、という自身の美意識を長い時間をかけて日本に定着させてきたのに、事務所設立時代からもう一回やりなおすことになったら嫌だろうなあ、と思って、五輪とは距離を置くだろう、とそのころは予想していたんですが。

矢野　オリンピックの招致活動が佳境に入ったあたりから、ジャニーズもオリンピックに強い関心を示すようになりましたね。まず、13年3月17日に東京ドームで行われた「JOHNNYS' World の感謝祭 in TOKYO DOME」で、Twenty・Twenty（トウェンティ・トウェンティ、通称トニトニ）という名前の20人のユニット2組をオリンピック開催の20年にデビューさせる構想を発表した。[*49] そして、開催決定後の11月には帝劇のミュージカル公演を「JOHNNYS' 2020 WORLD」と題して、劇中でオリンピックを意識した演出もした。その後もオリンピックに絡みたそうな意思表示が続きます。東京オリンピック・パラリンピック競技大会組織委員会会長の森元総理を帝劇に招待もしたそうです。

大谷　トニトニ構想はあれ以来しばらく聞かなかったけど、亡くなる前年の『ABC座ジャニーズ伝説』の制作発表でまた言ったんだよね。その後どうなったの。[*50]

速水　そうだよ、トニトニを開会式に出すのがジャニーさ

＊47……金成陽三郎作、越智辺昌義画によるマンガ作品『超頭脳シルバーウルフ』を原案にしたテレビドラマ。主人公の不破耕助を堂本光一が演じている。日本テレビ系、96年。
＊48……第6章注10参照。
＊49……「Jr.から選抜ジャニーズ東京五輪ユニット」日刊スポーツ、2013年3月18日。
＊50……「東京五輪へ、ジャニーズ新グループ「2020」結成」日刊スポーツ、2018年10月7日。

んの野望だったはず。壮大な計画がジャニーさんの死によって潰えたんですよ。

大谷　晩年、彼がなぜあんなにオリンピックに執着したかと言ったら、今回が最初の東京オリンピックだと思っていたからだと見てますよ、僕は。前回のことは自分が関わらなかったから覚えてない（笑）。少年たちが可愛いままでオリンピックに出られるチャンスだと。

速水　ジャニーさんのホームグラウンドだったワシントンハイツがオリンピックの選手村になったところからもう一度やるんだって（笑）。

〔付記〕

２０２０年初頭には右記のような話をしていたが、同年５月13日、Ｖ６以下のデビューグループによる期間限定ユニット「Twenty★Twenty」の結成が発表された。ジャニーズグループが社会貢献・支援活動をおこなう「Smile Up! Project」の一環で、新型コロナウイルス感染拡大防止を支援するためにチャリティーソングを制作するという。Mr.Childrenの櫻井和寿作詞作曲の「smile」を歌唱する。

我々が予想もしていなかった展開となったが、これは阪神淡路大震災支援プロジェクトのために１９９７年に結成され、チャリティーソングを制作したこともある「J-FRIENDS」の活動に連なるものと言えるだろう。

ユニットをプロデュースした滝沢秀明副社長は「ジャニーが残したこの最後のグループ名は、今このような状況だからこそできる事があるはずと想いを新たに、役回りは変わりましたが、ジャニーの集大成として社会貢献できればと思います」とコメントしている。[*]

---

*……「コロナ支援　ジャニーズ76人新ユニット　V6や嵐」東京新聞２０２０年５月13日夕刊

オリンピック開会式

大谷　五輪の開会式の演出は野村萬斎が総合統括責任者になりましたね。企画演出チームのメンバーは椎名林檎、ＭＩＫＩＫＯ、川村元気、栗栖良依、佐々木宏、山崎貴。

速水　リオデジャネイロ五輪閉会式の引継ぎ式、フラッグハンドオーバーを演出した椎名林檎が中心的な役割を果たしたあのチームが引き継がれる形になった。皆さん「安倍マリオ」のイメージが強いかもしれないですが、「障がいを魅力へスイッチする」というコンセプトで、ＧＩＭＩＣＯや大前光市、檜山晃といったダンサーたちが次々登場したショーは、かなりできもよく、好評でした。『東京は夜の七時─リオは朝の七時』とアレンジされてピチカート・ファイヴ、小西康陽が接続されたのも印象的。

矢野　PerfumeやBABYMETALのコンサートの演出振付に携わり、星野源の〝恋ダンス〟を作ったMIKIKOがリオデジャネイロ五輪閉会式の引継ぎ式に続いて選出されたということで、アミューズの存在感が強まりましたね。第一版を作ってたころは、「AKBが出てくるのか、EXILEか、それは阻止してジャニーズに出てほしい」と言ってましたが、まさか大里会長が出てくるとは予想外でした。

大谷　秋元陣営の薄さが気になりますね。逆転でアミューズ中心になるのか。EXILEをはじめLDHはどのように関わるのか。

矢野　LDH JAPANの会長でプロデューサーでもあるHIROが聖火引継式東京2020文化パート監督に就任しました。

速水　開会式に誰が出るかという興味は、ぎりぎりまで引っ張られるかもしれない。2012年のロンドンオリンピックの開会式の演出は映画監督のダニー・ボイル、音楽監督がアンダーワールド、そして、クラッシュやセックス・ピストルズなどの楽曲も使われて、ジェームズ・ボンドがエリザベス女王をヘリコプターでオリンピックスタジアムにエスコートするという、英国のあらゆるポップカルチャーを総動員した。でも、開会前にはどんなアーティストが出るのかなかなか明かされなくて、誰がオファーされて断ったという噂がずいぶん出て話題になった。ふたを開けてみたらいろんな人が出ていてという。日本はどうなるかな。

大谷　アミューズいいと思いますよ。全部Perfumeチームに任せる。

速水　Perfumeであれば誰からも文句は出ない無難なところだよね。あと米津玄師が出そう。

矢野　レジェンド枠ではタモリなんてどうでしょう。「始めちゃっていいかな?」で開会。

速水　司会は誰が出てきても、1998長野のときの欽ちゃんのようにすべるだけなので難しいけどね。タモリに説得力があると思っているのは、いろんな文脈を受け取ることができる日本人だけで、とてもドメスティックな存在。一番難しいよ。

矢野　そうですね。ドメスティックじゃないということが重要。そこで問いたいのは、ジャニーズというのはドメスティックな存在なのでしょうか。それとも、グローバルな存在なのでしょうか。

速水　お笑い文化は、日本人だけが理解しているという要素が大きすぎる。
大谷　位置づけにくい。基本はローカルだと思うだけど、「アメリカから見た日本ローカル」という変な視点かな。
矢野　クールジャパンということですか。
大谷　いえいえ。アメリカ人が考える、「日本ってこういうのであってほしい」的なもの。しかも20世紀の。
速水　とはいえその見分りがつかなくなるのが現在なのであって。
大谷　そうね。それがSixTONESの「JAPONICA STYLE」ですよ。ジャポニカってお米か学習帳かって感じでしょ。
速水　あれ、そこはタイアップしてないんだ。
大谷　してないんだよね（笑）。確実に海外に向けての発信意識は感じるんだけど、それがなんかこんがらがっているというか、自分たちが「Japonica」であるとはどういうことなのか。タッキーに問い詰めたい。いや、超名曲ですけど。

ジャニーズがオリンピックとタイアップするということ

矢野　来るべきオリンピックでジャニーズを見てみたいという気持ちはあります。
速水　ジャニーズファン心理としてはどうなんだろう。ジャニーさんの遺志を実現させてあげたいのはわかるけど、オリンピックという舞台に立つことで炎上するんだったら、無理に関わらなくていいやっていう考えの人も多いんじゃないの。ジャニーズのグループの場合、ネーミングの微妙さという問題も避けては通れないし（笑）
大谷　開会式にキンプリが出てきて「King & Prince」というテロップが流れたら、世界中の人にびっくりされてしまう（笑）。「天皇は？」とか（笑）
速水　世界の人々が、日本の王族は踊って歌うのかって勘違いするよね。それはそれとして、公式な大会との関わりではない部分で、ジャニーズの面々が関わるのは間違いない。テレビ各局のオリンピック番組キャスターには、フジテレビが関ジャニ∞の村上君、NHKはスペシャルナビゲーターという形で嵐を起用。嵐の起用は何年も前から決まっていたんでしょうね。なんなら紅白の司会を含めて。19年末は櫻井君が司会をしましたけれど。他にも今発表されているのは、関ジャニ∞から安田君、KAT‐TUNから亀梨君、そしてHey! Say! JUMPから八乙女君が聖火ランナーに選ばれた。それから「芸術活動を通して多くの人々が東京2020大会へ参加できる機会をつくり、大会に向け期待感を高める」という趣旨がかかげられている東京2020NIPPONフェスティバルというのにジャニーズJr.のグループTravis Japan（トラヴィス・ジャパン）が参加する。

矢野　1963年の紅白はオリンピック仕様だったんですよね。オープニングでは渥美清が聖火ランナーに扮し、エンディングでは「蛍の光」ではなく「東京五輪音頭」が歌われました。だとすれば同様に五輪開催前年である19年の紅白が東京オリンピックに向けたものになるわけですが。

大谷　そうなんだ！　去年の紅白ってどうでした？　ちゃんと見なかったんですよ。氷川君が龍に乗ってたのだけちょっと見た（笑）。

速水　ジャニーズ視点で見ると、この2019年の紅白が実質的なオリンピックの開会だったのだという受け止め方をするべきかと。SnowMan、SixTONES、ジャニーズJr.でジャニーズのミュージカル作品『JOHNNYS' World』『JOHNNYS' ISLAND』（258ページ参照）のナンバー「Let's Go to Earth」「Let's Go to Tokyo」をパフォーマンスしました。それが、ジャニー喜多川のね、追悼枠みたいな感じであったという。

大谷　ジャニーさん追悼枠あったんですね。意外だなあ。

速水　これ、見た人にしかわからないけど、いわば宗教イベントの演目みたいな。

大谷　しかもジャニーさんのコアな部分を取り上げた、ってことですよね。ジャニワのナンバーやったってことは。地上波でもめずらしい。あれを公共の場に解放していいか悪いかは、NHKの見識に関わる問題なのでは。BSに『ザ・少年倶楽部』はありますけど。

速水　ジャニー喜多川が見た夢を国民みんなで共有する。公共放送としてありかなしかって（笑）。ジャニーズのすべてが彼の創造物であるという意味ではありな気はするけど。

矢野　僕も公共性ある派ですね。戦後日本の歩みを文化面から支えた人でしょう。光も影も含めて真正面から向き合う必要がある。

大谷　公共性はあるんですよ。だけど政府筋はなるべくその意見を公式見解にしたくはないのではないか。

矢野　微妙なところですが、NHKはラジオにジャニーさんを出演させて過去を語らせたりしていました。やはり、ジャニーさんの位置づけを考えているのではないでしょうか。

大谷　うーん、国内ならまだしもってことかな。紅白だったらドメスティックなものだからセーフかもね、と思いつつも。でもなんとなくそろそろ、本腰入れてオリンピック体制を整えたい人たちにとっては、あんまり触れたくない存在なんじゃないかなぁーという風に、いまだに俺は思っている。ジャニーズの存在を政府は認めたくないんじゃないかと。

速水　ジャニーさんの夢は夢でこっそり蓋をしておくのも大事な気がしますが。

矢野　ジャニーさんの業績を歴史化するということは、戦後民主主義をその欺瞞性も含めて問い直すということですかね。それは大事な営みだとは思います。ちなみに歴史ということで触れておきたいんですが、長野オリンピック開会式における浅利慶太と欽ちゃんと伊藤みどりというポイントをどう捉えますか？　当時、僕は中学生ながらにすごくざわざわした気持ちで見ていたんです。欽ちゃんが「みんな盛り上がってよ～」とか言うので、見ていられないよと思ったんですけど。そういうドメスティックな開会式になる可能性もある。

速水　今見ても壮大に滑ってます。

大谷　また今回も滑る可能性は残されているということだね。

矢野　オリンピックは国威発揚のものでもあるけど、一方で国際的な行事だからあまりにもドメスティックなありかたは批判の対象です。オリンピックに関わる椎名林檎は最近愛国的な歌詞で話題になりますが、民族多様性などに配慮のない態度は国際社会からも批判される可能性がありまず。では、ジャニーズはそういう意味でグローバルスタンダードと言えるのか。ジャニーさんの平和への願いや多様性への配慮はグローバルな価値観と言えるけど、でもやはり、ある面においては危ういところも感じます。

column 5

国家・官公庁プロジェクトとジャニーズ

明らかに話がでかすぎるのだ。何の話って、嵐を始めとするジャニーズグループがかかわる国家・官公庁レベルの大規模プロジェクトの話だ。

国民的アイドルというのは、結果としてついてきた冠に過ぎないはず。老若男女幅広く親しまれる存在。それはいい。ただ、グループが国策を推進するポジションを担されるとなると、途端に話は違うものにならないか。

2003年に当時の首相、小泉純一郎が、訪日外国人旅行者の数を7年で倍増させようという観光立国の方針を発表した。これによって国交省が推進役を担い、民間団体・企業が名を連ねるビジット・ジャパン・キャンペーンがスタートした。このキャンペーンが始まった当時の年間の訪日観光客数は、約500万人でしかなかった。それが、想定を超えるスピードで成功し（中国の観光ビザ解禁の流れとアベノミクスによる円安がもたらしたもの）、2019年には3188万人（日本政府観光局）という数字を達成した。

嵐は、2010年から〝観光立国ナビゲーター〟のポストに就任。地方のご当地観光大使にタレントが就任するのとは荷の重さが違う。つまりは、国家的政策＝国策の矢面に立たされるわけだ。単に国際線が就航する国際空港の広告キャンペーンに駆り出されるにとどまらず、全国の小中高校に配布された「観光立国教育」をテーマとする図書『ニッポンの嵐』の制作などにも協力している。

だが肝心の観光立国及びインバウンド需要は、新型コロナウィルス以降の世界で、大きな路線変更を迫られている。ぽしゃったのだ。当面復活の見込みはない。誰も想像すらしていなかったことだし、誰も嵐に責任を取れなんていいやしないけど……。

産業としては観光は大打撃を被った。今は、かって国策として国全体が持ち上げようとしてきた観光をいかに救うかという段階である。さあ、いまこそ嵐の出番、と思いきやそれが活動休止のタイミングとばっちりあってしまった。なんとも困ったものだ。これも彼らの責任ではないのだけど。

そんな嵐で言えば、さらに2019年から日中文化・スポーツ交流推進年親善大使に就任していた。中身の詳細はわからないが、嵐レベルになると、謎の国策キャンペーンくらい軽々と背負わされるということ。これは、大野くんならずともきつい。

国家・行政がからむ規模の大きそうな仕事をジャニーズ事務所が背負いこんで、結果、残念な結果を迎えた例は、これだけではない

「プレミアムフライデー」は、毎月最終金曜日は、15時で仕事を切り上げ、ショッピングやディナーやデートに出かけようという経済産業省が打ち出した民間消費拡大のキャンペーン。経産省が提唱し、経団連が旗を振った。だが、ご存知のように空振り。「プレミアムフライデー」が普及することはなかった、というよりもはじめから〝失笑〟の対象でしかなかった。そもそも金曜の15時終わりを制度として導入した企業は、全体の5％に満たなかったのだから、その定着というのは縁遠い話だった。

かつての「E電」、最近の「バスケットボールストリート」などと肩を並べる大失敗事例だが、この「プレミアムフライデー」のナビゲーター（2017〜18年）に就任させられたのは、関ジャニ∞である。グループとしては、絶好調。バラエティー番組の世界ではもっとも成功していた彼らを起用しながら、大コケする「プレミアムフライデー」っていったい、という話である。

「プレミアムフライデー」は、働き方改革という

国策の一角を担っていた。そう考えると、働きすぎの関ジャニ∞がここに起用されたのは、一種の皮肉のようなものだ。

　観光立国、プレミアムフライデー。ここに来ての国策キャンペーンの連敗。嵐、関ジャニでだめだったらしょうがないか。

　まあそこまではいい。むしろ〝官公庁系〟プロジェクトにおける被害者は、まちがいなく井ノ原快彦だ。彼は、郵政民営化で民間化された日本郵政の主要3事業のうちのひとつであるかんぽ生命のイメージキャラクターを長年勤め、「簡易生命保険誕生100周年アンバサダー」にも就任した。

　ズボンの横にラインの入った郵便局員の制服がばっちり似合っていて、かんぽ生命のCMは本当に彼のはまり役だった。何より誠実さが、キャラとしてにじみでていたし、本当にこんな郵便局員（厳密には、日本郵政の保険販売員。CMでは、かんぽ生命の制服を着たバージョンと町の郵便局員用の制服を着ているバージョンの両方がある）がいてもおかしくないように見えた。むしろ、いてほしい。

　イノッチのCMでのキャラクター〝かんぽさん〟は、〝まじめでまっすぐ〟が売りのかんぽの営業マン。みんなに信頼されている。だが、かんぽ保険側は、このイノッチのキャラクターを悪用した。悪質な不正販売事件である。

　現実の保険の販売人たちは、保険の乗り換えをダシにしてデメリットの大きい解約をさせ、投資信託を強引に売りつけた。これが組織ぐるみで、長期に渡って行われたのだからたちが悪い。結果、郵便局員百数十人について、保険の募集人資格を取り消すという重い「廃業」処分がくだされている。

　週刊誌などのスキャンダルの類とは縁遠いイノ

ッチ。彼は、有働アナとのコンビでNHKの朝の顔を同時に務め、子どもからお年寄りまで幅広くその人柄を知られる存在にもなっていた。これは、正直、一朝一夕で付くイメージではない。もしこのCMをやるのが同じグループの森田剛だったら「うそうそ」と即却下されるし。もし、岡田准一だったら、気負いすぎて商品が売れなかった（重すぎ）だろう。

タレントのスキャンダルでスポンサー企業が打撃を受ける話は山ほど聞くが、スポンサー企業の犯罪で、CM出演タレントが風評被害を受けたケースは珍しい。もっとまともな企業のCMやればいいのに、というのは後出しジャンケンか。

TOKIOも福島農産物PR、オリンピック・パラリンピックアンバサダー、フラッグツアーなどの役割を担わされ、タレントとしての領域を超えたところにまで責任を取らされている感すらあるが、メンバーが正面から立ち向かっているのでよしといったところか。

ジャニーズ事務所も影響力を増し、国家的な事業にタレントが組み込まれ、キャンペーン・タイアップの規模も巨大化しつつある昨今。

長期的な大規模キャンペーンを担当するとなると、ちょっとのスキャンダルも命取りになる。タイアップに穴を開けるのを恐れるタッキーによる懲罰重視の方針が強まることへの不安。そして、オリンピックも延期されるし、万博だってどうなのという昨今、タレントは重荷を負わされるばかり。手越君のようなやんちゃキャラを抱えることすら困難な運営体制で突き進むのが幸せなのかと言うとどうなのかねえ。

（速水健朗）

Johnny's Studies! 2020

第5章

ジャニーズとミュージカル

仮面舞踏会・マスト・ゴー・オン

速水　この章では、「ミュージカル」という切り口からジャニーズを研究してみようと思います。僕らの研究発表も回を重ねてきたわけですが、調べていくうちに、ジャニーズのコアとは「ミュージカル」にあるのではないか、ジャニーさんが目指しているのは、音楽業界でヒットするグループを生むことではなく、ミュージカルの定期公演を続けるユニットに育てることなんじゃないかと。

大谷　重視してるのはテレビじゃないんですよね。テレビ業界は所詮他人の土俵で、ジャニーさんはもっと積極的に、自分の仕切りですべてのステージをコントロールして、少年たちと一緒になってワイワイと作品を作っていたい。そういったステージ作りの興奮が、ジャニー喜多川のものすごく大きなモチベーションとなっているんじゃないか、と。

速水　たとえば、ジャニーズ事務所は80年代からずっと、『PLAYZONE』や『Endless SHOCK』といった舞台公演を続けています。2011年、ジャニーさんは、「もっとも多くショーを創り上げた」という業績に対してギネスの認定を受けて、ついにメディアに顔を出して登場しました。おそらく、どんなヒット曲を生むよりも、舞台ということにプライオリティを置いている。

矢野　実際に舞台を見ると、気合いの入りかたが違いますね。

大谷　全然違います。研究にあたって、たくさんのジャニーズの舞台作品のDVDを見ましたが、こんなにすごいのかと日々驚かされました。テレビの百倍以上面白い。これは出ている人も作っている人も、魂の込めかたがマスメディアとは違っているな、という驚きを持ったね。

速水　テレビや音楽だけでジャニーズを語ろうとしても、実は半分も語れやしないと。

ジャニーさんとミュージカルの出会い

矢野　それでは、なぜミュージカルなのか、由来はどこにあるのかという話から始めましょうか。

大谷　有名な話ですが、ジャニーさんは戦後の日本で、芸能界より先に、なんと野球のコーチをするところから少年たちと関わりはじめているんですよ。

速水　ジャニーさんの生い立ちから話すと、彼はアメリカ西海岸で1931年に生まれた日系二世です。33年に日本に来て、大阪で暮らし、戦時中は和歌山に疎開。そして、日本の敗戦を見たのち47年にアメリカに帰国。その後、また日本に来て上智大学に入学し、50年前後にはGHQで軍関係の仕事をしていた、という記述も残っています。[*1]そういった経緯もあり、彼はアメリカ人として、当時は代々木公園にあった米軍将校の居住施設に出入りすることができたんですね。
矢野　ワシントンハイツですね。
大谷　代々木は占領下、日本のワシントンだった（笑）。
彼はその公園で少年たちに野球を教えていたんですが……。
速水　そのころはまだ物資が乏しかったので、アメリカとのつながりがあって、グローブとかバットとか、野球の道具が豊富にあったジャニーさんのチームにはたくさんの少年が集まってきていたと。
矢野　野球道具の他にも、チョコレートやアイスやおもちゃなどを買い与えていたようです。わざわざアメリカから通販カタログを取り寄せたり。で、そうやって結成された野球チームの名前が「ジャニーズ少年野球団」[*2]なんですね。
速水　その当時から、ネーミングがいい加減なんですね（笑）。「ジャニーズ」の歴史は野球チームから始まった。
で、みんなで少年野球にいそしんでいたある日、ジャニーさんはその野球チームのメンバーの何人かと映画を観に行ったのが伝説の始まりと。その映画が『ウエスト・サイド物語』だった。ジャニーさんは映画に大きな衝撃を受けました。「私が求めるものはこれだ!」ということで、その後、野球から芸能に活動の舞台を移すことになります。
矢野　ジャニーさんが観た『ウエスト・サイド物語』は、ミュージカルを映画化したものですね。舞台の初演は57年で、その後映画化され、公開は日米ともに1961年のことになります。[*3]

『ウエスト・サイド物語』

大谷　『ウエスト・サイド物語』のプロローグにおける、ジェット団たちが指を鳴らしながら出てくるシーンは有名ですよね。
矢野　この指パッチンは少年隊の「君だけに」を思い起こ

＊1……「ジャニーズ「アイドル帝国」を築いた男――ジャニー喜多川の「ルーツ」を徹底取材」『週刊文春』2010年12月30日・1月6日。
＊2……「オール・ヘターズ」「オール・エラーズ」というチーム名を経て「ジャニーズ少年野球団」という名前に至る（同前、2011年1月13日）。
＊3……『ウエスト・サイド物語』は2004年にジャニーズ事務所でも上演された。公演名は『WEST SIDE STORY』。少年隊版（『PLAYZONE』シリーズの一演目としての位置付け）と嵐版がある。

させますね。「君だけに」の元ネタはこれに違いない！（笑）。

大谷　登場人物はジェット団とシャーク団っていう、不良青年のチームのメンバー。シャーク団がプエルトリコ系でジェット団がイタリア系・ポーランド系。移民のマイノリティの青年たちの話です。

速水　移民の世代の違いも描かれてるんですよね。ポーランド系の主人公は、移民であってもアメリカ生まれの二世なのでアメリカ人として扱われ、プエルトリカンのライバル役は一世なので外国人扱いされ蔑まれるという台詞が出てきます。同じ世代で、移民という同じ立場のはずなのに、ヒエラルキーがあると。

大谷　不良集団の敵対関係と民族間の敵対関係という対立構造が二重にあって、しかも対立するグループに属する男女のカップルが生まれてしまい、そこで悲劇が起きるという話です。

速水　物語のベースになっているのは『ロミオとジュリエット』。片方のグループのリーダーと、敵対するグループのリーダーの妹が恋に落ちて、リーダー同士が決闘することになるんですよね。とても影響の大きかった映画なので、後世の作品にもさまざまな影響を与えているから、読み取れるものがたくさんあって面白い。マイケル・ジャクソンの「Beat It」のPVとか。

大谷　まさにこういうシーンが出てきますから。

速水　マイケルがあの映像で何をやろうとしたのかは、『ウエスト・サイド物語』の決闘シーンを見ると一目瞭然ですね。ニューヨークで、赤いスウィングトップ着て、喧嘩してっていう。その元ネタは全部ここにある。『ウエスト・サイド物語』には黒人コミュニティは出てこない、それがくやしかったのかな。

映画が公開されたのは61年ですが、この時代っていうのも重要だと思うんです。小林信彦[*4]の自伝的小説『夢の砦』にも、この作品の上映時の衝撃について書かれてますけど、この映画の公開は、ちょっとした事件だったみたい。プレスリーやビートルズの登場のような感じでしょうか。

大谷　まだギリギリ、アメリカの50年代文化が華やかだった時代です。

速水　映画のテイストは50年代ですよね。たとえば、この映画の若者の髪型はヒッピー文化以前のクルーカットが主体となってます。このあとアメリカは激動の60年代に入り、ケネディが暗殺され、ベトナム戦争が激化し……っていう感じで、また全然雰囲気が変わってくるんですが。

矢野　『アメリカン・グラフィティ』[*5]の世界の延長って考えていいんですか？

速水　『アメリカン・グラフィティ』の舞台は62年なので、時代的に近くはありますね。

矢野　『ウエスト・サイド物語』のほうが先なんだ。

大谷　映画が作られたのはもっと後だしね。

速水　『アメリカン・グラフィティ』が作られたのは、72年かな。ヒッピーの時代が終わるころに、それ以前のアメリカを懐かしく描いた作品なので、まったく別視点です。

大谷　この作品の特徴のひとつは、ミュージカルなんだけど、スタジオのセット以外でも踊っている、つまり、実景を使って下町のロウな感じを打ち出して、それまであった綺麗事のミュージカルとは違うってことを押し出した点ですね。

速水　なるほど。ミュージカル史的に言っても『ウエスト・サイド物語』というのはそれ以前の作品とはかなり異質だったんですね。

大谷　そうですね。『ウエスト・サイド物語』の原案・振付・演出を行ったジェローム・ロビンズ[*6]が、この作品を手掛ける前に、フランク・シナトラ[*7]を起用した『踊る大紐育[*8]』というミュージカルの振付をしているんですが、これが映画化される際はじめて、ニューヨークロケの場面が織り込まれました。そして、ステージ上ではなくて実際の街の中で歌い踊ったというのが評判をとったんですね。『ウエスト・サイド』はその延長線上にあります。

速水　なるほど。

大谷　なんだけど、『ウエスト・サイド』を今観ると、やっぱり時代の違いを感じますね。たとえば殴り合いのシーン。乱闘シーンがバレエとして、きれいに振り付けられている。現代の映画だったらこういうことは、ほとんどやらないでしょう。市街地のロケなんですけど、全員がクルクルとバレエのように踊りながら走っていくというのが、今見るとっても面白いですよね。

速水　本当はステージでやるようなことを、街を背景にし

＊4……小説家、評論家、コラムニスト。ミステリや映画に関する著作多数。２００６年に『うらなり』で菊池寛賞受賞。
＊5……ジョージ・ルーカスが脚本・監督を手がけた青春映画。アメリカでは１９７３年公開。
＊6……アメリカのバレエ・ダンス振付家、演出家。映画監督。１９１８年生・９８年没。
＊7……50年代後半から活躍したアメリカのジャズ・ポピュラー歌手。１９１５年生・９８年没。代表曲に「マイ・ウェイ」や「フライ・ミー・トゥ・ザ・ムーン」など。
＊8……ミュージカルは44年、映画は49年（日本では51年）に公開された。原題は"On the Town"。

てやったんですね。まだこの時期は、リアルに殴り合いをするような演技はポピュラーじゃなかったと。

大谷　あくまでもこれはミュージカルですからね。今観ると奇妙な感じのするシーンなんだけど、ミュージカルってことで、殴り合いもバレエとして様式的に振り付けられている。それが舞台上じゃなくて、路上で全員で乱舞するってことで、折衷っていうか、こういう変な感じになるのが面白いなと思います。

速水　ミュージカルという文脈で考えると、重要なのはレナード・バーンスタイン*9の存在ですよね。彼は、のちに映画音楽などのポピュラー音楽にも携わるようになりますが、『ウエスト・サイド』の作曲をしたころはニューヨーク・フィルの首席指揮者になって間もないぐらいの時期です。

大谷　まだ若手のころですね。

速水　39歳とかで。デビューは早かったけど、メインになるまでは時間がかかってるんですよね。アメリカ生まれの人物でニューヨーク・フィルの首席指揮者に就任したのは、バーンスタインが最初ですよね。

大谷　それまでのニューヨーク・フィルの指揮者はウィーンでマスターになれなくて、アメリカに流れ着いたような人たち（笑）。ニューヨーク・フィルはこの時期まだクラシック界では下に見られてましたから。

速水　はじめて、アメリカ人指揮者のバーンスタインが出てきて、コンサートがラジオで放送されたりしたこともあって、彼はメディアのスターになる。ただし、ここでわれわれが議論すべきは、バーンスタインのクラシック界における評価ではなくて、彼のセクシュアリティだと思うんですよ。

大谷　カミングアウトしてるゲイなんですよね。ちなみに振付のジェローム・ロビンズはカミングアウトしてないゲイだという話です。

速水　この時代にカミングアウトするのは普通だったんですか？

大谷　いやいや、普通じゃないです。しかも有名人だし、相当タブーなことだったと思いますが。

速水　でも奥さんも子どももいたんですよね。これ、ウィキペディアの情報ですけど、あまりにもゲイ趣味に走りすぎたもんだから、奥さんから「もう男といちゃつくのはやめて！」と怒られて、そのとき彼は「芸術家ってのはホミンテルンなんだぜ！」と反論したといいます。ホミンテルンてホモセクシュアルとコミンテルン（共産主義者）を足した造語だそうで、バーンスタインがよく使った言葉として知られている。50年代のアメリカにはレッドパージが吹き荒れましたが、当時の芸術家は共産主義者が多かった。そして共産主義者でホモセクシュアルという人物も多かった。

矢野　『ウエスト・サイド物語』が出てきたのは、ミュージカルの歴史で言うとけっこう最後期ぐらいですよね。

大谷　そうですね。このあたりが最後の大花火と捉えられることが多いです。

速水　ここから先、ブロードウェイも衰退していくと。ニューヨークという都市も、勢いを失う時期かな。

大谷　地獄の70年代ですよね。

速水　かつてのブロードウェイって家族で出かけるような健全な場所だったんですよね。だけど、治安が悪くなると。

大谷　この先は、こんなふうに道で踊ってたら殺されちゃうような、ハードコアな状況になってゆく。そんな殺伐とした気配はまだなかった、50年代後半のニューヨークの空気が映画には残っていると思います。街のギャングたちの抗争を描いたドラマなのにもかかわらず、スタイリッシュで美しいっていうね。

ミュージカルが日本に入ってくるまで

速水　それで、ジャニーさんは50年代から日本で主に野球などのね（笑）、活動をしていたんですが、61年にこの映画を観たのを機に「私が求めるものはこれだ！」とバットとグローブをエイヤっと捨てた（笑）。そしてジャニーズ少年野球団の中から顔がよくて、歌と踊りができそうな男の子4人をピックアップする。

矢野　その4人が初代ジャニーズですね。そこからずっとミュージカルをやっている。初代ジャニーズで言えば、65年に日生劇場で上演された石原慎太郎[*10]作の『焰のカーブ』に出て、67年にはジャニーさん作の『いつかどこかで』をやっています。特に『いつかどこかで』は、『ウエスト・サイド物語』を参考にしたと言われているので重要ですね。

*9……ユダヤ系アメリカ人の作曲家・指揮者。1918年生・90年没。アメリカ人初のニューヨーク・フィルハーモニー交響楽団の音楽監督に就任した。ブロードウェイミュージカルの作曲家としても人気を博した。『ウエスト・サイド物語』のミュージカル初演と同年の57年に首席指揮者、58年に音楽監督に就任。

*10……作家、政治家。デビュー作で芥川賞受賞作の「太陽の季節」がベストセラーとなり、「太陽族」というムーブメントが起こる。65年に初代ジャニーズが出演したミュージカル『焰のカーブ』の作・演出、主題歌（歌：ジャニーズ）の作詞を行っている。都知事在任中、東京へのオリンピック誘致に熱意を見せた。

その後も、フォーリーブスが南沙織を迎えて、永六輔作の『見上げてごらん夜の星を』を再演するなど、ジャニーズとミュージカルの関係は最初期からあって、それは現在に至るまで続いている。SMAPやKis-My-Ft2、A.B.C-Z等のメンバーによって上演された『少年たち』[*11]も、初演はそのころだそうです。

速水　ジャニーズ初期には渡辺プロダクション主催の「日劇ウェスタンカーニバル」にも出演しますね。ナベプロの社長の奥さんの渡辺美佐さんが中心になって開催していたのが、ウェスタンカーニバルです。

矢野　ジャニーズ事務所は最初、ナベプロの傘下で活動していた。ウェスタンカーニバルには「ロカビリー三人男」と呼ばれていた平尾昌晃[*12]やミッキー・カーチス[*13]、山下敬二郎[*14]なんかが出演していました。外タレも呼んでいる。

速水　ナベプロの創業者の渡辺晋はジャズミュージシャンだったんですが、ミュージシャンとしての活動よりも米軍相手のバンドのアテンドやイベントのブッキングに手腕を発揮するようになって、事務所を作り、タレント派遣業を始めた。それで、当時、ロカビリーが流行っていたので、ロカビリーのスターを集めて公演を打ったのが「ウェスタンカーニバル」なんですけど……あらためて言うと、なんでこういう名称になったんですか？

大谷　「カントリー&ウェスタン」からでしょうね。ロカビリーは今はロックンロールの元祖みたいに捉えられていますけど、当時で言うとC&Wの文脈のほうが強かった。それこそマンボとか、チャチャチャとか、ダンスの種類として括られる音楽ジャンルの流れにあるものだと思います。で、伊東ゆかりのバックダンサーとしてこのステージに立ったのが、初代ジャニーズの舞台デビューです。

ひとつポイントとなるのは、ジャニーズのレコードデビューは64年だから、ちょうどそろそろテレビ時代が始まろうという時期で、『夢であいましょう』などの番組に出演はしていたけど、基本はステージでのパフォーマンス。ジャニーさんは勝新太郎[*15]と同い年ですから、芸能のイメージはステージなんですよね。舞台でいろんなことをやってみせる、というのが芸能の基本的なイメージであったことは、まず間違いないと思われます。

そのときにジャニーさんの心をがっちりととらえたのが、ミュージカルという芸能であった、と。ミュージカルが誕生したのは大きく考えて20世紀の初頭で、しかもアメリカ発の芸能である、という点をとりあえず押さえておきたいと思います。で、日本に輸入されたミュージカル文化の代表選手は、まずは宝塚ですよね。

速水　とは言っても、宝塚はブロードウェイのミュージカルを輸入したのではなくて、その前段階の、ヨーロッパのオペレッタが基本モデルですよね。

大谷　そうですね。オペレッタは簡単に言うと、グランドオペラの抜粋バージョン。日本だと軽喜劇と訳されますが、オペラの中のアリアの場面とか、わかりやすい曲をバンバンつないでいくという形で進んでゆく。歌と踊りがメインの、庶民むけの出し物で、要するに貴族ごっこも含めた民衆の娯楽なんですけど、これがアメリカに入ってさらに俗転して、ブロードウェイに集まった劇場のメインコンテンツのひとつとしての「ミュージカル」になる。立役者の一人にジョージ・M・コーハン[16]という人がいまして、ヨーロッパのオペラにハードに塩味を利かせて、出演人物もアメリカ人、舞台もアメリカ、時代も現代あるいは近過去、言葉遣いもぐっと民主的、ダンスもアメリカ風で、っていう舞台を作り出す。それがだいたい１９１０年代の話です。『ヤンキー・ドゥードゥル・ダンディ』[17]っていうコーハンの伝記ミュージカル映画があったりするんですが、そこではまさに、ヤンキーのオペレッタとしてのミュージカルっていうものが定着するさまが描かれている。

帝劇の背景

速水　２０１１年の『滝沢革命』のオープニングでは、会場となっている帝劇の百年の歴史をダイジェスト映像で見せるんですけど、まさに帝劇がオープンしたころにミュージカルが誕生したんですね。

＊11……少年院を舞台に、少年たちの友情を描くミュージカル。初代ジャニーズが初演した作品を、題名、内容を時代に合わせて変化させつつ、その後も上演してきた（「『少年たち　格子無き牢獄』制作発表」日刊スポーツ、2010年8月4日）。93年にはSMAP、2010年には東京でA.B.C-ZとKis-My-Ft2の一部メンバー、大阪で関西ジャニーズJr.、2011年、2012年はA.B.C-Zと関西ジャニーズJr.をメインキャストに上演された。

＊12……50年代後半から活躍する歌手。代表曲に「星は何でも知っている」「ミヨちゃん」など。作曲家としても有名。

＊13……50年代後半から活躍する歌手、俳優。『ザ・ヒットパレード』の初代司会者を務めるなど、タレント活動も行っていた。

＊14……歌手。1939年生-2011年没。一時期、ドリフターズの母体となったサンズ・オブ・ドリフターズに加入していた。父は落語家の柳家金語楼。

＊15……俳優。1931年生-97年没。60年代には大映の看板スターとなり、没した今もなおファンが絶えない。代表作に『座頭市』シリーズなど。兄は俳優の若山富三郎。

＊16……「ブロードウェイの父」と呼ばれたアメリカ人の興行師。

＊17……マイケル・カーティス監督のミュージカル映画、1942年（日本での公開は86年）年。ジョージ・M・コーハン役にジェームズ・キャグニー。

●帝劇開場100周年記念公演
新春滝沢革命[*18]〈2011年〉

《あらすじ》かつて紀伊の国の海を支配していたが、王妃軍との戦いに敗れ、熊野の森に隠れ住む「森の海賊」。その長老（錦織一清）の息子ヒデアキ（滝沢秀明）は、再び海を一族のものとするため、森の中で船を建造し、革命の機会をうかがっていた。

船の完成が見えたある日、仲間の一人が何者かに襲われ傷を負う。王妃軍が追ってきたのか!?

ヒデアキの弟ユウマ（中山優馬）はさらに山奥へ逃げようと進言するが、ヒデアキは森を出る決意をし、船を出す。「この平和な海を血の海にするのか」とユウマは反対するのだが……。

オープニングでは、A.B.C-Zが案内役となって帝劇の開場からの100年の歴史を振り返る。

速水　同じころに大阪では宝塚が誕生している。あとであらためて説明したいんですが、宝塚のルーツはフランスの舞台芸能にあります。
大谷　バレエとかね。
速水　最初からミュージカルをやっていたわけではなくて、バレエなどがだんだん通俗化してミュージカルへと変化していったと。
矢野　なぜ2011年の『滝沢革命』が帝劇百年史を見せたかというと、創立100周年の記念公演だからです。日本ミュージカル史の最先端に『滝沢革命』があるという位置づけで、途中で菊田一夫[*19]も出てましたね。
速水　帝劇百年史の後半は、明らかにジャニーズの歴史になってますよね。『Endless SHOCK』は2008年に菊田一夫演劇賞をとってます。帝劇のある日比谷は東京駅のすぐそばですが、劇場ができた1911年にはまだ東京駅はなく、当時の東京の玄関口は新橋駅だったんですよ。大正3年（1914年）に東京駅ができることになって、三菱グループがあの一帯を開発しはじめたころに劇場が建設されます。現在の感覚では、東京の中心というと、日比谷や丸の内という気がするけど、ちょうどこの劇場ができたころから生まれた感覚なんです。
帝国劇場は名前からして国立のように見えるけど、違う。当時東京の街にいろんなものを作った渋沢栄一[*20]が発起人になって設立されました。面白いのは、百貨店との関係。『滝沢革命』のイントロで「今日は帝劇、明日は三越」という三越百貨店のコピーについて触れてますよね。帝劇と三越百貨店の設計は同じ建築家の横河民輔が手掛けている。劇場とデパートのワンセットというのは宝塚もそうですね。阪急百貨店の創業は、もうちょっとあとの1929年ですが、宝塚劇場と阪急百貨店は阪急グループによって作られ、同じ建築家によって設計されました。

子どもが見出された時代

速水　この百貨店の創成期に、ジャニーズの起源的な存在が登場します。三越百貨店専属の音楽隊で、少年だけで結成された三越少年音楽隊です。

矢野　大正時代は、成人男性から女性と子どもにスポットが移る時代なんですね。ここで消費者としての子どもが見出され、家族で出かける場所としての百貨店がクローズアップされた。少年音楽隊ができたのも、その流れです。

速水　なんでこの時代、子どもにスポットが当たったんだろう？

矢野　たとえば教育史の議論などでは、封建的なものが残る明治時代から、民主主義的な運動である大正デモクラシーの時代に移行していくなかで、女性や子どもといった存在が見出されていったと説明されます。そのころ注目されたのが、子どもの作文教育です。『赤い鳥』[*21]などの児童雑誌が創刊して、子どもには何かがある、大人になる前の純粋な子どもの心には豊饒なものが宿っているのだという思想が広まり、子どもの自己表現を目指すものとして作文教育が盛んになったんですね。『赤い鳥』に強くコミットした北原白秋[*22]は、「童心」という詩文の中で「子どもこそ物の本質を抓《つか》むでゐる」という言葉を残しています。少女雑誌が盛んになってきたのもこのころです。

大谷　「子どもには何かがある」っていう思想は、まさにジャニーズじゃないですか（笑）！

速水　少年音楽隊を生み出した三越百貨店は、１９０４年に開業してますね。日本で最初に創業した百貨店は、「デパートメントストア宣言」をした三越でした。日露戦争が終わったのが１９０５年ですが、海外の文化がどんどん流入し、日本が大きな転機を迎えていた時期ですね。

フランスで19世紀末に生まれた百貨店が、日本に入ってきてもたらした変化は大きかったんですね。百貨店が大衆に向けてものを売りはじめたときに、家族がはじめて消費

＊18……『新春滝沢革命』avex trax、２０１１年。
＊19……劇作家、作詞家。作曲家・古関裕而とともに、戦後日本のミュージカルにおいて重要な役割を果たした。ラジオドラマ『君の名は』シリーズ（ＮＨＫ）などで有名。
＊20……１８４０年生・３１年没。「日本資本主義の父」と呼ばれた官僚、実業家。東京証券取引所や第一国立銀行などの経営に関わる。
＊21……１９１８年に鈴木三重吉が創刊した児童雑誌。童話や童謡の普及に大きな役割を果たした。
＊22……明治から大正期に活躍した詩人、歌人、童話作家。１８８５年生・１９４２年没。詩集『邪宗門』『思ひ出』など。

の単位になったんです。そこで子どもが百貨店に行きたがるような出し物を用意したんですが、そのひとつが少年音楽隊だったと。

大谷　デパートの屋上に遊園地を作るっていうのと同じ流れですよね。子どもをまずそこで遊ばせて、そこから下りながら買い物をする。それで、少年音楽隊ですけど、19 10年代なので、まだアンプリファイアー装置など全然なくて、当然音楽っていうのは生演奏でなければ再生できなかった。それで、阪急にしても三越にしても、たくさん人が集まるところには音楽が必要ってことで、アトラクションおよび宣伝舞台として楽隊を雇うんです。百貨店関係が専属の楽隊を導入した例は、おそらく関西のほうが早かったようなんですが、いわゆる少年音楽隊という形で専属の音楽部を作って、その人たちに吹き抜けのテラスの上で1日4、5回演奏させる。そういったシステムがありました。

矢野　その楽団の人脈はどういうものなんでしょう？　軍楽隊出身者だったりするんですか？

大谷　軍が関係していますよ。日露戦争中に軍楽隊に所属していた人たちが退役したあとに音楽教師になったりっていうのがひとつのパターンで。

速水　なるほど、楽器も余っていたはずだし。南北戦争後にジャズが誕生したときの話に似てますね。

大谷　相当近い状況ではあったはずです。作曲家の服部良一[*23]も少年音楽隊の出身でした。服部良一はデパートじゃなくて、大阪の千日前にあった鰻屋さんが持っていた、出雲屋少年音楽隊に入るところから自身のキャリアをスタートさせている。鰻屋さんの宣伝音楽隊（笑）ってことで、当時の少年音楽隊がかなりポピュラーな存在だったことがうかがえるんじゃないか、と思います。余談ですが、入団式の日がちょうど1923年の9月1日で、式の最中に地面が揺れてなんだなんだと思ったら、関東で大震災が起きていた、という逸話が自伝に書かれています。そこから10年間が彼の修業時代。

速水　なるほど、少年音楽隊って三越だけじゃなくていろんなところにあったんですね。服部良一は戦前から活躍した作曲家で、ポップスをジャズ的な感覚でアレンジした人ですよね。

矢野　笠置シヅ子と組んだ「ブギウギ」系の作品が有名ですが。

速水　戦後はそうですけど、戦前はジャズなんですよね。「証城寺の狸囃子」のジャズアレンジをしたりしていて。

大谷　日本のポップスの第一人者ですね。

速水　少年音楽隊が演奏した音楽というのは、ポピュラーミュージックだったんですか？

大谷　そこがまだギリギリ、あんまりポピュラーはレパートリーになくて、軍楽隊からの流れでマーチとか演奏していたらしいんですが。状況が変わっていくのは、昭和のはじめ、服部良一らが活躍しはじめたのちの話になりますね。

宝塚の成り立ち

矢野　この少年音楽隊の存在を参考にして宝塚は生まれるんですが、宝塚を造った小林一三とは、どういう人物だったんでしょう？

速水　小林一三は阪急グループの創設者でいわゆる鉄道王なんですけど、近代的な都市を鉄道中心に造りあげた人として知られています。東京でいうと東急グループがターミナル駅と沿線に宅地を開発して遊園地を造るという開発をしましたが、最初にそれをやったのが、小林の阪急です。

大谷　沿線の遊園地というと、関東だと西武園になるのかな。

速水　かつての二子玉川園や今の東武ワールドスクウェアなんかもそうですね。小林は、明治末期の1910年代に、大阪で開発を始めました。宝塚っていう梅田から30分ぐらいのところにある温泉地をリゾートにして、そこと梅田の阪急デパートを鉄道で結んだんですよ。当時、富裕層は都市の中心部から郊外に移り住もうっていう動きがあったんですが、まさにそういう場所として宝塚を造った。

それに、さっきのブロードウェイの話とつながるんだけど、ニューヨークを意識していたところも面白い。宝塚にはアミューズメント施設としてルナパークというのが造られるんだけど、その元ネタであるニューヨークのルナパークって、世界初の都市近郊の遊園地と言われているんです。レム・コールハースの『錯乱のニューヨーク』も、その話から始まっています。ニューヨークは区画整理して、グリッド状の道路を通すことから大都市になっていく。ブロードウェイはその中でもちょっと特殊な場所で、グリッド状に道路が敷かれなかった場所だから、別の形の発達をしたんだとコールハースは言っています。本家のルナパークっていうのは、さらにその外れにあるんですよね。郊外だけ

＊23……1907年生―1993年没。2012年の『滝沢革命』では滝沢秀明が「服部良一先生から頂いた」というピアノを弾いた。

ど、そこに遊園地を置くことで人が週末に遊びにいくというライフスタイルが生まれた。小林一三は宝塚をまさにそのルナパークのように都市郊外に造り、沿線の宅地開発をした。その中で学校を作ろうとしてできたのが宝塚音楽学院です。

アイドル文化の発祥は大正童心主義にあり⁉

矢野　学校を作るまえにも温泉地での出し物として少女に歌わせていたんですが、それを学校化するという転換には大きな意味があります。実は当時、少女歌劇団ってほかにもいっぱいあったんですよ。

速水　ほかにもあったんだ。団員を少女に限定したのは、少年音楽隊を意識したという話がありますよね。三越が少年なら阪急は少女だと。

矢野　そうですね。少女を使うほうが経費が安いという生々しい理由もあったみたいです。資料によると、当時は日本少女歌劇団、東京少女歌劇団ほか17団の少女歌劇団があったらしい。[*24] そこで重要なのが、他の少女歌劇団が客ウケを狙って、だんだん色っぽい方向に進んでいく中で、宝塚だけは毅然として清楚を保ったってことなんですよ。ここで学校という存在が関わってきます。同時代的に重要なのは女学校の存在ですね。女学校というのは、進学率が全体で1割ぐらいだとか。

速水　この時代、急に進学率が増える。漫画の『はいからさんが通る』[*25] がまさにこの時代が舞台ですね。あの作品には、大正の女学生が自転車に乗って通学する姿が描かれたりして、少女の作りだした新しい風俗が描かれますが、その背景には女子の進学率の上昇がある。それでもまだ1割程度なんだけど。

矢野　女学校というのは良妻賢母を作るための施設ですよね。本田和子の『異文化としての子ども』での議論ですが、大正期の女学校では、世俗の汚れに触れてはいけないという無垢幻想のもとに教育が行われた。少女が世間から隔離され、囲い込まれていくわけですね。そこで未熟さが可愛いとか、処女性みたいなものが取り沙汰されるんです。このような無垢幻想は、現在のアイドルにも少なからず受け継がれています。で、外国人が歌うカタコト歌謡にも、そのような思想が見出されるという議論もちらほらと聞きます。

速水　それはアグネス・チャンとかのこと？

矢野　アグネス・チャンもそうですね。外国人の歌手がカタコトの日本語で歌っている歌謡曲のことです。カタコト歌謡については、輪島裕介[26]さんが積極的に発言していた他、『昭和カタコト歌謡曲』というコンピレーションCDも発売されました。いずれにせよ、アイドル文化みたいなものの発祥を大正時代に見出すのは、そんなに外れてはいないと思うんですよね。

速水　大正時代にルーツがあったんだ！　オタクの語尾が「だにょ！」とかの幼児語みたいなのも、そこからきてるんだ、きっと。

大谷　しかも、それを愛でる心が生まれてるわけですからね。

清く正しく美しく

矢野　それから、小林一三って「国民劇」という言葉をよく使うじゃないですか。

速水　「国民的美少女」とかの原形かな？

矢野　「国民劇」という言葉をどういう意味で捉えるかといったら、ナショナリズムというよりは「家族で楽しめる劇」という意味だと思うんです。実際、小林一三は「大衆本位」「家庭本位」という理想を掲げていたわけだし。もちろん、その先にナショナリズムに向かう余地はありますが。

速水　大衆劇でいいのかもしれないけど、それだと階層的に下というニュアンスが入ってしまう。阪急グループの宅地造成の特色って、富裕層というか、いわゆる「中産階級」、医者とか弁護士とか経営者狙いなんですね。彼らを郊外の一軒家に住まわせて、都心に働きにいかせようとしたのが阪急の宅地造成です。

　そこでね、学校が沿線開発に果たす役割はけっこう、重要なんです。沿線に学校があると地価が高くなる。子どもを大学に行かせるような中産階級が住むから。東京の東横線の都立大学とか、学芸大学なんかも地価を上げるために誘致されたんです。

　でも、小林の場合は誘致じゃなくて自分で作ってしまった。さっき矢野君が、当時少女歌劇団というのはいっぱい

＊24……塩津洋子「明治期関西の音楽事情――軍楽隊と民間音楽隊をめぐって」『近代日本の音楽文化とタカラヅカ』世界思想社、2006年。
＊25……大和和紀によるマンガ作品で、大正時代を舞台としたラブコメとして人気を博す。
＊26……大阪大学文学部准教授。専門はポピュラー音楽研究。著書に『創られた「日本の心」神話　「演歌」をめぐる戦後大衆音楽史』光文社新書、2010年。

あったんだけど宝塚だけが特別だったという話をしましたが、宝塚はプロではないから特別なんです。歌劇団は宝塚音楽学校という学校がやっていて、その卒業生で劇場に出ている人たちもプロではなく、研究生という扱いなの。そこが重要。これは小林一三が考えたことなんだけど、彼女たちは沿線に住んでいる住民のモデルだっていうことにした。

矢野　宝塚音楽学校の教育方針はホームページで見ることができますが、「音楽、舞踊・演劇等の伎芸を練磨し、舞台人としての素養を修得させ、清純高雅な人格と教養を育て、立派な舞台人の育成に努めます」とあります。

大谷　難しいぞ。さすが「清く、正しく、美しく」（笑）。

矢野　そう、ご存じ「清く、正しく、美しく」が宝塚のモットーですね。秋元康が、小泉今日子の「なんてったってアイドル」の中で、「イメージが大切よ／清く正しく美しく」と歌わせているように、アイドルの振舞いのひな形には宝塚の存在があるんです。宝塚を強く参照しているジャニーズにも、もちろん同じことが言える。歌や踊りの技術だけでなく、全人格的な育成が目指されているのですね。

『ＳＵＭＭＡＲＹ２０１０』のツーリズム

速水　それでは、宝塚とジャニーズの共通点について考えていきましょう。まず、Hey! Say! JUMPの『ＳＵＭＭＡＲＹ２０１０』という作品の話をしたいんですけど。

●SUMMARY 2010 *27

《内容》Hey! Say! JUMPが世界旅行に出かけるという設定で繰り広げられるショー。テーマはサーカスで、都市を巡りながら、Hey! Say! JUMPのメンバーは歌とダンスをはじめ、綱渡り、ドッグショー、空中ブランコなどの曲芸まで披露。自分たちの持ち歌はもちろん、ジャニーズの先輩たちの歌も歌われる。ジャニーズJr. がクローズアップされる公演でもある。

SUMMARYは2004年に、NEWS、KAT-TUNをメインキャストとして始まった。SUMMARY（要約）の言葉の通り、ジャニーズ事務所の歴史を要約して見せるというコンセプトのショーであり、現在の出演者が過去のジャニーズタレントの映像をバックに歌った。また2012年には、Sexy ZoneとABC-Zが「Johnny's Dome Theatre～SUMMARY～」と題した公演を行った。2004年以来の基本的なコンセプトを踏襲する部分もありつつ、グループによってまったく異なった趣向のショーが行われている。

大谷　このオープニングはヤバいですよ！　Hey! Say! JUMPのメンバー10人全員が天井から吊られて飛ばされる。

しかも、赤ちゃんの頭の上で回すメリーみたいにクルクル回ってるんだから。サークルフライング！

速水　メンバーが舞台に出てくる前に、この作品のテーマは何なのかということを説明するアニメーションが流れるんですよね。僕たちはこれから空港を発って、世界各国に旅に出ますよと。それで舞台では、いろんな国を巡っていくところをミュージカル仕立てで見せていくんだけど、これはレビューやミュージカルの伝統的なパターンにのっとってる。

　フランスのレビューやニューヨークのブロードウェイミュージカルでかつてよく出てきた主題に、世界旅行があります。レビューというのは、１年を振り返って、１月は何があり2月は何があるというものを、ダンスと音楽で見せていたんですね。それが１９１０年代の旅行、特に海の向こうの世界への憧れが増す時代になるとバリエーションとして違うレビューも生まれてくる。

大谷　そうですね。旅の情報や旅先の話を見聞きするという商品が出てきた。

速水　１９１０年代は海外旅行が商品化されはじめた時代なんです。有名なジュール・ヴェルヌの『八十日間世界一周』という小説が、旅行代理店のタイアップ広告のために書かれたり。タイタニック号のような、豪華客船が造られたり。そんな空気は、日本も例外ではなくて、日本のレビューでもっとも有名なものも、世界旅行という発想で作られた『モン・パリ』[*28]というレビューで、宝塚でも初期から今まで何度も上演されている。

大谷　基本はエキゾチシズム、異国趣味ですね。

学校的なシステム

矢野　『ＳＵＭＭＡＲＹ』にはデビュー前のジャニーズJr.がいっぱい出てきますけど、ジャニーズJr.のシステムというのも宝塚と似ていませんか。

速水　デビュー組のバックにデビュー候補生がいて、バックから次の世代のスターが出てくるという構造は、宝塚に近いものがありますよね。ジャニーズJr.という下部組織は、１９６５年に初代ジャニーズのバックバンドとして結成された嶺のぼるとジャニーズJr.から始まっているので、事務

＊27……J Storm、２０１１年。
＊28……宝塚の教師だった岸田辰彌が演出したレビュー作品。内容は日本人旅行者による旅行記で、岸田の洋行が元となっている。

所の初期からある。かなり早くから育成システムが意識されていたんですね。

矢野　現在のような育成システムとして機能するのはフォーリーブスのころからのようですが、いずれにせよ、かなり早い時期からJr.のシステムが目論まれていたのは間違いない。

大谷　とにかく子どもの状態から育てていくんだね。『SUMMARY』では、舞台の装置として「Jr.マンション」って言うんですか、舞台の壁面いっぱいにパーテーションがあって、Jr.が大量に並んでいるのが見えます。ああいったところにモブとして出ることから始まって、だんだんと前に出てくる。

矢野　Jr.マンションを実現させたのはKAT‐TUNの亀梨君で、2009年のKAT‐TUNのコンサート『Break the Records』で初登場したそうですが、古くからジャニーさんの取材を続けていた作家の小菅宏の『芸能をビッグビジネスに変えた男「ジャニー喜多川」の戦略と戦術』を読むと、「ステージの最前列にトップの子が立ち、二列目、三列目、四列目と順番にジュニアの子たちが並び……」というJr.マンションにつながるような構想をジャニーさんがすでに語っていたことがわかります。これは、宝塚の大階段にタカラジェンヌがびっしり並んでいるようなものを意識しているわけですが。

速水　高いのって危険だけど、お客さんとしては驚く。縦の視点移動きたかって。

大谷　映像を見るとパーテーションに入るJr.の名前が書かれた垂れ幕が下がっている。「誰々くんは何階にいる」って、そこを起点に見るのも楽しみの一つでしょう。

速水　亀梨君が完成させた演出ではあるけれど、ジャニーさんの欲望であってほしいな。いろんな部屋に自分のオンナが住んでいるという、プレイボーイマンションの少年版というか。中居君が司会をしてる『中居正広のザ・大年表』[*29]でも出てきましたね。あの番組でも、学校としてのジャニーズ事務所っていう切り口で、ジャニーズJr.を紹介していました。

中居君本人が事務所に入所したときのことを振り返っていたんだけど、彼は自分から応募するのね。それから1年くらい経って、落ちたと思っていたところに電話がかかってきて、「踊りに来ないか」と言われた。スタジオに行くと、30～40人くらいが鏡の前でダンスしてる。一番後ろの列に入って練習するんだけど、そのときはまだ中居君はジャニーさんに気づいていない。いつもタオルを回してくれるおじさんがいて、「あの人誰なんだ？」と思っていたら、毎週練習に通ううちに、そのおじさんがジャニーさんだと知ることになる。そうしているうちに、ある日「ＹＯＵとＹＯＵとＹＯＵは、公園にローラースケートを持ってこい」と言われた。でも中居君はローラースケートが苦手だったから、１回行っただけでやめたら、一緒に呼ばれてた他の連中は光ＧＥＮＪＩとしてデビューしたんですね。

ジャニーズJr.は宝塚音楽学校みたいなきちんとした学校じゃないけど、訓練の場であり、訓練して序列が上がっていくというシステムになっている。

大谷　立場じゃなくて、ある種のシステムなんだね、Jr.って。

矢野　いきなり抜擢される人もいるけど、ほとんどの場合はひとつひとつ段階をのぼっていくっていう、縦社会性も組み込まれている。合宿所っていうのもそのシステムのひとつでしょう。今はもう合宿所はないそうですが、かーくんの自伝に話が出てきて、合宿所の生活の中で縦社会のルールを叩き込まれるんだなと思いました。冷蔵庫の中にあった「１０４」と書いてある牛乳パックを勝手に飲んだら、それがトシちゃんのものだったからすごく怒られて、２時間正座させられたというエピソードなんですけど。

速水　有名な「牛乳事件」（笑）。

歴史を見せるメタ構造

速水　『中居正広のザ・大年表』で、中居君が『ＳＵＭＭＡＲＹ』（２０１１年）の舞台裏を見に行ってて、ジャニーズJr.の集団と交流するシーンがあったじゃないですか。そういうものも見どころです。

大谷　『『ＳＵＭＭＡＲＹ』』の舞台裏で、Sexy Zoneのメンバーが映ってた！」ってファンのあいだでは話題になるわけでしょう。その撮影のときはまだ結成もデビューも発表されていなかったけど、もうあの時点で始まってたんだね、などというふうに、バックステージを見せることで物語を作ってゆく。

速水　ステージ作品では、舞台の上でも折にふれて、いろんなメンバーが出てきます。Hey! Say! JUMPだけじゃなくて、中山優馬君が出てきたり、Jr.の子が出てきたり……

＊29……日本テレビ系、２０１１年10月2日、12月30日放送分。

『PLAYZONE』や『Endless SHOCK』のように、作品自体が「舞台を作ること」をテーマにしているものもあって、演劇の中での物語と、その外側にあるジャニーズのシステムというものを、入れ子状態で見せている。こういう一種の劇中劇のようなメタな構造は、宝塚とよく似ているんじゃないかと思うんですが。２０１０年の『滝沢革命』の帝劇百年史のところでも「お前はあの年の『SHOCK』に出てるけど、16歳だったのに見た目が老けてるよねー」ってA.B.C-Zが喋ってる。そういう歴史が、若くして作品の中ですでに刻まれてしまう。宝塚なら「『ベルばら』でオスカルをやる前には何の役をやっていた」といった話になりますが。

矢野　宝塚的に言うと、スターシステム制度ということでしょうか。やはり宝塚の影響が色濃い手塚治虫[*30]も、作品をクロスオーバーするようなキャラを描くことで、スターシステムを採用していました。役者がいろいろな舞台に出るように、漫画のキャラクターを複数の作品に登場させ、ひとつの作品の中だけで完結させないような見せ方をしていた。

速水　たしかにそうですね。

大谷　それはテレビじゃ実行しにくいけど、ジャニーズのステージワールドはもう20年以上の歴史があるわけで、その中で熟成して定着に至っているわけですね。

速水　テレビだって、たとえば金八先生シリーズなら、生徒だったトシちゃんが『教師びんびん物語』[*31]で先生をやっているところに歴史を感じますよね。金八シリーズの最後のスペシャルドラマはジャニーズ勢揃いで、各シリーズに出ていた子が大人になって出てきました。あれを見ると、ジャニーズと金八の癒着じゃないや、歴史がよく見える。

大谷　それをやるにはリアルの時間が30年は必要だよね。

速水　金八先生が始まったのが79年だからね。

大谷　ジャニーズはそういう形で継続して芸能を続けさせている。しかも独力で。宝塚以外ではおそらくここ以外にそういった存在はないんじゃないか。歌舞伎や落語みたいな、半ば公共のお金も入っているような伝統芸能じゃないのに、これはものすごいことだと思います。

『Endless SHOCK』の劇中劇

速水　劇中劇のようなメタ構造といえば、『Endless SHOCK』ですよ。組織の入れ子構造として観るとすごく興味深い。

くつも含まれているという構造で、本筋の舞台があり、そのバックヤードでの役者たちの人間模様があり、事件が起こるたび音楽が鳴って踊り出すっていう。

大谷　「Show must go on」っていう、コウイチが劇中で何度も口にするこの台詞が、『Endless SHOCK』のテーマにもなってて、劇中のアクシデントでコウイチは死んでしまうんですが、ショーは続けなければならない、といって話は続いていく。バラエティ感も入ってて、ちょっと吉本新喜劇みたいなやりとりもあったりして。

速水　光一君がコウイチとして演技しているというところからして、吉本新喜劇と同じ仕組みです。ここでやっていることというのは、最初にオフブロードウェイの説明をして、ブロードウェイに行き、ブロードウェイの代表的なステージをダイジェスト的に見せて、日本人にわかるような形で教えてくれながら、舞台裏とステージが交互に続いていくという図式。よくできている。

大谷　よくできてますよね。面白いから、つい何度も観ちゃうんだよね。だいぶJr.の顔も覚えてきましたよ。

● Endless SHOCK 2008[*32]

《あらすじ》コウイチ（堂本光一）が率いる、オフブロードウェイの小さな劇場で活動するコウイチカンパニー。彼らの公演が評判を呼び、ついにブロードウェイからの誘いがくる。

ブロードウェイの公演で、スタッフのミスにより自分の見せ場に出られなかった団員のヤラ（屋良朝幸）。激怒する彼をコウイチは諫めるが、二人は対立したまま次の幕があく。殺陣のシーンで剣を手から落としてしまったヤラは、新しい剣を渡されるが、舞台用のつくりもののはずのそれは本物にすりかえられていた。切りつけられたコウイチは血を流しながら、「舞台を続けろ！」とヤラに言い、階段をころげ落ちるが……。

劇中で繰り返されるコウイチの台詞「Show must go on」が暗示的。

大谷　主役はKinKi Kidsの堂本光一君。彼は「コウイチ」という役名で、ほぼ本人のキャラのまま出てくる。他の出演者も同じですね。

速水　コウイチが率いるミュージカルのカンパニーが、オフブロードウェイから出世してブロードウェイに行く過程で、いろいろな事件が起きるというのが主なあらすじです。『Endless SHOCK』という一本の作品の中に、劇中劇がい

＊30……戦後日本を代表するマンガ家。１９２８年生－８９年没。代表作は『鉄腕アトム』『火の鳥』など多数。
＊31……田原俊彦が主演のドラマ『びんびん』シリーズのひとつ。小学校が舞台の学園ドラマで熱血教師を田原俊彦が演じた。フジテレビ系、88年、89年。
＊32……『Endless SHOCK 2008』Johnny's Entertainment、２００８年。

矢野　すっかりジャニーズ共同体ですね。

宝塚の男役と『滝沢歌舞伎』の女形の違い

大谷　それで、観るまで知らなかったんですが、ジャニーズの舞台には普通に女性が登場して、役が付いている。宝塚は出演者が女性だけで、男性の役はすべて男役の女性が演じるけど、ジャニーズのミュージカルでは女性の役は女性が演じている。男は全員ジャニーズだが、ジャニーズが女装することはない。これは大きな違いです。

速水　ジャニーズがステージ上で女形をやるというパターンもありますね。

大谷　あれはまた特殊ですよね。

矢野　たとえば、『滝沢歌舞伎』ではタッキーとJr.が女形になる。タッキーが化粧をして女形にできあがっていくまでを舞台上で延々見せる演出もびっくりしました。歌舞伎的な発想とも、また違うものですよね。

大谷　違いますねえ。垂れ幕が横縞なところからして（笑）。娘道成寺だとか、歌舞伎のネタが突っ込まれているけど、本質的に歌舞伎じゃなくて、じゃあ何かっていうと、やはりアメリカ産のバラエティショー。つまり、ミュージカルのワンシーンだっていうね。なんの注釈もなくガンガンこういうのを使うのはとってもいいことですね。ジャニーさんの民主主義パワーですよ。

矢野　『滝沢歌舞伎』の女形は宝塚の男役に相当するものなんでしょうか？

大谷　いや、それも別のものでしょう。女形というのは芸能として普遍的にあるもの。宝塚の男役はけっこう特殊でしょう。

『PLAYZONE』のファミリー感

大谷　少年隊が主役の『PLAYZONE』もやはり、構造がメタなんですよね。たとえば２００５年の『PLAYZONE』でも、役名がみな出演者の名前そのままで。

●PLAYZONE 2005[*33]

《あらすじ》時は2050年。ジャニーズ事務所の誕生から約1世紀。その後半50年のショービジネスの歴史とともに歩んできたニシキ（錦織一清）、ヒガシ（東山紀之）は回想する。「2005年7月6日、プレゾン20周年のあの日、俺たちは約束したんだ」。2005年の初日前日の稽古風景。ウエクサ（植草克秀）は「過去を清算しなければ未来はない」と叫ぶ。今回の『PLAYZONE』ではコント調の裁判劇を行い、そこで過去の公演での失態を裁くのだ。しかし、稽古中に異変が起きて……。
少年隊をメインキャストに、１９８６年に開始した『PLAYZONE』が実際に20周年を迎えた記念公演。第一幕では最初の公演で発表されたナンバー「MYSTERY ZONE」が披露されるほか、後半のショータイムでは少年隊や光GENJI（元メンバーの佐藤アツヒロ、赤坂晃が当公演に出演）のヒットナンバーの数々が歌われる。

速水　観客は少年隊と彼らのこれまでの活動を知っている、ということがステージの前提になっているんですね。元光ＧＥＮＪＩの二人、赤坂晃君と佐藤アツヒロ君がスペシャルな役を与えられていて、光ＧＥＮＪＩファンへのサービスにもなっている。さらにもっと若い子たちも登場する。

矢野　世代継承を続けていくことで、ジャニーズ史とジャニーズ兄弟愛をファンの想いも含めて物語に織り込んでいくんですね。

大谷　でも、『PLAYZONE』でもそうだけど、先輩の曲を後輩が受け継いでも、「だれだれの二代目はだれだれ」みたいな継承を、かっちり見せるという感じではないんだよなあ。このあたりの感覚が、のちほど詳しく触れますが、やはりジャニーさんの日本人ばなれしているところのひとつのような気もする。絶対に三代目J SOUL BROTHERSみたいなノリにはなんないっていうね。

矢野　コンサートなどでは先輩の曲のカヴァーもするんだけど、こっちは舞台上の物語として、世代継承を織り込み済みにしていますよね。だから役名が本名でなくてはならない。

速水　ジャニーズって舞台の上でだけやっているわけではないから。たとえば年末に、ジャニーズファンはみんな『ジャニーズカウントダウンコンサート』を東京ドームなりテレビなりで見ると思うんですけど、まさに継承図が目に見えるのがあのコンサートの見どころですよね。ＫＡＴ-ＴＵＮが関ジャニ∞の歌を歌えば、関ジャニはＳＭＡＰを歌い、それからヒガシが後輩たちをバックに従えてマッチの「アンダルシアに憧れて」を歌うということをやって、若いグループだけじゃなく少年隊やマッチもいるんだというところまでリレーしていく。２０１１年の『カウントダウン』は特に、ジャニーズファミリーの絆を感じました。意識していた部分もあったんでしょうね。２０１１年の紅白のできがよかったのは、震災後を生きる人々の絆というテーマがあったからだけど、『カウントダウン』も絆、継

＊33……『少年隊 PLAYZONE2005 ～20th Anniversary～ Twenty Years…そしてまだ見ぬ未来へ』Johnny's Entertainment、２００５年。

承を例年以上に打ち出しているように感じられて良かったです。

ミュージカルからも夜とセックスが抜いてある

大谷　ディスコ研究の回で、ジャニーズは基本的に健全である、ディスコから夜とセックスを抜くとジャニーズになるっていう話をしたけど、ミュージカルにもその公式はあてはまります。話の中でも、恋愛はほぼ出てこなくて、その分スポーティでヘルシーなものが重視されてますよね。だからブロードウェイからすると浮いている。

速水　ブロードウェイってもともとどうなんですか。

大谷　エロ&セクシーの部分はかなり重要ですよ。セクシーな女の子を見たいというニーズに向けたミュージカルっていうのは多い。ジャニーズミュージカルの場合も、絶対に少年の肉体の躍動っていうものが最大の売りになってるはずですが、自然に醸し出されているその部分は前に出さない。典型的なのは『PLAYZONE』なんですけど、さっきから話に出てくるような、いわゆる「ファミリー」のセンスが強いでしょう。この場合のファミリーというのは「親子」とか「家族」というよりは、「ジャニーズ一族」という意味ですが……少年隊が前面に出ながらも、光GENJIのコーナーがあり、もっと若い子たちが活躍するコーナーもあり、その連続性を見るものなんですよね。世代を超えてジャニーズサーガが紡がれている。で、お客さんのほうも、具体的なセックスアピールじゃなくて、「可愛い」、「かっこいい」ぐらいの印象で、親子孫の三世代で安心して熱狂できるっていうね。

なぜジャニーズ・ランドができないのか？

速水　ジャニーさんの生前、週刊誌に、ジャニーズ事務所が不動産を買い始めたという話が出ていました。渋谷に何カ所土地を買ったとか。冒頭で、ジャニーさんは自前のステージを毎日上演するのが最終目的なんじゃないのか、という話をしたんですが、ステージをやりたい人間は、当然活動基盤となる劇場を持つことをひとつの目標とする。しかし、ジャニーさんからはそういう「常設劇場」の意思が見えなかった。これは相当に不思議なことだと思います。

大谷　なぜ常設のジャニーズ劇場というのを作らないのか？　ということですね。まあ、東京グローブ座[*35]が現在ジャニーズ傘下にあるわけですが、あれはほとんど稽古場ですよね。

矢野　あの場所は、収容人数はどのくらいなんですか。

大谷　７０３席。この大きさだと、ミュージカルを毎日やるのはペイしない感じじゃないかなあ。ビジネスとしては無理がある。それから実は、97〜98年にジャニーズ事務所は、京都市からの要請もあって、ＪＲ京都駅ビル内の「シアター１２００」に資本参加し、『KYO TO KYO』*36という*37ミュージカル公演専用の常設劇場を持っていますが、建物自体はジャニーさんの企画ではなかったようだし、１０００人近く入る劇場に50人しか入らなかった公演もあったりして、惨憺たる結果に終わり撤退した、ということになっています。これはでも、ジャニーさん自身もあまり乗り気ではなかった企画だったみたいなことが、以前のインタビューからもうかがえるんですが*38、なんにせよ、たとえば宝塚みたいに拠点を作っちゃうということを、ジャニーズはこれまではっきりとはやってこなかった。『ジャニーズ・ワールド』も帝劇を借りてやるわけですし。

速水　「ジャニーズ・ランド」なり「ジャニーズ・ワールド」なりを建設して、で、その近所を宅地造成して、ファンに売り出せば絶対に住む人いるのにね。

大谷　絶対住むよね。柏あたりにジャニーズ・ランドを作ったらいいのに。年間パス買って、そこに行けばいつでも会えるってことで。沿線にその街があって、自分の子どもがジャニーズになれるかもしれないんだよ。

矢野　小林一三もウォルト・ディズニーもそれを目指していたわけですよね。

大谷　ところがジャニーさんは、そういったビジネスモデルの発想を持たなかった。最近になって不動産を買いはじめているなら、ちょっとずつ変わってきているんだろうなとは思うんですけど。

速水　たぶん段階がいくつかあって、たとえばジャニーズ・エンタテイメントを作ったときに向かったのって、多

＊35……東京・新宿にある劇場で、ジャニーズ事務所傘下の東京新グローブ座が運営している。主に所属タレントを座長とする演劇公演に使用されるが、演技経験を積ませつつファンサービスとなることを主な目的とするものと見られる。ジャニーズ事務所内での使用だけではなく、貸館事業も行っている。

＊36……近藤真彦、東山紀之、佐藤敦啓、KinKi Kids、V6、ジャニーズJr.らが出演。「源氏物語」「牛若丸と弁慶」などをモチーフに、平安絵巻の世界が歌とダンスで繰り広げられる。

＊37……「〝ジャニーズ劇場〟9日オープン　12億ステージ」スポーツニッポン、１９９７年8月8日。ホリプロ、吉本興業との共同出資だった。

＊38……「キムタク独立真相を話そう　ジャニー喜多川独占インタビュー」ＡＥＲＡ、１９９７年3月24日号。

角経営路線のはずなんです。タレント事務所から、コンテンツホルダーへというか、総合的なエンタテインメントを手掛ける会社という方向に踏み出した。

大谷　それまでやってなかったというのがすごいですよね。あんなに売れているのに、自分で全部やろうと思わなかった、というのは。

速水　ジャニーさんの夢はブロードウェイじゃないですか。そこがゴールだとすると、版権を管理するなんていうビジネスにはそんなに興味はなかったんじゃないですか？　だけど、エンタテインメント＝メディアビジネスという時代の変化に対応せざるを得なくなってくる。

大谷　それがジャニーズ・エンタテインメントですね。

速水　こうしたビジネスの転換を、ディズニーは、マイケル・アイズナーが80年代に行ってます。パッケージ販売とか、テレビチャンネルへの進出とか、映画制作・流通とかコンテンツ制作全般に力を入れるようになったのは、アイズナー体制下で多角経営を開始してからです。しかし、ディズニーであればテーマパーク運営は、もっとそれ以前の段階から存在していたわけで。

大谷　サンリオピューロランドだってあるんだから、ジャニーズ・ランドがあったっていいわけですよね。

速水　そうなんですよ。当然方向としてはそっちに行って然るべき。ランドの中には『大野君の怪物屋敷へのご招待』みたいなアトラクションがあるとか（笑）、実際、劇団四季だって常設でやってるのに。

大谷　いずれにせよ、小林一三的な、芸能と都市開発を結びつけるような発想には、ジャニーさんは一切興味がないことは確かだと思います。

不思議なファッションの謎

大谷　あと、なんといっても、ジャニーズで不思議に思うのはそのファッションね。ジャニーズグループのステージ衣装の、あの独特な奇妙さっていうか……。ジャニーさんが完璧にコントロールして、彼らの衣装はああなっているわけですよね。『Endless SHOCK』の甲冑みたいな衣装とか、『滝沢革命』の和洋折衷の衣装とか。

速水　ミュージカルはまだいいほうだと思うなあ、話に則してるから。コンサートは本当にわけがわからない。

矢野　コンサートの衣装は、各グループを担当してる衣装さんが、タレントの意向を聞いてそれぞれに作っているという話を聞いたことがあります。各々の現場の判断でやってることなのかもしれませんが、違う人が作っても同じテイストで統一されているというのがすごい。ジャニーさんの世界観がすみずみまで徹底していきわたってるんですね。

速水　あの独特なペラペラした感じとか。これは、連日の公演で使用できるよう、早く乾かすためにペラペラしているという説もあるんですが（笑）。

大谷　そう。シブがき隊のコンサート衣装に代表される、極端にデコラティヴで、しかも絶妙に安っぽい感じ（笑）。その中では、ＳＭＡＰがドレスダウンしたのは、非常に画期的だった、というのがこれまでに触れたトピックだったわけですが。

矢野　ＳＭＡＰだけが唯一ドレスダウン傾向にあるという話ですね。ＳＭＡＰには、ジャニーズのステージの世界に、普段着っぽいジーンズやチェックのシャツを持ち込んだという功績があります

大谷　あれだけ日本で有名で、大きな存在となったＳＭＡＰだけど、ジャニーズの中では特異な存在だ、っていう指摘は重要。最初売れなかったということも含めてね。『聖闘士星矢』でミュージカルをやってた時代もありますが。

矢野　つまり、当初はデコラティヴなドレスアップの方向を目指していたんですよね。『聖闘士星矢』とは、また異色ではありますが。

速水　『ジャンプ』世代ですからね。キムタクなんか、今も『ＯＮＥ ＰＩＥＣＥ』マニアという現役っぷり。

大谷　今回ＤＶＤをたくさん見てあらためて思ったのは、ＳＭＡＰって歌と踊りも含めて、ステージでの具体的な能力は、歴代ジャニーズグループの中でもかなり低いレベルにあるんじゃないか、ということです。ＳＭＡＰの良さはそういうところじゃないのはわかっているし、ドレスダウンした姿をステージにのせたという画期性を評価するなら、これは言いがかりに近い意見になるけど、ステージ上の姿をいっぺんにたくさん見たとき、一番芸能として苦しいのはＳＭＡＰだった。

速水　そのかわりＳＭＡＰにはステージングの工夫などの面で、後輩たちに影響を与え、継承されているものがありますから。それぞれのグループのコンサートや、『ＳＵＭＭＡＲＹ』にだって、「みんな楽しんでいって」という挨拶のしかたから始まって、随所にそれが見える。次の世代が、前の世代を継承していくと同時に底上げしていくというのがいいところなんだよね。

矢野　ＳＭＡＰのコンサートを観に行ったことがありますが、たしかにバラエティ番組で培ったステージングがすご

い。後輩たちは、そういう部分も見習っていくわけですね。

大谷　次世代がちゃんとレベルを上げていってるんだね。SMAPは舞台に関してはどうしていくんだろう。個人の仕事で外部の演劇に出ることがたまにあるぐらいか。[*39] そろそろどうするのか身の振りかたを考える年だよ、40代ですから。

速水　同じ40歳前後で、先輩がどうしていたかというと、さっきから話にあがっている2005年の少年隊の『PLAYZONE』の少年隊がそのぐらいの年齢だよね。少年隊はSMAPと評価が逆で、ステージ上で面白いグループという評価ですね。

大谷　少年隊最強説というのが根強くあります。『PLAYZONE』を見ると、「少年隊、やっぱすごいな」と思わずにはいられない。アンサンブル完璧だし、歌もうまいし。

矢野　ミュージカル史観からいったら、少年隊がジャニーズの最高傑作なのは間違いない。

大谷　『PLAYZONE』のショータイムで見られるヒット曲のメドレーとか、たまらないものがありますね。

合衆国から来たJohn H. KITAGAWA

大谷　こうやって、長いこと「ジャニーズのミュージカルはなんでこうなるのか?」という理由を3人で話し合って考えてきた結果、ひとつの結論が出たんですが、それは要するに、「ジャニーさんはアメリカ人である」ということです。「ジャニー」って言ってるから気がつかないんだけど、彼は普通に「ジョニーさん」である、と。ジャニーズのロゴをよく見ると、ちゃんと「Ｊｏｈｎｎｙ」って書いてある。それなのになぜみんな「ジャニー」って言っているのか。いや、これは冗談ではなくて、「ジョニーズ」ではなくて「ジャニーズ」だってことで、かなり大きなものがマスクされてしまっているんじゃないか、と。

速水　そこに気づいたことで、実にいろんなものが見えてくる。

大谷　うん。当たり前なんだけど、ジャニー喜多川という人は普通に「John H. KITAGAWA」であって、日系二世のアメリカ人、つまり「外国人」なんですよ。彼は戦争に勝った国から敗戦国にやってきた進駐軍の一員であって、まず日本の子どもに野球を教え、次にポピュラーミュージックという芸能を教えた。この二つはアメリカを代表する文化ですよね。彼は合衆国から日本人たちに民主主義文化を教えに来た人間なのだ、とわれわれは考えてみることにしました。こう考えるといろいろと腑に落ちるところがある。
速水　日本人がブロードウェイの真似をしている、んじゃなくて、その逆なんですよね。「アメリカ人が、日本向けに仕立て直した芸能をやっている」という形がジャニーズだ、と。そのことに気づく前は、ジャニーズ文化を、日本人がアメリカの文化・芸能をどう取り入れ、自分たちなりに消化してきたかという歴史の一部として考えていたんです。たとえば、はっぴいえんど[*40]は60年代のアメリカのロックを持ってきて日本語にしたんだとか、そういうもののバリエーションとして考えていた。でも、逆なんですね。
大谷　「Johnny」っていうアメリカ人が、日本にアメリカ文化を教えにやってきた、という形なんですよ。少年野球の最初から。
矢野　なぜその事実に気がつかないのか、というと、それはやはり「ジャニー」という、和製英語的な名称が大きく利いているのではないか。
大谷　そう。なんか曖昧に、僕たちは「ジャニー喜多川」のことを芸名かなんかだと思ってしまっているわけですよね。「ピエール瀧」みたいに（笑）。しかしあれは本名であって、普通に「ジョニー喜多川」なんだ、と。「ジャニーズ」が「ジョニーズ」だったら、ここまで話は混乱しなかったのでは、と思います。で……。
速水　ここではじめて、ジャニーズはなぜ「ジャニーズ・ランド」、もしくは常設劇場を作らないのかという疑問への答えも出た気がします。
大谷　それはジャニーさんが外国人だから。つまり、そもそも日本に根付く気がない。おそらくいまだに彼は日本のことを外国、もっと言うとアメリカの植民地だと思っている。ジャパンは彼にとって、ファンタジックなおとぎの国であって、いずれは夢から覚めてアメリカに帰らなくてはならない、と思っているんじゃないだろうか（笑）。戦後すぐのモロッコ、タンジールのインターナショナルゾーンとか、そういった特殊な土地として日本を見ている人間なんじゃないかな、と。
速水　おそらくいまだに、彼はワシントンハイツの住人のままなんですよ。万が一、ジャニーズ・ランドができることがあったとしたら……。
大谷　それはジャニーさんが亡くなってからなんじゃない

＊39……第一版出版当時。その後、メンバーの舞台での活躍も目立ってきた。
＊40……日本語ロックを確立させたと言われる、伝説的なバンド。細野晴臣、大瀧詠一、松本隆、鈴木茂がメンバーだった。活動期間は69〜72年。

か。
速水　そうですね。二代目に継承されて、完全に日本のドメスティックなビジネスになってしまうか、もしくはジャニーさんが最終的に行きたかったアメリカになら常設のミュージアムができるのかもしれない。日本の文化的実効支配に成功して、ユナイテッドステーツの繁栄をもたらした功績を称えるという趣旨のものとして（笑）。でも、ジャニーズ・ミュージアムを作るときは、僕らにも手伝わせてほしいですよね。サブちゃんの北島三郎記念館の話を聞いたことがあるんだけど、サブちゃんが生まれ育った環境はもちろん、上京するときに乗ったフェリーも再現されているって。
大谷　それって乗れるの？
速水　動かないと思うんだけど、形は再現してある。電車にフェリーにっていう乗り物があると、ミュージアムも彩りが加えられていいよね。
大谷　ジャニーズ・ミュージアムやるんだったら、幼少期のジャニーさんが長い船旅を経て日本に来るところから再現したいね。第二部は野球。第三のコーナーに行くと、ばーんとミュージカルが始まって、日本におけるアメリカ文化がジャニーさん流に展開されてゆく50年が始まるっていう（笑）。
速水　追体験できるんだ。
大谷　そういった形で、アメリカ人が見た戦後の日本の出発とジャニーズ・エンタテインメントとを接続させて考えると、いろんなことがすっきりとわかるような気がします。
速水　1952年に占領という縛りはとけているんだけど、安全保障上、日本はアメリカの保護下にあるというのは周知の事実です。文化の分野でもアメリカ文化の主要な輸入国となるわけです。日本は、ミュージカル、ジャズ、ロック、ハリウッド映画といったアメリカ文化をジャニーズを通して学ばされてきたということですよね。どうしてサッカーじゃなくて野球なの？　みたいなことも……。
大谷　だって彼は戦前生まれのアメリカ人だもの、の一言で解決する（笑）。

ジャニーズのオリエンタリズム

矢野　僕の好きな忍者の曲にも、現在のミュージカルやコンサートにも、ちょこちょこオリエンタル感というのが出てきますけど、あれもどうしてそうなるのかといったら……。

大谷　アメリカ人だと考えるとわかる。日本人が何かしら複雑なことを考えてああなったわけではなくて、アメリカ人はもともとああいう風に日本を見ている、ということで。

矢野　僕なんかついつい、中国といえばカンフー、という連想をしてしまいますが、それと同じような感覚なんですね。

大谷　そうそう、それと同じ。中国といえばパンダだろ、と思っているようなレベルで。

矢野　ドリームワークスのアニメじゃないけど、カンフーとパンダを両方出しておけみたいな。

速水　ジャポネスクをどうとらえているかというのは、『Endless SHOCK』での光一君の階段落ちのシーンに表れている。甲冑姿で刀を振り回して、長い階段をゴロゴロ転げ落ちるところ。

大谷　ジャニーさんのオリエンタル妄想をピックアップすると、ああなるわけだ。歌舞伎＝見得を切る＝切られて階段を落ちる。みたいな。

速水　常識的に見るとこの階段はおかしいんですが。

大谷　池田屋でもない。

矢野　新撰組でもない。

速水　マッシュアップですよね。源義経と天草四郎と沖田総司と歴史上のイケメンと呼ばれた人たちに扮装させたり。

大谷　ハリウッド映画の中では、アラブ人も日本の芸者も英語をしゃべる。アメリカ人なり、英語のしゃべれるアジア人なりが演じているから。その感覚に相当近い。

速水　階段落ちというのは演劇のクリシェというか。『蒲田行進曲[*41]』は、階段落ちをどう演じるかでずっとストーリーを引っ張る演劇の内輪話になっている。

矢野　様式ですね。歌舞伎にも階段落ちが見せ場として有名な演目がいくつかあります。

速水　落ち方にもいろいろあるんだよね。『ＳＨＯＣＫ』では、ダイナミックな落ち方をしますよねえ。

矢野　池田屋事件[*42]をモデルにしてね。

大谷　こういった演出は、日本人がやってると思うからおかしいんで、外国人にやらされていると考えるとすごく落ち着く。ジャニーさんは本当のアメリカ人なんだっていうことで、衣装も含めて、こういった演出の謎は解けるんじ

＊41……つかこうへい作・演出による劇作品だが、深作欣二による映画が有名。クライマックスの「階段落ち」の場面が特に印象深い。
＊42……１８６４年、京都の旅館・池田屋に潜伏していた尊皇攘夷派を新撰組が襲撃した事件。

ゃないかと思います。
速水　外国人から見た日本観のもとに表現されている日本だということね。
大谷　うん。あと、おそらく、ジャニーさんの幻想の日本っていうのは、だいたい1950年代のどこかで止まっているんじゃないか、と。
速水　最新のブロードウェイの動向を見ているわけではないと。
大谷　最新動向を意識していたら、たとえば、2005年の『PLAYZONE』の最後に出てくる『ミス・サイゴン』[*43]のネタとかさ、ああいう風にはならないと思うし。あれ、89年が初演で90年代のはじめに各国に輸出されたミュージカルで、それを平気で2005年になってもやってしまう。
速水　朝鮮戦争時代の軍で仕事をしていたジャニーさんですからね。ベトナム戦争で負けたという意識がまだインストールされてないのかもしれない（笑）。

ジャニーズと黒人音楽

大谷　この視点から見ると、ジャニーさんの「黒人音楽」に対する距離感っていうのも、なんとなくわかるような気がするんです。ホントのブラックミュージック・ファンっていう、コアな音楽マニアックな話でもなんでもなくて、あくまでも「アメリカの日系人にとっての／アメリカのメジャー層にとっての、黒人音楽」なんですよ。日本人よりもっと立場として自由というか、軽いというか。たとえばジョージ・ガーシュウィン[*44]にとってのブギ、みたいな感覚で、あくまで、アメリカのものとしての黒人音楽。それを進駐軍として、植民地に教えにきている。
矢野　ほどよくデオドラントされた、メジャー文化の中の黒人性みたいなものですね。
速水　「俺、黒人音楽はそんなに好きじゃないんだけど、君たちに教えるときは、まあ、こんな感じだから」っていうね。ブラックミュージックの話でいうと、「ディスコ」的なものとジャニーズとの相性っていうのも、そういった経路を考えるとすっきりわかりますね。ディスコは白人化した黒人音楽の代表ですし。
大谷　ゲイ的なセンスの方向ばかり取り上げられるけど、コアなブラックミュージックじゃなくて、きちんとチャートでアクションした、オールアメリカンなサウンドとしてディスコを把握しているんじゃないか、と。意図的にコアな部分を薄めているんじゃなくて、そのまんま、ああいったサウンドがぴったりフィットしているわけですよ。ジャニーさんにとっての「日本向けのアメリカ音楽」としては。

速水　ジャニーさんの構成要素で、僕は最初ゲイオリエンテッドな文化であるという要素を多く考えすぎていたけど、本当は第一にはアメリカ人要素があって、同時にミュージカル要素、そのあと進駐軍要素、その次にやっとゲイセンス的な要素がくると考えなくてはならない。

大谷　そこにステージ愛が加わるとこうなる、と考えるのがしっくりくるんじゃないかな。

ジャニーズファミリーはアメリカンファミリー

速水　その話でいうと、ジャニーズに脈々と流れる「ファミリー」という意識は、アメリカ人独特の感覚という気もしてきますね。

大谷　ファミリーといっても日本の家制度ではなくて、アメリカンファミリーだね。

矢野　血縁でつながるんじゃなくて、わりとすぐ養子をとっちゃうような感覚ですかね。

速水　ライオネル・リッチーの娘が白人であることに対して誰も疑問を抱かないという感覚なのかな。

矢野　あるいは、パフ・ダディ[*45]が言うところのファミリーみたいなものですかね。

大谷　やめた人にすごく厳しいらしいというのは、あまり日本では見られないなあ。ほとんどマフィアですもんね。裏切った、みたいな感じで。

速水　そもそも最初に見た『ウエスト・サイド物語』でわかるように、ポーランド系の集団、プエルトリカンの集団という移民の民族的な結束というのが、アメリカのひとつのファミリーの形なんですよね。

大谷　あれがジャニーズファミリーのモデルケースだ！

速水　シャーク団とジェット団の次に、俺たちのジャニーズ団がいるんだぜみたいな。

大谷　ジャニーさんはワシントンハイツにいたときに、きっと「Johnny's」ってグラフィティを書いたと思うよ（笑）。

＊43……キャメロン・マッキントッシュ作のミュージカル。ベトナム戦争を背景にした悲恋が描かれる。
＊44……20世紀初頭に活躍したアメリカの作曲家。1898年生・1937年没。代表曲に「ラプソディー・イン・ブルー」「スワニー」など。
＊45……90年代から活躍するヒップホップ・プロデューサー。1993年にレーベルBad Boy Recordsを設立、多数のアーティストとヒット曲を世に送り出す。

文化は西へと進む

速水　ブロードウェイっていうのは東海岸、ニューヨークにあって、ジャニーさんが育ったのは、そこから遠い西海岸のロサンゼルスなわけです。そっちはそっちで映画産業、音楽産業の都でもあるんだけど、東海岸とはまるで違う文化ですよね。

大谷　ひとことで言うと、西海岸文化とは、いろんな文化のフェイクです。

速水　ジャズをとってみても、ウエストコーストジャズというのは扱いが低いというか、映画のＢＧＭとして作られたものなわけですよね。大谷さんなんかは、だからこそその西海岸ジャズが好きなんですよね。

大谷　大好きよ。ウエストコーストジャズをやるためのバンド作ったぐらいなもんで。

速水　基本的に芸術ってそういうもので、ルーツ的なものがヨーロッパにあるとしたら、それがニューヨークへ行くことで一段階変わり、西海岸へ行ってまた変わる。そもそもヨーロッパ起源であるクラシックミュージックのオーケストラを、ニューヨークでもやるんだというところから出てきたのがバーンスタインで、バーンスタインが作った東海岸のミュージカルである『ウエスト・サイド物語』がさらに映画化される。

大谷　そして、さらにそれが西に進み、日本にたどり着いて、「ジャニーズ」という文化になる、と。

速水　たどり着くと、そこではさらにそのフェイクができる。ジャニーズのスタートは野球ですが、野球は「ベースボール」が日本に入ってきて、「野球」になった。これと同じように、ブロードウェイミュージカルが西海岸を経由してさらに西へと進んで日本に来て、ジャニーズのミュージカルになった。これも、向こうが上でこちらが下ということじゃないんです。野球でいうとＷＢＣで日本が二連覇したり、日本からイチロー、野茂といった選手がアメリカに行って活躍したという逆輸入みたいな事例があるので、東と西は必ずしも上下の関係にはない。重要なのは、一貫して西へ進んで、変化し続けているということ。

大谷　あっちから見たらね。

速水　西に進むたびにフェイク度が高まりながら、新しいショーになっていくのが面白いんですよ。

大谷　その果てに「少年忍者」が生まれるという。面白い！

ジャニーズは太平洋戦争の産物!?

速水　ここ数年、「韓国はK-POPに国家戦略として投資していて、日本に文化侵略をしかけている」という話題がよく出ますけど、それに対して「俺たちはジャニーズで戦うぜ」って考えるのは矛盾しているということになりますよね。

大谷　ジャニーさんは立ち上がってくれない？

速水　ジャニーズが立ち上がっても、それはアメリカと韓国の戦いにしかならないと。

大谷　両国が日本の頭の上を越えて、なんかやってるだけだと。

矢野　進駐するときに文化を立ち上げようとするのは常套手段なんですか？

速水　渡辺靖の『文化と外交』によると、中国は文化を外交手段として発展させるのがうまい、韓国もそこにお金をかけているとありました。日本はと言えば外交手段として文化を使うのが下手だし、お金もかけていない。

大谷　日本は植民地経営に失敗した国だからなあ。

速水　そうなんですよね。日本も同じような手を使おうとしてはいたんですよ。満州映画協会[*46]と満州鉄道[*47]を立ち上げて、映画と鉄道というセットでアジアに打って出ようとしていた。交通インフラとソフト、ウェブコンテンツを組み合わせるやりかたは小林一三と一緒です。

大谷　満州国における小林一三が甘粕大尉[*48]。そして甘粕はジャニーさんだと言ってもいい。この喩えはあながち冗談でもないですよ。満州国というのは人工国家ですよね。五族共和というスローガンを掲げ、アジアのモデルとすべく人工的な理想国家を体現しようとした。甘粕はそこで満映という映画会社を作って、映画で文化政策をやろうとした。

速水　でも、満映って基本的には失敗してるんですよね。

大谷　作った映画がヒットしなかったんだよね。

速水　満映を代表する李香蘭は、日本人なんだけど小さいころから大陸で育ったから中国語が堪能だった。でも、満州のキャッチコピーである五族共和というキャラクターに

＊46……1937年に設立された満州国の国策映画会社。
＊47……日露戦争終了後、1906年に満州国に設立された鉄道会社。
＊48……甘粕正彦。1891年生〜1945年没。日本陸軍の軍人として満州国建設に関わり、満州映画協会の理事長を務めた。

はならず、単に中国人の女優だというギミックで売り出されただけだった。
大谷　残念ながら、映画がヒットしなかったというオチで。
速水　そうなんだよね。だから彼女を前面に出して「これが満州国の理念だ」と一体感を持つような、象徴としては機能しなかった。
大谷　そういった文化産業がジャニーズのように、もしかして満州で大成功していれば、八紘一宇のイデオロギーもうまいところ輸出できていたかもしれないんですけどね。アメリカ民主主義みたいに。
速水　ジャニーさんの素晴らしいところは、文化をもって した日本の統治としては完全に成功したけど、鉄道を引かなかったところです。不動産も買い占めない。
大谷　ジャニーさんは鉄道を引かない。これは本当に素晴らしい。彼がやりたかったのは、本当に純個人的な欲望に基づいていて、政治的なところがほとんど感じられないよね。一生マイノリティというか、成り上がる感覚も薄いし。このあたり、彼の複雑な出自が関係しているかもしれませんが……。
　さて、まとめですが、本章途中でお話しした「ジャニーとジョニーのあいだ」という概念。ジャニーさんが「ジョン・H・キタガワ」ではなく、「ジャニー喜多川」と名乗ることによって、結果的に僕たちはいろんなことを見落とすことになった。彼の名前がもし、ジョージとか、ポールとかだったら……。
速水　警戒するよね。でも、「ジャニー」であることによって、アメリカがマスクされることになった。
大谷　ジョンがジョニーになって、さらにジャニーになったから、日本はあっさりとアメリカの文化侵略を受け入れた、という、かなり極端な意見をここで述べておきたいと思います。ジャニーズが日本文化の中にこのような形で定着しているということと、ジャニーさんという人が戦勝国から来た、いわば植民地の管理者的立場にある、アメリカ文化を日本人に教えてやる側にいる人だった、というところから考えると、いろいろと見えてくるものがある、という説です。
速水　このテーマの結論はそれに尽きますね。ブロードウエイって50年代に『ウエスト・サイド物語』のヒットによる繁栄期をむかえたあと、ニューヨークの治安悪化とともに、地盤沈下するじゃないですか。映画とテレビの時代になっていくというか。そのときにニューヨークの街を支配した音楽というのは、ミュージカルではなくディスコだった。第3章でディスコとジャニーズの関係について考えたけど、なぜジャニーさんが意図的にディスコミュージックを取り入れているのかと言ったら、それはリアルタイムで届けられたものだったんだよね。歌謡曲とかに盛り込んでやってたよね。

大谷　たしかに、歌謡曲にディスコがのっかってるんだけど、日本人のミュージシャンがアメリカ黒人音楽が大好きで、それをまねしてやるという感覚とはまったく異なる。洋楽マニアの作業ではなくて、「流行っているからやってみた」というもので、ジャニーさんにとってアメリカで流行っているものは、別に洋楽でもなんでもなく自国のものだから、それを移植してくることになんのストレスもないんだよ。

矢野　今回、ジャニーさんのアメリカ人要素という視点を得たことで、僕らのジャニーズディスコへの理解も深まった気がします。

速水　今までは、アメリカ文化の受容として捉えていたけど逆だったんだよね。受容じゃなくて、輸出と見なければならなかったんです。これは、太平洋戦争という特殊な戦争の産物です。戦争直前までは、日系アメリカ人が大量にいるので、日本とアメリカは仲がよかったけれど、そういう国同士が戦争をして、両方の血を持っているというか、文化を両方持っている人たちが、戦後に変化した枠組みの中で、生きていくのが複雑になっちゃった。『ウエスト・サイド物語』に出てくる移民社会の複雑さどころじゃなく複雑です。

大谷　そういう複雑さに対して、多分、ジャニーさんには、はっきりと感じるものがあったんだろうね。

亀梨和也「1582」に結実したもの

矢野　その複雑さの極みとして、亀梨君の「1582」があるんですね。2009年のKAT-TUNのコンサート『Break The Records』[*49]での亀梨君のソロですが、花魁みたいな扮装で、水芸をやったり、宙を舞ったりする。

大谷　これは目眩がするほど面白い。何度観ても興奮するよ。

矢野　1582年ていうと、本能寺の変があった年でしょ

＊49……Johnny's Entertainment、2009年。

う。だから、ファンのあいだでは織田信長の正室だった濃姫に扮して歌っているという説があるんですって。亀梨君本人は、歌詞から想像してって言ってて、特定はしていないそうなんですけど。

大谷　花火を打ち上げて終わるのかと思ったら、まだ終わりじゃなくて、紙もって宙を飛んだ。これだけ要素をぶちこんで、「まだやるのか」と驚かされます。ここには本当に、いろんなものが見て取れる。

矢野　宙を飛ぶときにつかんでいる巻物にも、何かお経のようなマントラのような文字が書いてあるんですよね。あれに何が書いてあるのか本当に知りたい。そういう謎めいた世界観も、それぞれ元ネタとなっている要素を確認することで特異性が際立つわけですね。いやあ、この亀梨花魁はすごい。

大谷　これだけすごいとなんの文句もないですよね。

自伝的作品『JOHNNYS' World』

大谷　２０１２年に第一版が出たあと、すぐにこのメンバー全員で、帝国劇場で『JOHNNYS' World』の初演を観ることができました。これが面白かった！　なんとジャニーさん本人を思わせる「プロデューサー」が狂言回しで、彼の手引きで少年が1月から12月までの12シーンを旅するみたいな舞台構成なんですが……端々に「？」な部分があって、休憩中にトイレに行った時にすれ違った女の子が、友達に「まじワケわかんないんだけど。あたしだけ？」って言ってて噴きました（笑）。

矢野　Hey! Say! JUMPの山田（涼介）君が「なぜ1年は12ヵ月なのか。13ヵ月目はどこにもないのか」といって13ヵ月目を探しにいく話なんです。

大谷　わけわかんない（笑）。

矢野　この作品は毎年少しずつ要素が入れ替わりつつ２０１５年まで続いた。２０１６年の公演からは『JOHNNYS' IsLAND』というタイトルになり、基本的な要素は引き継ぎつつも様変わりしました。19年の『JOHNNYS' ALL STARS IsLAND』は再び『JOHNNYS' World』初演をベースに作られています。初演の劇中の主要な登場人物にHey! Say! JUMPの薮（宏太）君が演じる「プロデューサー」[*50]がいて、要するにこの人がジャニーさんです。無茶な演出をするので、「こんな現実味のない世界、誰が理解できるんだよ」と他の人から言われたりします。

大谷　ジャニーさんの自伝的要素もところどころに出てき

ていて、劇中で明言はされないんですが、船に乗って太平洋を渡る映像とかも出てくる。ジャニーさんの生涯を知らないとまさに意味不明で、全体的に死ぬ間際の走馬灯感がすごい（笑）。「これは自分の死を意識しているね」という話もしていました。

速水　今僕らは、ジャニーさんが亡くなった後の13ヵ月目の世界を生きているんですよ、って急に言われたらどうしたのかって突きつけられますよね。『SHOCK』や『DREAM BOY』といった自分の演出作の集大成なわけで、ジャニーさんの自伝的要素が全部詰まってる。そして、ジャニーさんは、明らかに自分の死期を悟っている。この公演自体が「1974〜2010年に計232曲の№1シングルをプロデュースした」、「2000年から10年の間に計8419回のコンサートをプロデュースした」という業績でギネスに登録された記念公演。つまり、裏方ですよという立場を180度変えて、自分の功績を自ら訴え始めた。NHKワールドTVでインタビューを受けて自分の半生について語ったのには驚いた（『JOHNNYS'World：Top of the J Pops』2013年1月27日放送）。しかし最後は、オリンピックの開会式にジャニーズが関わることはないと確定したのを見て、この世を去ったんだよね。でも、僕らは幸せなことに、「ジャニワ」を見たおかげで、実際のオリンピックの開会式がどうあろうが、「ジャニーズがやる開会式」を妄想できる。なぜならジャニワのオープニングがそれそのものなので。

大谷　野村萬斎をジャニーさんに入れ替えて、「ジャニーだったらこうするね」って考えながらオリンピックの開会式を見る。「ここは赤西君でしょ」とか。

速水　あ、すでに退所した人も出てくるんだ（笑）。

大谷　そうやって妄想をふくらませたくなるくらい、ジャニワはおもしろかった。

●JOHNNYS' Worldの感謝祭 in TOKYO DOME[*51]

大谷　ジャニワはけっこう長くやってるわりには、パッケージ化されてないんだよね。それで、結局ジャニーさんが死去するまで映像化されなかった。これから出るのかなあ。

速水　オリンピックまで外部には秘密ってことでしょ。ま

＊50……2012年版でのキャスティング。
＊51……ポニーキャニオン、2013年。

あ俺はまだジャニーズが開会式をやるって信じてるし！

大谷　ないない（笑）。ただし、『JOHNNYS' Worldの感謝祭 in TOKYO DOME』というものが映像化されています。ジャニワの歌唱シーンを中心に、見せ場をコンサート的につないでいく、という内容になっております。ドームは5万人くらいお客さんを呼べるんですが、帝国劇場みたいな舞台装置は当然使えない。帝劇の客席収容人数は1回約1900人です。毎年ひと月かふた月の間だけ、この数少ないお客さんのためだけに、ジャニーさんはショーを見せてきたというわけです。

矢野　帝劇公演成功の感謝祭であるとともに、第4章でも触れた、トニトニ構想というオリンピックへの意気込みを発表したイベントですね。

大谷　映像を見ると、まず、壁際の縦横何列にも広がるパーテーションにジャニーズJr.が配置された「Jr.マンション」に驚きます。帝劇にもあったけれどドーム規模になると強烈！　ほとんど壁紙みたいになってるJr.は300人もいたんだそうです。その後、ワンシーン目は「お正月」が題材という。

速水　13ヵ月が描かれるんだけど、もちろん一月のお正月から始まる。

大谷　噴水が吹き上がって、振り袖の片袖をとったような衣装を着たJUMPの9人が水太鼓を叩くところが見もの。ザッツ・ジャポニズムですね。このように、ジャニワには随所にジャニーさんの美意識が詰まっていて、これまでのキャリアの総決算、もっと言うと代表作はこれってことでいいんじゃないかなと思った。あと実際に見て、よく覚えてるのは、舞台のバミリがすごかったですね。バミリって、人の動きや装置の動きを舞台上に養生テープで印をするんですけど、帝劇の2階席から見たらナスカの地上絵みたいになっていた。「俺絶対これの舞台監督やりたくないなー」と思いました。

矢野　ジャニワでミュージカルの『ヘアー』の「輝く星座」を歌っていましたね。「輝く星座」はフィフス・ディメンションの代表曲ですが、この曲が使用されたミュージカル『ヘアー』は、ベトナム戦争を舞台にヒッピーを描いた作品です。反戦のメッセージが込められているという点で、ジャニーさんの思想との関連性がうかがえますね。

●ABC座ジャニーズ伝説　2017[*52]

大谷　カヴァーと言えば、A.B.C-Zが「Never My Love」

をリリースしてたじゃない？　あれはジャニーズ結成秘話を舞台化した『ＡＢＣ座　ジャニーズ伝説』のテーマ・ソングだったんですね。あとから映像で見て、なるほど、と。この曲は、話によると初代ジャニーズが録音はしたものの、リリースされなかった幻の楽曲で、あとからアソシエイションが歌って全米1位を獲得したという。ジャニーズはアメリカにも、ツアーというか、オーディションを受けるようなかたちで進出していて、このあたりの話題をミュージカル仕立てで舞台化したのがこの舞台です。

速水　やっぱり少年野球から始まる？

大谷　違います（笑）。わりと普通に結成してる。こちらのジャニーさん役はA.B.C-Zの戸塚（祥太）君。まあ、ジャニーさんの幼児期から青年期に関してのエピソードは、どちらの舞台も直接的には取り扱っていないですよね。

矢野　ジャニーさん一家は戦時中に和歌山に疎開し、和歌山大空襲を経験しているんですよね。で、戦後にふたたびアメリカへ。ジャニー少年はそうやって日本とアメリカのあいだで育っている。

速水　そのエピソードも『ジャニーズ伝説』に入れてほしいよね。

*52……ポニーキャニオン、２０１８年
*53……松竹、２０１９年公開

●映画　少年たち[*53]

《あらすじ》少年刑務所に収監された少年たちが衝突をくりかえしながらも友情を育み、成長して世の中にはばたいていく。日生劇場での舞台が原作。

速水　『ボヘミアン・ラプソディ』も『ラ・ラ・ランド』も『グレイテスト・ショーマン』も、流行る映画は全部ミュージカル映画という今の時代に、ジャニーズ事務所もちゃんと『映画　少年たち』をつくってきました。もともとはフォーリーブスの時代から継承されてきたミュージカルの舞台を映画化したんですね。

矢野　初演は１９６９年。75年には永田英二やJOHNNYS'ジュニア・スペシャル、井上純一、豊川誕らが上演。２０１０年に松竹座での関西ジャニーズJr.版と、日生劇場でのA.B.C-ZとKis-My-Ft2版が上演された。２０１５年から今回の映画版にも出演しているSixTONES、Snow Man、関西ジャニーズJr.がキャスティングされています。

速水　この映画は少年刑務所に収監された男の子たちが主人公の群像劇。ムショ内の赤房、青房、黒房という、所属している房ごとのチームに分かれて対立している。それぞれの色のつなぎを着てたから助かるけど、登場人物の見分けがつかないとまったく把握できない。ちなみに僕が判別つくのは髪型でジェシーのみに等しかったけど、みんな見分けられてるの？

大谷　僕は一応、赤チームは普通についていけた。出演してるみんな、SixTONESは全員のファンになりました。キャラ立ってんなぁと思ったよ。演技がうまいし、歌も踊りもいいし、10年選手とはいえ、なんであんなにこなれてるの。主役の京本君、素晴らしかったですよ。これからいろんな舞台で活躍を見られるのが楽しみでしょうがない。『エリザベート』のルドルフ王子という大役をすでにやっていますけれど。

オープニングは『ラ・ラ・ランド』超え

矢野　どうでした、冒頭の8分間は。

大谷　ワンカットで撮影しているダンスシーンね。最高でしたね。

速水　冒頭の8分間は明らかに『ラ・ラ・ランド』をやりたかったように見える。

大谷　「あれぐらいウチでやれるよ！」って、ひらめいちゃったんだよ。『少年たち』の冒頭のダンスシーンはすごくよくできていて、『ラ・ラ・ランド』とは桁が違う。比較するなら『バードマン』に近いかな。合成的なワンシーン・ワンカットのダンス場面演出ということで。

矢野　冒頭の「JAPONICA STYLE」の部分とか素晴らしかったですね。『少年たち』のオープニングは『ラ・ラ・ランド』超えであると。

大谷　全然超えてる。エンドロールのクレジットを見ていたら、オープニングのダンスだけ製作チームの編成が違うんだよね。プロデューサーもインタビューで「使用楽曲や曲のタイミングについて、舞台チームや振付師の方とのコミュニケーションは重要でした。普通の映画と違って完全に混成チームで、大変でした」って言ってます。[*54]

速水　エンドロールには別視点のカットが入ってたよね。あそこが映画の一番の見所だと。いわばジャッキー・チェン映画のNG集みたいな。

大谷　冒頭のダンスシーンみたいなものが、あんなに派手じゃなくてもね、最後の立ち回りあたりにもう一回あの調子で行けたら傑作！　になってたと思う。

速水　結末は、映画のセオリー無視で、誰これって人たちがわんさか登場。ストーリーはまるで無視なんだけど、ミュージカルとしては、ありなのかな。

大谷　喧嘩を振付で表現した『ウエスト・サイド・ストーリー』のダンスと通じるような映像なんですよね。だからこのテンションで最後まで行くのかと思ったら、そうでもなかった（笑）。

矢野　『ウエスト・サイド・ストーリー』を『ラ・ラ・ランド』でやるというコンセプトなら、すごい作品になったかもしれませんね。

初の映画製作総指揮と反戦平和の訴え

大谷　映画の公開時は、ジャニーさんが初の製作総指揮を務めたということが大きく取り上げられていました。事務所全体としては、映画製作にはジュリーさんが力を入れてきていたわけですが、ジャニーさんももっと作っていても良かったのにね。なぜこれが初めてだったんだろう。

速水　映画監督は舞台とは違って、映画会社とか配給とかいろんな会社が入りますよね。

大谷　要素が多すぎるのね。メジャーな映画会社で作ると組合の規定でもずいぶん変わってきちゃう。編集権とか。あと配給とか、広報とか。松竹はどうだったかな。

速水　ジャニーさんはコントロールしたい人だからそれが嫌だった可能性がある。プロデューサーがインタビューで、松竹の演劇部の協力を得たと言っていたけれど[*55]、逆に見れば、舞台班が強くて映画班の権限が及ばない部分があったという見方もできる。それが映画のエンディング後にジャニーさんからの謎のメッセージが加えられた理由なんじゃないかな。

矢野　「子供は大人になれるけど、大人は決して子供に戻れない」。最近の大林宣彦を思わせる凄みがありました。

大谷　いやー、なぜこの言葉で締めようと思ったのか。意味がわからなくてヤバいね（笑）。あと、夏空の雲を映すのもやめたほうがいいんじゃないですかね。エンディング付近のイラストの演出とか、時制がなんか歪んでる。

速水　まるで全員が戦死したみたいに見える演出。映画に

＊54……「ジャニー喜多川社長の発想に感嘆…『映画 少年たち』Pが語る製作秘話」マイナビニュース、2019年3月26日。https://news.mynavi.jp/article/20190326-shonentachi/
＊55……「『映画　少年たち』を本木克英監督が振り返る」ぴあ映画生活、2019年3月29日。http://cinema.pia.co.jp/news/177621/78620/

は、赤房のリーダー格であるジョーの父親がアメリカらしき国の帰還兵で、復員したあとにＰＴＳＤを発症して自殺するというエピソードが描かれているけど、舞台版で死ぬのはジョーを演じたジェシーなんですね。彼は実際に日米の多文化ルーツですが、舞台の役柄もそういう設定になっていて、もう一つの祖国に徴兵のため強制送還されて出征する。

大谷　もとのあらすじに則して考えれば、最後の謎メッセージの見方も変わってきます。

速水　まあ映画だけ観てれば、最後にいきなり上からメッセージが降ってきてただただ唖然とする。

大谷　Snow ManとSixTONESが最初に『少年たち』の主演としてキャスティングされた２０１５年の舞台では、特にジェシーが戦地で死ぬ場面の描き方が痛烈だったって、観に行った人が言ってた。上演期間中に安保法案が可決されたっていう時期だったから、「ジャニーさん怒ってんなー」と思ったって。その年はタイトルも『少年たち　世界の夢が……戦争を知らない子供達』と、主張が明確です。僕たちは観られていないんですけども。

速水　ジャニーさんは、アメリカへの愛憎が相半ばですよね。彼が作るミュージカルには、戦争批判の場面が出てくる。あまりに唐突だし、本筋とは関係ないんだけど、何か伝えたいことがあるんだろうね。そしてジャニーさんは、戦争を日本側、アメリカ側の両側から見ているんだよね。それも僕らが混乱する一要因。

監獄のコンテンツ力

大谷　ロケーションがよかったね。ムショの長い廊下を使って長回しがいくらでもできる。

速水　旧奈良監獄で撮影しているのがすごい。ここは明治41年に建設された日本最古の監獄で、戦後に少年刑務所になり、２０１７年に重要文化財指定を受けて、それが星野リゾートに買われてこの先、ホテルとして営業することが決まっている。

大谷　最初のシーンのテンションがずっと継続していれば、すごく変わったミュージカル映画ができたはずなんだけど、惜しいなあー。いや、十分に面白かったですけど。

速水　もとからのコンセプトだけど、現実の監獄を舞台にするっていう案はいいよね。男の子いっぱい出せる（笑）。『監獄ロック』か。

大谷　俺の檻に少年たちを入れておきたい（笑）。50年前からやってきたんだなあ、これを。

回収されない謎

速水　意味ありげなのに回収されないエピソードはいろいろありましたが、看守の伊武雅刀は特に謎。映画を観て最初に思い出したのは、87年の映画版『スケバン刑事』ね。南野陽子のやつ。島の中にある少年刑務所が舞台で、看守が受刑者の少年少女を洗脳して日本に革命を起こそうとする話ですが、このモデルは北一輝だと思う。佐渡島出身の国家主義者で、二・二六事件のクーデターを起こそうとした。なので『少年たち』ではてっきり、伊武雅刀が看守を演じるからには絶対悪いヤツだろうなって。

大谷　そしたらいいヤツのまま終わった（笑）。監獄の外の、例えば病院のシーンとかかなり御都合主義的で、いろいろ詰め込みすぎな話ではあると思う。脱獄に至るまでの経緯をもうちょっと強めに演出して欲しかったですけど、悪役の関ジャニ∞の横山君がねー、どうしてもねー、こりゃ脱獄もしたくなるわ、と思わせるほどの看守じゃないんだよね。

矢野　僕が劇場で観たとき、横山君の登場シーンで笑いが起きていましたよ。ファンによる好ましい笑いだったかと思うのですが、けっこうチャーミングな面がありましたね。でも、そんな看守に反乱を起こすように脱獄を敢行する。

速水　彼ら、脱獄までしたのになんの結果も得てないよね。友達の脱獄を助けようとした京本君が死んじゃうし。

大谷　あれほとんど無駄死に。あの犠牲で状況が変わるとか、そういった物語の組み立てが欲しかった。

速水　今どきは『スター・ウォーズ』の新作とか、特攻はひたすら回避する時代なのに。

矢野　『少年たち』では、京本君の死を犠牲にしていちおう目的を達成した。とは言え、物語上必要な死かと言えば全然そんなことない、というのが困惑するところです。脱獄の計画も正直かなり甘いんですよね。脱獄を阻止する看守たちのリアリティはあまりなかったかな。

大谷　横山君の演出もね、最初の登場シーンはそこまでじゃなかったのに、終わりに向かってどんどん足を引きずり出すという。

速水　過去に受刑者に襲われて負傷し、障碍が残った設定なんだよね。それで受刑者にめちゃくちゃ厳しく当たる。少年たちを痛めつけるための動機付け。

大谷　年も若すぎるんじゃない？　中学生ぐらいの子供が

いることになってる設定は厳しいぞ。

客席　横山君は映画公開のころは38歳で、子供役の川﨑皇輝君は16歳なので、なくはないです。

大谷　えっ、もうそんな歳だったのか（笑）

速水　子供を連れた横山君が飛行機に乗っていて、窓から「ホテルが見えるよ」と親子で会話するシーンは、空撮で旧奈良監獄を映したかったんでしょうね。意味深に見えるけど、多分それだけの機能。

大谷　映画のラストシーンでは、旧監獄がホテルになった未来（？）が描かれています。出所した人たちが集まって、そこでおこなわれているショーを見るっていう設定です。ステージでは、『ＳＨＯＣＫ』の光一君みたいにエアリアルで天井からぶら下がった人がくるくる回ったりしてるんだけど、実際にオープンしたらジャニーズがショーをやるのかな？　ジャニーズのショー付きホテルの誕生だ。

矢野　ラストのショーの数々は、過去に悲しい記憶を抱えた場所をエンタテインメントで乗り越えていく、という意味でジャニーイズムを感じました。

応援上映に向かないジャニーズ

速水　僕は『映画　少年たち』を応援上映の回で観たんですけど、この映画は応援上映を否定しているよね。みんなで同じセリフを言うとか、「待ってました」みたいな掛け声をあげたりするのをわりと拒否している。おそらくそれはジャニーさんが観客参加のスタイルを嫌っているんだって思いました。

矢野　観客が歓声をあげたり、ペンライトを振ったりして参加する応援上映は流行ってますよね。ウィキペディアで観たんですが、２００９年に立川シネマシティで『マイケル・ジャクソン THIS IS IT』の上映時にライブと同じようなスタイルで見る提案をしたのが始まりのようです。２０１０年代の後半からは特によく開催されるようになりました。

速水　『映画　少年たち』は、そうじゃない。私たちがやっているのはミュージカルショーですよ、あなたがたはお客さんですよ、舞台に介入するのはナシにしてね、というつくりに見える。舞台で許されるのはカーテンコールを盛り上げることぐらいじゃない？

大谷　『ザ・少年倶楽部』の客席もなかなかの統制感がありますね。ジャニーズファンは舞台をおとなしく観るっていうちゃんとした指導がなされているということか。

お話を共有できる音楽が求められている

大谷　流行る映画はみんなミュージカル、という最初の話に戻るんですけど、音楽一般の動向を見ているとその理由がわかります。アニソンのコンサートがいい例で、ここ5年ほどジャンルとして非常に伸びていて、さいたまスーパーアリーナクラスが即ソールドアウトになるぐらい人気があるんですね。たまたま衛星放送でアニソン・フェスの「アニメロサマーライブ」っていうコンサートの抜粋を見たんですけど、LiSAとか三森すずことか僕でも知っているような人たちと一緒に、全然存じ上げない歌手もいっぱい出てたわけです。でも、観客はみんな曲を知っている。それでみんなが「キターッ!」という様子で盛り上がっている。その盛り上がりかたが、紅白よりも紅白っぽかった。どういうところが魅力なのかなと考えたんですが、曲がお話とくっついてるのがいいんじゃないかと。

あるウタを、その背後にある物語やキャラや世界観とコミで聴いているわけです。音楽によって得られる情動が、あらかじめドラマによって枠付けされているというか、きわめて自然に心の盛り上がりのスイッチを押せるようにできている音楽がアニソンだと思うんですよ。

J-POPも、歌謡曲も、ロックでもそうですが、ほとんどの日本のポップスの曲は、ドラマの中に埋め込まれていたものを取り出したんじゃなくて、それ自体で独立して、完結したものとして作られていますよね。その歌が唄われるためのドラマや必然性はカットされて、いきなり「それでは歌っていただきましょー!」って始まる。月9ドラマの主題歌のメガヒットっていうのは、それを無理矢理つないで成功した特例で、実際は無関係な曲です。

速水　話の一部だけを切り出して、商品化したものがポップミュージック。

大谷　興奮するところだけ取り出して、手短に、盛り上がる部分だけを繰り返すのが歌謡曲。で、ずっとそれでよかったわけですが、今は一巡したのか、お話がコミじゃないと音楽が聴けないという状態になっているんじゃないかと。

矢野　なるほど。たしかに周囲の人と話していると、その傾向は感じます。「どんな音楽を聴いているの?」という話をするとき、「○○のサントラ」という答えが返ってくることがけっこうある。音楽を物語とセットで受容しているんですね。

速水　クラブミュージックなんて物語をいかに切断するか

という方向で進化してきたのに。

大谷　そうですね。ここ数十年の最先端の音楽ってことでいうと、即物的な快楽に特化する方向で進化してきたんだけど、揺り戻しが来たのか、それとも元々あった需要の掘り起こしに改めて成功したのか、今は歌に加えて劇という形が、すごい安定感がある。ほとんど浪曲の世界に近い。ジャニーさんが愛するミュージカルっていうのは、もともとがそういうシステムなわけですね。トータルな舞台があって、ところどころに感情が噴出する歌が入る。80〜00年代の歌謡曲／J‐POP全盛期よりも、今のほうがジャニーズ全体が生き生きとして見えるとするならば、そうした時代の流れがあるのかもしれないと思っています。

速水　クラブミュージックって消費するアイテムとしては、難易度が高いよね。ひたすら踊るためのもので、物語とか盛り上がるサビとか、そういうものを排除してできている。

大谷　やっぱね、相当ハードだったんでしょう。アイドル文化もだと思うんだけど、成長とかキャラとか、そう言った要素があったほうが、歌に対して積極的に関わりやすいのは確かです。ドラマの中の一要素としてウタがある。逆に言えば、歌謡曲は曲と歌手だけで「物語」を作ることができたんだけど、今はもうそれは無理で、背景から何から世界を用意しなければ、リスナーは十分にそこにお金を払うことをしなくなってしまった。この辺り『タイアップの歌謡史』方向から考えることもできると思います。

矢野　それに近いことは、NEWSのコンサートに行ったときにも感じました。NEWSはいま、4年かけてグループ名をモチーフにしたアルバムプロジェクトをやっているんですよ。「N＝NEVERLAND」「E＝EPCOTIA」「W＝WORLDISTA」というタイトルで、それぞれファンタジー、宇宙、仮想体験をコンセプトにしてきました。2020年は最終章の「S＝STORY」です。「ドキュメンタリーアルバムでもあり、みんなでつくる〝現実の〟物語でもある」(Johny's Entertaiment のサイトより)ということになるらしい。音楽も映像もテーマに則っているからステージにストーリー性があって、めちゃめちゃ楽しいです。

速水　ファンタジーみたいな？

矢野　異世界に行くというお話が徹底しているから、濃いファンも一見さんも入っていきやすいんだと思います。物語込みで音楽を楽しむ姿勢。

大谷　勝手に歌だけ聴いて興奮するということは、これから先もうないかもしれない。

速水　わかるなあ。うちの親が沢田研二のファンだったのに、コンサートでヒット曲をやらないもんだから付いていけないって言ってた。それに引き換え、さだまさしはヒット曲は全部やるし、トークもやるしでわかりやすい。音楽の消費者は、当然そっちに流れる。

大谷　そこがね、アニソンのコンサートを観てみて強いなと思った。音楽による一体感を久しぶりに見たな、っていう感じ。ガンダムでもエヴァでもそうだけど、曲を知ってるだけじゃなくて、そういう背景から全部楽しめるというのでワンセットになってる強さがあるんです。

速水　背景にある話を共有できている。

大谷　そう。声優さんが出てくると、彼ら彼女らが参加していた物語＝キャラの世界が、歌う前からワーっと広がって、きわめて自然に音楽に入っていける感じになる。

速水　なるほど、ちなみに僕自身はコンサートの一体感みたいなのがほんと苦手で、勝手に踊っているクラブ文化のほうが性に合ってた。背景の物語もなければ、となりの人と共感する必要もない。そういう人間には辛い世界だな。この流れの中で『ボヘミアン・ラプソディ』の映画がヒットしたりするのは、わかる気がする。

大谷　完全に重なってると思いますよ。

速水　皆で共有するカルチャー。

大谷　そういった需要が日本で一番顕著に表れているのがアニメ関連で、オープニングとエンディングがあり、挿入歌も含めて、コンサートを完全にパッケージングすることができる。ほとんど芝居の興行に近くなっている。

速水　芝居をやって、その後はショーで歌ってステージと観客が一緒に盛り上がって。そうすると、物語から切り離されたポップミュージックってどこから始まっているんだろう？　ポップミュージック自体が、ミュージカルのショートバージョンとして誕生したわけですよね。

大谷　やっぱり、レコードに3分間の曲を記録して売るというシステムが登場したのがきっかけでしょうね。

速水　そして、そのレコードとしてパッケージングされた音楽を、舞台で再現して見せるのがコンサートだった。ビートルズの日本公演がそうだったように、3分×12曲ぐらいが当初のリスナーの忍耐力が保てるマックスだったんだと思います。

矢野　しかも、ビートルズの日本公演はオールディーズのカヴァーばかり。

大谷　そうじゃないと本来はもたないよ。デビュー直前だったか直後だったかの話で、三波春夫が自分の公演で、浪曲と歌を半分ぐらいずつやったら、浪曲のほうはいらないからもっと歌をやってくれって客席のおばあちゃんから声が飛んだんですって。それでいろいろ悩んで、最終的に長編歌謡浪曲に辿り着くんですが。

矢野 「映画のサントラが好き」という人が増えたのは、ディズニーのミュージカル映画の流行が大きいかな。紅白でもミュージカル枠が定着したように思います。やはり、物語回帰が見られますね。

速水 音楽を見せているようで、トータルパッケージとして絵が前提なのね。でもこの仕組みは、ハイコンテクストを消費者に要求する仕組みでもある。『アベンジャーズ』を理解するためにマーベルユニバース全体を把握してくださいみたいな。

矢野 知人が言っていたのは「映画を脳内で再現するためにサントラを聴いている」と。

大谷 音楽にお金を出すならそっち、という傾向が強まっていて、曲だけ聴くという行為は非常に力が弱っているという実感があります。

速水 それは大谷さんが商売にしているジャズからずいぶん遠い世界ですよ。

大谷 モダン・ジャズはアブストラクト芸術なんでね。もう昔から日本では遠い世界なんですが（笑）。まあ、僕はいろいろなジャンルの音楽をやって、演劇もやって、全部含めてもう一回近代をやりなおす派なので、逆に今の傾向もいい方向にはたらいてます。ずっと子供の頃から、基本的には「音楽」だけを聴く文化で育っているから、芸能全体のことを考えなおすのには良いタイミングだと思っています。

矢野 僕も音楽のありかたとして、そのような傾向は健全だと思うなあ。音楽が芸能の一部としてとらえられている。

速水 ジャニーズはずっとミュージカルを捨てずに、音楽だけを切り離すことなくやってきたわけじゃないですか。

大谷 『聖闘士星矢』の後は、グループではミュージカルができなかったＳＭＡＰは、ヒットチャートに曲だけ送り込むというスタイルで、いわば前世代の音楽消費のありかたにきちんと対応してやってきていた。そういった音楽の時代はもはや終わってしまったと言い切っていい、現在のこういう状況を考えれば、『少年たち』を経験させてもらっているSixTONESとSnow Manの未来は明るいですよ。

column 6

ジャニーズにおけるジャポニズムの系譜

ジャニーさんからタッキーへ

ジャニーズのヘンテコとも言える「和」のモティーフはもはやおなじみだが、その淵源は1980年代に求めることができる。例えば、シブがき隊には「アッパレ!フジヤマ」「サムライ・ニッポン」といったジャポニズム系の楽曲がある。浪曲「森の石松三十五石船道中」のフレーズを流用した有名な「スシ食いねェ!」も、ジャポニズム系楽曲に数えられるだろう。

その後、このジャポニズム系譜は、少年隊「日本よいとこ魔訶不思議」のような独特なジャポニズム曲を経て、光GENJIや忍者といったグループに連なっていく。とくに忍者は、そのグループ名もさることながら、初期シングル群で笠置シヅ子や美空ひばりのカヴァーをしたり日本各地の祭りをコンセプトにしたミニアルバム(『Summer Fiesta』)を作ったりと、かなり意識的にジャポニズム路線を打ち出したグループだった。では、なぜこの時期なのか。

1980年代から1990年代初頭までの日本は、おもにバブル景気を背景にしながら、国際社会で存在感を示していく。そのような時期にあって、西洋人の視線で見られた日本人の姿が顕在化していく、という時代的な流れがあっただろう。観光地でカメラとガイドブックを手に、バシャバシャと写真を撮りまくる日本人みたいな。注意したいのは、このように示される日本人像があくまでステレオタイプのものであり、実体とは必ずしも一致しないということだ。例えば、「スシにテンプラシャブシャブ・スキヤキ/ゲイシャ・フジヤマタタミにサムライ」という典型的なオリエンタリズムを歌う忍者の「日本ブギ」という曲には、「愛想笑いは眼鏡をずりさげ」「個性ない分　勤勉実直」

という歌詞が出てくる。このような歌詞も、西洋人の視線を取り入れて日本人を戯画化する試みに他ならず、その意味では、「西洋から見た日本人」というオリエンタリズムをいち早く戦略的に採り入れたYMOの試みとも共振する。

しかし、ジャニーズが特殊なのは、そもそもプロデューサーであるジャニー喜多川自身、西洋からのオリエンタルな視線を抱えていることである。したがって、ジャニーズにおけるジャポニズムは、YMOのような批評的な諧謔精神とは別に、もっとナチュラル（天然）に誤解を含んだかたちでの「日本」表現となる。そうでなければ、光GENJIや忍者といったネーミングはどのように思いつくのだろう！

ただ、そのような誤解にもとづいたジャポニズム表現こそ、新鮮で目を引くのもまた事実。必ずしも実体とは重ならない「日本の美」のようなものが、ジャニーズではくり返し表現されることになる。さまざまな力学のなかで発生したジャニーズのジャポニズム表現は、現在まで継続している。

個別に挙げていくとキリがないが、まず思い浮かぶのは、関ジャニ∞のデビュー曲「浪花いろは歌」。レーベルは演歌の老舗であるテイチクである。現在の関ジャニのイメージからすると違和感があるかもしれないが、デビュー当時の関ジャニは、ジャニーズのジャポニズム路線を担う存在だった。KAT-TUNもしばしば「和」のモティーフを用いる。本文でも話題に挙がったように、2009年のコンサート『Break The Records』での花魁に扮した亀梨和也は圧巻だった。また、2015年の『KAT-TUN LIVE〝quarter〟』では「Japanesque」というパートが用意され、和太鼓や和傘を使ったパフォーマンスが披露された。

さらに極めつけは、嵐の2015年のアルバム

『Japonism』である。その名のとおり、全編にわたってジャポニズム路線が貫徹されたアルバムには、「miyabi-night」「三日月」「暁」といった「和」のタイトルの曲が並ぶ。あるいは、シブがき隊を彷彿とさせるように「We are サムライ大和撫子」と歌われる「心の空」では、和太鼓の音も入った印象的な『和』風のサウンドを聴くことができる。さらに言えば、一部特典には、少年隊「日本よいとこ摩訶不思議」のカヴァーが収録されているという徹底したジャポニズムぶりである。当然、コンサートも全面的にジャポニズム路線が打ち出されている。とくに、大野智がその体幹を活かし、次々と面を取り換えながら、舞踊的にアレンジされたダンスを披露する「暁」が素晴らしかった。

このように2000年代以降も、ジャニーズにおけるジャポニズムの系譜は続いている。もちろん楽曲やコンサートのわきでは、滝沢秀明が『滝沢歌舞伎』でジャニーズ的な「和」を追求していた。記憶に新しいところでは、その滝沢が初めてプロデュースしたMVは、SixTONESのその名も「JAPONICA STYLE」だった。その他、『滝沢歌舞伎ZERO』におけるSnow Manの腹筋太鼓、さらにはトラジャことTravis Japanの主演舞台『虎者-NINJAPAN-』など、ジャニーズのジャポニズム路線はいまや主要なモティーフとして、なくてはならないものとなっている。そこには、ジャニーズのプロデュース業を引き継いだ滝沢が、自分なりにジャニー喜多川の精神を継承しようという意志が強く感じられる。

（矢野利裕）

Johnny's Studies! 2020

第6章

ジャニーなき後の13月を生きる

We can do! We can go! 僕らの未来

矢野　ジャニーズ事務所の2010年代後半は激動の時代でした。とくに、SMAPをめぐる騒動には驚きましたね。かねてより「ジュリー派対飯島派[*1]」の派閥争いが噂されていましたが、2015年1月、メリー喜多川副社長が『週刊文春』のインタビューに応じた際、SMAPのチーフマネージャー飯島三智氏を呼び出し、対立するならSMAPを連れていっても出て行ってもらう、と発言したのが記事になった[*2]。翌年の2016年1月13日には、日刊スポーツとスポーツニッポンがトップニュースとして、「SMAP解散」を報じる。世間的にはここで大騒ぎになりました。SMAPの面々は、その記事内容の否定と謝罪を冠番組『SMAP×SMAP』の冒頭で生放送しましたが、このことは視聴者にショックをもって迎えられました。様々な憶測が飛び交うなか、8月14日にはSMAPが同年末に解散し、稲垣、草彅、香取君の3名は事務所を離れると発表されます。

　さらに、2019年1月には嵐が翌年末での活動休止を発表し、同年7月9日にはジャニー喜多川社長が他界されました。2020年に入ると、中居君が退所し独立するなど、いまだ激動のさなかと言えます。

速水　僕らはSMAP解散後のジャニーズ事務所の動向をふまえて『ジャニ研！』の増補改訂版を出そうとして、この2年ぐらいのあいだ話し合ってきました。そうこうしているうちに嵐の活動休止発表があり、ジャニーさんもお亡くなりになり。

大谷　打ち合わせをするたび、その後にすぐ何かが起きるから、その前の話がみんなチャラになる状態で。

速水　ただ、第一版を作った頃から、いつか来るXデーについては考えざるをえなかった。そのほかにも、数年前までは考えられなかったインターネットでの露出が解禁されるなど、大きな動きがあったのを見ていきたいと思います。

デジタルに放たれたジャニーズ

速水　ジャニーズ事務所といえばインターネット上に所属タレントの肖像を一切出さないことで長年有名でした。しかし2016年に一部の映画やドラマの宣伝用映像をYouTubeで公開するようになり、17年にはSNSでの宣材写真掲載を許可し、という具合に段階的にネット解禁を進めていきます。そしてついに18年にはニュースサイトでの写真使用も許可しました。これってジャニーズ史ベストテンに入るぐらいの大きな出来事じゃないですか。

大谷　ちょっと前までは、雑誌の表紙にジャニーズアイドルの写真が掲載されていると、ネット書店のサイトにアップされてる書影がおもしろいことになってたよね。人物のシルエットが銀色で潰されていて。

速水　ゲームの「かまいたちの夜」の画面みたいだって、よくネタにされてたやつ（笑）。

大谷　そのぐらい制限されていたものが、ここ数年で一気に解禁されたという印象があります。ネットに本格的に参入したジャニーズ事務所がどう変わっていくのか、あるいは、もうすでに変わっているのかについて、検証していきましょう。

ジャニーズはユーチューバーになれるのか

矢野　２０１８年3月21日にジャニーズJr.チャンネルが配信を開始します。10月29日には、YouTubeが世界各地で展開する「アーティストプロモ」に日本からはJr.グループ（当時）SixTONESが抜擢される。品川駅や汐留に大きくヴィジュアル展開された広告のキャッチコピーは「ジャニーズがデジタルに放つ新世代」。さらには、２０１９年10月9日には嵐がYouTubeにオフィシャルチャンネルを開設してSNSにも一斉参入、デジタルシングルの配信開始と、急激にネット展開が進みます。

速水　２０１８年当時のSixTONESはデビュー前だったにもかかわらず、YouTubeのアーティストプロモで持ち歌の「JAPONICA STYLE」のMVが公開された。このMVは２０１８年末に芸能界を引退して、ジャニーズ事務所の子会社ジャニーズアイランドの代表取締役に就任した滝沢秀明社長のプロデュースで製作され、公開から1日ほどで再生数１００万回を突破したことでも話題をさらいました。

大谷　YouTubeの動画には利用者が字幕をつけることができて、このMVにもすでに各国語の字幕がついています。英語や中国語どころかスロバキア語なんていうのもある。

矢野　ジャニーズはネット上にコンテンツを上げないこと

＊1……嵐や関ジャニ∞をプロデュースした藤島ジュリー景子副社長（役職は当時）、SMAPやKis-My-Ft2をプロデュースした飯島三智氏。
＊2……『ジャニーズ女帝 怒りの独白5時間』週刊文春、２０１５年1月29日号。

で、ステージやコンサートを中心としたファンとの一体感を作ってきました。ステージを実際に観に来させて、そこだけでしか味わえない世界を提供する。それが一気にネットに開放されることで、世界中からリアクションがあった。ジャニーズがこんなにネット上にいるなんて、いまだに慣れないです。

大谷　いやもう、ショックよ。僕、リビングのテレビでYouTubeを見られるようにしてるので、ご飯食べながらジャニーズJr.チャンネルを毎日見てるんだけど。

速水　スマホどころか携帯もいま持ってない大谷さんが。

大谷　一応はデジタルにも適応してるんだと主張しておきます。最近は美少年の更新を楽しみにしてます。初々しい。可愛いすぎる（笑）。いろんなグループがデビュー前からいろんなことをやっているよね。こういった状態では、彼らもいわゆる「ユーチューバー」の存在を意識せざるをえないと思うんだけど、どうかな？

速水　ジャニーズはユーチューバーになれるのか問題。

YouTubeの勢力図の中で

大谷　さて、現在のYouTube上で、ユーチューバーとジャニーズの勢力図がどうなっているか。チャンネル登録者数でいうとジャニーズは人気ユーチューバーには及ばないんですよね。現在、国内第1位ははじめしゃちょー、ジャニーズでは嵐公式チャンネルが28位、Jr.チャンネルが187位。２０１７年に新しい地図の活動開始とともに開設された草彅君のチャンネルは１９２位（２０２０年４月29日現在）。

矢野　草彅君のチャンネルは、その名も「ユーチューバー草彅チャンネル」。ジャニーズがまだネットへの露出を制限していた時期の開設だったので話題になりました。

大谷　新しい地図は発足時から、ネット配信を積極的におこなうということを打ち出していました。ネットテレビのAbema TVで「72時間テレビ」という番組を定期的に配信してもいる。こういう状況の中で、ジャニーズJr.チャンネルが活動の場に加わったJr.たちはどうなっていくのか。比較するために人気ユーチューバーの投稿動画も最近見ていますが、僕が見るにはきついんですよ。思うに、あれは子供のための娯楽で、ティーンエイジャーは楽しめると思うんだけど。身近な娯楽番組として僕は楽しめない。

速水　そこで、ユーチューバーのｋｅｍｉｏが参考になります。彼は、実はジャニーさんが摑みそこねた人材でもあ

YouTube登録者数国内ランキング（2020年5月27日）

順位	チャンネル名	登録者数
1	はじめしゃちょー	866万人
27	ARASHI	291万人
82	kemio	180万人
117	ジャニーズJr.チャンネル	113万人
194	ユーチューバー草彅チャンネル	108万人
307	SixTONES	76・5万人
332	Snow Man	72・3万人

（出典：ユーチュラ）

る。ジャニーズJr.に在籍していたことがあったが途中から仕事に呼ばれなくなったと著書『ウチら棺桶まで永遠のランウェイ』（KADOKAWA、2019年）で語っていました。

矢野　kemioはTwitter傘下の動画投稿サービスVineでの6秒動画の数々が中高生のあいだで人気になって、そのあとYouTubeに活動の場を移したんですよね。

速水　現在のkemioのYouTubeのチャンネル登録者数ランキングは82位。2019年には雑誌『GQ』がその年最も活躍した男性を表彰する「GQ MEN OF THE YEAR」で、「ユース・インフルエンサー・オブ・ザ・イヤー賞」に選出されました。選出理由には「Twitter、Instagram、YouTubeなどのソーシャル・プラットフォームを駆使し、十代の女子中高生を中心に絶大なる人気をほこるデジタル世代のカリスマ」である点が挙げられている。ゲイをカムアウトしていることでも注目されています。

矢野　kemioは、僕が唯一見ているユーチューバーです。著書も話題になりましたが、言語感覚が本当にすごい。いわゆる文学的ということではないけれどすごく詩的で。チャラさともいえる軽みが十代、二十代からの人気の理由だと思いますが、その軽みで社会的なこともナチュラルに語っているのが良いです。アメリカのセレブを意識しているからか、セクシュアリティのカミングアウトや、選挙についてメッセージを出すことにも意識的で、ジャスティン・ティンバーレイクみたいに政治的な話も交えながらプレゼンスを高めている。でも、社会派として気張っている感じでもなく、本当に皮膚感覚で言葉を発しているんでしょうね。そんなkemioが、ジャニーさんが摑みそこねた人材というのは面白いです。

大谷　基本的なところから聞いていいですか？　彼は自分で動画を制作してアップしているんだよね？

速水　そう。ユーチューバーは、機動力命で、コンスタントに新しい動画をアップしていくのが重要なんだけど、つまり自分で撮影、編集くらい手軽にできるっていうのが条件になる。

大谷　タレントであると同時に、制作や演出ができる技術者でないとユーチューバーにはなれないということですね。

速水　kemioはテレビとかには出なくなったんだけど、理由がテレビは他の人に編集されるから苦手だって。自己認識としては、演者というよりも動画編集者なの。

ユーチューバーはワナビーマーケット

大谷　僕が思うに、なぜ若い人にユーチューバーが魅力的に思えるのかと言ったら、多分、企画して撮って編集して投稿して、と一人四役やってるところがいいんだと思う。そういうものづくりも含めた自己プロデュース能力が、全部ひっくるめて評価されているからじゃないですか。子供たちは、ユーチューバーをこれから生きていくために必要な総合力を備えている人として見ているのではないか、と。

速水　「あのユーチューバーみたいになりたい」っていう憧れの対象って、かつてのポップミュージシャンの地位。そもそも、ロックンロールって十代のために作られた音楽じゃないですか。大人が大真面目に聴くものとは誰も考えずに作り出されてきた。その音楽がのちの市場拡大で「J-POP」に更新されて、いつしか対象年齢が二十代とかにまで広がっていっただけで。

大谷　ポップミュージックの文脈で言えば、60年代にビートルズを聴いたティーンが興奮したのは、曲がいいっていうことだけじゃなく、作って演奏して歌って、っていう「バンド」っていう新しいメディアの登場に驚いたんだと思うんですよ。前の世代のポップ・アイコンたち、例えばフランク・シナトラとかと違って、ビートルズは自分たちで全部やってる。それが新しかった。内容だけではなく形式面での更新があった。この話の延長として、テレビに対するユーチューバーを考えることができるんじゃないか。で、さらに、そのようにユーチューバーを考えた場合、ジャニーズJr.チャンネルが見せるべき能力は、それと一緒なのかどうか。

矢野　普通に考えると違いますね。

速水　これまでのタレントはまわりが全部やってくれて、その中心にいるものだった。

大谷　「新しい地図」のみなさんの動画を見ていると、ちょっと残念なんですけれど。そういう意味での「新たなメディア」に対応しているようにはまだ見えないんだよね。あくまでもテレビの延長的な感じで。

速水　お膳立てをしてもらっているなというのは画面から伝わってしまう。

大谷　自分で撮ってアップロードして、自分を魅力的に見せる方法を自分でトータルに把握する、ということを自分でコントロールできるメディアであるスマホでやる、というのが、子供たちの最大の興味の対象であるとすれば、そこにジャニーズはどう絡んでいけるのか。

矢野　現代のタレントとしてやっていくには、今までのバラエティ番組で求められていたような対応力、瞬発力だけではもうだめなのかもしれませんね。クリエイティヴィティと真似したくなる感じをいかに出せるかが問われている。そういう意味において、ｋｅｍｉｏに人気が集まっているということなのか。

ユーチューバーの身体性

矢野　学校の仕事で今の十代の人たちに接して思ったのは、彼らの身体性がネット動画に同期しはじめているのではないか、ということ。

速水　それはどういうことなの？

矢野　まず、ＴｉｋＴｏｋで見かけるようなダンスを普段からよくやっている。

速水　動画を撮るための練習とか？

矢野　そういう目的意識ではなくて、なんというか日常の動きがＴｉｋＴｏｋっぽいんです。あと、文化祭で生徒が映画を撮影して発表するのですが、その作品も完全にYouTubeの影響が色濃いです。数年前はビデオカメラを使っていたのが、今ではスマホで撮影するようになり、完成した映像にはテロップががんがん入っている。シネマの文法ではなくネット動画の文法で作られている。だからユーチューバーに憧れるのもわかるし、そもそも身体感覚がネットメディアに適応しているように見えます。

速水　動画を撮ってアップロードして、それにみんながリアクションするところまで呼吸をするようにやっているよね。kemioをまた例に出すと、「旅先でパスポートをなくしちゃった！」という動画コンテンツをアップし、それを見てみんながああすれば、こうすればとコメントして、その一連のやりとりがすぐにコンテンツになる。

コミュニティと芸能

速水　もうひとつ注目すべき点は距離の近さです。僕はkemioにインタビューしたことがあるんですが、著書のタイトル『ウチら棺桶まで永遠のランウェイ』の「ウチら」って誰なのかと質問すると、チャンネル登録してくれている人たちが「ウチら」なんだという答えが返ってきました。自分はコンテンツの発信者ではあるけれど、見ている人にいろいろ教えてもらったりしながら、「ウチら」で作ってきたという感覚であると。コミュニケーションがそのまま作品になっているんですね。ここが芸能との違い。

大谷　でも、むしろそれこそが「芸能」だと言うこともできるんじゃないですか。たとえば、マッチの「ハイティーン・ブギ」に「ウチら」を感じる人がいたわけですよ。サビ前にマッチが「バカヤロー」と叫ぶのを聴いて自分もそれをやってみたいとか、シャウトに対して「キャー」って叫ぶという様式美の共有に「ウチら」を感じる人が、ジャニーズのファンになるわけで。テレビやレコード上では直接やりとりはできないけど、これまでの芸能もコミュニケーションの結果だと言えるんじゃないか。

速水　確かにそうかも。

大谷　ただ、芸能の主戦場が変化してきている。YouTubeというメディアはステージが違うので。媒体の特質を最大限に利用したコミュニケーションのありかたを探っているのが、現在のユーチューバーなのでは、と。

矢野　Jr.チャンネルのジャニーズJr.たちはユーチューバーの感覚を体得しているように見えます。YouTubeの視聴者がのぞき見してる感じを意識した自然体の感じというか。テレビほど気張って見せようとしない感じが良くないですか。SixTONESの「ジャニーズJr.ドラフト会議」とか、あとはJr.チャンネルの1年間を振り返る動画とか見ていて心地良い。

大谷　これからはこのネット上の、スマホの画面で展開される、近くて小さなステージでも戦わなければならないと判断して、やっているんでしょうね。メディアの発展に芸能事務所がどのように対応しはじめているのか、またタレントたちもどういう意識で対応しているのかが、ジャニーズJr.チャンネルには表れているように思います。

ネットの台頭で何が変わったか

大谷　僕はユーチューバーの動画は見ていられないんだけれど、Jr.チャンネルはどれも面白くてずっと見ていられるんですよ。これはなぜなんだろう。

矢野　コンサートのMCからメンバーの関係性を読み取って楽しむ感覚に近いもののように思います。テレビに比べると、みんなが気張っていないぶんストレスなく見れちゃう。ジャニーズタレントに限らず、テレビのバラエティ番組の役割意識みたいなものが重く感じることはあります。

大谷　SixTONESの動画を見て「きょもほくってほんとに仲悪いのかな?」などと考えてしまったりすることはある。

速水　それ、大谷さんが、単に彼らのファンになってるっていう（笑）

矢野　京本君と北斗君の関係性とか目が行っちゃいますよね。正直僕は、そんな自分に戸惑っているんですよ。２０１９年のＮＥＷＳのコンサートに行って以来、自分でも不思議なほどＮＥＷＳが好きになったんですが、アイドルに対する見方が変わったような気がする。ファンの人が「誰と誰の関係性がいいんだ」と言ってたりするのを以前は理解できなかったのですが、今はちょっとわかる、みたいな。ＮＥＷＳで言うと、シゲのことを他のメンバーが愛情たっぷりにからかう感じとか、とても良い。これまではジャニーズの曲やパフォーマンスがいいと思って見てきたのに、俺なんでこうなっちゃったんだろう。

大谷　「俺、そうじゃなかったのに」と（笑）。

速水　関係性の魅力か。よほど入り込んで、コンテクストを共有していないと読み取れない。今のＪ-ＰＯＰの曲が、どれだけヒットしても外部に伝わらないのって、その辺が原因な気がします。もはや楽曲いいね、という伝わりかたもしなくなりつつあるでしょ。デビュー曲売れてるね、くらいは共有できているけど。

大谷　それはそうですよ。「踊り上手いなー」と感嘆するとか。

速水　その程度は伝わるけど、それすらファン以外には、伝わりづらくなっているかも。

大谷　矛盾は多々ありますね。それが、今が過渡期であることの表れだと思います。ジャニーズJr.チャンネルってユーチューバーっぽいんじゃないかなと思って今まで見てきたけれど、こうやってユーチューバー事情に詳しい人から話を聞いてみると、やっぱりかなり違う種類のものだとわかってきました。多分、舞台で鍛えられたタレントが出てくるから僕は見られるし、面白がったりできている。

速水　これは、ジャニーズだけではなく、クリエーター全般が向き合わされている問題。つまりプロがお金と手間をかけたものよりも、素人がつくったものに数字が集まってしまう。この状況に対してプロはどう対抗するのか。ネットの台頭ってまさにそういうことだと思うんだけど。

大谷　本職にしてる人が困っちゃってるっていうことだよね。

速水　そう。第一版からの8年間でいちばん状況が変わったところ。ＰＩＸＡＲの『トイ・ストーリー4』（2019年公開）がまさにその問題を扱ってる。『4』のストーリーは、おもちゃの持ち主の子供が、シリーズを通しての主人公のウッディやバズら市販のおもちゃたちよりも、手作りのおもちゃフォーキーを気に入ってしまうことから始まる。つまり、ハリウッドの最先端の映像技術が素人のYouTube動画に勝てなくなった状況をなぞっている。

矢野　なるほど。『トイ・ストーリー4』では、旧来のおもちゃ、とくにウッディがそこから新たなアイデンティティというか生きる道を探すことになるわけですが、フォーキーはアマチュアリズムの象徴ということなんですね。

速水　ビートルズからして素人の音楽家だったという意味では、みんなユーチューバーだったということもできる。一貫して素人が勝つという道筋を歩んできたのは確か。ジャニーズも、元々は、素人が成長していくのをみんなで見守るのがいいとされてきたカルチャー。それが、ユーチューバーと同じ土俵で戦うときにどうするんだろうというのが今起きていることだろうね。

働き方改革の時代にアイドルとして生きるということ

メディア史に残る事件、ＳＭＡＰ解散

速水　最初にＳＭＡＰの解散が報じられたのが2016年の1月13日でした。実はヤフトピでその見出しを見たとき、同じお店にＫＡＴ－ＴＵＮの中丸雄一君がいたので記憶し

てます。ちょっと動揺していたように見えました。

矢野　中丸君と同じ場所でＳＭＡＰ解散報道を見る。歴史的な瞬間ですねえ。翌週1月18日月曜日、すぐに冠番組『ＳＭＡＰ×ＳＭＡＰ』で生放送会見をしましたね。解散報道が出たことについて謝罪するという特殊な放送で、メンバーの悲痛な表情から「お葬式みたいだ」と視聴者のあいだで言われるような異様な雰囲気でした。そのときは解散はしないとコメントしたけれど、8月14日に結局、解散が発表されました。

大谷　分裂が見える形になり、よくわからないところから「裏情報」として真偽不明の話がさまざまに出た。そして結局、解散コンサートもおこなわれず、非常に残念な解散の形になってしまいます。『ＳＭＡＰは終わらない』という著書のある矢野君は、一連の出来事をどう見ていましたか。

矢野　『ＳＭＡＰ×ＳＭＡＰ』での生放送会見のすぐあとに僕は本を書き始めて、『ＳＭＡＰは終わらない』というタイトルで出版したところ、刊行日の4日後に解散が報道されたっていう……。

速水　〝終わらないぜ〟って言い切った直後に終わりがやってきた。タイミングとしては、えーってなりますね。

矢野　「終わらない」というのも色々な意味を込めたので別にいいんですが、しかし、直後のタイミングで面食らいました。あと、正式に解散報道が出た直後、ニューヨークタイムズからコメント依頼の連絡をうけたんです。でも、そのときたまたま家に携帯を忘れていたもんだからその仕事はほかの人に行っちゃったんですけど……。

大谷　タイムズから！　全米デビューだったじゃん！　何で忘れるのよ！

矢野　いや、本当にたまたま忘れたときにそういう大事な連絡があって。帰宅後に折り返したら、「もう、他の人に頼んで入稿してしまった」と。それで、そのときニューヨークタイムズの記者の人が言っていたのは、一連の解散騒動のなかで人権のことに触れていたのが僕だけだったから、ぜひその話が聞きたかった、ということなんです。解散騒動に関してはゴシップ記事も多くありましたが、実はいろいろな論点が存在しますよね。今も、ＳＭＡＰの解散に関しては本人たちの意志がどれぐらい尊重されたのか、あるいは抑圧されたのか、いまだわからないことが多い。

大谷　解散からもう4年も経ちましたが、その後のことも含めて、ここで一度きちんと振り返っておきたいと思います。

速水　ＳＭＡＰの解散は、のちの嵐の活動休止とあわせて考えることで、見えてくるものがある。嵐はリーダーの大野君が２０１７年の6月17日にメンバーを集めて「自分の嵐としての活動をいったん終えたい」と告げたことから、活動休止の話し合いが始まったと言われています。それが、大阪の京セラドームでチャリティイベント『嵐のワクワク学校』を開催する前の日の夜だった。

大谷　嵐の箝口令というか、危機管理能力というか、団結力はすごいね。それから2年後の19年の1月27日にファンクラブ会員向けの動画配信で活動休止を発表するまで、この話が噂話のレベルでもまったく、外に漏れなかったんだから。

矢野　活動休止発表の会見では18年2月に事務所に報告し、話し合いを重ねて6月に決断したと話していましたが、話は事務所の中でもごく一部の社員のあいだで留められていたようですね。

速水　会社にコントロールされるんじゃなく自分たちで手綱を握るために、話す内容もタイミングも綿密に考え抜かれたのがうかがえる会見でした。なんというか、詰め将棋みたいなやりとり。そのような見事な活動休止報告をした嵐は、絶対にＳＭＡＰの解散までの一連のでき事の影響を受けているよね。ジャニーズに限った話じゃなくて、ＳＭＡＰがテレビの中で謝罪させられたことはメディア史に残る事件で、あの瞬間に日本社会の空気が変わった部分ってあると思う。

大谷　そう思います。あれではっきりと、「テレビってこういうものなんだ」という事実を見せてしまった。

テレビの人、ＳＭＡＰ

矢野　本書を通して僕たちは、ジャニーズ事務所の主戦場は舞台だという話をしてきました。ＳＭＡＰというグループはテレビを通じて人気が出て確固たる地位を築いたけれど、そうしたジャニーズの価値観の中においては傍流だったということが解散に大きく影響しているのではないかと僕は思ってしまった。

大谷　実質的にＳＭＡＰ最後のコンサートになった２０１４年の『Mr.S』を見ると、考えさせられます。特に、僕の好きな「Ｊｏｙ!!」から見えてくるものがある。ちょっと見てもらってもいいですか？

『Mr.S "saikou de saikou no CONCERT TOUR"』

●「Joy!!」

作詞・作曲：津野米咲　編曲：菅野よう子

大谷　SMAPの歌って案外、ストレートな恋愛の歌は多くはないんだよね。歌詞に軽くヒネリが入ってる方が多いし、あと、「がんばりましょう」や「オリジナルスマイル」のような「一緒にがんばりましょう」直球ソングも多い。

矢野　SMAPの本道は労働歌ですよね。「SHAKE」の「明日は休みだ仕事もない」という歌詞も印象的です。少年隊には、とうてい歌われないだろう内容。

大谷　「Joy!!」がその路線の最新で、私すごく好きなんだけど、歌詞とかかなり変ではある。「無駄なことを一緒にしようよ」とか。このコンサートでの映像を見ると、えーと、例えば後輩グループであるHey! Say! JUMPなどを先に見た目で見ると、「うーん、SMAP、振り付けが大雑把だなあ」みたいなことを思うのではないでしょうか。後輩グループたちのダンスと歌の基礎レベルがかなり上がっていて、その方向性を期待すると、やはりステージ芸術としては仕上がっていないように見えちゃうんですね。この曲では客席から抽選で選ばれたファンをステージに連れ出して、みんなでわーっと盛り上がって、なんだかよくわかんないままに終わるのが、バブルと紅白が一緒にやってきたようでおめでたくはあるんだけれど、ジャニーイズムとは全然違う世界だと思わずにはいられません。テレビ番組の映像に近い感じで。

矢野　SMAPはテレビを主戦場とする、視聴者にとって身近な人というイメージがあって、だからこそテレビの中で謝罪せざるを得なくなった。けれども、あの会見は本音を言っているようには思えなかったです。もちろん本音なんて言えないのだろうけど、それでも発言にそうとう制約があるのだろうと感じました。芸能人がSNSでさまざまなことを発言できるいま、あの謝罪会見は、無理矢理言わされてるという不自然さのほうが際だって見えた。「しようよ」で「正直にとにかくなんでも隠さずに／話をしようよ」と歌っていたグループの末路としては、あまりにも悲しい。

続けること、休むこと

大谷　不自然な会見をして、しかもそのまま解散してしまったのは、企業活動にたとえれば、プロジェクトチームがメンバーのモチベーション低下や内部のトラブルなどで崩れる状態にまで追い込まれていたという事態ですよね。そうなる前に裏方も含めたチーム一丸で調整するための、広い意味での「危機管理」システムの構築の必要性について、SMAPの解散は大きな警鐘を鳴らしたと思う。SMAPは90年代から働いていて、会社員なら中間管理職になっている年齢なので、若い時分とは体力も環境も変わってストレスが溜まっているのは当然で、なんで、「ちょっと調子が悪いなら休めばいいじゃん」という線でまとまっても良かったと思う。

速水　当時の新聞報道[*3]によれば、事務所からは解散じゃなくて活動休止でどうかという提案はあったそう。でも、期待させるのはファンに失礼だからという考えで拒否したメンバーがいたので解散という形になった。それにSMAPは、自分たちで選択できる段階を遥かに超えた大きな器になっていた。社会全体が「5人揃っているのがSMAPだ」という認識になってしまっていた。

大谷　なるほど。一人欠けたらSMAPじゃないと。

速水　嵐もそうだけど、全員揃ってこそのというプレッシャーがあったと思う。もちろんそれだけ愛されていたんだけど。

大谷　ファンから、もっと平たく言うと世間一般からSMAPに掛けられていたプレッシャーによって、グループの内部にひずみが生じて、それを修正できないまま、最終的には解散コンサートもできずに、ほとんど自滅と言っていいような状態でSMAPは終焉してしまった。その姿を見て多くの人が、「続けること」と「休むこと／休ませること」に対する意識を変えることになったのではないか、と思います。嵐のファンも、ちょっとそのあたり、自分たちの話に引きつけて考えたのでは。

速水　嵐はそうだったんじゃないかと。

大谷　グループを支えている関係者も含めてね。嵐はおそらく、大野君が退所するということになったら「解散」するしかなかった。ところが、ここでしっかりと全員で話をして、話し合った結果、「一回休みましょう」という選択をすることができた。英断だと思います。それから、パニック障害の闘病中であることを明かして休養に入ったキンプリの岩橋君やSexy Zoneの松島君も、まあ、体調の問題なので大野君と一緒にしちゃいけないのかもしれないけど、調子悪い時は「ちょっと休ませます」というシステムが、SMAP以降しっかりと、ジャニーズ事務所内でできあがりつつある。

速水　18年の紅白ぐらいから一般化したね。

大谷　調子が悪いなら回復させるのを最優先にして、戻ってくるのを待ちましょう。というやりかたは、ジャニーズ以外の芸能事務所でも、もしかして、一般の社会においても、ＳＭＡＰ以前は必ずしも一般的な話ではなかった。

矢野　平成の終わりになるまで、芸能界でメンタルヘルスの問題は公表されてこなかったわけですから。

大谷　有名なのは堂本剛君だよね。近年になって本人から実はあのときああだったっていう発言はいろいろ出てきていますが。ここ数年の休止宣言で1番でかいのは天皇陛下ですけどね。

矢野　みんな同じ時期に休止に入っていく。

大谷　生涯現役から休止・リタイア容認へ。世間の潮流を変えたのは、やはりジャニーズだったのではないでしょうか。

速水　２０１５年12月に起きた電通社員の過労自殺事件を経て、急速に世論も無理な働き方をやめようという方向性になった。

大谷　ちょうど同時期なんだよね。ジャニーズの方々もここで身を挺して世論を後押ししたんですよ。

嵐にＳＭＡＰが憑依した⁉『Are You Happy?』

大谷　あのー、コラムでも書いたんですけど、嵐の２０１６年のコンサートツアー『Are You Happy?』の冒頭がね、嵐の立ち居振る舞いがＳＭＡＰのそれに重なって見える瞬間があるんですよ。スタッフも彼らも絶対そんなこと意識してないと思うんだけど、無意識的にダンスとか歌とかが、ほとんどＳＭＡＰへの追悼の作業に見えてしまう。最初にこのＤＶＤを見た時から違和感があったんだけど、その後の流れで、休止宣言が出てから見直すと、この時期はまだ大野君がメンバーにもカムアウトしていない時期のコンサートなんですね。その悩みというか、もやもやがステージに反映されているんではないか、と。で、この次の、２０１７年のコンサート『untitled』は、嵐のメンバー5人だけで話し合いを重ねていた時期のものなんですが、ちゃんとみんなで話ができて、おそらく自分たちでは先行きも決めていて、グループがはっきり前を向いている感じが伝わ

＊3 ……「ＳＭＡＰ解散　今年いっぱいで」朝日新聞２０１６年8月14日東京朝刊。「幻となった25周年ライブ　事務所がツアー開催提案も演出担当の香取が拒否」産経ニュース、２０16年8月14日　https://www.sankei.com/entertainments/news/160814/ent1608140026-n1.html

ってくるんです。冒頭から気合いが違う。このコンサートは大傑作ですよ。僕は今でも、ジャニーズの中で踊りがトップクラスに上手いのは大野君説なんですが（笑）。

速水　彼が踊ると場が締まるのがわかる。

大谷　まあ、こういうのは後になって見直してから思う勝手な話なんですけどね。この前年の『Are You Happy?』でも、もっというとその前の『Japonism』でも、大野君の楽しそうな顔はあんまり見られなかったかなあって。

速水　SMAPがああいう状態になり、嵐が事務所の屋台骨にならざるを得なかった。もちろん、売上においてはすでにトップだったんだけど、それ以外に重責を課せられた。特に2013年ぐらいからジャニーさんがオリンピックを見据えてのモードになり、嵐のスケジュールもそこに向かって進められるようになるわけでしょう。当然大野君は「オリンピックが終わるまで俺は何もできないんだ」という絶望もあったはず。2021年以降のスケジュールぐらい自分に決めさせてくれよという切実さは推量できる。

大谷　それはあったでしょうね。そこでメンバー含めて「ちょっと休みにしようよ」っていうことになったのが、SMAP以降の話。要するにみんな休めるんですよ。会社だってなんだって。一回休んで病院行って、しばらく家で寝てりゃいい。

速水　もうひとつ見るべき点は嵐が活動休止の決意を自分たちの言葉で語り、完璧な記者会見をして、その記者会見能力の高さを知らしめたことも大事。

大谷　そうなんだけど、全員があそこでしっかり会見できるようになるための準備期間をとることができたというのが、あの時点での嵐の素晴らしさだったと思う。

速水　完璧な根回しをしないと休めないんだっていうのがSMAPの教訓だよね。

大谷　ああー、そうですね。そうじゃなくても休めるぐらいがいいのに。

矢野　芸能人がなぜ休めないのかというと、自分が行かないと成り立たない仕事だからですよね。なにせ自分が商品なんだから。自分が休むと商品がそのままなくなる。

大谷　代わりの人で何とかならないかな？

速水　ショービジネスは、一番替えが利かない分野でしょう。

大谷　そうだね。先方との契約もあるだろうし。所属事務所の信頼度にも関わるし。マネージャーも怒られるし。社会のパーツとしてかなり取り替えが利かない立場ではある。でも、それに対して、休んでもポジションが保たれるように、干されないように、セーフティーネットを作らなきゃという風潮が生まれつつある。死なれたり、プロジェクト自体が潰れるよりは延期した方が全然ましだ、という判断ですね。

芸能は労働なのか

速水　労働法で守られるのは、労働者なんだけど、芸能人は労働者なのかという問題がまずある。

大谷　ありますね。芸能は労働なのか。芸能は神事から発生した、という歴史もある。芸能をある種の「儀式」と考えれば、儀式に携わることと「労働」はどう関係するのか。たとえば、『滝沢歌舞伎』を上演する新橋演舞場では小屋入りするときに、神棚に向かってお参りするわけですよ。

速水　そうそう。相撲が神技で、相撲取りはアスリートではなく宗教的行事の主体ですよ、みたいな。だから労働法でしばれない人たちを労働法にアジャストして考えようと今叫ばれ始めていることに、そもそもその矛盾がある。

大谷　そうですね。ハリウッドを見本に、日本でも積極的にアジャストしていってる中で。

速水　その齟齬が出てきたということでしょう。

矢野　吉本興業の闇営業事件は、そういう芸能の論理と労働の論理のあいだの齟齬が表出したものだと言えますね。

大谷　吉本の前近代的芸能運営システムはもう社会的にアウト、っていうことになっているのに……でも、吉本のケースはもうみんな口をつぐんで知らないふりをしている。誰か責任とったの？

矢野　吉本の件は、うやむやになってしまった感じですね。そもそも芸能は裏社会が采配した興行として成立していた面があります。なべおさみの『やくざと芸能と　私の愛した日本人』にはそんな話がたくさん出てきますし、美空ひばりと山口組の関係も有名です。芸能は、社会的な秩序や一般常識とは違う論理ではぐくまれてきた歴史があるので、そのことは踏まえたほうがいいと思います。そういえば、２０１１年には暴力団幹部との交際が問題視された島田紳助の引退もありましたね。

速水　その後の吉本興業を見ると、あの騒動なんて前触れにすぎなかった。

矢野　２０１１年に暴力団排除条例が施行されて以来、反社会的勢力の撲滅が標榜されてきて、芸能界も反社との関わりを絶ってクリーン化を目指すという動きがここ数年ありましたね。

速水　ということは、矢野君としては芸能は法律や社会性の外側にいるべきものとして捉えているんだけれど、ＳＭＡＰの解散問題に関しては人権という社会の内側の問題としてあえて捉えたということ？

矢野　そうですね。一般社会とは異なる論理にあるからこそ芸能が魅力的なんだけど、他方、人権意識やポリティカルコレクトネスを無視できる時代ではない。ＳＭＡＰが芸能人であると同時に労働者であるという事実をどのように考えるのか、という問題意識がずっとあります。ましてや、働き方改革が叫ばれる時代ですし。

ＳＭＡＰが引き受けたもの

速水　その後、公正取引委員会がジャニーズ事務所に対して独占禁止法違反の調査をおこない、注意をするという事態に発展しました。このときのことは、テレビ局側の話は多少伝わってきたんですが、彼らとしては自覚はないんですよ。自分たちはただ単にオファーをしていないのであって、事務所が圧力をかけてきているのではありませんという。

大谷　要するに、テレビ局側は、単にプログラムに相応しい人を選んでるだけって言っているわけですね。

速水　公正取引委員会は、テレビ局ラジオ局がジャニーズ事務所に忖度し、新しい地図に仕事をオファーしないこと自体に問題があると考えたわけですけど、ここが難しいところ。忖度の場合は、一切、証拠がない。シラを切ればやりすごせる。

大谷　気づいてはいるんじゃないんですか？

速水　本当に気づいていない。自分たちが公正に出演者を選んでいるのかという、公平にジャッジする視点すらない可能性はある。自分たちが加害者になる可能性って、当然インストールするべきものだと思うんだけど、ナチュラルにそれに気づいていないところがあります。

大谷　客観的に考えることができないのね。そういう意味では、ジャニーズ事務所は実はテレビ業界から見れば外側にあるものだった。複雑に絡み合っているマスメディア業界に取り込まれずに、自力でショービジネスを成立させている。帝国劇場で年に数か月間の公演を打つとか、ミュージカルを活動のメインに置いていて、テレビ頼みではない。

速水　ただＳＭＡＰに関してはテレビが中心的な活動で、テレビ頼みだった。

大谷　ＳＭＡＰのように、テレビとしっかり組みましょうというグループもある。もちろん、今の芸能からテレビの効果を完全に抜くことはできません。そうじゃなければJr.を養えませんよという現実もある。でも、ジャニーズは、コンサートや演劇やミュージカルも含めた、広い意味での「舞台芸術」を、それを観に来てくれるファンとのあいだで作ってゆくことが事務所の存在意義だと思っているはずで、テレビとの関係はそのためだけに必要なんだ、と、少なくともジャニーさんはそう考えていたんじゃないか。これからどうなるかはわかりませんが……。SMAPは、でも、自分たちのキャラクターを、テレビ番組を通してでしか確立できなかったし、表現できなかった。テレビというメディアと自分たちの自己同一性を切り離せなかった。多分、これは、森君の脱退と大きな関係がある。

矢野　森君が抜けたことは象徴的ですよね。

大谷　そう。もしかしてSMAPは、森君が抜けた段階で、自分たちの「グループ」としてのありかたを、随分と奇妙な形で凍結してしまったのではないか。そういった話を、実は、『SMAP×SMAP』の最終回は」というタイトルで2013年に書いたんですけども（『新・日本人論。』ヴィレッジブックス、2013年所収）。『SMAP×SMAP』に最終回があるとすれば、ビストロスマップのゲストは森君だろうと。で、みんなでデビュー当時に食べてたものを作って食べるんだと。そこまではSMAPは続くよと書いたのですが、その頃は思いもしなかった未来が来てしまいました。日本の現状はそのぐらい辛い。

その中でSMAPはよく耐えた、と思います。ジャニーズとテレビ業界のあいだにあって、いわば日本の企業で働くことのすべての矛盾をSMAPは芸能者として引き受けてくれた。そして、いま、まさに先ほどという感じですが、中居君がジャニーさんの遺骨とともに見事な退所記者会見を開きましたね。解散からジャニーさんの死によるペンディングを挟んで、およそ4年越しの進展というか、展開というか、解決というか……。もうここから大きな波乱はなさそうな雰囲気の独立ですが、これからの動きを見守っていきたいと思います。本当にお疲れ様でした。

SMAPが提起し、嵐が解決策を講じる

矢野　アイドルや芸人は、はたして労働者なのか。SMAPは働く男を歌ったけど、それはアイドルのありかたとしては破格だったわけです。さきほども話に出たように、そもそも芸能というのは神事と結びついたものなので、社会

性がないからこそ特別な力が宿っていると考えられた。昭和の俳優や芸人が破格なのも、そのような一般社会から切り離されたところで「でも、あの人は芸能人だから」というかたちで、なんとなく見過ごされていたから。このあたりの昭和芸能のありかたけ、俳優の小沢昭一もよく言っていましたね。そんななか、平成の開始とともにＳＭＡＰが等身大のアイドルとして、まさにサラリーマンと同じような目線で歌い始めた。

速水　つまりＳＭＡＰが最初に、自分たちがやっていることは労働だよって言ったんだと思う。

矢野　むしろ、ＳＭＡＰはそこがいいのだという評価が出てくる。

速水　あとから見ると気づくことだよね。あの事態の最中は、何が起こっているのか、あまり気づけなかったかも。今ははっきりわかるようになった。

大谷　ちょっとずつ、社会の表面にね、いろいろな変革が顕在化しはじめた時期ということですね。

速水　ＳＭＡＰが最初に問題提起して、嵐がそれを受けて解決策を講じた。日本の労働問題の二段階革命です。

大谷　ＳＭＡＰが身をもって示してくれた日本の社会問題。芸能に携わっている人間だからこそ、真っ先にそれを（自身の身を切る形で……）イメージ化して伝達することができた。そのイメージを嵐が今度はどのように展開して、良きかたちで解決する方向を作るのか。注目したいですね。まだ「前近代」が残っている「芸能」という労働に従事する「現代的」な労働者、としてのイメージをどのように確立できるか。

矢野　しかし、そのときにイメージされる労働者像とはどのようなものなのでしょう。現在の働き方は本当に多様ですから。

速水　最初に労働法や労働時間を法律化した時の基本的な労働者像は工場労働者だから、今の社会にあてはめきれなくなっている。アイドル労働基本法とかつくればいいのかな。

大谷　労働のイメージが時給労働なんだよね。日給から時給になって、次は分給になるんじゃないかと僕は思ってるんだが。

アイドルは感情労働の最適モデルになってしまう

矢野　それでいうと、労働者の働き方もアイドル化している気がする。

速水　どういうこと⁉

矢野　例えば、マクドナルドで働くなら「スマイル0円」のルールに従ってニコッとしなきゃいけない。しかも、いやいやっているうちは労働者としては半人前だとみなされる。今求められてるのはそれを心からできるようにしなきゃいけないということ。つまり、労働者のほうもアイドルのように「感情」を切り売りした労働をしている。

大谷　職業的に与えられた演技の「内面化」ということですね。

矢野　現代の労働とはサービス業ですから。このような「感情労働」について先駆的に論じたのがA・R・ホックシールドの『管理される心　感情が商品になるとき』という本です。この本は演技理論のスタニスラフスキー・システムの説明から始まるんですが、それは演技をする人は感情から真似をしないと役になれないというメソッドなんです。労働者はまるで演劇人のように「感情」が管理されるということが批判的に論じられています。

大谷　単なるマックのレジ係にも中島健人君みたいな笑顔が義務付けられる。感情労働の出来不出来が資本を稼働させる大きな要因なんだ、ということになると、アイドルはそのモデルとして最適な存在になってしまいます。

矢野　そういうことです。実際、さまざまな職場でコミュニケーション能力は求められている。

速水　IT業界と工場労働とも違うよね。お金を生むものが時間や労働ではなく、アイディアになっている。それで、アイディアが労働になると、労働時間は24時間ずっとになる。僕ら著述業だってそうでしょ。でも労働時間の短縮が叫ばれている。ちょっと矛盾しているのは確かなの。広告業界はもちろんテレビ局も今はがんじがらめ。出版社も次はそうなる。

大谷　今後はテレビプログラムの休止時間帯が考えられるようになるんですかね。

速水　残業はとにかく悪ってなってる。

矢野　2019年4月から働き方改革関連法が施行されて、世論も一気に長時間労働に対して敏感になっています。日本における長時間労働の見直しは国連からの要請でもあって、基本的には正しいことだと思うし、そこに意識が向けられるのは好ましいことです。ただし、あらゆる職種に一律に当てはめられるかどうかは微妙なところもありますよね。ジャニーズのカウコン見ながら、「正月から働かせる気か！」と反応するのも違う気がする。

大谷　現在はクリエイティブ職だろうがなんだろうが、労働している時間を時給で換算するという癖がついていますが、そろそろ時給で考えるのはやめにできないものかな。芸能には時給が適用できない。タイムカードで価値をコントロールできないときに、アイドル、ジャニーズ、芸能をやっている人の労働価値はどう考えればいいんでしょうか――というところから、近代的な工場労働で考える時給システムを切り崩していくアイディアが出てこないもんかな、と。

矢野　たしかに工場労働を基準に考えていましたね。

速水　しかしそれは言い訳として通用しなくなってきているのが現状。

「仕事」としてアイドルをやることの意味

大谷　事務所が設立されてもうすぐ60年になろうとしていて、で、ようやっと今、ＳＭＡＰが身をもって芸能界の労働問題を明確化してくれた。たとえば、耳の調子が悪くてもイヤーマフをつけて労働しなきゃならないのかとか。

矢野　堂本剛君。

大谷　あれはプロテストですよね。こうやって働かされてますっていう。

矢野　ジャニーズJr.のグループだったLove-tuneが、グループ全員で事務所をやめて7ORDER projectとして再始動したことも、労働の問題から考えられるかもしれませんね。

大谷　どういうこと？

矢野　これから芸能人としてやっていくということを労働としてとらえていたからこそ、キャリアアップのための転職をしたということではないか。ジャニーズJr.でいることが、必ずしも将来の成功と直結していない。Jr.を見ていると、なんかポスドク問題を想起します。

大谷　なるほど。ジャニーズ事務所のアイドルがスキルを伸ばすことに自覚的になったり、気象予報士やマグロ解体師の資格取ったり、いろいろやってるのはそのためなのか。

矢野　そうやって、芸事以外のスキルを求めるのは今の身の振りかたという感じがします。小沢昭一が言うような、家を捨てて芸能の世界に身を置く場所としての芸能界という感じはしないですね。そういうのは昭和的な芸能界のありかた。

大谷　現在の、終身雇用がもう不可能だという時代における、資格ぐらい取っておかなきゃ会社をクビになったときまずいでしょ、という流れをリアルに感じている。

矢野　ということは、ジャニーズは職業訓練校のひとつ？

大谷　それはないでしょー。どこに就職するの？　あ、スキルと知名度を身につけて、やめて別の会社に行くというパターンはあるか。

客席　デビューしているジャニーズアイドルのお母さんがブログで、「うちの息子が契約社員から正社員になりました」と書いていました。

大谷　なるほど（笑）契約社員から正社員へ。就職だよねえ。デビューしちゃえば基本その後、クビにはならないからね。元光GENJIの内海君や佐藤あっくんも残ってるもんね。

速水　永久就職ですよ。

矢野　櫻井君のソロ曲「Hip Pop Boogie」には、「ステージ上終身雇用」というリリックがありましたね。深い（笑）。

大谷　一度デビューすれば、解散したとしても解雇はしない方針。

速水　なんだろう一番近いのって。工場労働ではないよね。職業訓練校が一番近いよ、たぶん。

矢野　『少年たち』でいうと監獄ですけどね。

客席　笑

大谷　学校とか監獄とかの安易なたとえはやめましょう（笑）

速水　しかし、芸能は労働なのかという問題は難しい。

大谷　特にジャニーズで考えると。不始末をしない限りはクビにしない。卒業もない。企業は稼ぎが悪くなったらクビになる可能性がありますからね。

矢野　ジャニーズはファミリーですからね。

大谷　一回ファミリーに入っちゃったら面倒を見続ける。だったら、家族労働というかたちでの問題として考えることができるのかな。世襲とか。

矢野　第5章でアメリカのファミリー、養子縁組をするようなもんだって話をしたじゃないですか。

大谷　デビューというのは養子になるっていうこと？　今はタッキーの養子になるの？

速水　危険すぎる。養子になると腹筋太鼓させられるよ！

矢野　腹筋太鼓はすごかったですね。腹筋太鼓というのは、現在はジャニーズ事務所副社長になったタッキーこと滝沢秀明氏が主演と演出をつとめてきた『滝沢歌舞伎』という演目の一部です。演者たちが上半身裸で腹筋しながら和太鼓を叩くというパフォーマンスで、タッキーが引退してプロデュース業に回ったのちの2019年からはSnow Manが主演を引き継ぎました。

ジャニーズの内幕のドキュメンタリーを放送している

『RIDE ON TIME』（フジテレビ系）でやっていたSnow Man密着の回は強烈でしたね。『滝沢歌舞伎ZERO』の稽古で、腹筋運動で上半身を起こしたきつい体勢のままで太鼓を叩いてるわ、吊るされてぐるぐる回っているわで。「滝沢さーん！」って言いながら。パワハラ！

客席　国分太一さんはジャニーさんを二軍監督にたとえていました。経験のない若い子に基礎や精神論をまず二軍で学ばせて、一軍でデビューさせたあとは本人の考えにまかせるから。

大谷　野球に詳しい人の意見だねー。

速水　全員がプレイングマネージャーなんだ？

客席　ジャニーさんはデビューした人には基本的に興味を失ってたように感じました。

大谷　そうなんだ！　伸び盛りの子を伸ばすのがすごい楽しいんだね。確かにその才能はめちゃくちゃあるし、誰と誰を組ませるか、みたいなことばかり考えて楽しんでいるんですかね。で、デビューまで行ったら次の現場の人に任せると。リトルリーグのコーチみたいですね。

速水　ジャニーさんは、永遠にワシントンハイツで少年野球チームの指導をしているってことか。いや、ジャニーズの問題って、どこまでも野球のメタファーで語れてしまうのはすごい。やっぱり原点はそこだ。

大谷　ＳＭＡＰが終了するまでの流れを、今のJr.世代の子は目の当たりにしているわけですよね。先輩のバックを務めながら。その中で、「自分たちはこれからどうなるのか、どうするのか、どうしたいのか？」みたいなことは当然出てくる。しかも、そういうことを一切考えなくてもいい、っていう背骨になっていたジャニーさんもお亡くなりになり、これから「仕事」としてアイドルをやることの意味を、男の子たちは考えざるを得ない。

速水　本当は分業化するしかないんですよ。ＳＭＡＰの場合はああいう道を選んだけれど、嵐の場合は仲の良さで突破したというのは、むしろ現代の流れに逆行しているかもね。

大谷　本人たちで話し合って決めたということだったら、その負担は半端ないですからね。例えば、アイドルたちにもデビュー時から「退社」っていうカードを、いや、「退所」か（笑）、本人たちにずっと持たせておいて、労働者としての基本的な権利を当然認めておき、それを前提にして、きちんとしたクオリティの仕事をしてもらう、っていうのは、今だと当然の選択肢だと思う。スノストとかどうなんですかね。

速水　会社は、控えの労働者の要員を常に用意しろと。

大谷　そうね。事務所一丸となってそこはなんとか、みたいな。今このグループ休んでるんで、こっちでどうですか？　みたいな。

速水　ジャニーズのグループは替えがきかないでしょ。「ちゃんと休みましょうね」しかない。スケジュールを減らす。でもあまり働かないタレントに人気が出るかというと難しい。僕らは、売れっ子である嵐を愛でてるってことなんだと思う。

矢野　そうそう。だから文化人類学とかの話だと、そういう一般社会の合理性から逸脱しているところに芸能の魅力があるという話になる。

大谷　私はそういうものには全く興味ないですね。

矢野　芸能の不合理性にロマンを見出すような考えは……

大谷　大嫌いですね。そんなんだったら芸能なんかなくていいです。封建主義的な不条理がロマン主義を生むわけで、いま必要なのはきちんとこの社会を運営することです。

速水　メンバーの入れ替えシステムは、実はジャズが一番率先していたんじゃないですかね？　マイルス・デイヴィスのバックバンドとかって、ツアーやアルバムによってころころ変わるわけでしょ？　入れ替え可能なシステム。それはジャズという音楽ならではの特質なんですかね？

矢野　コレクティブ[*4]ってやつですよね。いまだったら、スナーキー・パピー[*5]みたいな？

大谷　うーん、それをやらなかったのがジャニーズ。それゆえの強さもあるんだけど。

矢野　そう思っちゃいますよね。

芸能と労働組合

大谷　芸能は、いまだに前近代の社会モデルを引きずっているので、時給で換算できない。だからこそそのご時世でもバーンと売れたり、全然ダメだったりする。その良し悪しも含めて、それと「近代的な労働スタイル」を比較することで、現代のいろいろな事情が明らかになる、という面はあると思います。

矢野　アメリカのエンタメ業界は、日本と比べてどうなんでしょうか。エンタメ業界全体が日本より健全に営まれて

＊4……プレイヤーの独立性を保ちつつ、演奏や制作のために形成するゆるやかな集団。
＊5……作編曲家、プロデューサー、ベーシストのマイケル・リーグを中心とするバンド。40名以上の母集団からプロダクションによって流動的にメンバーが参加する。

いる印象はありますけど。

大谷　アメリカは、これはエンタメだけの話ではないのですが、労働組合が強い。僕が知ってるのはジャズ業界、しかも20世紀半ばくらいの話なんで、今ではかなり違っているかもしれませんが、演奏の仕事できちんとギャラをもらうためにはユニオンに入ってなくちゃならない。ユニオン・カードと、ある場所で演奏するためのキャバレー・カードみたいなものもあって、有名な話だと、セロニアス・モンクは麻薬検査のとばっちりで逮捕されて、カード没収されてライブに出られなくなって、キャリアを6年飛ばしちゃった、とか。ミュージシャンのようにその日暮らしでやっているような職業の人でも、組合に入っているんですよ。あと、だいたいブッキング・エージェントとマネージャーも必要で。

矢野　労働者という意識があるからということですね。

大谷　ですね。子供の頃からそう意識付けられている。納税意識も高くて、バーンと売れても来年半分もっていかれるから油断すんなよって注意喚起が行き届いている。ただ、わかってない人もいて、有名な話だとCHICのナイル・ロジャースが初めてバカ売れした時に散財して、次の年税金が払えなくて捕まっちゃったりとか。そういうのを含めて全員が労働者としての義務と権利に自覚的な社会ですね。会社に属するということと、一労働者として組合に入ることが別立てになっている。

速水　組合に入らないと演奏させてくれないっておもしろい。

矢野　日本の芸能界でも、もう少しそのような意識が高まるといいですね。小栗旬が労働条件の改善を目指して、俳優の労働組合を作ろうとする動きもあったといいます。

大谷　あとは完全に分業化されていて、たとえば、ミュージシャンは照明をいじっちゃいけないとか。他の人の仕事を奪っちゃうことになるから。

速水　そうするとトランペッターが歌ったりするのもだめなの？

大谷　そこは多分、分かれていない（笑）。でも、ミュージシャンはPAを触っちゃいけないとか。

速水　いやあ、そうなるといまどきのジャニーズとは逆だね。いまどきはアイドルは農業との兼業が必須だったりするから。もし免許制度で農業が縛られていたら「お前芸能人のくせに田んぼを耕したな」ってTOKIOは怒られちゃう。

大谷　そういうことになりますね。パフォーマンスにしても。まあ組合が強いことの良し悪しもありますが。免許制になると、それを発行する側の権力がとても強くなるということもあるし。いわゆる融通がきかない、という状態もすぐに生まれるし。

速水　ジャズと労組か。面白いね。今は映画産業の組合制度が有名ですね。組合員でないと出演できないし、映画監督はカメラをのぞくことも許されない。それは撮影監督の仕事だから。完全に分業して、それが組合によって強固に守られている。

大谷　ハリウッドは完全にそうですよね。逆にそれでインディーズが発展したとも言える。日本だと監督編集その他、全部やる人もいるけれど、ああいったことはアメリカならインディーズでしかやれない。

速水　映画だと、アメリカンニューシネマとかがその流れでできた。

大谷　ところが日本は、フリーの人がユニオンに入る例がかなり少ない。

速水　アメリカがエンタテインメントを独占している時代だったから国内に労組ができたとも考えられるんじゃないか。外国映画がアカデミー賞をとる時代になっても機能するのかはわからないな。

大谷　グローバル資本主義の中で労働組合をどのように成り立たせるかっていうのはいちばん面白い話ですね。ジャニーズJr.たちも労働組合を作って座り込もうぜ！

全人格的能力が求められる困難

矢野　僕はアイドルや芸能人の意思というのが気になります。会社からいろんな仕事があてがわれて、それに対応していくアイドルの仕事は、自身の意思がどこまで反映されるのか。もちろん自らがアイドルを望んだのだから、やりがいとともに取り組んでいるのでしょう。とは言え人気商売だから、仕事が増えるのは嬉しい反面、ワークライフバランスが不安定になることだってあるかもしれない。その一方、加藤シゲアキ君みたいに小説を書きたいと、他のこともやるという話も出てきている。アイドルをいち仕事として相対的に捉えることで、アイドルとして新しい広がりが生まれているとも言えます。

大谷　平成ラストディケイド・デビューの人たちがこれからどうやって社会人として生きていこうかということの展開も、この時期にあったと思うんです。これから二十〜四十代を、「芸能人」という特殊な存在としてじゃなくて、社会の一員としてまともに成長して暮らしていくために、加藤君であれば小説を書きたいから書くとか、資格を取るとか。大学に行く人が増えるというのもそれだと思うんだけれど。自分の可能性は芸能だけじゃない、と、現場にいながらも考えることが可能になって、その人たちによるいろんなビルドアップ、スキルアップへのチャレンジがあったように見えます。

速水 今の話は、選択肢が増えて、多様化が進んだという話なのかあ。アイドルたるもの、歌もダンスも自己プロデュースもＳＮＳもとどんどん必修科目が増えているのに、個性も大事だし、アイドル以外の能力も必要って、全人格的な能力を求められていて、どんだけ大変なんだよという。

大谷 なるほど。そういうのが、世の二十代後半、三十代前半の人たちが直面している現実なんだね。ジャニーズの方々も世の中の影響をはっきり受けている。

速水 今後は、ジャニーズタレントには社会的貢献も必要！　朝早く出社して掃除しないとみたいなことも求められるようになるよな、絶対。

大谷 人としてちゃんとしている上に、バク転もできなきゃいけない、ステージ降りたらゴミも拾わなきゃいけない。

速水 ゴミはいいんだけどさ（笑）

大谷 いや、誰かが見てたら「アイツはゴミを拾わなかった！」だの言われちゃうじゃん、ネットですぐに。そしてそれが本人にも直接届くっていうね。ちゃんとしてなきゃならないストレスってハンパないでしょうね。そんな現状をふまえて、コンサートを見直したときに、「ああ、Hey! Say! JUMP、成長してる！　すごいな〜」って思ったんですよ。

加藤シゲアキが投げかける労働問題

矢野 加藤シゲアキの小説を読むと、アイドルを仕事としてやっているのだという意識を強く感じるんですよね。『ピンクとグレー』と『閃光スクランブル』（共にＫＡＤＯＫＡＷＡ）は芸能界について書いているんですがこれが痛切で。さらに言うと、最近の作品からは労働者への共感も見てとれ、本当にプロレタリア文学みたいだと思ってしまう。それでいて、仕事を休むにしても何年も準備にかかってしまうというところなんて、他の職業とは違う過酷な部分でしょう。

大谷 多分、ジャニーズだと、事務所に入った時は「仕事するぞ！」って思ってる人はそんなに多くないんじゃない？　十代の初めに、なんとなく楽しそうだから、みたいな感じで入所するわけで。でも、平成ラストディケイド・デビューの人たちには、デビューした後の発想として、仕事としてジャニーズに所属して、健康に前向きに活動していくためにはどうすればいいか、真剣に考えている人が多いということだと思う。それがもしかして、今のJr.たちにも影響を与えている、とか。

矢野　第一版で話題にした人たち以降に活躍するようになった人たちは、かなり明確に仕事としてアイドルを選んでいるという印象を受けますね。

大谷　そうだね。アイドルを仕事として引き受けることのタフさを理解して、なおかつ前向きに受け入れている。第一版を出した頃には、彼らがそんなにタフだとは実はあんまり考えてなかったんですよ。すいません。ＳＭＡＰの騒動があり、いろんなグループで脱退者が出るとか、さまざまに困難な状況が平成ラストディケイドにはあったと思うんですが、そういう状況を引き受けて、しかもスキルを上げていくという状況が、Jr.から中堅どころのグループにまで見られて、すごいなあ若者、と思った。

矢野　加藤シゲアキの『ピンクとグレー』では、主人公に「どこに言っても皆が僕を知っている。（中略）やめても僕は芸能人なんだよ」とか言わせている。

大谷　それを書けてしまうぐらい、アイドルとして働くことにリアリティがあるんだろうね。

矢野　そうだと思います。ドキュメンタリー番組の『RIDE ON TIME』にありましたが、加藤君は、ＮＥＷＳがメンバー脱退で大変な時に、自分にできることは何かって考えて小説を書くことを選んだ、と。歌や踊り以外にも自分ができるものを自ら示して、仕事を増やすようなアクションを起こしている。

大谷　労働組合を作って改善要求をするというのとはまた別のやりかたで、スキルをどんどん増やしていく状態のほうが、今の日本ではリアルだということだよね。

速水　それこそ日本の企業はファミリースタイルで経営されていて、そこにさえ加盟できれば人生が保証されたのが、今は違うよって話になっている。例えば、会社に就職したら副業は禁止だった。でも最近は一生面倒を見られないから、副業禁止規定をなくしていきますって。実際はそんなに給料は払えないから、自分で補塡してくださいという元も子もない話でしょ。

大谷　給料下がるかもしれないから、自己責任でやってねという意味合いのほうが強いと。

速水　うん。副業がありになった日本社会っていうのはおそらくアイドルをしながら小説を書く、宅建資格を取る、みたいなことで、彼らはそれをいち早く感じとっている。
大谷　僕たちの発想の基盤にあるのは、芸能は社会を最大限に反映しているということ。最も早く社会のクリティカル・ポイントが反映されるのが芸能界で、その中でもジャニーズは最も正確で大きな鏡なのだと思っています。ＳＭＡＰの終わりかたとか、岩橋玄樹君や松島聡君が休むことを許されるようになったとか、ジャニーズアイドルが資格や免許を取ったり小説を書いたりすることも、現在の日本社会を反映しての出来事なのだ、と。
　経済学、社会学的な言い方になりますが、社会の上部構造の代表が芸能で、この部分は生産と経済システムに支配されている下部構造を反映しながら、なおかつもっとも流動的であるわけですね。下部構造はなかなか変わらないけれど、上部構造である「ジャニーズ」の、そのはしばしに表れている変化の予兆を読み解こうというのが、ある種、このジャニ研の目指してきたことです。その中でも「労働」は一番ヘビーな問題ではありますよね。でもジャニーズの内部は相当に変化してきているから、世の中も変わりつつあるのではないかと思われます。

ジャニーイズムをどう継承するのか

メデーが来てしまった

速水　２０１９年の7月9日にジャニーさんは亡くなりました。倒れて緊急搬送されたと報道されたのが6月19日で、当時は諸説入り乱れていましたね。
矢野　ジャニーさんの入院が正式に発表される前に、僕のところには全国紙の新聞社からコメント依頼がありました。「もう亡くなっているが発表を伏せているらしいので、記事をすぐ出せるよう準備している」と聞いたんですが、後になってみれば闘病中の期間だった。
大谷　ゴシップ誌とかじゃなくて、全国紙でもそういうものなんだ。
矢野　「キンプリのアルバムが出てからの発表になるようです」と言われました。しばらくして「不確実な情報を伝えてしまいました。お騒がせして申し訳ありません」と。

速水　死去についての陰謀論が信じられてしまう人だったんですよね。池田大作やナベツネに並んで。

大谷　ジャニーさんがお亡くなりになる前後に大型音楽番組が放送されたんですよ。逝去直前に日テレの『THE MUSIC DAY』で、訃報があった週の週末にＴＢＳの『音楽の日』があって。どちらも生放送だけど、雰囲気が全然違った。

矢野　『音楽の日』は緊迫感が漂ってましたよね。まだデビューが発表されていなかったSnow ManをはじめとするJr.たちがパフォーマンスをして、デビューグループの人たちがその周りをとりまいて見ているんですが。

大谷　『MUSIC DAY』はユルいお祭り感があったのに、『音楽の日』のほうは全然ムードが違うの。司会の中居君が涙ぐんでいたりして。緊迫した面持ちでデビューグループが見守っていたのが腹筋太鼓のパフォーマンスだという。追悼が腹筋太鼓。

速水　『滝沢歌舞伎』を引き継いだSnow Manを通して、ジャニーさんからタッキーへ、タッキーからSnow Manへと継承される意志を見た思いがします。

戦前と戦後を繋ぐジャニー喜多川

大谷　総括的な話をすると、日本の芸能史上において、ジャニー喜多川がおこなったことをきちんと位置付けるのは本当に難しい。彼が目指した芸能自体の価値、つまり「内在的」な、彼が残したエンタメ自体の価値判断がまだ難しいのと同時に、歴史や状況と関係する「外在的」な側面から考えても、非常に複雑です。大戦前のアメリカ生まれの二世で、そして、それゆえに、アメリカと日本の戦前と戦後の芸能をブリッジして生きることになっている、というなかなかの複雑さですね。

速水　テレビ放送開始以後に生まれた芸能事務所なんだけれど、彼の眼に映っていた〝芸能〟はテレビ以降に確立したものではなくて、もっとクラシックなものだったというところが話を複雑にするよね。

大谷　そもそも彼のイメージにあるのはブロードウェイ・ミュージカルなんですよね。それも１９３０〜50年代の、アメリカ大衆娯楽文化最強時代のイメージ。それを未だに日本で実現させようとしている。

速水　１９３０年代には宝塚歌劇団が東京にも劇場を持ち、浅草には松竹歌劇団があり、大阪には大阪松竹少女歌劇団があって、それぞれ人気を博していた。レビュー文化の全盛期。

矢野　戦時中にジャニーさんが和歌山に疎開した時に、まさしくその大阪松竹少女歌劇団でボーヤをやっているんですよね。メリーさんも、大阪松竹少女歌劇団の娘役のスターだった京マチ子の付き人をやっていた。だから、ジャニーズの歩みについてテレビ以降のスパンで考えると見誤る。

大谷　戦前アメリカマナーの舞台芸能に馴染んでいる人が、戦後に日本で『ウエスト・サイド物語』の映画を見て、それをやろうと思い立って芸能事務所を立ち上げて、そのまま21世紀までその事務所が続いてゆく。日本はいろんな意味で太平洋戦争前と後を分けたがる傾向があるんですけど、芸能界は実際にはそれほどの断絶はない。近代日本音楽史を調べていくと、ポップスもクラシックも、敗戦の結果変わった事柄よりも、残っているもの、変わらなかったもののほうが多いんですよ。ミュージシャンも批評家も、プレイヤーが変わっていない。もちろん流行の変化はありますが、それよりも、例えば、明治維新から１９０５年くらいまでがひとまとまりで、その次は１９０５～35年くらいまでが一区切り。で、１９３５～65年の30年で一つの時代って考えた方が、音楽・芸能の歴史を把握しやすくなると最近は思っています。

矢野　１９０５年の転換点というのはどのような意味においてですか。

大谷　日露戦争で勝利したことによって、創成期の明治文化が一段落する時期で、ここからいろいろな自省というか、維新からの40年で作られたものに対する総括が始まるんです。音楽においては唱歌教育の見直しとか。文学的には、ここら辺から言文一致の運動が、それまでの明治の文章のマナーを大きく変動させてゆくことになる。それと同時に、芸能の、舞台上で使われる言葉なんかも変わってゆくんです。

速水　レコードとか、メディアにはなってるんですか。

大谷　レコードや映画はまだ一般的ではなかったので録音物などの物証は少ないのですが、それよりも戯曲などを中心に文章と舞台上でのセリフ、つまり伝統芸能の言葉と身体が変わってくる。例えば、明治の名優である九代目市川團十郎と五代目尾上菊五郎が逝去するのが１９０３年です。で、夏目漱石の『吾輩は猫である』が１９０５年。この辺りから次の30年が始まるっていう感じが僕にはします。で、その次の区切りが１９３５年あたりに来る。そうやって見ていくと、その次が１９６５年みたいに僕には見えるんですね。

矢野　そこにジャニーズをあてはめるとおもしろいですね。

大谷　35年から65年を実感として知っていて、しかもそれを65年から95年の中で展開させていったのがジャニーさんなんですよ。初代ジャニーズをデビューさせた64年から、二代にわたって、さらにはその次の21世紀にまで、過渡期をまたいで自身の芸能を続けている。このことがジャニーズの位置付けの難しさと関係している。

矢野　黎明期だったテレビで放送していた『夢であいましょう』でジャニーズがデビューするという点も、戦前期と戦後期をつなぐようなかたちで位置付けられる。

大谷　あの時代までは戦前の文化がそのままテレビの中にある。それが変わるのが95年あたりからという見立てでどうでしょうか。

速水　その頃にV6やKinKi Kidsが出てくるわけです。

大谷　これはまあ、すごく大雑把な見立てなので、みんなで検証してその有効性を考えたい話ではありますが、そのぐらいジャニーさんのやったことは日本の芸能史、音楽史を見直させる力がある。これまで言われた日本芸能史の言説に対して、ジャニーズから見ると違うよ、という。

速水　さっきの話の延長でもあるんだけど、初代ジャニーズからSnow Man、SixTONESまでの連続性を持っているからこそ、ひとつの文化として見ることができている。

大谷　そんな事務所はジャニーズしかないんですよ。

ジャニーズの和とグローバル化社会の和

速水　SixTONESの曲「JAPONICA STYLE」は矢野君の提唱する「ノベルティソング」の概念にあてはまるの？

矢野　僕は『コミックソングがJ-POPを作った　軽薄の音楽史』という本で、ポピュラー音楽は海外のものを日本に持ってくるという手続きの中で成立するから、音楽性が企画モノのように扱われノベルティ要素が発生する、ということを言っています。「JAPONICA STYLE」という曲は海外から見た日本を打ち出しているので、「日本」というノベルティ感が入っており、素晴らしい「ノベルティソング」ですね。ただこの曲は、いわゆるコミックソングのようなお笑い要素は薄くて、すごく洗練されていますよね。

速水　音楽的にはこれはどういう分類になるんだろう。ジャポニカと言いながらも上モノに少し琴の音があるぐらいで全然和じゃなくない？

大谷　和ではないですね。哀愁ラテン風味がちょっと入った昭和歌謡曲テイストでしょうか。
速水　ジャニ研で発見したのは、ジャニーズの音楽にはラテンの要素が強いということですが、この曲にもあてはまっている。
大谷　それとディスコね。ポップスにいろいろな要素がある中で、ジャニーズがうまく使っているものがあるわけ。
速水　第三世界性とも言える、黒人音楽やラテンの一種であるということ。
大谷　絶妙なエキゾチシズム。「JAPONICA STYLE」はその真髄をうまくとってきている。魅力が半端ないですね。
速水　ジャニーズの和のイメージの演出は、いつから始まったんだろう。
矢野　80年代くらいに出てきていますよね。「サムライ・ニッポン」「アッパレ！フジヤマ」「スシ食いねェ！」など、シブがき隊に多く見られます。あとは、少年隊の「日本よいとこ摩訶不思議」。さらに、90年代初頭の忍者もかなりやっていましたね。「日本ノギ」という曲のなかでは、日本人観光客がメガネをかけカメラを持っているという歌詞が歌われています。舞台方面では、90年の少年隊のミュージカル『PLAYZONE'90 MASK』がジャポニズム演出の契機とも言われます。
　80年代から90年代初頭のバブル経済下、日本が世界の中で存在感を示していたときに、あえて日本人のステレオタイプを演じるようなところがあった。と同時に、国際社会に「日本の伝統的文化」のようなものを強調するノリも感じますね。
速水　最近も忍者ってグループいるじゃない。
矢野　Jr.グループの少年忍者ですね。
速水　80年代には、ＹＭＯが打ち出したような海外から見た間違った日本像という表現があった。人民服を着て中国も意図的に混ぜて混乱させるような。ＹＭＯはそれをパロディとしてシニカルにやっていたけど、ジャニーズはそれをちょっと後の時代にベタにやった感じ。
矢野　ＹＭＯよりはかなりベタに見えますよね。
速水　そもそもジャニーさんにインストールされているのは、日本の視点よりもアメリカの視点の比率のほうが高いのでどっちがベタかという話です。
矢野　少なくともＹＭＯにあったようなアイロニーや批評意識は感じない。そこが逆説的に批評性を帯びたりもするのですが。とりあえず、いわゆるカッコつきの「伝統」を表現に盛り込むというのは連綿とやっていますね。
速水　浅利慶太よりはよっぽど椎名林檎のほうが批評意識

は高いと思うけどね。

矢野　椎名林檎的な「和」は、現在の安倍政権下で求められている日本像に近い感じがする。僕は仕事柄、学習指導要領のことなども考えるのですが、今の中学・高校の教科書には「和」の要素が薄くちりばめられています。現代文の領域だと新京都学派系の日本文化論を見かけますね。「日本文化」とか「日本の伝統」とか、その内実や歴史性を問うと疑問な部分も多いのですが。

大谷　矢野君の専門の国語はもちろん、音楽にも入っていますね。僕は『平成日本の音楽の教科書』という本を書くにあたって30年分の音楽の教科書を読んだんですが、近年の教科書は邦楽にかなりフォーカスしています。

矢野　このとき教科書で扱われる「和」や「邦」というのは、かなり漠然としたものですよね。そして、その微妙さ加減がはからずもジャニーズの「和」とマッチしています。

大谷　それはJohnnyの仕業ですよ。「ジャニーズ」とは日本人が洋楽を真似しているんじゃなくて、アメリカ人が洋楽を日本化してわれわれに届ける、一種の占領政策であるというのが、前章でわれわれが出した解答です。２０１５年の取材で初めて明らかになったことですが、ジャニーさんはその直前までずっと日米の二重国籍者であったそうです。そして、彼は同年、日本国籍を取得する。[*6] 結果的に晩年になって、彼は初めて「日本」に帰属することを自身で選択した。このような立場からジャニーさんは「日本」というものを見ていたのです。

「敗戦後、アメリカを代表とした進駐軍に占領されていた日本」に「アメリカ文化を伝道する外国人が作り出したショービジネス」という視点から、「ジャニーズ」を考えると、『Endless SHOCK』の甲冑や『滝沢革命』の和洋折衷の衣装の出どころもよくわかる。ジャニーさんのファンタジーとしての日本があそこに体現されていた。

そのファンタジーというのは、現実の日本の「和」とはほとんど関係がないんですが、平成時代に、特にポップス音楽から、演歌に象徴されていたような土俗的な「和」の要素がどんどん消えてゆくんですね。そういう状況も含めて、いま教育現場で「和」の見直しが進められている、という状態だと思います。

矢野　アクティブラーニング系の話で言うと、いま教育現場で求められることのひとつは、グローバル社会のなかでプレゼンする力を身につけることです。では、外国人相手になにをプレゼンするのか。「日本の伝統的な文化を紹介しよう」とこうくるわけですね。だから、グローバル社会のなかで「日本」を再発見している感じ。

大谷　明治で一度切断した日本文化を、もう一回教えるという動きが起きている。そこでいきなり江戸まで戻っちゃうところは問題なんだけどね。

速水　僕と大谷さんは同世代だけど、思っていたのとは違う未来が来た。僕らの義務教育時代にはポップスが音楽の教科書に入ってきたというのが話題になった。その方向で進むのかと思いきや。

大谷　実は、意外にもポップスはそれほど教科書には入ってこなかった。ポップス調の曲は増えているんですが、本当の商業音楽は教科書からはずっとオミットされています。代わりに導入されたのは、琴や三味線や尺八なんですよ。中学の器楽などでは。

矢野　まあ、ポップスも畢なる回路からかなり流入してきてはいますけどね。ただ、邦楽がこんなにも入ってくるのは驚きます。その流れとジャニーズの話は合致している印象を受けますね。もっとも、ジャニーズのジャポニズム表現はもっと複雑怪奇なものですが。

絶対神なきあとの世界をどう構築するのか

矢野　タッキーは、『滝沢歌舞伎』や「JAPONICA STYLE」のMVのプロデュース、またTravis Japanの舞台『虎者』のティザーでも、ジャポニズム路線を継承していますよね。では、タッキーのジャポニズムとジャニーさんのジャポニズムは一緒なのでしょうか。

大谷　違いますね。

矢野　どのように違うんでしょうね。ひとつ挙げられるとしたら、ジャニーさんのジャポニズムにはやはり説得力があった。「ジャニーさんがやってるから」ということ自体が万人を納得させていた。

大谷　「歌舞伎ってこんなじゃないですけど」と言われても、ジャニーさんがやるなら「戦前の、ロス生まれの日系二世がやっていることだから」とみんな納得した。無意識的に、ですが（笑）。では、タッキーが力強く日本路線を打ち出すというのは何の遺伝子なのか。新橋演舞場に磁場か何かが働いているのか。

矢野　知らず知らずのうちに演舞場を背負っているということですか。

大谷　そういう感じになっちゃうのかな、っていう気はするんですね。テレビ局やコンサート会場ではそうはならないけれど、演舞場にいると意識しないままに歌舞伎の人みたいになっちゃうとかね。小屋にそういう結界が張られていて。

速水 神棚にお参りしてから入る儀式的空間だから。

矢野 わははは。まあ、演出家としてのタッキーが、ジャニーズの特色のひとつである「和」路線を自分なりに引き継いでいこうという意志はあるんでしょうね。

大谷 タッキーがジャニーズ事務所の副社長に就任し、会社組織として新体制になりましたが、これから全体的にどのようなプランを打ち出してゆくのか、など、気になるところですよね。タッキー配下で、新しいグループはどのように組まれるのか。どうデビューするのか。今あるJr.のグループだけでもしばらくは手いっぱいという話もありますけれども。

速水 当面はジャニーさんの遺産でやっていけるでしょうが、いつまでやっていけるのか。

大谷 そうですね。その下にいるJr.たちが、このまま俺たちもうデビューできないのかもって思っちゃう可能性がありますよね。これまでの、グループを組む・シングルを出す＝デビューという図式が、これからどうなってしまうのか。そして、もっと大きな話として、あの独特なグループ名をこれからは誰が命名するのか。

速水 ネーミングに関する意見をファンのみなさんに聞きたいんですが。

大谷 今後、タッキーが名前を付けることになるんですかね？ かなりセンスが違いそうだね？

客席 ジャニーさんは「たをやめ」で、タッキーは「ますらを」だから、全然違うと思います。

矢野 同じ「和」でも、古今集・新古今集的な「たをやめ」なのか万葉集的な「ますらを」なのか。そもそものセンスや志向性が違うだろうということですね。

速水 ジャニーさんのネーミングはセンスの塊だからね。近年の傑作ネーミングは、HiHi Jets。

大谷 KinKi Kidsなんて付けられないよ。常人には想像も分析も及ばない。芸能界の七不思議の一つ。大きな謎の空白を残して亡くなってしまった。

速水 センスを問うような次元は超越しているから。

＊6……「ジャニーさんの歩み 父はプロ野球球団マネ、野球チームから4人選び「初代ジャニーズ」結成」スポニチアネックス、2019年7月10日。

天皇制から考える、ジャニー喜多川の聖性

速水　引き継ぐっていうと、なんだろう、２０００年くらい天皇制続いてきちゃったけど、みたいなこととジャニーズの問題って結びつけられそうじゃない？

大谷　そうですね。天皇制は近代になってからこじつけた部分が多い。もともとは外来の征服王朝なわけだし。平安時代を筆頭に、ほとんど政治的に利用されてただけだし。さらに、室町時代の南北朝正閏論を考えたら、今まできちんと続いたと言えるかどうかという問題だってあるし。

速水　ルールとしては、元号が変わったからいろいろチェンジねみたいなやつ。それはジャニーさんでいうと。

大谷　継承問題ですよね。

矢野　今の話は、天皇の正統性というのは合理的な根拠が見当たらないという話ですよね。にもかかわらず、速水さんが言うとおり、天皇制はわけもわからずに続いています。というか、天皇は合理的な存在ではないからこそ、国民統合の機能を果たす特権的な存在になっている。「天皇が天皇である」という理由だけで。たしかにジャニーズは、「ジャニーさんがジャニーさんである」という理由だけで、なにかしらの説得力が宿っていた。ジャニーさんの死後、最近のＣＤには、「Eternal Producer」という肩書きでジャニーさんの名前がクレジットされています。

よく「ジャニーズ帝国」と言われるけど、「ジャニーズ帝国」という言い方だと、ジャニーさんのそんな「天皇」的側面を見過ごすのではないか。「帝国」と「天皇」との違いは、政治的実権を握っているかどうかです。天皇は政治に関わる世俗的な存在ではない。だとすれば、ジャニーさんの「ＹＯＵ、デビューしちゃいなよ」は、政治的権力の発動以上に正統性の付与という機能のほうが大きかったのかも。天皇が国事行為として内閣総理大臣を任命する、みたいな。

ジャニーさんに天皇的な聖性があるとすれば、それはやはり、「外からやってきた」「メディアに出ない」といった要素によるのではないかと思います。メリーさんが政治的権力を担うことで、聖俗を分離していたのが大きかった。ＳＭＡＰ解散のときなどもそうでしたが、ジャニーさんが事務所の利害を超えたような発言をするのが印象的でした。だから、ジャニー喜多川を継ぐというのは、その説得力というか存在感そのものを継ぐということかもしれないですね。それはどういうことなのか。

大谷　「表に立たないことによって実際の権力を担う」っ

ていうやりかたを、滝沢副社長はこれから継続させていけるのかな。カリスマ的創造者が一代で築き上げた「帝国」をどのように引き継いで運営してゆくか、は、多くの企業で課題になっていることだと思います。外部からの血を導入するのか。有名ブランドのように別のデザイナーにラインを任せてみたりするのか。カンパニー&ホールディング的なものにするのか。地域密着でいくのか。それとも……と、ここでもジャニーズは現在の日本の課題を引き受けている。これはまだ十分に見通しが立てられない問題で、ここから先の一手一手に注目したいと思います。

少年性とアマチュアリズム

速水　『映画　少年たち』のエンディングのメッセージ、「子供は大人になれるけど、大人は決して子供に戻れない」について掘り下げたいんですが。「大人にならないこと」がジャニーズの価値であるってことでしょ。それがジャニーズの一番根幹にある。SMAPの魅力は明らかにその延長にあって、いい意味でのアマチュアリズムだった。俺たちは歌も踊りもうまくならないけど、だからこそ縛られない、という。だけど今は、キンプリのようにデビューして間もないうちから歌もダンスも非常にレベルが高いグループが人気を集めている。それがジャニーズにとって本当にいいことなのか、僕にはまだわからない。

大谷　言っていることはよくわかります。でも、逆に言うと、日本の現状の芸能界は、特に「アイドル」業界は、アマチュアリズムをむしろ前提にして成立しているように思う。アマチュア＝素人の持っている魅力に、TV番組とその視聴者は最大限の価値を置いている。なんだけど、だいたいみんな普通にやっていれば技術的には進歩するわけで、そうすると、玄人っぽくなってきたその瞬間に次の素人に喰われてしまう。非常に厳しい世界で、消費のスピードがそういった形で作られている。だからある程度たったら「アーティスト」になろうとしたりする。

SMAPはその問題を、森君が辞めた段階で、ステージの技術だけをクラッチするというきわめて矛盾したカタチで乗り越えてきた。そういった矛盾があるチームは強い、っていう論旨で、ずっとデビューの状態のままでいて欲しいっていうことと、デビューさせたらクビを切らないっていうジャニーズ事務所の方針は整合性が取れている。

でも、やはり人は大人になる。そこで悩む訳です。ジャニーさんはずっと少年のままでいて欲しいんだけど、ずっと少年のままでいることはシンドイことですよ。しかも、下からは本当の少年達がどんどん出てくるわけだし。

速水　その立場にずれがある。

大谷　そのずれをジャニーさんは考えていたかどうか。芸能人としてきちんとしたスキルを身に付けてゆくことと、アマチュアリズムは両立すると思うんですよ。キンプリ、スノストと全員すごくできる人たちが出てきたのがジャニーズの現状で、マルチプルにいろんなことができる人がきちんと社会に適応していく方向で実力をのばしている。ジャニーさん流の「大人にならないこと」を引き受けながら、しかし、芸能人としての実力も付けていく。こういったことができる可能性はないのかな、と。

ジャニーズはアマチュアリズムなのか？

矢野　そこは少し意見が違うかも。たしかに、一般的にアイドルに対しては、成長を止めているとか若い一時期にやるものだ、という認識がありますよね。だから、ジャニーズもその認識の延長にあるものとみなされる傾向はあると思います。でも僕は、ジャニーズのグループは一貫してアマチュアリズムじゃなくてジャニーズなりのプロフェッショナリズムを突き詰めていった、と捉えているんです。まあ、シブがき隊だけはちょっとわかんないんですけど（笑）

速水　そんなところに例外の線を引くのか（笑）

矢野　大谷さんがおっしゃったことにも関わるのですが、ＳＭＡＰもテレビタレントとしてはプロフェッショナリズムを引き受けたと思います。嵐も歌とダンスのスキルを上げていった。キスマイやＪＵＭＰ、ＮＥＷＳもぐんぐん伸びている。もし本当にアマチュアリズムを志向するのであれば、表現としてはもっと拙劣になると思うんです。音楽的にもパフォーマンス的にも。そういう意味では、ジャニーズは実はそんなにアマチュアリズム志向ではないんじゃないでしょうか。

速水　自分で話を振っておいてなんだけど、たしかにそう。今の話を聞いてて見えてきた。ジャニーさんが成功したのは長期のお客さんを維持することだったわけですよ。それは秋元康の逆。秋元プロデュースというのは一定期間を過ぎたアイドルは卒業させて新陳代謝していくというモデル。

大谷　そうか。あちらがまさにアマチュアリズム。

速水　ジャニーさんは事務所を立ち上げて50年以上もたせてきた。それが何なのかというところを加味すると、単なるアマチュアリズムではない。ひとつアマチュアリズムが混ざっているとすれば、少年性を50歳まで引きずりながらスーパースター像を作ったマイケル・ジャクソン。しかも時代で言えばジャニーさんのほうが早い。ジャクソン5より先に初代ジャニーズを売り出したんだから。

大谷　そうだよ！　ジャクソン5より先！

速水　そういう意味ではピーターパンのような永遠の少年性。それが根本にありながら、なんだろう、ピーターパンのバージョンアップの仕方を模索し続けているのだとか？　まさにマイケルの呪縛だ。

大谷　そうだね。少年であることとプロフェッショナルであることと芸能を続けていくことっていうのは、アマチュアであるというよりもマイケル的なもののほうが強いのか。しかし、ジャニーさんがいなくなったらそれを担保してくれる人がいなくなるんですよ。そのことを若手ジャニーズとJr.の人たちは肌感覚でわかっていて、スキルを上げていったんだと思う。

速水　ダンスと歌のレベルが高いから今後安泰かというとわからないんだけどね。フーチューバー以降の時代に。

大谷　たしかにそれはわからない。5年ぐらいはいけると思うけれど。これから観客が何が欲しいのか、何を魅力だと思うかが、どうなるかはわからないから。

まとめ

矢野　ということで、これからのジャニーズがどのようになっていくかということを話していたわけですが、2020年2月以降の新型コロナウイルスの影響で、エンタテインメント業界全体に激震が走っていますね。いまのところ政府からの補償もなく、この先どうなっていくのか不安が広がっています。一方、感染予防のためとくに週末多くの人が自宅で過ごしている状況で、ライブをネット配信する試みも増えています。

ジャニーズも3月以降のコンサートがのきなみ中止となるなか、東京都に「外出自粛」の要請が出たタイミングの3月29日から31日、YouTubeのジャニーズ公式チャンネルで「Johnny's World Happy LIVE with YOU」と題してコンサートを無料配信しました。SixTONES、なにわ男子から関ジャニなど、若手からベテランまでそうそうたるメンツが出演していましたね。しかもライブだけでなく、各グループが屋良っち振り付けの手洗いダンスを披露したり、マスク作りをしたりするなど、啓発的なところもありました。

大谷　無料配信コンサート、見ましたよ。関西勢が活躍していたのが嬉しかったですね。音楽業界に一応いる人間としては、現在の状況は本当に大変で、私もここ1～2ヶ月の演奏予定は全てキャンセルです。みんなで集まれないから、実際のライブはできない。なんですが、技術的には個人がネット上に自分の演奏や映像をアップして表現することは、ここ数年とても簡単になっている。おじさんでもすぐできる。非常にプライベートなやりかたで、ネットという公共の場に自分の「芸能」をリリースすることが、技術的にも社会的にも公認されるようになってきている。そこから生まれるプラスもマイナスもあると思うんですが、現状では「インターネット」という現場を活用する方向でしかエンタテインメント業界（および教育関係の現場も、だと思います）は生き残る道はないと思います。ジャニーズがネットに現れ始めた段階で世界がこうなっちゃうなんて思いもよらなかったわけですが、ここは「ポスト・パンデミック」時代の「アイドル」のありかたを提示する企画をぜひジャニーズには実践してもらいたい。

矢野　まさかジャニーズのネット解禁がこのようなかたちで進められることになるとは、予想していませんでした。権利関係で囲い込んでいるジャニーズのありかたには批判も多くありましたが、一方で、その〝降りてこない〟感じに対しては、個人的に硬派だと好感を持っていたんです。Jr.チャンネルが開始されたり嵐もサブスクに入ったりする流れは、少しさびしかった。でも、だからこそ、3月末のジャニーズのコンサート配信はありがたい感じがしましたね。手洗い啓発のオリジナル曲「Wash Your Hands」を含め、公共的な役割を意識していたと思います。だって、作詞・松井五郎、作曲・馬飼野康二ですよ。超本気！

速水　「ジャニー喜多川ロスト」について考えないとって思ってたら、さらに大きなショックが来ちゃった。「ポスト・ジャニー喜多川」の時代は、誰も想定しない「ポスト・パンデミック」時代でもあった。ショック大きい。この10年のエンタテインメントの世界って「ライブ動員の復活」に支えられてきたわけで、数万人のドーム公演からもっと小規模な舞台公演まで、ショーを中心とした年間スケジュールを組んできたジャニーズ事務所のやり方は、その先駆けだったともいえる。でも、今後、そのやり方が復活できるかというと難しそうだよね。そもそも、かつてのような一箇所に数万人を詰め込むようなスタイルでのコンサート自体、5年、10年単位で難しいかもしれない。楽曲やDVD、Blu-ray、グッズもすべてコンサートに付随するものだったので、コンサート抜きでは成立しないものだよね。もちろんいまのネット戦略も、いつかまた会場で会える日までの〝つなぎ〟にはなり得ても、収益の中心には絶対にならない。やっぱり〝現場で会える〟ということがその先にないとね。

大谷　「舞台」じゃないとこでも「現場」はあるぞ、ってことができたら相当に面白い。「公共」をネット上にどのように作っていくのか、というのはこれからの大きな課題だと思うんですよ。これまではテレビが擬似的な公共を支えていた。しかし現在は、テレビは結局大企業のＣＭを映すメディア以下ではないんじゃない？　みたいに思われはじめている。嵐のドキュメントをNetflixに依頼したのは英断ですよね。スポンサーを気にする必要なく番組づくりができるから。テレビ業界とは一線を画してずっとやってきたジャニーズだからこそ、ネットという「公共圏」を代表するような活動を試みて欲しいです。

矢野　今回のコンサート配信は、〝降りてこない〟ジャニーズがネット生中継をしたことで、むしろ非常時ということを感じさせました。でも、これからはジャニーズも、ジャニーさんが大事にした舞台を中心とした現場主義から転換せざるをえないかもしれないですね。新型コロナウイルス以降はとくに。それは、ジャニーさんのセンスの唯一無二の世界観を維持することとは異なるかもしれません。『RIDE ON TIME』なんかを見ていると、関ジャニの横山くんや大倉くんにしても、屋良くんにしても、いまの三十代くらいのジャニーズタレントは、すでにジュニアを指導する立場になり始めている印象です。ジャニーさん直属世代がそれぞれ指導的立場になって、分業化されていくのではないでしょうか。

大谷　ジャニーさんがキープしてきた世界観を、コロナ以降の次の世界で、ジャニーさんの薫陶を受けた少年たちがどのように展開してゆくのか。僕はとても楽しみですね。

平成・令和ジャニーズの主な出来事年表

【凡例】
〈 〉シングルをリリースの意味
《 》アルバムをリリースの意味
※記録したイベントは一部のものですのでご了承ください

平成元(1989)年

1月15、16日
光GENJIコンサート『BIG EGGコンサート』、東京ドーム
——(7日)昭和天皇崩御。皇太子明仁親王即位。
——(8日)平成に改元
——渋カジ流行(新聞初出)

2月20日
光GENJI《Hey! Say!》

2月22日〜7月12日
ドラマ『ツヨシしっかりしなさい』、森且行(主演)、日本テレビ系

2月28日
男闘呼組〈TIME ZONE〉
——オウム真理教男性信者殺害事件発生

3月5日〜28日
舞台『唐版・滝の白糸』、岡本健一(主演)、日生劇場、蜷川幸雄演出

3月27日〜4月30日
光GENJIコンサート『SPRING CONCERT'89』、横浜アリーナ他
——女子高生コンクリート詰め殺人事件発覚

4月1日
『アイドル共和国』放送開始、SMAP、光GENJI、テレビ朝日系。番組内でTOKIOの前身のTOKIO BANDが結成される
——消費税施行
——横浜アリーナ開業

4月8日〜6月24日
男闘呼組コンサート『男闘呼組'89 Spring Concert』、NHKホール他ツアー

5月25日
ドラマ『名奉行 遠山の金さん 第2シリーズ』、東山紀之、テレビ朝日系

6月19日
少年隊〈まいったネ今夜〉
——竹下登内閣、リクルート事件により総辞職
——(3日)宇野宗佑内閣発足
——天安門事件

7月6日〜30日
少年隊ミュージカル『PLAYZONE'89 Again』、少年隊(主演、2008年まで同)、長野博他、青山劇場。8月3日〜7日愛知厚生年金会館、13日〜19日大阪フェスティバルホール
——第15回参議院議員選挙。日本社会党が第一党に

7月20日
光GENJI〈太陽がいっぱい〉

8月2日
男闘呼組〈CROSS TO YOU/ROCKIN' MY SOUL〉

8月12日〜23日
光GENJIコンサート『SUMMER CONCERT '89』、大阪城ホール他

8月28日
男闘呼組コンサート『BIG TOUR '89 in DOME』、東京ドーム他
——(10日)海部俊樹内閣発足

9月6日〜13日
ミュージカル『GOLDEN BOY』再演、錦織一清(主演)、郵便貯金ホール。9月16日〜25日日本青年館。10月6日〜10日サンケイホール
——東京・埼玉連続幼女誘拐殺人事件、宮崎勤起訴
——『ザ・ベストテン』(TBS系)放送終了

10月4日〜28日
舞台『藤十郎とお梶』、植草克秀、日生劇場

10月10日
『ポップシティ"X"』放送開始、SMAP司会、テレビ東京系

10月10日〜12月26日
ドラマ『時間ですよ平成元年』、香取慎吾、中居

正広、TBS系

――『オレたちひょうきん族』(フジテレビ系)放送終了

11月10日～19日
舞台『イダマンテ』再演、近藤真彦(主演)、中野サンプラザ

――芝浦GOLDオープン

――オウム真理教の坂本堤弁護士一家殺害事件

――ベルリンの壁崩壊

12月5日～27日
舞台『盲導犬』、木村拓哉(主演)、日生劇場、蜷川幸雄演出

12月26、27日
少年隊ディナーショー、全日空ホテル東京

12月31日
第40回 紅白歌合戦、少年隊・光GENJI・男闘呼組出場

――日経平均株価が史上最高値を記録

平成2(1990)年

1月1日
『大型時代劇スペシャル源義経』、東山紀之(主演)、内海光司、大沢樹生、諸星和己、TBS系

1月11日
ドラマ『HOTEL』放送開始、赤坂晃、TBS系

1月24日
男闘呼組〈DON'T SLEEP〉

2月27日～3月25日
舞台『スティング』、錦織一清(主演)、シアターコクーン

――(14日)ローリング・ストーンズ初来日東京ドーム公演

3月28日～5月6日
光GENJIコンサート『SPRING CONCERT'90』、月寒グリーンドーム他

――ゴルバチョフ、ソビエト連邦初代大統領就任

5月16日
光GENJI〈Little Birthday〉

7月7日～29日
少年隊ミュージカル『PLAYZONE'90 MASK』、忍者、青山劇場。劇中劇『ハムレット』は蜷川幸雄演出

7月7日
少年隊〈FUNKY FLUSHIN' / BOMBER〉

――東ドイツと西ドイツの経済統合

8月10日～30日
ミュージカル『ぼくのシンデレラ』、城島茂、国分太一、松岡昌宏、青山劇場

8月14日～31日
光GENJIコンサート『SUMMER CONCERT'90』、名古屋レインボーホール、横浜アリーナ、大阪城ホール

――イラク軍のクウェート侵攻

――ドイツ再統一条約が調印される

10月10、13日
『超アイドル博 IN JAPAN '90』光GENJI、忍者、SMAP(ジャニーズ)、indecent obsession(豪)、Bobby Ross Avila(米)、Broncobilly(伊)他、東京ドーム、阪神甲子園球場。光GENJIプロデュースというふれこみの海外アイドルも招聘したフェス

10月10日
ドラマ『さすらい刑事旅情編Ⅲ』放送開始、植草克秀、テレビ朝日系

――日経平均株価大暴落

11月23日～25日
光GENJIコンサート『WINTER CONCERT'90』、大阪城ホール6公演

――スーパーファミコンが発売開始

――天皇即位の礼

――雲仙岳噴火

12月31日
第41回紅白歌合戦、少年隊・光GENJI・忍者出場

平成3(1991)年

1月1日
SMAPコンサート『SMAP FIRST CONCERT』、日本武道館

1月17日
男闘呼組〈ANGEL〉、初のメンバー自作曲によるシングル

――国際連合が結成した多国籍軍がイラクを空爆。湾岸戦争勃発

2月7日
光GENJI〈風の中の少年〉

――多国籍軍によるクウェート解放

3月24日～4月3日
SMAPコンサート『SPRING SMAP'91』、大阪厚生年金会館、愛知厚生年金会館、横浜アリーナ

――成田エクスプレス運行開始

4月1日～5月6日

光GENJIコンサート『SPRING CONCERT '91』、愛知県体育館、横浜アリーナ

4月6日
『桜っ子クラブ』放送開始、内海光司司会、SMAP、TOKIO、テレビ朝日系

4月13日
映画『本気!』公開、東山紀之(主演)

4月26日
光GENJI〈奇跡の女神〉
——東京都庁、丸の内から新宿に移転

5月
——ジュリアナ東京オープン

6月
——雲仙普賢岳で火砕流発生
——東北新幹線上野駅～東京駅開業

7月4日～28日
少年隊ミュージカル『PLAYZONE'91 SHOCK』、TOKIO、井ノ原快彦他、青山劇場。堂本光一(主演)の『SHOCK』シリーズの原型。8月10日～14日大阪フェスティバルホール

7月24日～8月28日
光GENJIコンサート『SUMMER CONCERT '91』、名古屋レインボーホール他ツアー

8月15日～9月1日
『バンダイスーパーミュージカル聖闘士星矢』、SMAP(主演)、TOKIO、井ノ原快彦、青山劇場

8月30日
光GENJI〈WINNING RUN〉
——世界初のWorld Wide Webサイトが開設される

9月9日
SMAP〈Can't Stop!! -LOVING-〉でデビュー、デビュー記念握手会、西武園ゆうえんち

9月10、13日
『超アイドル博 IN JAPAN '91』、光GENJI、忍者、SMAP、TOKIO(ジャニーズ)、Another Bad Creation、Biggie Smalls、Bobby Ross Avila、Romnick Sarmenta(米)ほか、東京ドーム、阪神甲子園球場
——幸福の科学 フライデー事件

11月7日
光GENJI〈GROWING UP〉
——(5日)宮澤喜一内閣発足
——クイーンのフレディ・マーキュリーがエイズで死去

12月5日～29日
舞台『蜘蛛女のキス』、岡本健一、ベニサンピット

12月6日～27日
舞台『バルセロナ物語』、東山紀之(主演)、日生劇場

12月27日
TBS創立40周年記念特別番組・橋田壽賀子スペシャル『源氏物語』(TBS系)東山紀之(主演)

12月31日
第42回紅白歌合戦、少年隊、光GENJI、SMAP出場
——ゴルバチョフ大統領辞任、ソ連崩壊

平成4(1992)年

1月1日
SMAP《SMAP 001》

1月1日～7日
SMAPコンサート『SMAP'92 やってきましたお正月!!』、日本武道館他
——X JAPANが日本人アーティスト初の東京ドーム3Days公演開催

2月26日
光GENJI、バルセロナ五輪JOC広報アドバイザー就任
——アルベールビル五輪開幕

3月4日
光GENJI《BEST FRIENDS》。ベスト盤

3月21日～4月5日
SMAPコンサート『SPRING SMAP '92』、宮城県民会館他

4月1日～28日
ミュージカル『阿国』、坂本昌行、Bunkamuraシアターコクーン、愛知厚生年金会館、大阪厚生年金会館

4月18日
『夢がMORI MORI』放送開始、SMAP、フジテレビ系

4月29日
光GENJI〈リラの咲くころバルセロナへ〉。バルセロナ五輪応援ソング

5月4日～31日
舞台『レインボー通りの人々』、森繁久彌(主演)、中居正広、東京宝塚劇場

5月5日～28日
ミュージカル『SHOW劇'92 MASK』、少年隊、TOKIO、坂本昌幸、長野博、井ノ原快彦、日生劇場

場

5月29日〜6月14日
ミュージカル『GOLDEN BOY』、諸星和己（主演）、城島茂、坂本昌行、青山劇場。6月23、24日愛知厚生年金会館。6月26日〜30日大阪メルパルクホール

——日本新党結成

5月
『クイズ！年の差なんて』、城島茂、松岡昌宏準レギュラー、フジテレビ系

6月3日
男闘呼組〈眠りにつく前に〉

7月1日
男闘呼組〈THURSDAY MORNING〉

7月11日〜8月2日
少年隊ミュージカル『PLAYZONE'92　さらばDiary』、TOKIO、坂本昌行、長野博、井ノ原快彦他、青山劇場。8月12日〜16日　フェスティバルホール

8月1日〜25日
ミュージカル『ドラゴンクエスト』、SMAP（主演）、京都南座

——（27日）佐川急便からのヤミ献金受領を認め、金丸信が自由民主党副総裁を辞任

8月5日
男闘呼組〈THE FRONT〉

8月26日〜31日
SMAPコンサート『SMAP'92 SUMMER CONCERT "負けるなBaby!"』、大阪城ホール他

9月

——（17日）初のPKO海外派遣

——（25日）バルセロナ五輪開幕

10月4、10日
『超アイドル博 IN JAPAN '92』、光GENJI、忍者、SMAP、TOKIO（ジャニーズ）、Osmond Boys（米）、Smokey Mountain（比）ほか、阪神甲子園球場、東京ドーム

10月10日
音松くん〈スマイル戦士　音レンジャー〉

10月12日〜12月21日
ドラマ『二十歳の約束』、稲垣吾郎（主演）、フジテレビ系

11月2日
明治大学駿台祭SMAPライブ

——ソニーがMDプレーヤー「MZ-1」発売

11月14日
映画『200X年・翔』公開、堂本光一、堂本剛

12月6日〜27日
舞台『花影の花』、八千草薫（主演）、木村拓哉、日生劇場。同演目に95年には森且行、堂本剛、97年には長野博が出演している。

12月31日
第43回紅白歌合戦、少年隊、光GENJI、SMAP出場

平成5（1993）年

1月1日〜8日
SMAPコンサート『NEW YEAR CONCERT 1993』、日本武道館他

——（20日）ビル・クリントン米国大統領就任

1月10日〜6月13日
NHK大河ドラマ『琉球の風』、東山紀之（主演）

2月19日
光GENJI〈君とすばやくSLOWLY〉

——（26日）ニューヨークで世界貿易センター爆破事件

3月6日
映画『プライベートレッスン』公開、稲垣吾郎（主演）、中居正広、日米合作

3月10日
光GENJI、第7回日本ゴールドディスク大賞受賞

3月30日〜5月2日
SAY・Sコンサート『WE ARE SAY・S with TOKIO』、（光GENJI派生ユニット）、TOKIO、神戸ワールド記念ホール他

4月6日〜29日
舞台『チャタレイ夫人の恋人』、佐久間良子（主演）、錦織一清、日生劇場

——（2日）福岡ドームオープン

4月15日〜94年3月31日
ドラマ『渡る世間は鬼ばかり』第2シリーズ、植草克秀、TBS系

4月22日
SAY・S〈曇りのち晴れ〉

4月27日
少年隊〈You're My Life -美しい人へ-／君だけに〉

5月
『クイズ！年の差なんて』国分太一準レギュラー、フ

ジテレビ系

5月13日
光GENJI〈勇気100%〉

5月14日〜6月6日
ミュージカル『魔女の宅急便』、赤坂晃、長野博、青山劇場、蜷川幸雄演出

6月11日〜27日
ミュージカル『阿国』、坂本昌行、青山劇場

6月14、21日
ドラマ『伊豆の踊子』、木村拓哉、テレビ東京系

——(9日)皇太子徳仁親王と小和田雅子の結婚の儀

6月30日
男闘呼組、活動休止

——ビーイング所属アーティストの楽曲がオリコンシングルチャート1〜6位独占

7月4日〜3月13日
NHK大河ドラマ『炎立つ』、稲垣吾郎

7月8日〜8月1日
少年隊ミュージカル『PLAYZONE'93 WINDOW』、TOKIO、青山劇場。8月13日〜19日　フェスティバルホール

——(12日)北海道南西沖地震発生

7月14日
SAY・S and J.World〈WE ARE THE CHAMP〉

——スキードームSSAWS開業。

8月2日
光GENJIベスト《SUPER BEST TRY to REMEMBER》

8月3日〜31日
光GENJIコンサート『BOYS IN August』、横浜アリーナ他

8月6日〜24日
舞台『ANOTHER〜少年の島編・沈黙の島編』、SMAP(主演)、井ノ原快彦、森田剛、堂本光一、堂本剛、京都南座、天王洲アートスフィア

——(9日)細川護熙内閣発足。連立政権

8月21日
男闘呼組〈TOKYOプラスティック少年〉

8月
『なるほど!ザ・ワールド』、錦織一清、フジテレビ系

9月1日〜10月30日
舞台『恋風　昭和ブギウギ物語』、森光子(主演)、城島茂、芸術座

9月9日〜
ドラマ『渡る世間は鬼ばかり』、城島茂、国分太一、TBS系

10月1日〜28日
ミュージカル『Lady Be Good!』、錦織一清(主演)、国分太一、青山劇場

10月10日
『アイドルオンステージ』放送開始、NHK-BS2

10月11日〜12月20日
ドラマ『あすなろ白書』、木村拓哉、フジテレビ系

10月20日〜12月22日
ドラマ『同窓会』、国分太一、山口達也、坂本昌行、日本テレビ系

11月11日
SMAP〈$10〉

——日照不足による米不足。平成の米騒動と呼ばれる

11月15日
『中居正広のオールナイトニッポン』放送開始、ニッポン放送

12月3日〜26日
ミュージカル『姫ちゃんのリボン』、草彅剛、長瀬智也、佐野瑞樹、銀座博品館劇場

12月4日〜17日
ミュージカル『魔女の宅急便』、森且行、劇場飛天。蜷川幸雄演出

12月23日〜1月7日
光GENJIコンサート『BRAVO! Nippon〜雪と氷のファンタジー〜』、国立代々木競技場 第一体育館他

12月31日
第44回紅白歌合戦、少年隊、光GENJI、SMAP出場

平成6(1994)年

1月1日
SMAP〈君色思い〉

1月1日〜7日
SMAPコンサート『NEW YEAR CONCERT 1994』、日本武道館他

1月1日
『新春大型時代劇スペシャル　大忠臣蔵』、近藤真彦、東山紀之、松岡昌宏、坂本昌行、TBS系

1月5日〜23日
TOKIOコンサート『TOKIO FIRST LIVE

TOUR』、難波W'CHOL他

1月20日
光GENJI〈BRAVO! Nippon～雪と氷のファンタジー～〉。リレハンメル五輪応援ソング

2月2日～28日
舞台『御いのち』、東山紀之、坂本昌行、帝国劇場。3月6日～31日劇場飛天
——(12日～27日)リレハンメル五輪開催

2月4日～13日
舞台『洒落男たち～モダンボーイズ』、木村拓哉、東京芸術劇場

3月1日
田原俊彦、事務所から独立

3月9日
『夢がMORI MORI Spring Concert'94』、SMAP出演、中野サンプラザ

3月12日
SMAP〈Hey Hey おおきに毎度あり〉

3月12日
映画『シュート!』公開、SMAP(主演)、長野博

3月25日
SAY・S〈HAPPY ROAD〉

4月
連続テレビ小説『かりん』、堂本剛、NHK

4月
『笑っていいとも!』レギュラー出演開始、中居正広、香取慎吾、フジテレビ系。草彅剛は95年10月から

4月12日～5月17日
ドラマ『お父さんは心配症』、国分太一、テレビ朝日系

4月15日～7月1日
ドラマ『アリよさらば』、松岡昌宏、長瀬智也、井ノ原快彦、TBS系

4月28日
光GENJI〈ヨーソロー! 未来へよろしく〉
——(28日)羽田孜内閣発足

5月3日～5日
光GENJI、コンサート『ヨーソロー!出航』、横浜アリーナ

5月14、15日
TOKIOコンサート『See You Again・松竹座』

5月30日～6月17日
舞台『怪談・にせ皿屋敷』、香取慎吾、PARCO劇場

6月6日
SMAP〈オリジナル スマイル〉
——(27日)松本サリン事件

6月
——(30日)村山富市内閣発足

7月5日～31日
少年隊ミュージカル『PLAYZONE'94 MOON』、坂本昌行、長野博、青山劇場。8月4日～12日大阪フェスティバルホール
——北朝鮮の金日成主席死去

7月8日～9月23日
ドラマ『人間・失格～たとえばぼくが死んだら』、堂本剛、堂本光一、三宅健、TBS系

7月12日
TOKIOデビュー記者発表、日本武道館

8月3日～27日
光GENJIコンサート『FOREVER YOURS』、横浜アリーナ、名古屋レインボーホール、大阪城ホール
——ビートたけし酒気帯び運転でバイク事故。

8月
大沢樹生・佐藤寛之が光GENJI脱退。光GENJI SUPER 5に改名。
——ジュリアナ東京閉店

8月10日～30日
TOKIOコンサート『MOVE ON』、渋谷公会堂他

9月9日
SMAP〈がんばりましょう〉

9月9日
木村拓哉、ベストジーニスト初受賞

9月21日
TOKIO〈LOVE YOU ONLY〉でデビュー

10月7日
光GENJI SUPER 5〈Melody Five〉

10月10日
『ジャニーズ野球大会 in TOKYO DOME』、初の野球大会開催
——恵比寿ガーデンプレイス完成

10月10日～12月19日
ドラマ『東京大学物語』、稲垣吾郎(主演)、テレビ朝日系

11月2日
TOKIOコンサート『秋・TOKIOと楽しい時

代』、日本武道館

11月3日、5日
TOKIOコンサート『TOKIO First Album 記念ライブ』、大阪IMPホール、福岡クロッシングホール

——セガサターン発売

12月8日
AKIRA & KOHJI〈MR.MIRACLE〉

12月17日
映画『家なき子』公開、堂本光一

12月31日～1月29日
KinKi Kidsコンサート『ファーストコンサート KinKi Kids Kick off 95』、日本武道館他

12月31日
第45回紅白歌合戦、SMAP、TOKIO出演

平成7(1995)年

1月1日
SMAPベストアルバム《COOL》

1月1日～6日
SMAPコンサート『COOL JANUARY 1995』、日本武道館他

1月12日～3月16日
ドラマ『味いちもんめ』、中居正広(主演)、テレビ朝日系

——(17日)阪神・淡路大震災

1月29日～2月26日
SMAPコンサート『LAWSON Presents ジャニーズワールドスペシャル COOL COOL SMAP '95』、横浜アリーナ他

2月
『マジカル頭脳パワー!!』、TOKIO、日本テレビ系

3月2日～5月7日
ミュージカル『魔女の宅急便』、坂本昌行(トンボ役、遠藤直人(忍者)とのダブルキャスト)、名古屋中日劇場・広島郵便貯金ホール

3月12日
NHK大河ドラマ『八代将軍吉宗』、森田剛

——(20日)地下鉄サリン事件

3月25日
SMAP〈がんばりましょう〉が春のセンバツ高校野球開会式入場行進曲に選ばれる

3月30日～5月7日
KinKi Kidsコンサート『KinKi Kids Kick off 95 SECOND CONCERT』、日本武道館他

4月2日～5月28日
ミュージカル『サウンドオブミュージック』、国分太一、帝国劇場・中日劇場。8月3日～30日坂本昌行、劇場飛天

4月8日
ドラマ『金田一少年の事件簿 学園七不思議殺人事件』、堂本剛(主演)、日本テレビ系

——公立学校が週5日制となる

4月10日
『SMAPのがんばりましょう』放送開始、フジテレビ系

4月12日
TOKIO〈うわさのキッス〉

4月12日～10月11日
ドラマ『はぐれ刑事純情派』、城島茂、テレビ朝日系

5月

——(16日)オウム真理教教祖麻原彰晃逮捕

6月6日
SMAP〈しようよ〉

7月7日～30日
少年隊ミュージカル『PLAYZONE'95 KING&JOKER』、坂本昌行、長野博、井ノ原快彦、青山劇場。8月9日～13日フェスティバルホール。錦織一清脚本・演出

——(1日)PHSサービス開始

7月15日～9月16日
ドラマ『金田一少年の事件簿 first season』、堂本剛(主演)、日本テレビ系

7月27日
コンサート『夏だ!祭りだ!こどもカーニバルジャニーズJr.ミニライブ』、新高輪プリンスホテル飛天の間

8月3日～31日
KinKi Kidsコンサート『Kick off '95 SUMMER』、横浜アリーナ他。初の全国ツアー

8月19日
光GENJI SUPER5卒業アルバム《See You Again》

8月21日～9月30日
『連続テレビ小説 春よ、来い』、国分太一、NHK

8月26日、27日
『24時間テレビ18 愛は地球を救う』、SMAP(番組パーソナリティー)、日本テレビ系

9月3日
光GENJI卒業コンサートツアーファイナル、名古屋レインボーホール

9月
諸星和己、退所

9月4日
V6結成発表、六本木ヴェルファーレ

10月8日
『サンデージャングル』放送開始、中居正広（スポーツキャスター）、テレビ朝日系

10月10日
『95ヤングアイドル野球大会 in TOKYO DOME』

10月13日～12月22日
ドラマ『未成年』、香取慎吾、TBS系

10月21日～12月16日
ドラマ『ザ・シェフ』、東山紀之（主演）、国分太一、森田剛、三宅健、日本テレビ系

11月1日
V6〈MUSIC FOR THE PEOPLE〉でデビュー、国立代々木競技場 第一体育館でデビューイベント

——（1日）ゆりかもめ開業

11月2日
『鉄腕！DASH!!』（98年4月『ザ！鉄腕！DASH!!』に改称）放送開始、TOKIO、日本テレビ系

——（23日）Windows 95日本語版発売

11月3日～12月2日
'95ワールドカップバレーボール、V6がイメージキャラクター就任

12月2日
TOKIO〈風になって〉。第74回全国高校サッカー選手権大会イメージソング

12月22日
V6コンサート『X'mas For The People』、ファーストライブ、大阪城ホール

12月23日～25日
少年隊コンサート『少年隊10th Anniversary Concert'95-96』、東京ホワイトシアター他

12月26日～1月14日
SMAPコンサート『WINTER CONCERT 1995-1996』、代々木ホワイトシアター他ツアー。東京公演でカウントダウンコンサートを開催

12月30日
TOKIO、第74回全国高校サッカー選手権大会開会式出場

12月31日
第46回紅白歌合戦、SMAP、TOKIO出演

平成8（1996）年

1月4日～15日
TOKIOコンサート『TOKIO CONCERT TOUR 1996 風になって』、福岡サンパレス他

1月11日～3月21日
ドラマ『白線流し』、長瀬智也（主演）、フジテレビ系

1月13日～3月16日
ドラマ『銀狼怪奇ファイル』、堂本光一（主演）、三宅健、日本テレビ系

1月27、28日
V6コンサート『New Year For The People』、ファーストライブ東京公演、国立代々木競技場ホワイトシアター

1月28日～2月25日
KinKi Kidsコンサート『LAWSON PRESENTS KinKi Kids '96』、大阪城ホール他、ローソンでの応募企画

——（11日）橋本龍太郎内閣発足

2月14日
V6〈MADE IN JAPAN〉、発売記念イベント『FM V6』開設、国立代々木競技場ホワイトシアター

——イギリスのチャールズ皇太子、ダイアナ皇太子妃夫妻離婚の合意を発表

3月14日
『春の高校バレー前夜祭V6熱血スペシャル』、代々木第一体育館

3月19日～5月5日
V6コンサート『V6 tour in JAPAN』、横浜アリーナ他。初の全国ツアー

4月12日～6月28日
ドラマ『若葉のころ』堂本光一・堂本剛（主演）、TBS系

4月14日～7月21日
NHK大河ドラマ『秀吉』、松岡昌宏

4月15日～6月24日
ドラマ『ロングバケーション』木村拓哉（主演）、フジテレビ系

4月15日
『SMAP×SMAP』放送開始、フジテレビ系

——（15日）小室哲哉のプロデュース曲がオリコンチャート1位から5位までを独占

4月21日
『さんまのSUPERからくりTV』放送開始、TOKIO、TBS系
——東京ビッグサイト（東京国際展示場）開場

5月4日〜26日
『ブロードウェイミュージカル 雨に唄えば』東山紀之（主演）、日生劇場

5月22日
TOKIO、アトランタ五輪JOC「がんばれ！ニッポン！キャンペーン」広報アドバイザー就任

5月27日
森且行、『SMAP×SMAP』最終出演。5月でSMAP脱退、退所

5月31日〜6月16日
ミュージカル『魔女の宅急便』、坂本昌行、長野博（トンボ 役トリプルキャストの1名）、東京厚生年金会館

7月13日
アトランタ五輪聖火ランナー、松岡昌宏、長瀬智也

7月13日〜9月14日
ドラマ『金田一少年の事件簿 second season』堂本剛（主演）、日本テレビ系

7月13、14日
『FNSの日』、SMAPが番組パーソナリティ、フジテレビ系

7月19日〜8月24日
SMAPコンサート『Summer Concert '96 超無限大翔』、初のスタジアムツアー、初の東京ドーム公演

7月21日〜8月11日
少年隊ミュージカル『PLAYZONE'96 RHYTHM』、20th Century、青山劇場。8月13日〜15日フェスティバルホール

7月22日
TOKIO〈ありがとう…勇気〉。アトランタ五輪フジテレビ系中継テーマソング
——（19日〜8月4日）アトランタ五輪開催

8月6、14、15日
Coming Centuryコンサート『Coming Century Coming Concert 1996』、『Coming Century』、石川厚生年金会館他。初の単独コンサート
——コミックマーケット50 東京ビッグサイトで初の開催

9月7日〜97年8月30日
ドラマ『ウルトラマンティガ』、長野博（主演）、TBS系

9月16日
V6〈TAKE ME HIGHER〉
——（23日）藤子・F・不二雄死去

10月10日
『ジャニーズ ALL STAR スポーツ夢の祭典』、東京ドーム

10月15日
『うたばん』放送開始、中居正広司会、TBS系

10月17日〜12月19日
ドラマ『ドク』、香取慎吾（主演）、フジテレビ系

10月18日
SMAP〈SHAKE〉

10月19日
『LOVE LOVEあいしてる』放送開始、KinKi Kids、フジテレビ系

11月
——（11月5日）ビル・クリントン米大統領再選
——（11月23日）たまごっち発売

12月27日〜1月8日
20th Centuryコンサート『20th Century '96-97 WINTER CONCERT』、20th Century、東京厚生年金会館他。初のコンサートツアー

12月31日
第47回紅白歌合戦、SMAP、TOKIO出演

12月31日
『V6 COUNTDOWN '97』、V6、神戸ワールド記念ホール。阪神・淡路大震災災害復興チャリティーイベント
——原爆ドームと厳島神社が世界遺産登録

平成9（1997）年

1月1日
『TBS大型時代劇スペシャル竜馬がゆく』、長瀬智也、TBS系

1月5日〜15日
TOKIOコンサート『TOKIO CONCERT TOUR 1997 Be a HERO 〜Everybody Can Do!〜』、日本武道館他

1月6日〜3月10日
ドラマ『名探偵保健室のオバさん』、三宅健、テレビ朝日系

1月11日～3月15日
ドラマ『サイコメトラー EIJI 映児』、松岡昌宏（主演）、日本テレビ系

1月12日～2月9日
NHK大河ドラマ『毛利元就』、森田剛

1月20日
V6〈愛なんだ〉

1月
城島茂、移動式クレーン免許取得

2月14日
株式会社ジャニーズ・エンタテイメント設立

2月26日
SMAP〈ダイナマイト〉

3月25日～5月5日
KinKi Kidsコンサート『KinKi Kiss In Dream Spring SHOW』、名古屋レインボーホール他
——（1日）大阪ドーム（現・京セラドーム大阪）開場

4月15日～6月24日
ドラマ『いいひと。』、草彅剛（主演）、フジテレビ系
——消費税率5％に引き上げ

5月29日
KinKi Kidsデビュー記者会見、豊川稲荷
——神戸連続児童殺傷事件

7月5日～9月20日
ドラマ『D×D』、長瀬智也・岡田准一（W主演）、日本テレビ系
——（1日）イギリスから中国へ香港返還

7月9日
V6〈WAになっておどろう〉

7月12日～8月3日
少年隊ミュージカル『PLAYZONE'97 RHYTHM II』、20th century他、青山劇場。8月8日～11日フェスティバルホール

7月15日～9月15日
SMAPコンサート『SMAP 1997 "ス"～スばらしい！ステキな！ スゴイぞ！ スーパースペシャルコンサート～』、横浜スタジアム初公演含むツアー

7月21日
KinKi Kids〈硝子の少年〉、《A album》同時発売デビュー

7月26日、27日
舞台『Stand by Me』、相葉雅紀、松本潤、二宮和也、大阪ドラマシティ、8月8日～21日東京アートスフィア

7月26日～8月30日
Coming Centuryコンサート『WHAT'S COOL?』、真駒内アイスアリーナ他。Coming Century初の全国ツアー

7月29日～8月28日
KinKi Kidsコンサート『A So Boコンサート』、大阪城ホール他。デビュー後初のコンサートツアー

8月7日～30日
舞台『ジャニーズファンタジー KYO TO KYO』、東山紀之、堂本光一、Coming century、大野智、横山裕、村上信五、屋良朝幸他ジャニーズJr.、京都シアター1200こけら落とし公演

8月13日
Tomoya with 3T〈ETERNAL FLAME〉でソロデビュー。『D×D』主題歌

8月23、24日
『24時間テレビ20 愛は地球を救う』、KinKi Kids（番組パーソナリティ）、日本テレビ系

8月29日
『KinKi Kidsのオールナイトニッポン』放送開始、ニッポン放送

9月6日～11月9日
20th Centuryコンサート『20th Century "ROAD" show コンサートツアー』、仙台サンプラザ他。初の全国ツアー
——Mac OS 8発売

10月10日
『ジャニーズ野球大会 in TOKYO DOME』

10月13日～12月22日
ドラマ『ラブジェネレーション』、木村拓哉（主演）、フジテレビ系

10月13日～12月8日
ドラマ『研修医なな子』、国分太一、テレビ朝日系

10月14日～12月23日
ドラマ『ナースのお仕事2』、松岡昌宏、フジテレビ系

10月16日
『学校へ行こう！』放送開始、V6、TBS系

10月18日～12月20日
ドラマ『ぼくらの勇気 未満都市』、堂本光一、堂本剛、相葉雅紀、松本潤、日本テレビ系

10月
——（22日）安室奈美恵結婚発表

10月28日

『伊東家の食卓』放送開始、三宅健、日本テレビ系

11月12日
KinKi Kids〈愛されるより愛したい〉
——サッカー日本代表W杯フランス大会出場を決める

12月
TOKIO、V6、KinKi KidsでJ-FRIENDS結成、阪神・淡路大震災へのチャリティー活動を行う。2003年3月終了。

12月4日〜27日
ミュージカル『42ND STREET』、錦織一清、日生劇場

12月6日〜27日
ミュージカル『SHOW劇'97 MASK』、坂本昌行・井ノ原快彦・岡田准一(主演)、大野智、関西ジャニーズJr.、大阪松竹座

12月13日
映画『金田一少年の事件簿 上海人魚殺人伝説』公開、堂本剛(主演)

12月23、24、28日
『東山紀之クリスマスディナーショー』、東京全日空ホテル、大阪帝国ホテル

12月25、29日
『植草克秀クリスマスディナーショー』、東京全日空ホテル、大阪帝国ホテル

12月31日
第48回紅白歌合戦、SMAP、TOKIO出演、中居正広司会

12月31日
『J-FRIENDSジャニーズカウントダウン・コンサート』、東京宝塚劇場
——(31日)東京ドームでX JAPAN解散コンサート

平成10(1998)年

1月1日
ドラマ『元日特別企画 天城越え』、二宮和也、TBS系

1月2日〜15日
V6コンサート『GENERATION GAP』、東京宝塚劇場他

1月14日
SMAP〈夜空ノムコウ〉

1月14日
長野五輪聖火ランナー、堂本光一

1月16、17日
少年隊コンサート『少年隊'98コンサートin東京宝塚劇場』

1月18日
『ジャニーズ祭りin東京宝塚劇場ファイナルステージ』

1月21日
J-FRIENDS〈明日が聴こえる〉

1月28日
少年隊〈湾岸スキーヤー〉

2月1、11、15日
『ジャニーズJr. 1stコンサート』名古屋センチュリーホール、横浜アリーナ、大阪城ホール

2月7日〜22日
長野五輪、フジテレビ系放送で少年隊がキャスター、生中継ゲストに。『長野五輪 ハイライト』出演ほか
——(7日〜22日)長野五輪開幕

3月7日
土曜ワイド劇場『名探偵明智小五郎 陰獣』、稲垣吾郎(主演)、テレビ朝日系

3月14日
V6『Be Yourself On White Day』、春の高校バレー前夜祭、有明レインボータウンプリズムスクエア

3月20日〜26日
『'98春の高校バレー』、V6(イメージキャラクター)

3月25日
'98 Jリーグヴェルディ川崎開幕戦始球式&ハーフタイムショー、V6出演

4月15日
『8時だJ』放送開始、滝沢秀明、相葉雅紀、松本潤、二宮和也、櫻井翔ほか、テレビ朝日系

4月18日〜7月12日
ジャニーズファンタジー『KYO TO KYO』、京都シアター1200

4月22日
KinKi Kids〈ジェットコースター・ロマンス〉。'98 ANA'S パラダイス沖縄キャンペーンイメージキャラクターに就任、イメージソング

5月27日
ワールドカップサッカー日本代表現地応援団結成!記者会見、井ノ原快彦、森田剛、代々木公園屋外ステージ

5月29日
映画『新宿少年探偵団』公開、相葉雅紀（主演）、松本潤
——インドネシアで暴動発生

7月3日～9月11日
ドラマ『青の時代』、堂本剛（主演）、TBS系

7月12日～8月9日
少年隊ミュージカル『PLAYZONE'98　5nights』、20th Century、青山劇場。8月15日～17日フェスティバルホール

7月18日～8月31日
ジャニーズファンタジー『KYO TO KYO　サマーフェスティバル』、シアター1200

7月18、19日
『'98 FNS 1億2700万人の27時間テレビ夢列島』、中居正広司会、フジテレビ系

7月29日
KinKi Kids〈全部だきしめて／青の時代〉

7月29日
ジャニーズJr.コンサート『Johnny's Summer Concert』、横浜アリーナ他
——（30日）小渕恵三内閣発足

8月6日
第80回全国高校野球選手権記念大会プレイベント、相葉雅紀、松本潤、二宮和也、櫻井翔、阪神甲子園球場

8月22、23日
『24時間テレビ21　愛は地球を救う』、TOKIO（メインパーソナリティ）、森田剛チャリティーマラソン完走

——Microsoft Windows 98日本語版発売
——原宿の歩行者天国廃止

9月6日～11月29日
ジャニーズファンタジー『KYO TO KYO　秋公演』、シアター1200

10月5日
『『ぷっ』すま』放送開始、草彅剛MC、テレビ朝日系

10月23日
『ぐるぐるナインティナイン』「グルメチキンレース・ゴチになります！」ゴチメンバー、国分太一、日本テレビ系

10月25日
『ジャニーズ大運動会'98』、大阪ドーム

10月26日
舞台『リボンの騎士　鷲尾高校演劇部奮闘記』、井ノ原快彦出演、銀座セゾン劇場

12月4日～26日
ミュージカル『MASK』、滝沢秀明（主演）、大阪松竹座最年少座長
——郵便番号7桁化

12月22日～1月1日
KinKi Kidsコンサート『Winter Concert '98～'99』、大阪城ホール、東京ドーム（12月30日初のドーム公演）

12月31日
第49回紅白歌合戦、SMAP、TOKIO出演、中居正広司会

12月31日
J-FRIENDSカウントダウンコンサート『Asia Biggest Countdown in Dome』、東京ドーム

平成11（1999）年

1月3日
ドラマ『古畑任三郎スペシャル『古畑任三郎　VS SMAP』、SMAP、フジテレビ系

1月6日～31日
ミュージカル『SHOW劇'99 MASK』、堂本光一（主演）、日生劇場

1月8日～3月19日
ドラマ『天国に一番近い男』、松岡昌宏（主演）、日本テレビ系

1月10日～12月12日
NHK大河ドラマ『元禄繚乱』東山紀之、滝沢秀明
——（29日）地域振興券公布開始

2月20日～28日
舞台『蒲田行進曲』、錦織一清、草彅剛、近鉄劇場。3月5日～27日シアターコクーン
——iモードスタート

3月1日～27日
舞台『花も嵐も　サトと圭の結婚サギ師物語』、森光子（主演）、赤坂晃、中日劇場。4月2日～30日帝国劇場
——「だんご3兄弟」大ヒット

4月8日～6月17日
ドラマ『魔女の条件』、滝沢秀明（主演）、TBS系
——（11日）東京都知事選挙、石原慎太郎が当選

5月2日～6月20日

ジャニーズJr.コンサート『Fresh Spring Concert'99』、横浜アリーナ、大阪城ホール
――(30日)LUNA SEAが結成10周年記念10万人ライブを開催。東京国際展示場

6月23日
SMAP〈Fly〉

7月3日～9月11日
『新・俺たちの旅Ver.1999』、Coming Century主演、日本テレビ系。堤幸彦演出

7月11日～8月4日
少年隊ミュージカル『PLAYZONE '99 Goodbye &Hello』、20th Century、大野智、青山劇場。8月12日～15日フェスティバルホール

7月17、18日
『'99FNS1億2700万人の27時間テレビ夢列島』、中居正広司会、フジテレビ系

7月24日～9月26日
SMAPコンサート『SMAP 1999 TOUR "BIRDMAN"』、横浜スタジアム他
――(31日)GLAYが結成10周年記念イベント「GLAY EXPO」を開催して20万人を動員。幕張メッセ

8月13日～15日
関西ジャニーズJr.コンサート『関西ジュニア FIRST LIVE』、Zepp Osaka

8月31日
V6コンサート『学校へ行こう!-PRESENTS V6 SUMMER CONCERT '99 FINAL さよなら夏休み!!学校へ行こう!-』、横浜アリーナ

9月15日
嵐デビュー記者会見、ハワイ、ホノルル沖

9月28日
草彅剛、ベストジーニスト初受賞

10月9日
ジャニーズJr.コンサート『ジャニーズJr.特急投球コンサート10月9日東京ドームに大集合!!』

10月10日
『ジャニーズ&オールスタードリームマッチ1999 in 東京ドーム』

10月12日
『少年隊夢』放送開始、フジテレビ系

10月14日～3月30日
ドラマ『3年B組金八先生　第5シリーズ』、風間俊介、亀梨和也、TBS系

11月2日～12月2日
ワールドカップバレーボール'99、嵐がイメージキャラクター就任

11月3日
嵐〈A・RA・SHI〉でデビュー、ワールドカップバレーボールイメージソング

12月18日
『台湾大震災チャリティー野球大会マーチオブ2000』、千葉マリンスタジアム

12月20日～25日
関西ジャニーズJr.コンサート『関西ジュニア大阪松竹座X'masプレゼント』

12月31日
第50回紅白歌合戦、SMAP、TOKIO出場

12月31日
『J-FRIENDS MILLENNIUM in TOKYO DOME』

12月31日
『ワールドカウントダウンスーパースペシャル24時間まるごとライブLOVE LOVE2000』、KinKi Kids、嵐
――マカオがポルトガルから中国に返還される
――(31日)ロシアのエリツィン大統領辞任、代行にプーチン首相

平成12(2000)年

1月16日～3月26日
ドラマ『ビューティフルライフ』、木村拓哉(主演)、TBS系
――ハッピーマンデー制度の開始

2月22日～27日
KinKi Kidsコンサート『1st ASIAN TOUR KinKi Kids MILLENNIUM CONCERT In Taiwan HONGKONG』、台北101、香港コンベンション・アンド・エキシビション・センター。初の海外ツアー

2月26日
土曜ワイド劇場『名探偵明智小五郎　エレベーター密室殺人』、稲垣吾郎(主演)、テレビ朝日系
――Microsoft Windows 2000日米欧同時発売

3月3日～4月12日
舞台『東京サンダンス～俺たちの20世紀～』、20th century(主演)、近鉄劇場、PARCO劇場、メルパルクホール福岡

3月11日
映画『ウルトラマンティガ THE FINAL ODYSSEY』公開、長野博(主演)

3月20日〜26日
第31回春の高校バレー、嵐イメージキャラクター就任
——PlayStation2発売
4月6日〜30日
嵐コンサート『嵐 FIRST CONCERT 2000』、大阪城ホール、横浜アリーナ
——(5日)森喜朗内閣発足
4月6日〜5月24日
劇団☆新感線『犬夜叉』、佐藤アツヒロ(主演)、滋賀県立芸術劇場びわ湖ホール、東京グローブ座他
4月14日〜6月23日
ドラマ『池袋ウエストゲートパーク』、長瀬智也(主演)、山下智久、岡本健一、ＴＢＳ系。宮藤官九郎脚本
5月
——(5月3日)西鉄バスジャック事件
6月4日〜30日
舞台『ミツコ ウィーンの伯爵夫人』、大地真央(主演)、赤坂晃、新橋演舞場
6月8、9日
『２０００ＦＮＳ１億２７００万人の27時間テレビ夢列島』、中居正広司会、フジテレビ系
6月21日
KinKi Kids〈夏の王様〉
7月12日
嵐〈台風ジェネレーション〉
7月16日〜8月10日
少年隊ミュージカル『PLAYZONE2000 "THEME PARK"』、20th Century、屋良朝幸、錦戸亮、青山劇場。8月14日〜20日フェスティバルホール
——新紙幣二千円札発行
8月13日〜29日
嵐コンサート『嵐〜台風ジェネレーション〜SUMMER CONCERT 2000』、名古屋レインボーホール他
8月18日
慎吾ママ〈慎吾ママのおはロック〉
8月19、20日
『24時間テレビ23 愛は地球を救う』、Ｖ6(番組パーソナリティ)、日本テレビ系
9月10日
Ｖ6コンサート『V6 SUMMER CONCERT 2000 "HAPPY" Coming Century, 20th Century forever』、さいたまスーパーアリーナこけら落とし公演。8月25日から続くツアーファイナル
9月13日〜27日
ミュージカル『シェルブールの雨傘』、坂本昌行(主演)、天王洲アートスフィア
——(15日〜10月1日)シドニー五輪
10月8日
『ジャニーズ大運動会 in 東京ドーム』
10月14日
ＳＭＡＰ《S map〜SMAP 014》。ジャケットデザイン佐藤可士和
10月21日〜26日
ＴＯＫＩＯコンサート『TOKIO CONCERT TOUR 2000 IN 台湾／香港』、南港１０１・香港Queen Elizabeth Stadium
11月2日〜26日
ミュージカル『MILLENNIUM SHOCK』、堂本光一(帝劇最年少座長)、東山紀之、赤坂晃、今井翼、帝国劇場
11月3日〜30日
ミュージカル『ワンスアポン・ア・マットレス』、植草克秀、青山劇場
12月22日〜28日
錦織一清『Dinner Show』、全日空ホテル東京、帝国ホテル大阪。初の単独ディナーショー
12月31日
第51回紅白歌合戦、ＳＭＡＰ、ＴＯＫＩＯ出演
12月31日
『J-FRIENDS COUNTDOWN FROM TOKYO』、東京ドーム

平成13(2001)年

1月8日〜3月19日
ドラマ『HERO』、木村拓哉(主演)、フジテレビ系
1月8日
『慎吾ママドラマスペシャル おっはーは世界を救う』、香取慎吾(主演)、フジテレビ系
——(20日)ジョージ・W・ブッシュ米国大統領就任
2月7日
KinKi Kids〈ボクの背中には羽根がある〉
2月9日〜11日
Ｖ6コンサート『V6 2001 台北演唱会 V6 CONCERT 2001 IN TAIPEI』、台湾・南港１０１。Ｖ6初の台湾公演

——えひめ丸事故

3月25日
ドラマ『金田一少年の事件簿 魔術列車殺人事件』、松本潤（主演）、日本テレビ系
——ユニバーサル・スタジオ・ジャパン（USJ）開業

4月7日
『ポンキッキーズ21』放送開始、井ノ原快彦、フジテレビ系

4月8日
『堂本兄弟』放送開始、KinKi Kids、フジテレビ系

4月11日
『ザ！世界仰天ニュース』放送開始、中居正広司会、日本テレビ系

4月12日〜6月28日
ドラマ『ムコ殿』、長瀬智也（主演）、相葉雅紀、フジテレビ系

4月13日〜6月29日
ドラマ『天国に一番近い男 教師編』、松岡昌宏（主演）、櫻井翔、TBS系

4月13日
『チョナン・カン』放送開始、草彅剛、フジテレビ系

4月14日
『USO!?ジャパン』放送開始、国分太一MC、滝沢秀明、今井翼、嵐、TBS系

4月
KAT-TUN結成
——（26日）小泉純一郎内閣発足

5月30日
TOKIO〈メッセージ／ひとりぼっちのハブラシ〉

6月30日〜7月1日
『開局50周年24時間テレビ ファイトTV24日〜やればできるさ〜』、TOKIO（メインパーソナリティー）、TBS系
——大阪教育大附属池田小児童殺傷事件が発生

7月14日〜8月8日
少年隊ミュージカル『PLAYZONE2001 新世紀EMOTION』、松岡昌宏・井ノ原快彦・大野智（トリプルキャスト）、Musical Academy、錦戸亮、青山劇場。8月13〜17日大阪フェスティバルホール

7月14日〜9月15日
ドラマ『金田一少年の事件簿 third season』、松本潤（主演）、日本テレビ系
——（20日）「千と千尋の神隠し」（宮崎駿監督）公開

8月26日
稲垣吾郎、謹慎

8月31日
『慎吾ママドラマスペシャル おっはーは世界を救う』、香取慎吾（主演）、フジテレビ系

9月28日〜11月28日
帝劇創立90周年記念公演『質屋の女房 〜麻布陽だまり愛の町〜』、森光子（主演）、佐藤アツヒロ、帝国劇場

9月30日〜10月28日
『ブロードウェイミュージカル フットルース』、坂本昌行（主演）、赤坂ACTシアター
——（11日）アメリカ同時多発テロ事件発生

10月4日
『真夜中の嵐』放送開始、嵐、日本テレビ系

10月7日
『ジャニーズ大運動会 in 東京ドーム』

10月8日〜12月17日
ドラマ『アンティーク 〜西洋骨董洋菓子店〜』、滝沢秀明（主演）、フジテレビ系

10月10日〜12月12日
ドラマ『ハンドク!!!』、長瀬智也（主演）、二宮和也、TBS系

10月11日〜3月28日
ドラマ『3年B組金八先生 第6シリーズ』、加藤成亮、増田貴久、TBS系

10月13日
『SmaSTATION!!』放送開始、香取慎吾司会、稲垣吾郎準レギュラー、テレビ朝日系

10月19日
『中居正広の金曜日のスマたちへ』放送開始、中居正広司会、TBS系

11月9日〜12月2日
『ミュージカル クリスマス・ボックス』、東山紀之（主演）、青山劇場、12月5日〜9日フェスティバルホール

11月12日
株式会社ジェイ・ストーム設立
——IC乗車カード「Suica」のサービス開始

12月1日〜25日
ミュージカル『ショー劇・SHOCK』、堂本光一（主演）、帝国劇場。02年1月3日〜27日も

12月21日〜1月6日
『20th Century DINNER SHOW』、トニセン初のディナーショー

—（30日）浜崎あゆみ「Dearest」が第43回レコード大賞受賞

12月31日
第52回紅白歌合戦、TOKIO出演

12月31日
『Vivaメントレ兄弟presents J-FRIENDS COUNT DOWN in TOKYO DOME』

平成14（2002）年

1月18日～3月15日
ドラマ『木更津キャッツアイ』、岡田准一（主演）、櫻井翔、TBS系。宮藤官九郎脚本

—雪印牛肉偽装事件発覚

2月6日
嵐〈a Day in Our Life〉『木更津キャッツアイ』主題歌

2月9日
映画『ソウル』公開、長瀬智也（主演）、日韓国民交流年記念作品

—（8日～24日）ソルトレークシティ五輪

3月30日～31日
嵐、ハワイ州「STAND UP HAWAII!!」キャンペーンサポーター就任。『ARASHI ファンツアー イン ハワイ』開催

4月17日～7月3日
ドラマ『ごくせん』、松本潤、日本テレビ系

4月20日
『ドリームコンサート2002』（韓国）、V6が日本人初出演、ソウル チャムシル・五輪スタジアム

—（1日）学習指導要領改定。ゆとり教育実質的開始

5月2日
KinKi Kids〈カナシミ ブルー〉

5月4日
Coming Century、音楽祭『金曲奨』（台湾）でプレゼンター

5月18日～6月16日
劇団☆新感線『スサノオ　神の剣の物語』、松岡昌宏（主演）、生田斗真、赤坂ACTシアター。6月23日～28日NHK大阪ホール

5月29日
堂本剛〈街／溺愛ロジック〉でソロデビュー

—（5月31日～6月30日）2002 FIFAワールドカップ開幕。サッカーW杯日韓共催

6月4日～28日
ミュージカル『ショー劇・SHOCK』、堂本光一（主演）、帝国劇場

7月14日～8月8日
少年隊ミュージカル『PLAYZONE'02　愛史』、佐藤アツヒロ、風間俊介、薮宏太、Musical Academy、青山劇場

7月24日～8月14日
堂本剛コンサート『TSUYOSHI DOMOTO LIVE "ROSSO E AZZURRO"』、横浜アリーナ他。初のソロツアー

8月4日～25日
ミュージカル『ANOTHER』、関西ジャニーズJr.、大阪松竹座

8月10日～28日
KAT-TUNコンサート『お客様は神サマーConcert 55万人愛のリクエストに応えて!!』、東京国際フォーラム他

9月11日
タッキー&翼《Hatachi》でデビュー

—（17日）日朝首脳会談初開催

10月13日
『ジャニーズ大運動会 in 東京ドーム』

—ノーベル賞を日本人がダブル受賞。物理学賞、化学賞

10月18日
映画『ピカ☆ンチ LIFE IS HARDだけどHAPPY』公開、嵐（主演）、井ノ原快彦原案、河原雅彦脚本、堤幸彦監督、ジェイ・ストーム製作

10月19、20日
タッキー&翼コンサート『"Hatachi" de デビューGiant Hits Concert with all ジャニーズJr.』、東京ドーム

11月2、3日
V6コンサート『V6 ASIA TOUR 2002 Feel Your breeze HK』、香港会議展覧中心。日中国交正常化30周年記念事業として香港公演

11月15日～17日
V6コンサート『V6 ASIA TOUR 2002 Feel Your breeze TW』、南港101。台湾公演

12月19日～25日
『関ジャニ8 Xmasパーティ2002』、大阪松竹座。関西ジャニーズJr.から後の関ジャニ8のメンバーが選抜される

12月26日～1月1日
KinKi Kidsコンサート『KinKi Kids Dome F Concert -Fun Fan Forever-』、大阪ドーム、東京ドー

ム。03年5月25日〜6月8日の札幌・名古屋・福岡ドームと合わせて5大ドーム制覇

12月31日
第53回紅白歌合戦、SMAP、TOKIO出場

12月31日
『J-FRIENDS COUNTDOWN in TOKYO』、東京ドーム

平成15(2003)年

1月5日
NHK大河ドラマ『武蔵 MUSASHI』、増田貴久

1月7日〜3月18日
ドラマ『僕の生きる道』、草彅剛(主演)、フジテレビ系

1月8日〜2月25日
ミュージカル『SHOCK is Real SHOCK』、堂本光一(主演)、帝国劇場

1月18日
映画『黄泉がえり』公開、草彅剛(主演)、塩田明彦監督

1月19日〜3月23日
ドラマ『GOOD LUCK!!』、木村拓哉(主演)、TBS系

2月24日〜3月23日
舞台『フォーティンブラス』、長野博(主演)、東京グローブ座、近鉄劇場

3月5日
SMAP〈世界に一つだけの花〉

3月19日〜24日
『パタヤ国際ミュージックフェスティバル』、滝沢秀明、KAT-TUN、ABC、Ya-Ya-yah、タイ、パタヤビーチ

3月20日〜26日
嵐、第34回春の高校バレースペシャルサポーター就任

——新型肺炎(SARS)流行

——(20日)米軍によるイラク空爆開始。イラク戦争

4月1日
『開放区』(木村拓哉著、集英社)刊行される。50万部超のベストセラー

4月11日〜4月27日
舞台『センゴクプー』、大野智(主演)、東京グローブ座

4月13日〜6月18日
ドラマ『きみはペット』、松本潤、TBS系

——(25日)六本木ヒルズ開業

——(28日)日経平均株価、バブル後最安値を更新

5月28日
V6〈Darling〉。『きみはペット』主題歌

——(23日)個人情報保護法成立

6月25日
SMAP《SMAP 016/MIJ》

7月4日〜9月12日
ドラマ『Stand Up!!』、二宮和也(主演)、山下智久、TBS系

7月5日〜9月6日
SMAPコンサート『SMAP'03 "MIJ Tour"』、5大ドームを含む全国9ヵ所。会場の一つ横浜国際総合競技場でのコンサート開催はジャニーズ初。

7月11日
映画『COSMIC RESCUE -The moonlight generations-』公開、Coming Century(主演)、佐藤信介監督、ジェイ・ストーム製作

7月14日〜8月6日
少年隊ミュージカル『PLAYZONE2003 Vacation』、Musical Academy、生田斗真、長谷川純、風間俊介、青山劇場。8月11日〜17日フェスティバルホール

——長崎男児誘拐殺人事件

——(20日)九州集中豪雨被害

——(26日)宮城県北部地震

8月23、24日
『24時間テレビ26 愛は地球を救う』、TOKIO(メインパーソナリティ)、日本テレビ系

9月28日
映画『ハードラックヒーロー』イベント試写会、V6(主演)。SABU監督

10月1日
TOKIO〈AMBITIOUS JAPAN!〉、JR東海CMソング

——鳥インフルエンザ感染発生

10月4日〜19日
『ブロードウェイミュージカル Blood Brothers』、赤坂晃、坂本昌行(W主演)、青山劇場。10月23日〜26日シアタードラマシティ

10月9日〜12月18日
ドラマ『マンハッタンラブストーリー』、松岡昌宏

（主演）、ＴＢＳ系。宮藤官九郎脚本

10月12日
『ジャニーズ体育の日FAN感謝祭』、東京ドーム

11月1日
映画『木更津キャッツアイ 日本シリーズ』公開、岡田准一（主演）、櫻井翔

11月1日〜30日
ワールドカップバレーボール２００３、NEWSがイメージキャラクター就任

11月7日
NEWS〈NEWSニッポン〉、セブンイレブン限定販売

11月12日
タッキー＆翼〈夢物語〉

——（9日）第43回衆議院選挙。自民党が議席減。民主党躍進。

12月
森内貴寛、NEWS脱退、退所

12月31日
第54回紅白歌合戦、SMAP、TOKIO出場

12月31日
『Johnny's Starship Countdown 2003-2004』、東京ドーム

平成16（2004）年

1月8日〜31日
ミュージカル『DREAM BOY』、滝沢秀明（主演）、堂本光一と並ぶ帝国劇場最年少座長

1月11日〜12月12日
NHK大河ドラマ『新選組！』、香取慎吾（主演）

1月12日〜3月22日
ドラマ『プライド』、木村拓哉（主演）、フジテレビ系

1月18日〜3月28日
ドラマ『砂の器』、中居正広（主演）、ＴＢＳ系

1月31日〜3月28日
ＴＯＫＩＯコンサート『JR東海presents TOKIO Live Tour 2004 AMBITIOUS JAPAN!』、石川厚生年金会館他

——地上デジタルテレビ放送開始
——（9日）自衛隊イラク派遣決定

2月6日〜29日
ミュージカル『Shocking SHOCK』、堂本光一（主演）、帝国劇場

3月1日
映画『ピカ★★ンチ LIFE IS HARDだからHAPPY』公開、嵐（主演）

3月6日
映画『ホテル ビーナス』公開、草彅剛（主演）、全編韓国語の日本映画

3月29日〜5月5日
堂本光一コンサート『KOICHI DOMOTO LIVE TOUR 2004 1/2』、大阪城ホール他。初のソロツアー

4月1日〜05年3月31日
ドラマ『渡る世間は鬼ばかり』第7シリーズ、錦織一清、ＴＢＳ系

4月3日
ドラマ『稲垣吾郎の金田一耕助シリーズ　犬神家の一族』、稲垣吾郎（主演）、フジテレビ系

4月15日
『天才！志村どうぶつ園』放送開始、相葉雅紀、日本テレビ系

4月30日〜5月23日
ミュージカル『DREAM BOY』、滝沢秀明（主演）、梅田コマ劇場最年少座長。4月30日〜5月7日は『KAT-TUN＆関ジャニ8編』

——『MEN'S KNUCKLE』創刊

5月12日
NEWS〈希望〜Yell〜〉でメジャーデビュー

7月2日〜8月5日
少年隊ミュージカル『PLAYZONE'04　WEST SIDE STORY』、佐藤アツヒロ、赤坂晃、生田斗真、青山劇場。8月9日〜16日フェスティバルホール

7月24、25日
『FNS27時間テレビ めちゃ²オキてるッ！ 楽しくなければテレビじゃないじゃ〜ん!!』、中居正広・ナインティナイン司会、フジテレビ系

8月8日〜29日
『Johnnys Theater"SUMMARY"of Johnnys World』、NEWS、KAT-TUN、Ya-Ya-yah、Kis-My-Ft.、Question?、ジャニーズJr.、原宿新ビッグトップ

8月13日〜29日
中居正広、アテネ五輪のＴＢＳメインキャスターに就任

——（13日〜29日）アテネ五輪

8月21、22日

『24時間テレビ27 愛は地球を救う』、嵐（チャリティーパーソナリティ）、東山紀之（サポーター）、日本テレビ系

8月25日
関ジャニ∞〈浪花いろは節〉関西限定盤でデビュー。9月22日に全国盤

8月28日
映画『NIN×NIN 忍者ハットリくん THE MOVIE』公開、香取慎吾（主演）

9月11日～19日
TOKIOコンサート『TOKIO 10周年記念公演』、大阪城ホール、名古屋レインボーホール、日本武道館

10月4日
堂本剛、ベストジーニスト受賞

10月6日～11月3日
舞台『CABARET』、錦織一清（主演）、東京グローブ座、Zepp大阪

10月8日
『Goro's Bar』放送開始、稲垣吾郎司会、TBS系

10月15日～3月25日
ドラマ『3年B組金八先生 第7シリーズ』、八乙女光、TBS系

——（22日）インターネット掲示板2ちゃんねるの書き込みを書籍化した『電車男』発売。ベストセラーに

10月23日
映画『2046』公開、木村拓哉、ウォン・カーウァイ監督

——（23日）新潟県中越地震

10月30日
映画『笑の大学』公開、稲垣吾郎、三谷幸喜脚本

11月12日
『新潟中越地震チャリティージャニーズ選抜スター野球大会 ～今僕たちにできること～』

11月20日
映画『ハウルの動く城』公開、木村拓哉（声の出演）

11月27日
関ジャニ8（現・∞）コンサート『感謝 ni 8 in東京』、東京国際フォーラム

12月4日～30日
ミュージカル『WEST SIDE STORY』、松本潤、大野智、櫻井翔、青山劇場。05年1月4日～9日大阪厚生年金会館

12月31日
第55回紅白歌合戦、TOKIO出演

12月31日
『ジャニーズビッグサプライズカウントダウンライブ』、東京ドーム

平成17（2005）年

1月8日～2月28日
ミュージカル『Endless SHOCK』堂本光一（主演）、帝国劇場。『SHOCK』シリーズの内容を一新、堂本光一自身が脚本・演出・音楽を手がける現在の形式に

1月9日～12月11日
NHK大河ドラマ『義経』、滝沢秀明（主演）、那須与一役で今井翼

1月13日～3月24日
ドラマ『優しい時間』、二宮和也（主演）、倉本聰他脚本、フジテレビ系

1月15日～3月19日
ドラマ『ごくせん』、赤西仁、亀梨和也、日本テレビ系

1月15日
映画『東京タワー』公開、岡田准一・松本潤（主演）、松岡錠司監督

1月26日
トラジ・ハイジ〈ファンタスティポ〉。映画『ファンタスティポ』の役名ユニットによる主題歌

2月10日
映画『ファンタスティポ』公開、国分太一・堂本剛（W主演）

——（8日）ライブドア、楽天によるTV局株大量取得

2月26日
ドラマ『明智小五郎VS金田一耕助』、松岡昌宏（明智小五郎役）、長瀬智也（金田一耕助役）、テレビ朝日系

3月7日～29日
舞台 SHINKANSEN☆NEXUS『荒神～AraJinn～』、森田剛（主演）、青山劇場

——（25日）愛知県で「愛・地球博」が開幕

4月2日
映画『真夜中の弥次さん喜多さん』公開、長瀬智也（主演）、宮藤官九郎脚本・監督

4月15日～6月24日
ドラマ『タイガー&ドラゴン』、長瀬智也・岡田准一（W主演）、宮藤官九郎脚本、TBS系

4月18日〜6月27日
ドラマ『エンジン』、木村拓哉（主演）、中島裕翔、フジテレビ系
——（25日）JR福知山線脱線事故

4月27日〜5月15日
ミュージカル『Hey! Say! DREAM BOY』、KAT-TUN・関ジャニ∞（主演）、梅田芸術劇場

6月10日〜27日
『ブロードウェイミュージカル ザ・ボーイ・フロム・オズ』、坂本昌行（主演）、青山劇場

7月6日〜8月4日
少年隊ミュージカル『PLAYZONE'05 〜20th Anniversary〜Twenty Years...』、「Musical Academy」、「Kis-My-Ft.」、「A.B.C.」、青山劇場。8月14日〜17日フェスティバルホール

7月16日
内博貴活動休止、06年12月NEWS、関ジャニ∞を脱退し研修生となる

7月26日〜8月24日
嵐コンサート『嵐 LIVE 2005 One SUMMER TOUR』、大阪城ホール、国立代々木競技場第一体育館他。ムービングステージ初登場

7月26日〜9月4日
『Johnnys' Theater "SUMMARY《ダイジェスト》2005"』、「NEWS」、「Ya-Ya-yah」、「Kis-My-Ft2」、「J.J. Express」他、ステラボール
——（26日）野口聡一宇宙飛行士が搭乗したスペースシャトル「ディスカバリー」打ち上げ

7月30日〜9月29日
SMAPコンサート『SMAPとイク？ SMAP SAMPLE TOUR FOR 62DAYS.』、5大ドーム他全7ヵ所。国立霞ヶ丘競技場での単独アーティストによる公演は史上初

8月13日〜31日
ミュージカル『プロデューサーズ』、井ノ原快彦・長野博（主演）、青山劇場
——（4日）iTunes MusicStore日本でのサービス開始

8月27、28日
『24時間テレビ28 愛は地球を救う』、香取慎吾、草彅剛（メインパーソナリティ）、日本テレビ系

9月24日
ドラマ『金田一少年の事件簿 吸血鬼伝説殺人事件』、亀梨和也（主演）、中丸雄一、日本テレビ系
——（11日）第44回衆議院選挙。自民議席増、郵政民営化法成立

10月15日〜12月17日
ドラマ『野ブタ。をプロデュース』、亀梨和也・山下智久（主演）、中島裕翔、日本テレビ系

10月21日〜12月16日
ドラマ『花より男子』、松本潤、TBS系

10月28日
映画『ホールドアップダウン』公開、V6主演。SABU監督

11月2日〜12月28日
V6コンサート『V6 10th Anniversary Tour musicmind』、国立代々木競技場 第一体育館他。10周年記念全国ツアー
——（17日）マンションなどの耐震偽装発覚

11月2日
修二と彰〈青春アミーゴ〉。『野ブタをプロデュース。』主題歌

12月7日
『FNS歌謡祭』、草彅剛司会、フジテレビ系

12月12日〜25日
『近藤真彦デビュー25周年DINNER SHOW』、鹿児島サンロイヤルホテル他

12月23日〜25日
滝沢秀明ソロコンサート『ありがとう2005年さようなら』、横浜アリーナ他

12月31日
第56回紅白歌合戦、SMAP、TOKIO出演

12月31日
『Johnnys' Countdown 2005-2006 見なきゃソンSONG PRIDEかけてジャニーズ歌合戦 at TOKYO DOME since 1998』

平成18（2006）年

1月9日〜3月20日
ドラマ『西遊記』、香取慎吾（主演）、フジテレビ系

1月14日〜2月1日
櫻井翔ソロコンサート『THE SHOW』、Zepp名古屋他

1月14日〜3月11日
ドラマ『喰いタン』、東山紀之（主演）、森田剛、日本テレビ系

1月18日
タッキー&翼〈Venus〉

1月29日〜2月26日

大野智ソロコンサート『2006×お年玉/嵐＝3104円』、Zepp仙台他

1月
草野博紀、活動休止。12月脱退、後日退所

2月3日～29日
ミュージカル『DREAM BOYS』、KAT-TUN・関ジャニ∞（主演）、帝国劇場

2月6日～3月29日
ミュージカル『Endless SHOCK』、堂本光一（主演）、帝国劇場

2月10日～26日
中居正広、トリノ五輪TBS系メインキャスター
——（10日～26日）トリノ冬季五輪

2月14日
近藤真彦コンサート『25th Anniversary近藤真彦Valentine's Day in武道館』、日本武道館
——（22日）ライブドアの堀江貴文社長が証券取引法違反容疑で逮捕

3月1日
ENDLICHERI☆ENDLICHERI《Coward》

3月7日～4月25日
ミュージカル『滝沢演舞城』、滝沢秀明（新橋演舞場での史上最年少座長）、大倉忠義、横山裕

3月17日
KAT-TUNコンサート『KAT-TUN SPECIAL TOKYODOME CONCERT Debut "Real Face"』、東京ドームでのCDデビュー前のアーティストによる単独公演は史上初

3月19日～10月29日
ENDLICHERI☆ENDLICHERIコンサート『The Rainbow Star』、横浜みなとみらい21特設会場。同一会場で合計100回公演

3月22日
KAT-TUN〈Real Face〉でデビュー

4月14日
ドラマ『クロサギ』、山下智久（主演）、TBS系

4月19日
SMAP〈Dear WOMAN〉

4月19日
ドラマ『警視庁捜査一課9係』放送開始、井ノ原快彦、テレビ朝日系

5月7日～30日
舞台『白夜の女騎士（ワルキューレ）』、松本潤（主演）、Bunkamuraシアターコクーン、野田秀樹脚本、蜷川幸雄演出

5月17日
嵐〈きっと大丈夫〉

5月31日
山下智久〈抱いてセニョリータ〉でソロデビュー。『クロサギ』主題歌

6月3日
映画『花よりもなほ』公開、岡田准一（主演）、是枝裕和監督

6月5日～30日
舞台『ヴァージニア・ウルフなんかこわくない?』、稲垣吾郎、Bunkamura シアターコクーン、KERA演出

6月14日
草彅剛、地デジ普及促進メインキャラクター就任

7月3日～9月11日
ドラマ『探偵学園Q』、山田涼介、日本テレビ系

7月9日～8月5日
少年隊ミュージカル『PLAYZONE'06 Change』、長谷川純、A.B.C.、青山劇場

7月15、16日
『FNS26時間テレビ』、中居正広司会、フジテレビ系

7月15日
映画『日本沈没』公開、草彅剛（主演）、樋口真嗣監督

7月22日
映画『ハチミツとクローバー』公開、櫻井翔、高田雅博監督

7月31日
『JET STORM』、嵐、初のアジアツアーキャンペーン。1日のうちにバンコク、台北、ソウルで記者会見

8月3日～9月1日
V6コンサート『V6 SUMMER LIVE 2006 グッデイ!!』、きたえーる他全国ツアー。観客動員数500万人を突破
——（2日）亀田興毅が10代でWBA世界王者に

8月9日
タッキー&翼〈Ho!サマー〉

8月23日
TOKIO〈宙船〉

8月26、27日
『24時間テレビ29 愛は地球を救う』、KAT-TUN（メインパーソナリティ）、日本テレビ系

8月26日

映画『親指さがし』公開、三宅健（主演）、熊澤尚人監督

9月4日
亀梨和也、ベストジーニスト受賞

9月5日〜28日
ミュージカル『One! 〜the history of Tackey〜』、滝沢秀明（主演）、日生劇場

9月15日〜28日
SHINKANSEN☆NEXUS『Cat in the Red Boots』、生田斗真（主演）、東京グローブ座。10月6日〜9日大阪厚生年金会館

9月16、17日
嵐コンサート『ARASHI FIRST CONCERT 2006 in Taipei』、台北アリーナ。初のアジアツアー

9月
タイの政情不安定化により、予定されていた嵐のバンコク公演が中止される
——（19日）タイで軍事クーデター発生

9月22日
『The 2006 Asia Song Festival』、嵐出演、光州ワールドカップスタジアム
——（26日）安倍晋三内閣発足

10月2日
『NEWS ZERO』放送開始、櫻井翔キャスターとして出演、日本テレビ系

10月2日
『嵐の宿題くん』放送開始、日本テレビ系

10月7日
『おネエ★MANS！』放送開始、山口達也司会、日本テレビ系

10月12日
赤西仁、留学のため芸能活動休止

10月14日〜12月16日
ドラマ『たったひとつの恋』、亀梨和也（主演）、日本テレビ系

10月28日
映画『木更津キャッツアイ　ワールドシリーズ』公開、岡田准一（主演）、櫻井翔
——「草食男子」のワード登場、日経ビジネスオンライン

11月15日
テゴマス〈ミソスープ〉、スウェーデンでリリース。日本盤12月20日発売、台湾盤07年1月3日発売

11月11、12日
嵐コンサート『ARASHI FIRST CONCERT 2006 in Seoul〜You are myソウル SOUL〜』、オリンピック公園オリンピックホール
——（23日）イラクのバグダッドで連続自動車爆弾テロ事件

12月1日
映画『武士の一分』公開、木村拓哉（主演）、山田洋次監督

12月9日
映画『硫黄島からの手紙』公開、二宮和也、クリント・イーストウッド監督

12月16日〜25日
関西ジャニーズJr.『Firstコンサート Winter2006』、大阪松竹座

12月13日
関ジャニ∞〈関風ファイティング〉

12月23日
映画『鉄コン筋クリート』公開、二宮和也（声の出演）

12月31日
第57回紅白歌合戦、TOKIO、SMAP出場、中居正広司会

12月31日
『ジャニーズカウントダウン2006-2007』、東京ドーム

平成19（2007）年

1月3日〜8日
嵐コンサート『凱旋記念公演 ARASHI AROUND ASIA』、横浜アリーナ他

1月5日〜3月16日
ドラマ『花より男子2（リターンズ）』、松本潤、TBS系

1月6日〜2月28日
ミュージカル『Endless SHOCK』、堂本光一（主演）、屋良朝幸、帝国劇場

1月11日〜3月22日
ドラマ『拝啓、父上様』、二宮和也（主演）、横山裕、フジテレビ系、倉本聰脚本

1月31日
V6〈HONEY BEAT〉

2月4日
『世界の果てまでイッテQ！』放送開始、手越祐也、日本テレビ系
——（16日）年金記録未統合5000万件が判明

2月21日
嵐〈Love so sweet〉。『花より男子リターンズ』主題歌
3月
——(1日)NTTドコモが携帯電話パケット定額制サービスを開始
4月3日〜6月18日
KAT-TUNコンサート『TOUR 2007 cartoon KAT-TUN II You』、名古屋レインボーホール他。4月21日以降、帰国した赤西も参加
4月4日
映画『黄色い涙』公開、嵐(主演)、犬童一心監督
4月16日〜6月25日
ドラマ『プロポーズ大作戦』、山下智久(主演)、フジテレビ系
4月21日〜30日
嵐コンサート『凱旋記念最終公演 ARASHI AROUND ASIA+ in DOME』、京セラドーム大阪、東京ドーム。初ドーム公演
4月23日
『ザ・少年倶楽部プレミアム』放送開始、NHK-BSプレミアム
5月2日
『関ジャニ∞のジャニ勉』放送開始、関ジャニ∞、関西テレビ
5月3日〜9月30日
関ジャニ∞コンサート『全国47都道府県 完全制覇!! 関ジャニ∞ えっ!・ホンマ!?ビックリ!! TOUR 2007』、初の東京ドーム公演
5月6日
コンサート『関西ジャニーズJr. 大阪城ホール FIRST CONCERT2007』
7月3日〜29日
『滝沢演舞城 2007』、滝沢秀明(主演)、新橋演舞場
7月3日〜9月18日
ドラマ『花ざかりの君たちへ〜イケメン♂パラダイス〜』、生田斗真、フジテレビ系
7月6日〜9月14日
ドラマ『山田太郎ものがたり』、二宮和也・櫻井翔(W主演)、TBS系
7月7日
ドラマ『必殺仕事人2007』、東山紀之(主演)、松岡昌宏、大倉忠義、テレビ朝日系
7月9日〜8月14日
少年隊ミュージカル『PLAYZONE2007 Change 2Chance』、知念侑李、神山智洋、内博貴、青山劇場。9月1日〜7日梅田芸術劇場
7月14日
映画『西遊記』公開、香取慎吾(主演)
——(16日)新潟県中越沖地震が発生
7月22日
『KinKi Kids 10th Anniversary in TOKYO DOME』、東京ドームで10周年記念イベントを開催
7月28、29日
『FNS27時間テレビ』、香取慎吾司会、フジテレビ系
7月29日
選挙特番『ZERO×選挙 2007』、櫻井翔、日本テレビ系
——(29日)第21回参議院選挙、自民議席減、民主躍進
8月4日〜26日
舞台『World's Wing 翼 Premium』、今井翼(主演)、大阪松竹座。10月3日〜28日日生劇場
8月8日
タッキー&翼〈SAMURAI〉
8月18、19日
『24時間テレビ30 愛は地球を救う』、タッキー&翼(メインパーソナリティ)、日本テレビ系
9月5日
嵐〈Happiness〉。『山田太郎ものがたり』主題歌
9月5日〜30日
ミュージカル『DREAM BOYS』、亀梨和也(主演)、田中聖、屋良朝幸、帝国劇場
——(26日)福田康夫内閣発足
9月8日
映画『HERO』公開、木村拓哉(主演)
10月16日〜12月18日
ドラマ『有閑倶楽部』、赤西仁(主演)、横山裕、田口淳之介、日本テレビ系
10月17日
タッキー&翼《タキツバベスト》。特典CDに〈REAL DX〉収録
10月29日
赤坂晃、懲戒解雇
11月2日
ワールドカップバレー2007開幕、Hey! Say!

JUMPがスペシャルサポーター就任

11月3日〜1月26日
ドラマ『SP 警視庁警備部警護課第四係』、岡田准一（主演）、フジテレビ系
——（3日）ケータイ小説が原作の映画『恋空』が公開され大ヒット

11月7日
NEWS〈weeeek〉

11月14日
Hey! Say! JUMP〈Ultra Music Power〉でデビュー。フジテレビ系『ワールドカップバレー2007』イメージソング

11月21日
KAT-TUN〈Keep the faith〉。『有閑倶楽部』主題歌

11月24日
ドラマ『しゃばけ』、手越祐也（主演）、高木雄也、フジテレビ系

12月15日〜1月27日
NEWSコンサート『NEWS CONCERT TOUR pacific 2007-2008』、大阪城ホール他。1月9、10日追加公演で初の東京ドーム公演

12月22日
『Hey! Say! JUMP デビュー&ファーストコンサート いきなり！ in 東京ドーム』

12月23日〜3月23日
タッキー&翼コンサート『Tackey & Tsubasa タキツバ BEST TOUR 07-08』、横浜アリーナ他。デビュー5周年記念ツアー

12月31日
第58回紅白歌合戦、SMAP、TOKIO出場、中居正広司会

12月31日
『10年目だよ！見なきゃソンSONGジャニーズカウントダウン歌合戦』、東京ドーム

平成20（2008）年

1月6日〜2月26日
ミュージカル『Endless SHOCK』、堂本光一（主演）、屋良朝幸、大倉忠義、帝国劇場。公演回数500回達成

1月10日〜2月3日
いのうえ歌舞伎☆號『IZO』、森田剛（主演）、青山劇場。2月10日〜19日シアターBRAVA

2月21日〜29日
大野智個展『FREESTYLE』、表参道ヒルズスペースO

2月27日
NEWS〈太陽のナミダ〉

3月4日〜30日
ミュージカル『DREAM BOYS』、亀梨和也（主演）、田中聖、薮宏太、帝国劇場。4月4日〜16日梅田芸術劇場

3月9日〜31日
『さらば、わが愛 覇王別姫』東山紀之（主演）、Bunkamuraシアターコクーン

3月20日〜26日
「第39回春の高校バレー全国高等学校バレーボール選抜優勝大会」、Hey! Say! JUMP（サポーター）
——（20日）赤坂サカスがグランドオープン

3月
『ザ・少年倶楽部プレミアム』にて平家派再結成

3月29日〜5月25日
244 ENDLI-xコンサート『ENDLICHERI☆ENDLICHERI presents「244 ENDLI-x LIVE TOUR '08 "I and 愛"」』、Zepp Sapporo他

4月2日〜27日
『滝沢演舞城 '08 命（LOVE）』、滝沢秀明（主演）、新橋演舞場

4月6日
『ありえへん∞世界』放送開始、関ジャニ∞、テレビ東京系

4月10日
『ひみつの嵐ちゃん！』放送開始、嵐、TBS系

4月12日
『VS嵐』放送開始、嵐、フジテレビ系

4月19日〜6月28日
ドラマ『ごくせん』、高木雄也、中間淳太、桐山照史、日本テレビ系

4月21日
堂本剛、奈良市観光特別大使に就任

5月12日〜7月14日
ドラマ『CHANGE』、木村拓哉（主演）、フジテレビ系、福田靖脚本

5月16日〜7月6日
嵐コンサート『ARASHI Marks 2008 Dream-A-live』、初の5大ドームツアー

5月17日〜6月8日
『2008北京五輪バレーボール世界最終予選』Hey! Say! JUMP(スペシャルサポーター)
6月14日
ドラマ『古畑中学生』、山田涼介(主演)、フジテレビ系
——(8日)秋葉原通り魔事件
6月25日
嵐〈One Love〉。『花より男子F』主題歌
6月28日
映画『花より男子F(ファイナル)』公開、松本潤
7月3日〜9月11日
ドラマ『コード・ブルー ドクターヘリ緊急救命』、山下智久(主演)、フジテレビ系
7月4日〜9月12日
ドラマ『魔王』、大野智(主演)、生田斗真、TBS系
7月6日〜8月8日
ミュージカル『少年隊PLAYZONE FINAL 1986-2008 SHOW TIME Hit Series Change』、屋良朝幸、M.A.D.、MAIE、阿部亮平他、青山劇場。8月26日〜31日梅田芸術劇場
——(11日)iPhone 3G発売
8月2日〜9月5日
『サマーなら歌って踊れてJohnnYs SUMMARY 2008』「Hey! Say! JUMP」中山優馬、ジャニーズJr.、お台場青海J地区特設会場Johnnys Theater
8月8日〜24日
北京五輪2008キャスターをTBSは中居正広、日本テレビは櫻井翔が務める
——(8日〜24日)北京五輪2008
8月13日
SMAP〈この瞬間、きっと夢じゃない〉TBS系五輪テーマソング
8月20日
嵐〈Truth/風の向こうへ〉『風の向こうへ』が日本テレビ系五輪テーマソング
8月30、31日
『24時間テレビ31 愛は地球を救う』、嵐(メインパーソナリティ)、日本テレビ系
9月5日〜11月16日
嵐コンサート『Arashi marks ARASHI AROUND ASIA 2008』、国立霞ヶ丘競技場、台北アリーナ、ソウルオリンピック公園、上海大舞台
——(15日)アメリカの投資銀行リーマン・ブラザーズ・ホールディングスが経営破綻。世界金融危機
——(24日)麻生太郎内閣発足
10月11日〜12月13日
ドラマ『スクラップ・ティーチャー〜教師再生〜』、山田涼介・中島裕翔・知念侑李・有岡大貴(主演)、中島健人、菊池風磨、日本テレビ系
10月17日〜12月19日
ドラマ『流星の絆』、二宮和也(主演)、錦戸亮、TBS系、宮藤官九郎脚本
10月22日
Hey! Say! JUMP〈真夜中のシャドーボーイ〉。『スクラップ・ティーチャー』主題歌
10月29日
関ジャニ∞〈無責任ヒーロー〉
11月22日
映画『私は貝になりたい』公開、中居正広(主演)、福澤克雄監督
——(4日)小室哲哉が5億円詐欺容疑で逮捕
12月
——(30日)EXILE「Ti Amo」が第50回レコード大賞受賞
12月31日
第59回紅白歌合戦、SMAP、TOKIO出場
12月31日
『ウシシもぅ大変!東西ドーム10万人集結!!年越しジャニーズ生歌合戦』、東京ドーム、京セラドーム大阪

平成21(2009)年

1月1日〜27日
舞台『新春滝沢革命』、滝沢秀明(主演)、A.B.C-Z、帝国劇場
1月7日
滝沢秀明〈愛・革命〉でソロデビュー
1月16日〜3月13日
ドラマ『歌のおにいさん』、大野智(主演)、丸山隆平、テレビ朝日系
1月9日〜6月26日
ドラマ『必殺仕事人2009』、東山紀之(主演)、松岡昌宏、大倉忠義、田中聖、テレビ朝日系
1月10日〜25日
一人舞台『If or…』村上信五作・演出・出演、東京グローブ座
——(20日)バラク・オバマ米国大統領就任

2月5日〜3月30日
ミュージカル『Endless SHOCK』、堂本光一(主演)、植草克秀(特別出演)、屋良朝幸、帝国劇場

3月4日
嵐〈Believe／曇りのち、快晴〉。『ヤッターマン』『歌のおにいさん』(矢野健太名義)主題歌

3月5日〜23日
中居正広、テレビ朝日WBC日本代表サポートキャプテンに就任
――(5日〜23日)2009ワールド・ベースボール・クラシック

3月7日
映画『ヤッターマン』公開、櫻井翔(主演)、三池崇史監督

3月29日〜4月26日
ミュージカル『滝沢演舞城'09 タッキー&Lucky LOVE』、滝沢秀明(主演)、新橋演舞場
――(3日)iPad(第1世代)発売

4月9日〜6月25日
コンサートツアー『美我空・ビガク〜my beautiful sky TOUR』、剛 紫、赤坂BLITZ他

4月10日
剛 紫〈空 〜美しい我の空〉《美 我 空 -ビガク 〜 my beautiful sky》

4月24日
草彅剛、謹慎

4月29日
NEWS〈恋のABO〉

5月15日〜6月15日
KAT-TUNコンサート『KAT-TUN Break the Records 東京ドーム10days・京セラドーム大阪3days』。Jr.マンション登場
――新型インフルエンザの感染広がる

6月6日
映画『アイ・カム・ウィズ・ザ・レイン』公開、木村拓哉、トラン・アン・ユン監督
――(25日)マイケル・ジャクソン死去

7月10、11日
堂本剛コンサート『2009 薬師寺LIVE』、奈良・薬師寺大講堂特設舞台

7月11日〜8月9日
『PLAYZONE 2009 〜太陽からの手紙〜』、Kis-My-Ft2、They武道、屋良朝幸他、青山劇場。8月21日〜26日梅田芸術劇場

7月13日〜9月21日
ドラマ『ブザー・ビート 崖っぷちのヒーロー』、山下智久(主演)、フジテレビ系

7月18、19日
『体操JAPAN CUP 2009』、相葉雅紀(フィールドナビゲーター)、フジテレビ系

8月1日〜9月26日
ドラマ『こちら葛飾区亀有公園前派出所』、香取慎吾(主演)、TBS系

8月28日〜10年1月17日
嵐コンサート『ARASHI Anniversary Tour 5×10』、5大ドーム、国立霞ヶ丘競技場。デビュー10周年ツアー

8月29、30日
『24時間テレビ32 愛は地球を救う』、NEWS(メインパーソナリティ)、日本テレビ系
――(30日)第45回衆議院選挙。民主党が議席を伸ばし政権交代

9月4日〜29日
ミュージカル『DREAM BOYS』亀梨和也(主演)、手越祐也、渋谷すばる、A.B.C-Z、帝国劇場。10月13日〜10月25日梅田芸術劇場
――(16日)鳩山由紀夫内閣発足

9月9日
堂本剛〈RAIN〉
――日本航空の経営危機表面化

10月9日〜12月11日
ドラマ『マイガール』、相葉雅紀(主演)、村上信五、テレビ朝日系

10月15日〜12月10日
ドラマ『ROMES／空港防御システム』、大倉忠義(主演)、安田章大、NHK

11月13日〜22日
ミュージカル『TALK LIKE SINGING』、香取慎吾(主演)、スカーボール・センター(ニューヨーク)

11月14日〜22日
V6コンサート『V6 ASIA TOUR in 韓国&台北』、ソウル五輪公園 五輪ホール、台北アリーナ

11月21日〜1月7日
山下智久コンサート『TOMOHISA YAMASHITA First Solo SHORT BUT SWEET〜短いけれどいい時間を〜』、横浜アリーナ、大阪城ホール。初ソロコンサート
――行政刷新会議、事業仕分け実施

12月12日〜1月31日
舞台『SHE LOVES ME』、薮宏太(主演)、植草克

秀、戸塚祥太、河合郁人、五関晃一、塚田僚一シアタークリエ

12月13日
『ファン感謝DAY2009　ジャニーズ選抜大運動会』、東京ドーム

12月30日〜1月1日
関ジャニ∞コンサート『COUNTDOWN LIVE 2009-2010 in 京セラドーム大阪』、初の単独カウントダウンライブ

12月31日
第60回紅白歌合戦、SMAP、TOKIO、嵐、NYC boys出場

12月31日
『吠えろ！ジャニーズ虎の巻 東西ドーム10万人集結!! 超豪華年越し生歌合戦!!』、東京ドーム、京セラドーム

平成22(2010)年

1月1日〜28日
舞台『新春滝沢革命』、滝沢秀明（主演）、A.B.C-Z、帝国劇場

1月11日〜3月22日
ドラマ『コード・ブルー　ドクターヘリ緊急救命 2nd season』、山下智久（主演）、フジテレビ系

1月15日〜3月19日
ドラマ『ヤマトナデシコ七変化♥』、亀梨和也（主演）、手越祐也、内博貴、TBS系

1月18日〜2月16日
舞台『血は立ったまま眠っている』、森田剛（主演）、寺山修司脚本、蜷川幸雄演出、Bunkamuraシアターコクーン

1月16日
映画『BANDAGE バンデイジ』公開、赤西仁（出演）、小林武史監督

――（19日）日本航空が経営破綻

1月30日〜2月6日
『新春　人生革命』、滝沢秀明、森光子、A.B.C-Z、帝国劇場

2月10日
KAT-TUN〈Love yourself 〜君が嫌いな君が好き〜〉。ドラマ『ヤマトナデシコ七変化♥』主題歌。6人体制最後のシングル

2月12日〜28日
バンクーバー五輪2010キャスターをTBSは中居正広、テレビ東京は井ノ原快彦、日本テレビは櫻井翔が務める

――（12日〜28日）バンクーバー五輪2010

2月14日〜3月30日
ミュージカル『Endless SHOCK』、堂本光一（主演）、屋良朝幸、帝国劇場

2月20日
映画『人間失格』公開、生田斗真（主演）、森田剛、荒戸源次郎監督

3月3日
嵐〈Troublemaker／揺らせ、今を〉。『揺らせ、今を』日本テレビ系五輪テーマソング

3月29日
『あさイチ』放送開始、井ノ原快彦キャスター、NHK

3月29日
『NEWS every.』放送開始、小山慶一郎メインキャスター、日本テレビ系

3月29日
『テストの花道』放送開始、城島茂MC、NHK教育

4月4日〜5月8日
『滝沢歌舞伎 -TAKIZAWA KABUKI-』、滝沢秀明主演と初演出、A.B.C-Z、日生劇場

4月8日
嵐、観光立国ナビゲーター就任

4月17日〜6月12日
ドラマ『怪物くん』、大野智（主演）、松岡昌宏、日本テレビ系

――（20日）宮崎県で口蹄疫発生

4月24日
『嵐にしやがれ』放送開始、日本テレビ系

5月10日〜7月5日
ドラマ『月の恋人〜Moon Lovers〜』放送開始、木村拓哉主演、フジテレビ系

5月11日
フレッシュジャニーズJr.フェスティバルA.B.C-Zプロデュース『みんなクリエに来てクリエ！』、シアタークリエ

5月14日
堂本剛コンサート『楽天世界遺産劇場 第13回 飛鳥・石舞台』、国営飛鳥歴史公園石舞台地区

5月19日
嵐〈Monster〉。『怪物くん』主題歌

5月29日
映画『座頭市 THE LAST』公開、香取慎吾（主演）

6月
——（8日）菅直人内閣発足
——（13日）小惑星探査機「はやぶさ」が地球に帰還

7月4日〜31日
ミュージカル『Endless SHOCK』、堂本光一（主演）、内博貴、帝国劇場。年間全100回公演

7月9日〜8月1日
『PLAYZONE2010 ROAD TO PLAYZONE』、今井翼、屋良朝幸、A.B.C-Z、青山劇場。8月14日〜22日梅田芸術劇場

7月9、10日
堂本剛コンサート『薬師寺公演 2010』、奈良・薬師寺大講堂特設舞台

7月9日〜9月17日
ドラマ『うぬぼれ刑事』、長瀬智也（主演）、生田斗真、TBS系。宮藤官九郎脚本

7月10日
ドラマ『必殺仕事人2010』、東山紀之（主演）、松岡昌宏、田中聖、テレビ朝日系
——（11日）第22回参議院選挙、民主党議席減

7月16日
赤西仁、KAT-TUN脱退

7月16日〜8月28日
KAT-TUNコンサート『KAT-TUN LIVE TOUR 2010 PART2:WORLD BIG TOUR』、台北アリーナ他、初の海外公演

7月18日〜9月19日
ドラマ『GM〜踊れドクター』、東山紀之（主演）、大倉忠義、TBS系

7月19日〜8月29日
『SUMMARY2010 Johnnys Circus Boys』、Hey! Say! JUMP、ジャニーズJr.、東京ドームシティアトラクションズJCBホール

7月31日〜9月19日
SMAPコンサート『We are SMAP! 2010 SMAP CONCERT TOUR』、5大ドームツアー。9月15日の東京ドーム公演で通算観客動員数1000万人突破

8月3日〜28日
ミュージカル『少年たち 格子無き牢獄』、関西ジャニーズJr.出演、大阪松竹座

8月25日
関ジャニ∞〈LIFE〜目の前の向こうへ〜〉シングル初のバンド曲。『GM〜踊れドクター』主題歌
——（25日）少女時代初来日公演、K-POPブーム

8月28、29日
『24時間テレビ33 愛は地球を救う』、TOKIO（メインパーソナリティ）、日本テレビ系

9月3日〜26日
ミュージカル『少年たち〜格子無き牢獄〜』、Kis-My-Ft2、A.B.C-Z（主演）、日生劇場
——（21日）大阪地検特捜部主任検事証拠改ざん事件

9月25日
映画『十三人の刺客』公開、稲垣吾郎、三池崇史監督

10月6、7日
堂本剛コンサート『平安神宮公演 2010』、平安神宮特設舞台

10月20日
『料理の怪人』放送開始、長野博司会、テレビ東京系

10月20日〜24日
『世界体操選手権2010』、相葉雅紀（ナビゲーター）

10月30日
映画『SP THE MOTION PICTURE野望篇』公開、岡田准一（主演）

11月26、27日
コンサート『年末ヤング東西歌合戦！東西Jr.選抜大集合2010』、NHKホール

12月1日
映画『SPACE BATTLESHIP ヤマト』公開、木村拓哉（主演）、山崎貴監督

12月31日
第61回紅白歌合戦、SMAP、TOKIO、嵐、NYC出場、嵐司会

12月31日
『跳べ！ジャニーズ 嵐を呼ぶ年越し生歌合戦だピョン!! Johnnys' Countdown 2010-2011』、東京ドーム

平成23（2011）年

1月1日〜27日
帝劇100周年記念公演『新春 滝沢革命』、滝沢秀明（主演）、帝国劇場

1月12日〜3月16日
ドラマ『美咲ナンバーワン!!』、北山宏光、藤ヶ谷太

輔、日本テレビ系

1月13日〜2月28日
『東宝ミュージカル ZORRO THE MUSICAL』、坂本昌行(主演)、日生劇場。3月名古屋中日劇場、梅田芸術劇場

2月2日〜3月2日
舞台『ミシマダブル』「サド侯爵夫人」「わが友ヒットラー」、東山紀之、生田斗真、Bunkamuraシアターコクーン、蜷川幸雄演出

2月5日〜3月10日
帝劇100周年記念公演『Endless SHOCK』、堂本光一(主演)、内博貴、帝国劇場

2月11、12日
Kis-My-Ft2コンサート『Kis-My-Ftに 逢えるde Show vol.3』、2月12日国立代々木第一体育館昼公演でCDデビューすることを発表
——(26日)任天堂初の3D携帯ゲーム機「ニンテンドー3DS」発売

3月11日
『Endless SHOCK』公演中に地震発生、2幕目を中止
——(11日)東日本大震災

3月
震災復興支援活動『Marching J』発足

3月27日
ドラマ『3年B組　金八先生ファイナル』、岡本圭人、TBS系

3月28日
『ヒルナンデス!』レギュラー、横山裕、村上信五、日本テレビ系

3月30日
『Rの法則』放送開始、山口達也司会、NHK教育テレビ

4月3日
『シューイチ』放送開始、中丸雄一、日本テレビ系

4月8日〜5月8日
『滝沢歌舞伎』、滝沢秀明(主演)、横尾渉、千賀健永、二階堂高嗣、宮田俊哉、日生劇場

4月29日〜5月29日
『みんなクリエに来てクリエ!2011』、ジャニーズJr.出演、シアタークリエ

5月29日
『Marching J ジャニーズチャリティー野球大会2011』、東京ドーム

6月24日〜26日
『嵐のワクワク学校　毎日がもっと輝く5つの授業』、東京ドーム。東日本大震災後の電力不足に配慮し、コンサートの予定をチャリティーイベントに変更

6月
森本龍太郎、無期限活動休止処分。後日退所
——(26日〜7月17日)2011FIFA女子ワールドカップ、なでしこジャパン優勝

7月5日
『VOICES meets Romantic Beat - Pray for Stars -』、堂本剛出演、東京国際フォーラム。初のフェス参加

7月7日〜9月15日
ドラマ『それでも、生きてゆく』、風間俊介、TBS系

7月8日〜8月7日
『PLAYZONE'11 SONG & DANC'N』、今井翼、中山優馬、屋良朝幸、A.B.C-Z、They武道、ふぉ〜ゆ〜、MAD、JR.A、青山劇場。8月19日〜21日中日劇場、8月28日〜31日梅田芸術劇場。

7月9日〜8月28日
Kis-My-Ft2コンサート『Kis-My-Ft2 Debut Tour 2011 Everybody Go』。7月29日横浜アリーナ公演で8月28日東京ドーム公演を発表。デビューからドーム公演までの史上最速記録

7月15日〜9月23日
ドラマ『美男ですね』、玉森裕太・藤ヶ谷太輔・八乙女光(主演)、TBS系
——(24日)地上デジタル放送に完全移行

8月3日〜27日
ミュージカル『少年たち〜格子無き牢獄〜』、関西ジャニーズJr.、大阪松竹座

8月7日〜9月11日
『SUMMARY 2011』、Hey!Say!JUMP、ジャニーズJr.、TOKYO DOME CITY HALL

8月10日
Kis-My-Ft2〈Everybody Go〉でデビュー

8月27日
映画『神様のカルテ』公開、櫻井翔(主演)、深川栄洋監督
——島田紳助、反社会的勢力との交際発覚により芸能界引退

9月3日〜25日
帝劇100周年記念公演『DREAM BOYS』、亀梨和也(主演)、田中聖、中丸雄一、帝国劇場。千秋

楽に通算350回公演達成
——（2日）野田佳彦内閣発足

9月5日〜29日
ミュージカル『少年たち〜格子無き牢獄〜』、A.B.C-Z、関西ジャニーズJr.、日生劇場

9月9日
『SMAP ファンミーティング2011』、西武ゆうえんち他

9月9日〜10月2日
堂本光一コンサート『KOICHI DOMOTO 2011 BPM ソウル・台北公演』、ソウル オリンピック公園オリンピックホール、台北 南港101

9月16日
SMAPコンサート『2011年SMAP北京コンサート 頑張ろう、日本！ありがとう、中国！〜アジアは一つ〜 プロジェクト』、初の海外公演。北京工人体育場

9月20日
ジャニー喜多川、『最も多くのコンサートをプロデュースした人物』『最も多くのナンバーワン・シングルをプロデュースした人物』としてギネス世界記録に認定される

9月23日
TOKIO、『テレビ朝日ドリームフェスティバル2011』出演、日本武道館

9月27日〜29日
帝劇 Johnnys Imperial Theatre Special『Kis-My-Ft2 with ジャニーズJr.』、帝国劇場。29日にSexy Zoneの結成とデビューを発表

10月2日
『ジャニーズJr.ランド』放送開始、Sexy Zone、ジャニーズJr.、BSスカパー

10月5日
相葉雅紀、ベストジーニスト初受賞

10月7日
山下智久、錦戸亮、NEWS脱退

10月8日〜20日
舞台『美男ですね』、北山宏光、宮田俊哉、赤坂ACTシアター

10月18日〜12月20日
ドラマ『謎解きはディナーのあとで』、櫻井翔（主演）、フジテレビ系

10月21日
堂本剛《Nippon》欧州15ヶ国でリリース

10月22日〜12月24日
ドラマ『妖怪人間ベム』、亀梨和也（主演）、日本テレビ系

10月29日〜11月6日
舞台『あゝ荒野』、松本潤（主演）、彩の国さいたま芸術劇場、寺山修司脚本、蜷川幸雄演出

11月4日〜12月4日
ワールドカップバレーボール2011、Sexy Zoneがスペシャルサポーター就任

11月6日
A.B.C-Zコンサート『A.B.C-Z 2011 first Concert in YOYOGI』、国立代々木競技場 第1体育館。初の単独アリーナコンサート

11月8日
赤西仁〈TEST DRIVE featuring JASON DERULO〉、全米デビュー

11月12、13日
『祝20周年！SMAP FaN×FuN PARTY 2011』、東京ドーム。デビュー20周年イベント

11月16日
Sexy Zone〈Sexy Zone〉でデビュー

11月23日〜12月31日
関ジャニ∞コンサート『KANJANI∞ 五大ドーム TOUR EIGHT×EIGHTER おもんなかったらドームすいません』、初の5大ドームツアー
——（27日）大阪府知事・市長選でいずれも「維新の会」圧勝

12月
『平家派ファーストコンサート』、グローブ座
——（30日）AKB48「フライングゲット」が第53回レコード大賞受賞

12月31日
第62回紅白歌合戦、SMAP、TOKIO、嵐、NYC出場、嵐司会

12月31日
『リュウ達来ちゃいなよ！ジャニーズ東西ドーム年越し生歌合戦!! Johnnys' Countdown 2011-2012』、東京ドーム、京セラドーム

平成24（2012）年

1月1日〜29日
『新春滝沢革命』、滝沢秀明（主演）、帝国劇場

1月7日〜31日

ミュージカル『Endless SHOCK』、堂本光一（主演）、内博貴、博多座。2月7日〜4月30日帝国劇場。

1月8日〜12月23日
NHK大河ドラマ『平清盛』、森田剛

1月28日
加藤シゲアキ、小説『ピンクとグレー』を出版

2月1日
A.B.C-Z、DVD『Za ABC〜5stars〜』でデビュー

2月4日〜29日
舞台『ABC座 星（スター）劇場』、A.B.C-Z（主演）、日生劇場。3月5日〜5月5日NHK大阪ホール

2月11日〜19日
『Sexy Zoneファーストコンサート2012』、東京国際フォーラム、梅田芸術劇場

3月18日
『ジャニーズJr.選抜 野球大会2012春』、東京ドーム

3月21日
Kis-My-Ft2〈SHE! HER! HER!〉

3月29日〜4月1日
『Sexy Zoneアリーナコンサート2012』、横浜アリーナ、大阪城ホール

——（31日）NTTドコモの携帯電話サービスmova終了

4月8日〜5月6日
『滝沢歌舞伎 2012』、滝沢秀明（主演）、日生劇場

4月9日
『月曜から夜ふかし』放送開始、村上信五、日本テレビ系

4月10日〜24日
舞台『道化の瞳』、屋良朝幸（主演）、シアタークリエ。4月26日愛知県芸術劇場他

4月14日〜3月17日
ドラマ『理想の息子』、山田涼介（主演）、藤ヶ谷太輔、中島裕翔、日本テレビ系、野島伸司脚本

4月15日〜7月1日
ドラマ『私立バカレア高校』、現SixTONESのメンバーが出演、日本テレビ系

4月27日〜6月3日
『ジャニーズ銀座 Youの前にはMeがいる！』、Kis-My-Ft2（1部）、A.B.C-Z、内博貴、ジャニーズJr.出演、シアタークリエ

5月3日〜8月4日
Hey! Say! JUMPコンサート『Hey! Say! JUMP ASIA FIRST TOUR 2012』、横浜アリーナ、香港・カイテック・スターホール、台湾・南港101。初のアジアツアー

——（22日）東京スカイツリー開業

6月14日
今井翼、スペイン文化特使に就任

7月9日〜8月11日
『PLAYZONE'12 SONG & DANC'N PARTII』、今井翼、中山優馬、ふぉ〜ゆ〜、They武道、"MAD"、Travis Japan、屋良朝幸、青山劇場

7月12日〜9月20日
ドラマ『ビギナーズ！』、藤ヶ谷太輔（主演）、TBS系

7月18日
NEWS〈チャンカパーナ〉

7月28日
映画『エイトレンジャー』公開、関ジャニ∞（主演）、堤幸彦監督

7月28日〜8月13日
ロンドン五輪2012キャスターをTBSは中居正広、フジテレビは国分太一、日本テレビは櫻井翔が務める

——（28日〜8月13日）ロンドン五輪2012

8月3日〜12日
舞台『銀河英雄伝説 撃墜王』、横尾渉、二階堂高嗣、天王洲銀河劇場

8月4日〜27日
ミュージカル『少年たち〜格子無き牢獄〜』、関西ジャニーズJr.、大阪松竹座

8月6日〜9月9日
『Johnny's Dome Theatre〜SUMMARY〜』、8月6日〜19日 A.B.C-Z、8月21日〜9月2日 Sexy Zone、9月8日〜9日 ジャニーズJr.、内博貴 with Question?、TOKYO DOME CITY HALL。中日劇場、梅田芸術劇場公演あり

8月14日〜9月30日
NEWSコンサート『NEWS LIVE TOUR 2012 〜美しい恋にするよ〜』、秩父宮ラグビー場他。4人体制初のツアー

8月15日
Kis-My-Ft2〈WANNA BEEEE!!!／Shake It Up〉。『ビギナーズ！』『私立バカレア高校』主題歌

8月25、26日
『24時間テレビ35　愛は地球を救う』、嵐（メインパーソナリティー）
――竹島問題・尖閣諸島問題で中国・韓国との関係悪化

9月3日～29日
ミュージカル『DREAM BOYS』、亀梨和也（主演）、玉森裕太、八乙女光、帝国劇場

9月4日～26日
ミュージカル『少年たち Jail in the Sky』、A.B.C-Z（主演）、日生劇場

9月8日～11月30日
『タッキー＆翼10周年記念 日本列島縦断コンサート』、東京ドーム他

9月15日～1月1日
関ジャニ∞コンサート『KANJANI∞ LIVE TOUR!!8EST ～みんなの想いはどうなんだい?僕らの想いは無限大!!～』、長居陸上競技場他。8周年記念野外スタジアム公演

9月20、21日
嵐コンサート『アラフェス』、国立霞ヶ丘競技場。ファン投票によるリクエストセット

10月1日～3月20日
『連続テレビ小説　純と愛』、風間俊介、NHK
――（26日）Microsoft Windows 8発売

11月10日～1月27日
ギネス認定記念公演『JOHNNYS' World -ジャニーズ・ワールド』、Hey! Say! JUMP（主演）、A.B.C-Z、Sexy Zone、帝国劇場

11月19日
ジャニー喜多川、『チャート1位を獲得した歌手を最も多くプロデュースした人物』としてギネス世界記録に認定されたとの報道

11月28日
香取慎吾と山下智久による期間限定ユニットThe MONSTERS〈MONSTERS〉

12月6日～16日
『FIFAクラブワールドカップジャパン2012』、手越祐也が日本テレビ系番組メインキャスター
――FIFAクラブワールドカップ2012開催
――（10日）山中伸弥京都大学教授がノーベル生理学・医学賞受賞

12月16日
『ZERO×選挙2012』、櫻井翔、東京ドームのコンサートを終え出演
――（16日）第46回衆議院選挙で自民党議席増、政権奪還

12月23日～1月1日
KinKi Kidsコンサート『KinKi Kids Concert Thank you for 15 years 2012-2013』、京セラドーム大阪、東京ドーム。15周年記念ツアー
――（26日）安倍晋三内閣発足

12月31日
第63回紅白歌合戦、SMAP、TOKIO、嵐、関ジャニ∞、NYC出場、嵐司会

12月31日
『Johnnys' Countdown 2012-2013』、東京ドーム

平成25（2013）年

1月1日～6日
『新春Johnny's World 正月はタッキーと共に』、Hey! Say! JUMP、滝沢秀明、帝国劇場

1月1日
関西ジャニーズJr. コンサート『2013年 選抜 関西ジャニーズJr. 大江戸元旦公演 明けましておめでとうIN TOKYO DOME CITY』、東京ドームシティホール

1月11日～3月15日
ドラマ『信長のシェフ』、玉森裕太（主演）、永瀬廉、テレビ朝日系

1月12日
ドラマ『金田一少年の事件簿 香港九龍財宝殺人事件』、山田涼介（主演）、有岡大貴、日本テレビ系

1月12日～3月30日
ドラマ『診療中-in the Room-』、稲垣吾郎（主演）、千賀健永、田中樹、日本テレビ系
――（16日）アルジェリアでイスラム武装勢力による人質事件

1月19日～3月23日
ドラマ『泣くな、はらちゃん』、長瀬智也（主演）、丸山隆平、日本テレビ系、岡田惠和脚本

1月22日～3月26日
ドラマ『コドモ警視』、マリウス葉（主演）、毎日放送、TBS系

2月4日～3月31日
ミュージカル『Endless SHOCK』、堂本光一（主演）、屋良朝幸、岸優太、帝国劇場。3月21日、1000回公演達成。4月8日～30日博多座。9月2日～29日内博貴、梅田芸術劇場

2月20日
TOKIO〈リリック〉、メンバー自作曲でシングルをリリースする体制に移行。『泣くな、はらちゃん』主題歌
3月2日〜19日
中居正広、WBC侍ジャパン公認サポーターに就任
——（2日〜19日）2013ワールド・ベースボール・クラシック
3月16、17日
『JOHNNYS' Worldの感謝祭 in DOME』、東京ドーム。3月30、31日京セラドーム
3月26日〜5月6日
Sexy Zoneコンサート『Sexy Zone Japan Tour 2013』、福岡サンパレス他。初の全国ツアー
4月6日〜6月22日
ドラマ『BAD BOYS J』、中島健人（主演）、二階堂高嗣、橋本良亮、岩本照、深澤辰哉、渡辺翔太、日本テレビ系
——（2日）歌舞伎座新開場
——（4日）日銀が「異次元の金融緩和」を決定、アベノミクス始動
4月7日〜5月12日
ミュージカル『滝沢演舞城　2013』、滝沢秀明（主演）、新橋演舞場
4月17日〜6月19日
ドラマ『家族ゲーム』、櫻井翔（主演）、フジテレビ系、武藤将吾脚本
4月21日
『相葉マナブ』放送開始、相葉雅紀、テレビ朝日系

4月21日
『キスマイBUSAIKU!?』レギュラー放送開始、Kis-My-Ft2、フジテレビ系
4月28日〜5月31日
『Live House ジャニーズ銀座』、松島聡、マリウス葉、ジャニーズJr.、シアタークリエ
5月18日〜6月11日
舞台『キフシャム国の冒険』、宮田俊哉（主演）、紀伊國屋ホール、鴻上尚史作・演出
6月22日
映画『100回泣くこと』公開、大倉忠義（主演）、廣木隆一監督
——元CIA職員エドワード・スノーデンがNSAによる個人の通信情報収集を暴露
7月1日〜9月16日
『JMK 中島健人ラブホリ王子様』、中島健人、日本テレビ
7月3日〜8月10日
『PLAYZONE'13 SONG & DANC'N PARTIII』、今井翼、中山優馬、ふぉ〜ゆ〜、They武道、"MAD"、Travis Japan、屋良朝幸、青山劇場
7月6日
『THE MUSIC DAY　音楽のちから』第1回、櫻井翔総合司会、日本テレビ系
7月7日〜8月11日
ドラマ『半沢直樹』、中島裕翔、TBS系、池井戸潤原作
7月12日〜21日
舞台『熱海殺人事件』、戸塚祥太、サンシャイン劇場、錦織一清出演・演出

7月18日〜9月19日
ドラマ『ぴんとこな』、玉森裕太（主演）、中山優馬、TBS系
7月21日
『ABChanZoo』放送開始、テレビ東京系
——環太平洋連携協定（TPP）交渉に日本合流
8月3日〜27日
舞台『関西ジャニーズJr.大阪松竹座8月公演 ANOTHER』
8月4日〜9月1日
『女子バレーボールワールドグランプリ2013』、Sexy Zoneスペシャルサポーター
9月4日〜28日
舞台『かもめ』、生田斗真、Bunkamuraシアターコクーン、KERA演出
9月4日〜28日
『ANOTHER』、中山優馬、関西ジャニーズJr.、日生劇場
9月5日〜29日
ミュージカル『DREAM BOYS JET』、玉森裕太（主演）、千賀健永、宮田俊哉、帝国劇場
9月7日
NEWSコンサート『NEWS 10th Anniversary in Tokyo Dome』、東京ドーム。デビュー10周年記念
——（7日）2020年夏季五輪・パラリンピック、東京開催決定
9月21日
『テレビ朝日ドリームフェスティバル　2013』、堂本剛出演、国立代々木競技場第一体育館
9月23日

ドラマ『金田一耕助VS明智小五郎』、山下智久(主演、金田一耕助役)、フジテレビ系

9月30日
田中聖、契約解除

10月1日〜10日
『オフ・ブロードウェイ・ミュージカル フォーエヴァー・プラッド』、長野博(主演)、東京グローブ座。KAAT神奈川芸術劇場、りゅーとぴあ他

10月5日〜12月28日
ドラマ『49』、佐藤勝利(主演)、日本テレビ系

10月5日〜3月29日
ドラマ『裁判長っ!おなか空きました!』、北山宏光(主演)、日本テレビ系

10月6日〜28日
舞台『ABC座 2013 ジャニーズ伝説』、A.B.C-Z(主演)、日生劇場

10月9日
Sexy Zone〈バィバィDuバィ〜See you again〜〉

10月21日〜12月23日
ドラマ『変身インタビュアーの憂鬱』、中丸雄一(主演)、TBS系、三木聡脚本・監督

11月11日
『キスマイBUSAIKU!?』(フジテレビ)で舞祭組(Kis-My-Ft2派生ユニット)デビュー発表

11月15日〜12月15日
Kis-My-Ft2コンサート『Kis-My-Ft2 SNOW DOMEの約束 IN TOKYO DOME / OSAKA DOME』、東京ドーム、大阪ドーム

11月17日
ドラマ『ハクション大魔王』、村上信五(主演)、フジテレビ系

11月20日
A.B.C-Z、DVD『Never My Love』

11月21日
実写恋愛シミュレーションゲーム『ラブセン〜V6とヒミツの恋〜』サービス開始

12月7日〜1月27日
『JOHNNYS' 2020 WORLD -ジャニーズ トニトニワールド-』、A.B.C-Z、Sexy Zone(主演)、薮宏太、帝国劇場

――(6日)特定秘密保護法成立

12月13日
舞祭組〈棚からぼたもち〉でデビュー。中居正広が楽曲提供、振付、MV企画・監督

12月21日
映画『永遠の0』公開、岡田准一(主演)。本作で第38回日本アカデミー賞最優秀主演男優賞受賞

12月25日
Hey! Say! JUMP〈Ride With Me〉(ドラマ『金田一少年の事件簿 獄門塾殺人事件』主題歌)

12月31日
第64回紅白歌合戦、SMAP、TOKIO、嵐、関ジャニ∞、Sexy Zone出場、嵐司会

12月31日
『Johnnys' countdown 2013-2014 ウマれる新たな伝説 ジャニーズ年越し生放送』、東京ドーム。ジャニーズWEST4結成・デビュー発表(後日ジャニーズWESTに改称)

平成26(2014)年

1月4日
ドラマ『金田一少年の事件簿 獄門塾殺人事件』、山田涼介(主演)、有岡大貴、日本テレビ系

1月5日〜12月21日
NHK大河ドラマ『軍師官兵衛』、岡田准一(主演)、生田斗真

1月6日〜28日
『PLAYZONE→IN NISSAY』、今井翼、中山優馬、ふぉ〜ゆ〜、They武道、〝MAD〟、〝Travis Japan〟、屋良朝幸、日生劇場

1月9日〜2月1日
舞台『冬眠する熊に添い寝してごらん』、上田竜也、Bunkamuraシアターコクーン、古川日出男脚本、蜷川幸雄演出

1月9日〜3月20日
ドラマ『鼠、江戸を疾る』、滝沢秀明(主演)、NHK

1月11日〜3月29日
ドラマ『SHARK』、平野紫耀(主演)、濱田崇裕、松村北斗、藤井流星、岩本照他、日本テレビ系

――STAP細胞論文ネイチャー誌に発表、不正が発覚し7月に撤回される

2月4日〜3月31日
ミュージカル『Endless SHOCK』、堂本光一(主演)、屋良朝幸、岸優太、帝国劇場。9月8日〜30日内博貴、梅田芸術劇場。10月8日〜31日博多座

2月5日〜28日

舞台『なにわ侍 ハローTOKYO!!』、ジャニーズWEST（主演）、日生劇場。メンバー3名の増員発表、現メンバー構成となる

2月7日〜23日
ソチ五輪2014キャスターをTBSは中居正広、フジテレビは国分太一、日本テレビは櫻井翔が務める

――（7日〜23日）ソチ五輪2014

2月15日
映画『土竜の唄 潜入捜査官REIJI』公開、生田斗真（主演）、三池崇史監督、宮藤官九郎脚本

2月22日
映画『劇場版 仮面ティーチャー』公開、藤ヶ谷太輔（主演）、塚田遼一、菊池風磨、守屋 健太郎監督

2月28日
赤西仁、退所

3月6日〜30日
『滝沢歌舞伎2014』、滝沢秀明（主演）、博多座。4月7日〜5月6日新橋演舞場

3月7日
映画『銀の匙』公開、中島健人（主演）、吉田恵輔監督

3月31日
『いっぷく！』放送開始、国分太一メインキャスター、TBS系。

――（31日）『笑っていいとも！』放送終了

4月1日
『ヒルナンデス！』火曜レギュラー、八乙女光、有岡大貴、日本テレビ系

――（1日）消費税率8％に引き上げ

4月12日〜6月21日
ドラマ『弱くても勝てます』、二宮和也（主演）、中島裕翔、日本テレビ系

4月12日
『ガムシャラ！』放送開始、テレビ朝日系

4月19日〜6月21日
ドラマ『ファースト・クラス』、中丸雄一、フジテレビ系

4月23日
ジャニーズWEST〈ええじゃないか〉でデビュー

4月26日〜5月21日
『ジャニーズWESTコンサート デビュー記念 なにわともあれ、ほんまにありがとう！』、大阪松竹座、新橋演舞場

4月28日〜6月4日
『ジャニーズ銀座2014』、中山優馬、ジャニーズJr.、シアタークリエ

5月5日
Sexy 松（松島聡、松田元太、松倉海斗）、Sexy Boyz（マリウス葉、岩橋玄樹、神宮寺勇太）のユニット結成。Sexy ZoneとあわせてSexy Familyと称すると発表

5月9日〜30日
舞台『ABC座 2014 ジャニーズ伝説』、A.B.C-Z（主演）、日生劇場

5月11日〜6月8日
舞台『コルトガバメンツ〜ハジメのハジマリ〜』、藤ヶ谷太輔（主演）、PARCO劇場

――（25日）AKB握手会傷害事件が発生

6月4日
KAT-TUN〈In Fact〉。4人体制初のシングル。ドラマ『ファースト・クラス』主題歌

6月9日〜7月6日
ミュージカル『オーシャンズ11』、香取慎吾（主演）、東急シアターオーブ、小池修一郎脚本・演出。10月23日〜11月2日梅田芸術劇場

6月12日〜7月13日
手越祐也、日本テレビ系FIFAワールドカップ中継メインキャスターを務める

――（6月12日〜7月13日）2014 FIFAワールドカップブラジル

6月21日
映画『超高速！参勤交代』公開、知念侑李、本木克英監督

――「イスラム国」（IS）が勢力拡大、8月に米軍の空爆

7月6日〜8月9日
『PLAYZONE1986…2014★ありがとう！青山劇場★』、今井翼、中山優馬、ふぉ〜ゆ〜、They武道、〝MAD〟、Travis Japan、屋良朝幸、青山劇場

――（1日）政府が集団的自衛権の行使を容認する憲法解釈の変更を閣議決定

7月15日
Sexy Zone新曲大発表会in代々木、10月1日に〈男 never give up〉を3人体制でリリースすると発表。代々木第一体育館

7月19日〜9月20日
ドラマ『金田一少年の事件簿N』、山田涼介（主演）、日本テレビ系

7月20日
TOKIO、『JOIN ALIVE 2014』出演
7月27日
ドラマ『必殺仕事人2014』、東山紀之（主演）、松岡昌宏、知念侑李、テレビ朝日系
7月30日〜8月10日
ジャニーズJr.コンサート『ガムシャラSexy 夏祭り!!』、EXシアター六本木
8月1日〜11月2日
TOKIOコンサート『JRA 60th presents TOKIO 20th Anniversary Live Tour HEART』、日本武道館他。デビュー20周年記念
8月9日〜24日
関ジャニ∞コンサート『十祭』、味の素スタジアム、長居陸上競技場。デビュー10周年記念
8月15日〜31日
舞台『ガラスの仮面』、浜中文一、青山劇場
8月16、17日
TOKIO、『サマーソニック2014』出演
8月30、31日
『24時間テレビ37　愛は地球を救う』、関ジャニ∞（メインパーソナリティー）、チャリティマラソンに城島茂
9月3日
Hey! Say! JUMP〈ウィークエンダー／明日へのYELL〉。『金田一少年』『水球ヤンキース』主題歌
9月4日〜1月12日
SMAPコンサート『Mr.S SAIKOU DE SAIKOU NO CONCERT TOUR』、5大ドームツアー
9月4日〜30日
ミュージカル『DREAM BOYS』、玉森裕太（主演）、千賀健永、宮田俊哉、平野紫耀、永瀬廉、高橋海人、帝国劇場
——Apple Watchが発表される
9月19、20日
嵐コンサート『ARASHI BLAST in Hawaii』、コオリナリゾート。デビュー15周年を記念しハワイで開催
——（28日）御嶽山噴火、50人以上が死亡
10月3日〜27日
『十月花形歌舞伎　GOEMON石川五右衛門』、今井翼、大阪松竹座
10月6日
今井翼入院、のちにメニエール病と判明、休業に入る。12月18日に復帰
10月9日
藤ヶ谷太輔、ベストジーニスト初受賞
10月11日〜12月13日
ドラマ『地獄先生ぬ〜べ〜』、丸山隆平（主演）、日本テレビ系
10月12日〜12月21日
ドラマ『ごめんね青春!』、錦戸亮（主演）、重岡大毅、TBS系。宮藤官九郎脚本
10月15日
関ジャニ∞〈言ったじゃないか／CloveR〉。『ごめんね青春!』、映画『CloveR』主題歌
11月14日〜12月23日
嵐コンサート『ARASHI LIVE TOUR 2014 "THE DIGITALIAN"』、5大ドームツアー。無線制御ペンライト（うちわと兼用の「ファンライト」）を導入
12月14日
『ZERO×選挙2014』、櫻井翔、札幌ドームでのコンサートを終え出演
——（14日）第47回衆議院議員総選挙、与党が議席維持
——（30日）三代目 J Soul Brothers from EXILE TRIBE「R.Y.U.S.E.I.」が第56回レコード大賞受賞
12月31日
第65回紅白歌合戦、SMAP、TOKIO、V6、嵐、関ジャニ∞、Sexy Zone出場、嵐司会
12月31日
『Johnnys' Countdown 2014-2015』、東京ドーム。テレビ放送なし

平成27（2015）年

1月1日〜1月27日
ミュージカル『2015新春 JOHNNYS' World』、佐藤勝利・中島健人（主演）、A.B.C-Z、錦織一清（特別出演）、帝国劇場
1月2日〜6日
ジャニーズWESTコンサート『ジャニーズWEST 1stコンサート 一発めぇぇぇぇぇぇぇ!』、横浜アリーナ、大阪城ホール
1月6日〜22日
『★さよなら!　青山劇場★PLAYZONE 30YEARS★1232公演』、今井翼、中山優馬、ふぉ〜ゆ〜、They武道、"MAD"、Travis Japan、屋良朝幸、青山劇場
1月16日〜3月30日

ドラマ『ウロボロス～この愛こそ、正義。』、生田斗真（主演）、TBS系

1月19日～3月23日
ドラマ『デート　～恋とはどんなものかしら～』、中島裕翔、フジテレビ系

1月22日
週刊文春にメリー喜多川インタビュー掲載（2015年1月29日号）

——「イスラム国」（IS）が日本人人質殺害

2月3日～3月31日
ミュージカル『Endless SHOCK 15th Anniversary』、堂本光一（主演）、屋良朝幸、帝国劇場。9月8日～30日内博貴、梅田芸術劇場。10月7日～31日博多座

2月14日
映画『味園ユニバース』公開、渋谷すばる（主演）、山下敦弘監督

2月25日
嵐〈Sakura〉。『ウロボロス～この愛こそ、正義。』主題歌

3月21日
映画『暗殺教室』公開、山田涼介（主演）、二宮和也（声の出演）

4月4日
『サタデープラス』放送開始、丸山隆平MC、TBS系

4月4日
『オールナイトニッポンサタデースペシャル大倉くんと高橋くん』放送開始、大倉忠義、ニッポン放送

4月8日～5月17日
『滝沢歌舞伎 10th Anniversary』、滝沢秀明（主演）、薮宏太、北山宏光、新橋演舞場。8月18日～23日河合郁人、シンガポール・マリーナ・ベイ・サンズグランドシアター

4月13日～6月15日
ドラマ『ようこそ、わが家へ』、相葉雅紀（主演）、フジテレビ系、池井戸潤原作

4月24日～5月29日
『ジャニーズ銀座２０１５』、シアタークリエ。SixTONES結成発表

——（24日）Apple Watch発売（発表は前年）

5月4日～6月7日
ジャニーズWESTコンサート『ジャニーズWEST 1st Tour パリピポ』、大阪城ホール他。初の全国ツアー

5月10日
『関ジャム 完全燃SHOW』放送開始、関ジャニ∞、テレビ朝日系

6月5日
Mr.King vs Mr.Prince結成、『テレビ朝日・六本木ヒルズ 夏祭り SUMMER STATION』の応援サポーター就任

——（6日～7月5日）２０１５ FIFA女子ワールドカップ、なでしこジャパン準優勝

7月8日
『いただきハイジャンプ』放送開始、Hey! Say! JUMP、フジテレビ系

7月11日～20日
舞台『ペール・ギュント』、内博貴（主演）、KAAT神奈川芸術劇場ホール、白井晃演出、スガダイロー音楽・演奏、小野寺修二振付

7月18日～8月20日
コンサート『ガムシャラ！サマーステーション』、松島聡、マリウス葉、ジャニーズJr.、EXシアター六本木

——２０２０東京五輪・パラリンピック新国立競技場設計デザイン白紙撤回

8月2日～26日
ミュージカル『少年たち 世界の夢が……戦争を知らない子供達』、関西ジャニーズJr.（主演）、大阪松竹座

8月22、23日
『24時間テレビ38　愛は地球を救う』、V6、Hey! Say! JUMP（メインパーソナリティー）

8月30日～11月1日
V6コンサート『ラブセン presents V6 LIVE TOUR 2015 -SINCE 1995～FOREVER-』、国立代々木競技場 第一体育館他。デビュー20周年記念ツアー

9月4日～27日
ミュージカル『少年たち 世界の夢が……戦争を知らない子供達』、Snow Man、SixTONES（主演）、日生劇場

——（19日）安全保障関連法成立

9月3日～30日
ミュージカル『DREAM BOYS』、玉森裕太主演ver.＝千賀健永・宮田俊哉出演。中山優馬主演ver.＝菊池風磨・マリウス葉出演。帝国劇場

9月19日～23日
コンサート『ARASHI BLAST in Miyagi』、ひとめ

ぼれスタジアム宮城。東日本大震災復興支援のため開催

――（18日～10月31日）第8回ラグビーワールドカップ、日本が南アフリカに勝利

9月28日～4月2日
『連続テレビ小説　あさが来た』、桐山照史、NHK

9月30日
A.B.C-Z〈Moonlight walker〉、グループ初のCDシングル

10月7日～28日
舞台『ABC座　2015』、A.B.C-Z（主演）、日生劇場。錦織一清演出（第一部）

10月26日
HiHi Jet結成（現HiHi JETS）、『JOHNNYS' World』の制作会見で発表

12月11日～1月27日
『JOHNNYS' World』、佐藤勝利、中島健人、内博貴、A.B.C-Z、Mr.KING、SixTONES、Snow Man、HiHi Jet、帝国劇場

12月12日
映画『母と暮らせば』公開、二宮和也（主演、本作で第39回日本アカデミー賞最優秀主演男優賞受賞）。山田洋次監督

12月16日
Sexy Zone〈カラフルEyes〉5人体制でのリリース

12月31日
第66回紅白歌合戦、SMAP、TOKIO、V6、嵐、関ジャニ∞、Sexy Zone出場、井ノ原快彦司会

12月31日
『ジャニーズカウントダウン2015-2016』、東京ドーム。2年ぶりのテレビ生中継

平成28（2016）年

1月9日
映画『ピンクとグレー』公開、中島裕翔（主演）、行定勲監督

1月13日
SMAP事務所退所報道（週刊新潮、1月21日号／スポーツニッポン、日刊スポーツ、1月13日）

1月18日
『SMAP×SMAP』で退所報道への謝罪会見生放送

2月4日～3月31日
ミュージカル『Endless SHOCK 2016』、堂本光一（主演）、屋良朝幸、帝国劇場

2月18日
堂本剛コンサート『TU FUNK ALL STARS CONCERT～TU』、Zeppブルーシアター六本木で連続13公演

2月24日
嵐〈復活LOVE〉。MVに生田斗真出演

2月27日
映画『黒崎くんの言いなりになんてならない』公開、中島健人（主演）、月川翔監督

3月31日
田口淳之介、退所

4月2日
『メレンゲの気持ち』レギュラー、伊野尾慧、日本テレビ系

4月3日～5月1日
KAT-TUNコンサート『KAT-TUN 10TH ANNIVERSARY LIVE TOUR "10Ks!"』、東名阪ドーム。デビュー10周年記念ツアー。5月1日の東京ドーム公演を最後に充電期間に入る

4月7日
『めざましテレビ』レギュラー、伊野尾慧、日本テレビ系

4月7日
『ヒルナンデス』木曜レギュラー、中間淳太、桐山照史、日本テレビ系

4月9日
『イマドキ男子冒険バラエティ 真夜中のプリンス』放送開始、Prince、テレビ朝日系

4月13日
『〝東京ドームに全員集合〟 みんなにサンキュー！ ジャニーズ野球』

4月10日～5月15日
『滝沢歌舞伎　2016』、滝沢秀明（主演）、三宅健、新橋演舞場

――（14日）熊本地震

4月17日～6月19日
ドラマ『99.9　刑事専門弁護士』、松本潤（主演）、TBS系

4月22日
『NEWSな2人』放送開始、加藤シゲアキ、小山慶一郎、TBS系

4月29日～5月30日
『ジャニーズ銀座2016』、ジャニーズJr.、シアタークリエ
5月21日
Love-tune結成
5月21日～28日
舞台『ボクの穴、彼の穴。』、塚田僚一(主演)、PARCO劇場、ノゾエ征爾演出
5月26日～29日
『オフ・ブロードウェイ・ミュージカル MURDER for Two』、坂本昌行(主演、本作で読売演劇大賞・優秀男優賞受賞)、森ノ宮ピロティホール
――(26日・27日)G7伊勢志摩サミット、27日に米大統領初の広島訪問
5月28日
映画『ヒメアノ～ル』公開、森田剛(主演)、吉田恵輔監督
5月28日～6月18日
舞台『俺節』、安田章大(主演)、赤坂ACTシアター、福原充則脚本・演出
6月4日～19日
舞台『コインロッカー・ベイビーズ』、橋本良亮、河合郁人(主演)、赤坂ACTシアター
――(19日)18歳選挙権施行
――(25日)英国、国民投票によるEU離脱決定
6月26日～7月24日
舞台『マクベス』、丸山隆平(主演)、東京グローブ座、鈴木裕美演出
7月1日～8月14日
『Kis-My-Ft2 CONCERT TOUR 2016 I SCREAM』、福岡ヤフオク！ドーム他。デビュー5周年記念
7月9日～8月6日
ドラマ『時をかける少女』、菊池風磨、日本テレビ系
――(10日)第24回参議院選挙
7月20日～8月25日
ジャニーズJr.コンサート『サマステ　ジャニーズキング』、EXシアター六本木
7月
Webでのファンクラブの会員登録や電子チケット導入開始
7月26日
CULEN設立
――(26日)相模原障害者施設殺傷事件
8月
ECサイトでのCD、DVDのジャケット写真掲載を解禁
8月2日～26日
舞台『ANOTHER & Summer Show』、関西ジャニーズJr.、大阪松竹座
8月3日～29日
Sexy Zoneコンサート『Summer Paradise 2016』、TOKYO DOME CITY HALL。中島・菊地・佐藤がソロ公演、松島+マリウスがユニット公演
――(8日)天皇陛下が退位の意向を示唆
8月14日
SMAP、年内での解散を発表
9月3日～30日
ミュージカル『DREAM BOYS』、玉森裕太(主演)、千賀健永、宮田俊哉、HiHi Jet、帝国劇場
9月4日～28日
ミュージカル『少年たち　危機一髪！』、SixTONES、Snow Man(主演)、マリウス葉(特別出演)、HiHi Jetは『DREAM BOYS』にも出演。日生劇場
9月18日～12月18日
NHK大河ドラマ『真田丸』、岡本健一
9月19日～30日
ミュージカル『ジャニーズ・フューチャー・ワールド』、平野紫耀が博多座最年少座長、Mr.KING、Prince、内博貴、博多座。10月8日～25日梅田芸術劇場
――(30日)電通新人社員過労自殺に対し、労働基準監督署が労働災害認定
10月5日～27日
舞台『ABC座　2016　株式会社　応援屋!!～OH&YEAH!!～』、A.B.C-Z(主演)、錦織一清演出、西寺郷太脚本・音楽、日生劇場
10月21日～12月9日
ドラマ『家政夫のミタゾノ』、松岡昌宏(主演)、テレビ朝日系
10月23日
『テレビ朝日ドリームフェスティバル2016』、V6出演
11月5日
映画『溺れるナイフ』公開、重岡大毅、井土紀州脚本、山戸結希脚本・監督
11月23日
東京B少年結成(現・美 少年)
11月28日～12月11日
舞台『50Shades～クリスチャン・グレイの歪んだ性癖～』、浜中文一(主演)新宿FACE、河原雅彦

上演台本・訳詞・演出

12月3日〜1月24日
ミュージカル『JOHNNYS' ALL STARS IsLAND』、藤ヶ谷太輔、玉森裕太、佐藤勝利、Mr.KING、Prince、HiHi Jet、SixTONES、Snow Man、Travis Japan、Love-tune、内博貴、帝国劇場
——（15日）カジノを中心とする統合型リゾート（IR）整備推進法（カジノ法）可決

12月31日
SMAP解散。稲垣・草彅・香取、退所

12月31日
第67回紅白歌合戦、TOKIO、KinKi Kids、V6、嵐、関ジャニ∞、Sexy Zone出場、嵐が大トリ、相葉雅紀司会

12月31日
『ジャニーズカウントダウン 2016-2017』、東京ドーム

平成29（2017）年

1月21日〜2月14日
舞台『TWENTIETH TRIANGLE TOUR 戸惑いの惑星』、20th Century（主演）、東京グローブ座。キャナルシティ劇場、シアタードラマシティ公演も
——（20日）ドナルド・トランプ米国大統領に就任

2月1日〜3月31日
ミュージカル『Endless SHOCK』、堂本光一（主演）、屋良朝幸、帝国劇場。3月31日、1500回公演達成。9月8日〜30日内博貴、梅田芸術劇場。10月8日〜31日博多座

2月18日〜26日
舞台『東SixTONES×西関西ジャニーズJr. SHOW合戦』、新橋演舞場

2月21日
関ジャニ∞、プレミアムフライデーナビゲーター就任。推進協議会イベントに登壇

2月25日
映画『彼らが本気で編むときは、』公開、生田斗真（主演）、荻上直子監督。第67回ベルリン国際映画祭テディ審査員特別賞受賞

3月6日〜22日
中居正広、侍ジャパン公認サポートキャプテン
——（6日〜22日）2017ワールド・ベースボール・クラシック

3月6日〜27日
音楽劇『マリウス』、今井翼（主演）、七五三掛龍也、日生劇場。脚本・演出　山田洋次
——（3日）任天堂が新型ゲーム機「Nintendo Switch」を発売

3月24日〜26日
コンサート『ジャニーズJr.祭り』、横浜アリーナ

3月25日〜5月7日
Sexy Zoneコンサート『Sexy Zone Presents Sexy Tour 2017〜STAGE』、日本ガイシホール他。デビュー5周年記念ツアー

4月
ジャニーズタレントの宣材写真のSNS使用解禁

4月6日〜5月14日
舞台『滝沢歌舞伎 2017』、滝沢秀明（主演）、三宅健、新橋演舞場

4月15日〜6月17日
ドラマ『ボク、運命の人です。』、亀梨和也（主演）、山下智久、日本テレビ系

4月16日
『ジャニーズ大運動会2017』、東京ドーム

4月29日〜6月4日
『ジャニーズ銀座2017』、ジャニーズJr.出演、シアタークリエ

5月17日
亀と山P〈背中越しのチャンス〉。『ボク、運命の人です。』主題歌

5月26日
映画『美しい星』公開、亀梨和也、吉田大八監督

5月27日〜6月18日
舞台『蜘蛛女のキス』、大倉忠義（主演）、東京グローブ座、鈴木裕美演出

6月17、18日
『嵐のワクワク学校2017』開校、生徒役Sexy Zone、京セラドーム大阪。16日の夜、大野智が嵐としての活動をいったん終えたいとメンバーに告白したとされる
——（15日）共謀罪法成立

6月19日〜8月21日
ドラマ『孤食ロボット』、有岡大貴・髙木雄也・八乙女光（主演）、日本テレビ系

6月21日
ジャニーズWEST〈おーさか☆愛・EYE・哀／Ya! Hot!Hot!〉

6月28日

堂本剛、突発性難聴で入院の報道

7月1日
映画『忍びの国』公開、大野智（主演）、中村義洋監督

——（5日～6日）九州北部豪雨被害

7月15、16日
『KinKi Kids Party！ ～ありがとう20年～』、横浜スタジアム。デビュー20周年記念イベント。堂本剛は映像でのリモート出演

7月17日～9月18日
ドラマ『コード・ブルー　ドクターヘリ緊急救命 3rd season』、山下智久（主演）、有岡大貴、フジテレビ系

7月20日～8月27日
ジャニーズJr.コンサート『サマステ ～君たちが～ KING'S TRASURE』、Mr.KING、Prince、EXシアター六本木

7月21日
KinKi Kidsデビュー20周年記念金曜ロードSHOW！特別ドラマ企画『ぼくらの勇気　未満都市2017』、日本テレビ系

7月21日
『LOVE LOVEあいしてる16年ぶりの復活SP』、KinKi Kids、フジテレビ系

7月30日～9月15日
A.B.C-Zコンサート『A.B.C-Z 5Stars 5Years Tour』、大阪城ホール他

8月2日～27日
ミュージカル『少年たち 南の島に雪は降る』、関西ジャニーズJr.、大阪松竹座

——森友学園への国有地格安売却、加計学園の獣医学部新設に対する安倍首相や周辺の関与の可能性の疑惑浮上

9月6日～30日
『JOHNNYS' YOU&ME IsLAND』、Mr.KING、Prince、HiHi Jet、東京B少年、Love-tune、Travis Japan、帝国劇場

9月7日～28日
ミュージカル『少年たち ～Born Tomorrow～』、SixTONES・Snow Man（主演）、日生劇場。10月27日～11月12日大阪松竹座。

9月18日
タッキー&翼、グループ活動休止

9月22日
稲垣吾郎、草彅剛、香取慎吾、『新しい地図』として活動開始

——（30日）南スーダンPKO自衛隊日報問題発生

9月24日～10月9日
舞台『アマデウス』、松本幸四郎（主演・演出）、桐山照史、サンシャイン劇場

10月2日
中島裕翔、ベストジーニスト初受賞

10月2日～8日
『世界体操カナダ・モントリオール2017』、知念侑李（プレゼンター）、テレビ朝日系

——（2日～8日）世界体操競技選手権開催

10月4日～12月6日
ドラマ『水戸黄門』、長谷川純、BS-TBS

——（6日）電通違法残業事件に有罪判決

10月7日～28日
舞台『ABC座 2017 ジャニーズ伝説』、A.B.C-Z（主演）、日生劇場

10月14日～12月23日
ドラマ『新宿セブン』、上田竜也（主演）、テレビ東京系

——（22日）第48回衆議院議選挙

10月14日～12月24日
ジャニーズJr.コンサート『お台場 踊り場 土日の遊び場』、お台場湾岸スタジオ

10月29日
『テレビ朝日ドリームフェスティバル2017』にKinKi Kids出演

11月10日
ドラマ『炎の転校生REBORN』配信開始、ジャニーズWEST主演）、Netflix

11月17日～1月14日
嵐コンサート『ARASHI LIVE TOUR 2017～2018 untitled』、5大ドームツアー

12月7日
岡田准一、LINEライブ配信

12月8日～1月1日
Hey! Say! JUMPコンサート『Hey! Say! JUMP I / Oth Anniversary Tour 2017-2018』、京セラドーム他。デビュー10周年記念

12月16日～1月1日
KinKi Kidsコンサート『KinKi Kids Concert 20.2.21 ～Everything happens for a reason～』、東京ドーム、京セラドーム

12月22日
ドラマ『フラーハウス　シーズン3 Part2』配信開始、マリウス葉、Sexy Zone、Netflix
——（30日）乃木坂46「インフルエンサー」が第59回日本レコード大賞受賞

12月31日
第68回紅白歌合戦、TOKIO、嵐、関ジャニ∞、Hey! Say! JUMP、Sexy Zone出演、二宮和也司会

12月31日
『20周年だよ！ジャニーズカウントダウンコンサート2017-2018』、東京ドーム

平成30（2018）年

1月1日～27日
ミュージカル『JOHNNYS' Happy New Year IsLAND』、Mr.KING、Prince、HiHi Jet、東京B少年、Love-tune、Travis Japan、SixTONES、Snow Man、東山紀之（特別出演）、帝国劇場

1月7日～12月16日
NHK大河ドラマ『西郷どん』、錦戸亮、風間俊介

1月10日～2月28日
コンサート『舞祭組村のわっと！驚く！第1笑』、舞祭組、グランキューブ大阪他

1月14日～3月18日
ドラマ『99.9　刑事専門弁護士　SEASON II』、松本潤（主演）、佐藤勝利、TBS系

1月18日
中島健人、『ぐるぐるナインティナイン』「グルメチキンレース・ゴチになります！」ゴチメンバーに、日本テレビ系
——（18日）オウム真理教事件の一連の刑事裁判終結

2月4日～3月31日
ミュージカル『Endless SHOCK』、堂本光一（主演）、中山優馬、帝国劇場

2月26日
7MEN侍結成

3月10日
映画『坂道のアポロン』公開、知念侑李（主演）、松村北斗、三木孝浩監督

3月21日
YouTubeでジャニーズJr.チャンネル開始

3月27日
実写恋愛シミュレーションゲーム『NEWSに恋して』サービス開始

3月28日
今井翼、メニエール病再発により入院、芸能活動休止

4月1日
ECサイトでの雑誌、書籍のジャニーズタレント表紙写真の掲載解禁

4月5日～5月13日
『滝沢歌舞伎2018』、滝沢秀明（主演）、三宅健、新橋演舞場。6月4日～30日　御園座

4月11日
ドラマ『特捜9』放送開始、井ノ原快彦（主演）、テレビ朝日系

4月11日
『家事ヤロウ!!!』放送開始、中丸雄一、テレビ朝日系

4月17日～6月26日
ドラマ『花のち晴れ　～花男 Next Season～』、平野紫耀、TBS系

4月20日～22日
KAT-TUNコンサート『KAT-TUN LIVE 2018 UNION』、東京ドーム。充電完了後初のコンサート

4月29日～6月3日
『ジャニーズ銀座2018 観なきゃソン！ボクたちの作るジャニカルとスペシャルショータイム』、ジャニーズJr.、シアタークリエ。ジャニカルは「ジャニーズ+ミュージカル」を意味する造語。

5月5日～7月16日
Kis-My-Ft2コンサート『Kis-My-Ft2 LIVE TOUR 2018 Yummy!! you&me』、メットライフドームでの公演はジャニーズ初

5月6日
山口達也、契約解除

5月23日
King & Prince〈シンデレラガール〉でデビュー

5月23日
「宮城県×Hey! Say! JUMP 共同観光キャンペーン」記者会見。Hey! Say! JUMPがイメージキャラクターに就任

5月27日～6月24日
舞台『薔薇と白鳥』、高木雄也、八乙女光（主演）、東京グローブ座、G2演出

5月30日
ドキュメンタリー『滝沢秀明の火山探検紀行 巨

大カルデラの謎に迫る』、NHK BSプレミアム

6月7日
小山慶一郎、活動自粛。『news every.』メインキャスター降板
——（4日）財務省が森友文書改ざん、内部調査結果公表
——（6日）DA PUMP「U.S.A.」発売、大ヒット

6月7日
HiHi Jets&東京B少年、テレ朝夏祭り2018サポーター就任

6月9日
『裸の少年』放送開始、HiHi JETS、東京B少年、テレビ朝日系
——（18日）大阪北部地震
——（6月28日〜7月8日）平成30年7月豪雨。北海道、中部地方、西日本で深刻な被害

6月23日
岡本圭人、留学のため芸能活動一時休止発表

7月9日〜9月10日
ドラマ『絶対零度〜特殊犯罪潜入捜査〜』、横山裕、フジテレビ系

7月18日
KEN☆Tackey〈逆転ラバーズ〉

7月20、23日
ジャニーズグループとして7月豪雨の被災地広島県・岡山県・愛媛県に支援。『嵐のワクワク学校2018』、収益の一部を義援金として拠出

7月24日
社会貢献・支援活動プロジェクト「Johnny's Smile Up！Project」を立ち上げ

7月27日〜8月29日
ミュージカル『ナイツ・テイル—騎士物語—』、堂本光一（主演）、帝国劇場。9月18日〜10月15日梅田芸術劇場

7月27日
映画『劇場版 コード・ブルー ドクターヘリ緊急救命』公開、山下智久（主演）、有岡大貴

7月28日〜8月27日
ジャニーズJr.コンサート『Summer Paradise 2018』SixTONES、Snow Man、Love-tune、Travis Japan、TOKYO DOME CITY HALL

8月4日〜30日
ミュージカル『明日を駆ける少年たち』、関西ジャニーズJr.、大阪松竹座

8月10日〜9月22日
King & Princeコンサート『King & Prince First Concert Tour 2018』、横浜アリーナ他。ファーストコンサート

8月11、12日
NEWSコンサート『NEWS 15th Anniversary LIVE 2018 "Strawberry"』、味の素スタジアム。デビュー15周年記念

8月15、16日
『THE YOUNG LOVE DISCOTHEQUE re-FEVER』、浜中文一、関西ジャニーズJr.、屋良朝幸出演および振付・演出・総合プロデュース、Zepp Nagoya。9月1日〜20日品川プリンスホテル クラブeX他

8月18、19日
『SUMMER SONIC 2018』、ENDRECHERI出演、舞洲 SONIC PARK

8月22日
ENDRECHERI〈one more purple funk… -硬命 katana-〉

8月24日
映画『検察側の罪人』公開、木村拓哉（主演）、二宮和也、原田眞人監督

9月2日〜26日
舞台『オセロー』、神山智洋、新橋演舞場。今井翼の代役

9月5日
関ジャニ∞〈ここに〉。6人体制初シングル

9月6日〜30日
ミュージカル『DREAM BOYS』、玉森裕太（主演）、千賀健永・宮田俊哉出演、帝国劇場

9月7日〜28日
ミュージカル『少年たち そして、それから…』、SixTONES・Snow Man（主演）、日生劇場
——（9日）大坂なおみがテニス全米オープン女子シングルスで優勝

9月10日
タッキー&翼解散。今井翼、退所
——（16日）安室奈美恵が沖縄でのラストライブをもって引退

10月6日
なにわ男子結成
——（6日）築地市場が営業終了、豊洲市場へ移転

10月7日〜29日
舞台『ABC座 2018 ジャニーズ伝説』、A.B.C-Z（主演）、日生劇場

10月8日～12月17日
ドラマ『SUITS／スーツ』、中島裕翔、フジテレビ系

10月29日
SixTONES、YouTubeのアーティストプロモキャンペーンに抜擢される

11月1日～10日
十一月新派特別公演『犬神家の一族』、浜中文一、大阪松竹座。11月14日～25日新橋演舞場

11月5日～25日
ミュージカル『TOP HAT』、坂本昌行（主演）、屋良朝幸、東急シアターオーブ。12月1日～5日、梅田芸術劇場

11月16日～12月25日
嵐コンサート『ARASHI Anniversary Tour 5×20』、5大ドームツアー。デビュー20周年記念
——（19日）日産カルロス・ゴーン会長、金融商品取引法違反容疑で逮捕

11月30日
Love-tune、退所発表

12月5日
Sexy Zone〈カラクリだらけのテンダネス／すっぴんKISS〉

12月6日～1月27日
ミュージカル『JOHNNYS' King & Prince IsLAND』、King & Prince（主演）、帝国劇場

12月24日
『犬神家の一族』、加藤シゲアキ（主演）、フジテレビ系

12月31日
滝沢秀明、引退。渋谷すばる、退所

12月31日
第68回紅白歌合戦、嵐、関ジャニ∞、Hey!Say!JUMP、Sexy Zone、King & Prince出演、櫻井翔司会

12月31日
『平成ラストの夢物語！ジャニーズカウントダウンコンサート2018～2019』、東京ドーム

平成31・令和元（2019）年

1月6日～12月15日
NHK大河ドラマ『いだてん～東京オリムピック噺～』、生田斗真、宮藤官九郎脚本

1月15日
株式会社ジャニーズアイランド設立、滝沢秀明代表取締役社長就任

1月17日
Snow Man 増員発表

1月27日
嵐が2020年をもっての活動休止発表

2月3日～25日
京都南座新開場記念『滝沢歌舞伎ZERO』、Snow Man（主演）、南座。4月10日～5月19日新橋演舞場

3月1日
ISLAND TV開始

3月4日～3月31日
ミュージカル『Endless SHOCK』、堂本光一（主演）、内博貴、帝国劇場。9月11日～10月5日中山優馬、梅田芸術劇場

3月8日～21日
舞台『劇団☆新感線39興行・春公演　いのうえ歌舞伎　偽義経冥界歌』、生田斗真（主演）、中山優馬、フェスティバルホール
——（21日）イチローが現役引退

3月27日
A.B.C-Z〈Black Sugar〉

3月28日
ドラマ『フジテレビ開局60周年特別企画　松本清張　砂の器』、東山紀之（主演）、中島健人、フジテレビ系

3月29日
『映画　少年たち』公開、Snow Man、SixTONES他ジャニーズJr.、横山裕、本木克英監督

4月5日～7日
『もしも塾』、村上信五CEO、Hey! Say! JUMP、Kis-My-Ft2、ジャニーズWEST、ジャニーズJr.、東京グローブ座

4月13日～21日
『僕らAぇ！groupって言いますねん』、Aぇ！group、東京グローブ座、横山裕企画・演出。初の東京公演

4月28日～6月2日
『ジャニーズ銀座2019 Tokyo Experience』、ジャニーズJr.出演、シアタークリエ

5月22日～26日
『テレビ朝日開局60周年記念　5夜連続ドラマスペシャル　白い巨塔』、岡田准一（主演）、テレビ朝日系

——（1日）令和に改元

5月31日
株式会社ジャニーズ・エンタテイメント事業終了

6月9日～7月7日
舞台『北齋漫畫』、横山裕（主演）、東京グローブ座、宮田慶子演出

——（9日）香港で逃亡犯条例改正案反対デモ

——（24日）吉本興業が闇営業に参加した芸人11人を謹慎処分

7月9日
ジャニー喜多川死去

7月14日～9月3日
関ジャニ∞コンサート『十五祭』、5大ドーム。デビュー15周年記念

7月18日～8月25日
ジャニーズJr.コンサート『パパママ一番！裸の少年夏祭り！』、EXシアター六本木

——（18日）アニメ制作会社「京都アニメーション」で放火事件

7月19日～28日
舞台『奇子』、五関晃一（主演）、水戸芸術館ACM劇場。紀伊国屋ホール、サンケイホールブリーゼ公演も

7月19日～10月20日
King & Princeコンサート『King & Prince CONCERT TOUR 2019』、横浜アリーナ他

——（21日）第25回参議院議員選挙

7月27日～8月28日
コンサート『Summer Paradise 2019』、Snow Man、Travis Japan、TOKYO DOME CITY HALL

8月2日～30日
ミュージカル『少年たち 青春の光に…』、なにわ男子（主演）、大阪松竹座

8月8日
コンサート『ジャニーズJr.祭り 東京ドームから始まる』、SixTONES、Snow Manデビュー発表

8月10、11日
『第79回二世週祭』、美 少年出演、ロサンゼルス日本文化センター

8月19日
なにわ男子、GO!GO!EXPOアンバサダー就任発表

8月30日～9月18日
ミュージカル『ドン・ジュアン』、藤ヶ谷太輔（主演）、赤坂ACTシアター、生田大和演出

9月3日～27日
ミュージカル『DREAM BOYS』、岸優太（主演）、神宮寺勇太他、帝国劇場。9月21日に通算600回公演達成

9月7日～28日
ミュージカル『少年たち To be!』、SixTONES・Snow Man（主演）、日生劇場

——（8、9日）台風15号日本上陸、各地に深刻な被害

9月9日～10月6日
舞台『HAMLET ―ハムレット―』、菊池風磨（主演）、東京グローブ座、森新太郎演出。8日が初日だったが台風15号の上陸により中止

9月14日
ワールドカップバレー2019開幕、ジャニーズWESTスペシャルサポーター

——（9月14日～10月15日）FIVBワールドカップバレーボール2019

9月20日～11月2日
櫻井翔、ラグビーワールドカップ2019スペシャルサポーター

——（20日～11月2日）ラグビーワールドカップ2019、日本での開催。日本代表が史上初の決勝トーナメント進出

9月21、22、28日
Johnny's Smile Up! Project、台風15号被災地千葉県で支援活動

9月30日
錦戸亮、退所

10月7日～29日
舞台『ABC座 ジャニーズ伝説2019』、A.B.C-Z（主演）、日生劇場

——（1日）消費税率10%に引き上げ

10月9日
ジャニーズWEST〈Big Shot!!〉。ワールドカップバレー2019大会テーマ曲

——（12日）台風19号日本上陸、各地に深刻な被害

10月14、15日
Travis Japan、オースティン・マホーン来日公演で共演

10月20日
Johnny's Smile Up! Project、台風19号被災地郡山で支援活動

11月2日～10日
舞台『虎者』、Travis Japan（主演）、サンシャイン劇場。南座、御園座、上野学園ホールも

11月3日

嵐〈Turning Up〉をデジタルでリリース、SNSアカウント開設、初インスタライブ

11月6日～
関ジャニ∞コンサート『関ジャニ∞47都道府県ツアー UPDATE』、大阪松竹座他

11月9日
嵐、「天皇陛下御即位をお祝いする国民祭典」で奉祝曲「Ray of Warter」歌唱

11月10、11日
嵐『JET STORM 2019.11.10-11.11』、ジャカルタ、シンガポール、バンコク、台北で記者会見

11月27日
関ジャニ∞〈友よ〉5人体制初シングル

12月8日～1月27日
『JOHNNYS IsLAND』、平野紫耀・永瀬廉・髙橋海人（主演）、帝国劇場

12月20日
嵐〈A-RA-SHI: Reborn〉デビュー曲のカバーをデジタルでリリース

12月25日
嵐、外務省より「日中文化・スポーツ交流推進年親善大使」として広報関連業務を委嘱される

12月31日
第70回紅白歌合戦、嵐、関ジャニ∞、Hey! Say! JUMP、Kis-My-Ft2、King & Prince出場。櫻井翔司会。嵐が大トリ、ジャニーズJr.が「Let's Go to Earth」「Let's Go to Tokyo」歌唱

12月31日
——新型コロナウイルス感染症の発生が報告される

『ジャニーズカウントダウン2019-2020』、東京ドーム

令和2（2020）年

1月11日～13日
関西ジャニーズJr.コンサート『関ジュ 夢の関西アイランド 2020 in 京セラドーム大阪 ～遊びにおいでや！満足100％～』、京セラドーム大阪

1月16日
増田貴久、『ぐるぐるナインティナイン』「グルメチキンレース・ゴチになります！」ゴチメンバーに。日本テレビ系

1月19日
NHK大河ドラマ『麒麟がくる』、風間俊介、長谷川純

1月22日
SixTONES〈Imitation Rain〉、Snow Man〈D.D.〉合同シングルでデビュー

2月4日～27日
ミュージカル『Endless SHOCK』、堂本光一（主演）、上田竜也、帝国劇場。28日以降、新型コロナウイルス感染症流行拡大の影響により公演中止

3月
新型コロナウイルス感染症流行拡大の影響により、関ジャニ∞、NEWS、Sexy Zone、ジャニーズWEST等のコンサートツアー延期

3月29日～4月1日
——新型コロナウイルス感染拡大防止のための緊急事態宣言発出

YouTubeで『Johnny's World Happy LIVE with YOU』配信

3月31日
中居正広、退所

4月9日
ドラマ『レンタルなんもしない人』、増田貴久（主演）、テレビ東京系

4月11日
嵐、『ARASHI LIVE tour 2017 - 2018「Untitled」』ライブ映像をYouTubeの嵐公式チャンネルで配信開始

4月14日
新型コロナウイルス感染症流行拡大の影響により、嵐、5月15、16日開催予定だった『アラフェス2020』国立競技場公演延期を発表

4月19日
V6、『LIVE TOUR 2017 The ONES』ライブ映像をYouTubeのavex公式チャンネルで配信開始

4月28日
第45回菊田一夫演劇賞、大賞を堂本光一、演劇賞を岡本健一が受賞

5月13日
期間限定ユニット「Twenty★Twenty」結成、新型コロナウイルス感染拡大防止支援チャリティーソング「smile」制作発表

5月15日
嵐〈Love so sweet : Reborn〉をデジタルでリリース

［原書房編集部調べ］

参考文献

● 『アイドル帝国ジャニーズ50年の光芒　夢を食う人・ジャニー喜多川の流儀』小菅宏、宝島社新書、2012年。
● 『浅草芸人　エノケン、ロッパ、欽ちゃん、たけし、浅草演芸150年史』中山涙、マイナビ新書、2011年。
● 『アメリカ音楽史　ミンストレル・ショウ、ブルースからヒップホップまで』大和田俊之、講談社、2011年。
● 『異文化としての子ども』本田和子、紀伊國屋書店、1982年。ちくま学芸文庫、1992年。
● 『ウェブ社会の思想　〈遍在する私〉をどう生きるか』鈴木謙介、NHKブックス、2007年。
● 『AKB48の経済学』田中秀臣、朝日新聞出版、2010年。
● 『男同士の絆』イヴ・K・セジウィック、上原早苗・亀沢美由紀訳、名古屋大学出版会、2001年。
● 『音楽誌が書かないJポップ批評59 SMAP「20＋1抱腹絶頂ヒストリー」』別冊宝島、2009年。
● 『管理される心―感情が商品になるとき』A・R・ホックシールド、世界思想社、2000年。
● 『近代日本の音楽文化とタカラヅカ』津金澤聡廣、近藤久美、世界思想社、2006年。
● 『くそ長～いプロフィール』諸星和己、主婦と生活社、2004年。
● 『グレイトフル・デッドにマーケティングを学ぶ』デイヴィッド・ミーアマン・スコット、ブライアン・ハリガン、糸井重里監修、渡辺由佳里訳、日経BP社、2011年。
● 『芸能をビッグビジネスに変えた男「ジャニー喜多川」の戦略と戦術』小菅宏、講談社、2007年。
● 『コカ・コーラCMソングデータブック』濱田高志、ジェネオンエンターテインメント、2005年。
● 『告白は踊る』小室哲哉、角川書店、1993年。
● 『コミックソングがJ-POPを作った　軽薄の音楽史』矢野利裕、ele-king books、2019年
● 『錯乱のニューヨーク』レム・コールハース、鈴木圭介訳、ちくま学芸文庫、1999年。
● 『サブカル・ニッポンの新自由主義　既得権批判が若者を追い込む』鈴木謙介、ちくま新書、2008年。
● 『Jラップ以前　ヒップホップ・カルチャーがこうして生まれた』後藤明夫編、TOKYO FM出版、1997年。
● 『ジェローム・ロビンスが死んだ　なぜ彼は密告者になったのか？』津野海太郎、小学館文庫、2011年。
● 『ジャニーズと日本』矢野利裕、講談社現代新書、2016年。
● 『ジャニーズの逆襲』ジャニーズ、データハウス、1989年。
● 『ジャニーズの歴史　光も影も45年』ジャニーズ研究会、鹿砦社、2008年。
● 『ジャニーズ輪廻論』矢崎葉子、太田出版、1996年。
● 『昭和歌謡職業作曲家ガイド』馬飼野元宏、シンコーミュージック、2018年。
● 『進駐軍クラブから歌謡曲へ　戦後日本ポピュラー音楽の黎明期』東谷護、みすず書房、2005年。
● 『SMAPは終わらない　国民的グループが乗り越える「社会のしがらみ」』矢野利裕、垣内出版、2016年
● 『増補シミュレーショニズム　ハウスミュージックと盗用芸術』椹木野衣、ちくま学芸文庫、2001年。
● 『増補サブカルチャー神話解体　少女・音楽・マンガ・性の変容と現在』宮台真司、石原英樹、大塚明子、ちくま文庫、2007年。

●『ソフトアンドハード』佐々木敦、太田出版、２００５年。
●『タイアップの歌謡史』速水健朗、新書y、２００７年。
●『宝塚歌劇の変容と日本近代』渡辺裕、新書館、１９９９年。
●『宝塚という装置』青弓社編集部編、青弓社、２００９年。
●『宝塚というユートピア』川崎賢子、岩波新書、２００５年。
●『創られた「日本の心」神話　「演歌」をめぐる戦後大衆音楽史』光文社新書、２０１０年。
●『ＤＪバカ一代』高橋透、リットーミュージック、２００７年。
●『手塚治虫のタカラヅカ』中野晴行、筑摩書房、１９９４年。
●『ニッポン・スウィングタイム』毛利眞人、講談社、２０１０年。
●『日本的想像力の未来　クール・ジャパノロジーの可能性』東浩紀編、ＮＨＫブックス、２０１０年。
●『バーンスタイン　音楽を生きる』レナード・バーンスタイン、西本晃二訳、青土社、１９９９年。
●『バンド臨終図巻』速水健朗、円堂都司昭、栗原裕一郎、大山くまお、成松哲、河出書房新社、２０１０年。
●『光ＧＥＮＪＩへ・元フォーリーブス北公次の禁断の半生記』北公次、データハウス、１９８８年。
●『ひとりぼっちの旅立ち　元ジャニーズアイドル　豊川誕の半世紀』豊川誕、鹿砦社、１９９７年。
●『ブラック・マシン・ミュージック　ディスコ、ハウス、デトロイト・テクノ』野田努、河出書房新社、２００１年。
●『平成日本の音楽の教科書』大谷能生、新曜社、２０１９年。
●『文化と外交　パブリック・ディプロマシーの時代』渡辺靖、中公新書、２０１１年。
●『ぼくの音楽人生　エピソードでつづる和製ジャズ・ソング史』服部良一、日本文芸社、１９９３年。
●『ボクの夢はキミたちが描く夢　ジャニー喜多川が語るジャニーズ塾の子どもたち』あおきひろし、メタモル出版　１９９９年。
●『ポピュラー音楽と資本主義』毛利嘉孝、せりか書房、２００７年。
●『みんなＣＭ音楽を歌っていた　大森昭男ともうひとつのＪ・ＰＯＰ』田家秀樹、徳間書店、２００７年。
●「明治期関西の音楽事情――軍楽隊と民間音楽隊をめぐって」塩津洋子、『近代日本の音楽文化とタカラヅカ』世界思想社、２００６年。
●『やくざと芸能と　私の愛した日本人』なべおさみ、イースト・プレス、２０１４年。
●『ライムスター宇多丸のマブ論ＣＬＡＳＳＩＣＳ』宇多丸、白夜書房、２００８年。
●『リズム＆ブルースの死』ネルソン・ジョージ、林田ひめじ訳、早川書房、１９９０年。
●『嗤う日本の「ナショナリズム」』北田暁大、ＮＨＫブックス、２００５年。
●「ジャニーさんの歩み　父はプロ野球球団マネ、野球チームから4人選び「初代ジャニーズ」結成」スポニチアネックス、２０１９年7月10日
https://www.sponichi.co.jp/entertainment/news/2019/07/10/kiji/20190710s00041000080000c.html
●「ジャニーさん反戦訴え　日本と米国で2度の戦争体験」日刊スポーツ、２０１９年7月9日　https://www.nikkansports.com/entertainment/news/201907090001413.html
●「62年創業／ジャニー喜多川さんとジャニーズの歩み」日刊スポーツ、２０１９年7月9日　https://www.nikkansports.com/entertainment/news/201906210001254.html
●「リレーインタビュー第28回、小杉理宇造氏」Musicman、２００２年6月15日　https://www.musicman.co.jp/interview/19480
●「１９７３年9月27日、西城秀樹「ちぎれた愛」が初のオリコン1位～ヒデキの〝絶唱型スタイル〟誕生」馬飼野元宏、ニッポン放送NEWS ONLINE、２０１８年9月27日
https://news.1242.com/article/156404

大谷能生（おおたに・よしお）

1972年生まれ。音楽（サックス、エレクトロニクス、作編曲、トラックメイキング）／批評（ジャズ史、20世紀音楽史、音楽理論など）。これまでに50本以上の舞台作品の音楽を担当している。著書に『平成日本の音楽の教科書』（よりみちパン！セ）、『憂鬱と官能を教えた学校』（河出書房新社、菊地成孔との共著）など。

速水健朗（はやみず・けんろう）

1973年生まれ。編集者・ライター。専門分野は、都市論、メディア論等。『TOKYO SLOW NEWS』（TOKYO FM）パーソナリティ。著書に『東京どこに住む？ 住所格差と人生格差』（朝日新書）、『東京β』（ちくま書房）など。共著に『大人のSMAP論』（宝島社新書）、『バンド臨終図巻 ビートルズからSMAPまで』（文春文庫）など。

矢野利裕（やの・としひろ）

1983年生まれ。批評家・DJ。文芸・音楽を中心とした評論活動を行う。2014年「自分ならざる者を精一杯に生きる——町田康論」で第57回群像新人文学賞評論部門優秀作受賞。著書に『SMAPは終わらない』（垣内出版）、『ジャニーズと日本』（講談社現代新書）、『コミックソングがJ-POPを作った 軽薄の音楽史』（ele-king books）

協力：荻窪ベルベットサン
http://www.velvetsun.jp/

本書は2012年刊行の『ジャニ研！ ジャニーズ文化論』の増補改訂版です。

ジャニ研《けん》！ Twenty《トゥエンティ》 Twenty《トゥエンティ》
ジャニーズ研究部《けんきゅうぶ》

２０２０年６月27日　第１刷

著　　者　大谷能生《おおたによしお》
　　　　　速水健朗《はやみずけんろう》
　　　　　矢野利裕《やのとしひろ》
発 行 者　成瀬雅人
発 行 所　株式会社原書房
〒１６０・００２２ 東京都新宿区新宿１・25・13
☎０３・３３５４・０６８５（代表）
http://www.harashobo.co.jp/
振替　００１５０・６・１５１５９４
印刷・製本　株式会社シナノ

ISBN978-4-562-05775-7, printed in Japan